"建设性新闻"研究丛书

CONSTRUCTIVE JOURNALISM AND SOCIAL GOVERNANCE

建设性新闻与社会治理

唐绪军　殷乐

主　编

社会科学文献出版社
SOCIAL SCIENCES ACADEMIC PRESS (CHINA)

"建设性新闻"研究丛书编委会

主　　任　唐绪军

副 主 任　殷　乐　沈　玲

委　　员（以姓氏笔画为序）
　　　　　　方　勇　沈　玲　陈　龙　唐绪军　殷　乐
　　　　　　崔保国　黄楚新　蔡　雯

总 序

随着互联网的广泛应用，整个世界开始进入快速而多向度的结构变迁和关系重构，国家与国家、国家与社会、权力与权利、文化与历史、制度与技术……既有破坏又有创新，解构和建构往往同时进行。

传媒行业和新闻领域亦然。

众所周知，在互联网的助推下，传媒业正处在一个快速变革的时期。媒体生态在变，新闻场景也在变：传统媒体信任度下降、影响力弱化，社交媒体迅速崛起、广泛应用，人工智能大举进入，假新闻四处泛滥，算法新闻喜忧参半……当互联网赋予所有人以传播信息的权利，既有的传播格局必然发生巨大的变化。我们可以预判的起码有三点：其一，大众传播时代正在向着公共传播时代演进和跃升；其二，公共传播时代的新闻产制方式将不同于大众传播时代；其三，公共传播时代的媒体角色也将不同于大众传播时代。面对大环境的转换，全球媒体都在寻觅新的生存方式，探索如何在公共传播时代重建公众信任。其中，建设性新闻（Constructive Journalism）正成为近年来国际新闻实践和学术探讨中的一个聚焦点。

什么是"建设性新闻"？我们可以从两个层面来加以理解。狭义来看，"建设性新闻"指的是在新媒体环境下一类积极参与解决社会问题的新闻实践的新探索。这类新闻实践强调在新闻报道中除了要坚持内容的客观真实外，也应拓展报道的思路，要以解决问题为报道宗旨。与之相仿的另一个经常被人提及的概念是"解决之道新闻"（Solutions Journalism），亦有将其译为"解困新闻""解题新闻""方案新闻"等。此外,还有些相关的概念,如"方案聚焦新闻"(Solutions-Focused Journalism)、"好新闻"(Good News)、"积极新闻"(Positive Journalism)、"和平新闻"(Peace Journalism)、"恢复性叙事"(Restorative Narrative)等。如果我们将视野放宽,甚至还能追溯到"公共新闻"(Public Journalism)、"公民新闻"(Civic Journalism)等。

广义来看,建设性新闻则是在近年来此类新闻实践基础上将其宗旨抽象概括而形成的一种新闻理念。无论是"建设性新闻",还是"解决之道新闻",抑或是其他什么名目的新闻,均强调两个重点:其一是积极;其二是参与。所谓"积极",即以正面报道为主,给人以向上向善的信念和力量,即便是揭露问题的报道,出发点也是为了解决问题,因而在报道问题时会同时提供解决问题的策略或方案,而不是把问题一揭了之。所谓"参与",指的是媒体和记者不再置身事外,而是作为社会成员之一,介入到社会问题的解决过程之中,与其他社会成员一起共筑美好生活。这两点其实都是对传统西方新闻理论所强调的"坏事情就是好新闻""媒体记者必须中立"的观点的一种扬弃。简言之,建设性新闻并非要取代批判性的"守门人理论",也并非仅仅局限于只能报道正面新闻,它强调的是,好的新闻报道可以激发公众对话和参与,能解决社会面临的诸多问题,推动媒体在公共传播时代社会价值的重新定位。这也是诸多研究者将这一类新闻实践探索冠之以"建设性新闻"名称的原因。

综上,建设性新闻指的是媒体着眼于解决社会问题而进行的新闻报道,是传统媒体在新媒体时代立足于公共生活的一种新闻实践或新闻理念。

建设性新闻的理念对我们来说一点都不陌生。我国是社会主义国家,以人民代表大会制度为根本政治制度,实行中国共产党领导的多党合作和政治协商的政党制度。这种制度既不同于西方国家的两党或多党竞争制,也有别于有的国家实行的一党制,它是非对抗性的、合作性的、建设性的。与这种非对抗性的政治格局相适应的社会主义新闻媒体,既是党的耳目喉舌,也是人民的耳目喉舌,更注重新闻媒体广泛凝聚共识、增进发展合力的社会建设功能，力求最大限度地促进各种公共资源的优化配置，有效地保持政治稳定与社会和谐。因此，以正面报道为主一直是我国新闻媒体的重要报道方针。但是，由于长期的惯性使然，我国部分媒体也存在对正面报道的片面理解和僵化执行，如选题流于形式，语言陈旧落后，报道手法拘于八股模式，甚至于一味歌功颂德、害怕暴露问题而粉饰太平，未能真正实现正面报道、正能量新闻应有的正向传播，受众的参与分享度低，未达到应有的社会效果。某种程度上，传统媒体正面报道在新媒体环境下的不适应是当前新闻报道中一个亟待解决的紧迫问题。

面对百年未有之大变局，面对众声喧哗的公共传播时代的来临，新闻媒体的社会责任该如何体现？媒体和职业新闻人应该以何种方式参与到行动中去推动社会问题的解决？新闻报道与社会治理之间到底应该有何种关联？这一系列问题都值得我们深入思考。

缘于此，中国社会科学院新闻与传播研究所自2014年开始，在"公共传播时代的新闻实践研究与传播理论创新"的总题目下，推进了一系列与互联网治理与建设性新闻相关的研究项目。在对不同媒介环境中的新闻传播现象进行持续性跟踪和研究的基础上，展开了多个面向的探索：有对全球主流媒体、新媒体前沿议题的持续追踪与解析，有对新闻传播经典理念的爬梳与反思，有对建设性新闻与社会发展的比较研究，有对中国媒体融合和民生新闻发展的调研与探讨，更有在实践层面与媒体机构合作的建设性新闻试点……不同研究项目各有其侧重点，但其共通之处在于，以"建设"为核心概念来关注和探讨互联网治理和新闻传播，把建设性新闻作为研究新闻业务发展、研究互联网治理的一个重要环节，探寻传统主流媒体在公共传播时代的立足点，发掘社会发展中的媒体角色，追问智能互联时代媒体的初心与使命。通过深入的理论探讨和试点实践，我们获得了一些初步的思考结果。

其一，推进建设性新闻的发展是顺应信息技术发展的必然趋势。在当前学界和业界提出的林林总总的新闻发展趋势中，新媒体给新闻带来的本质冲击在于从告知到参与，而且这一参与的深度和广度远甚于技术门槛降低之初的参与表达,媒体需要重新定位与受众的关系。媒体的价值不仅在于选择和彰显问题,更在于就问题与公众进行深度对话,将公众所关注的问题作为报道核心,在挖掘问题成因的同时,提出解决问题的建设性方案,这样才是能启迪人心的新闻。鼓励参与,有助于把握人心。由是观之,建设性新闻开辟了公共传播时代新闻业务发展的新思路,改变了传统媒体时代"自上而下"的信息传递方式,鼓励公众共同参与新闻制作及线下方案活动,从而推动整个社会的变化与进步。

其二,推进建设性新闻也是强化问题意识的一种举措,有助于媒体设置议程引导舆论。在公共传播时代,单纯对某些事件进行新闻报道已经远远不够,好的媒体应该有更积极的角色定位,将报道中心转移至发现问题、设置议题,通过专题策划和采访报道,架起多方沟通的桥梁,同时还需要在报道之后进行持续跟踪,促成议题得到正向发展。社会发展永远都会面临各种各样的问题,人与人的问题,老年人与青年人的问题,人与自然的问题,人与科技的问题……而每解决一个问题都能促使社会向前发展一步。从这个意义上来说,问题的存在是社会发展的前提条件,而发现问题、引导问题的解决是新闻媒体存在的社会价值,是社会发展的动力之一。

其三,以建设性新闻的理论探讨和实践为基础,发展具有中国特色的社会主义新闻学。习近平总书记2016年在哲学社会科学工作座谈会上的讲话中,将新闻学列入对哲学社会科学起支撑性作用的十一个学科之一,这表明了党对新闻学的重视。中国新闻学发展百年,为中国新闻事业的进步做出了巨大的贡献。但是,在大众传播向公共传播演进的过程中,应当也亟须有新的新闻传播理论观照新现象、解释新问题、指导新实践。开展建设性新闻实践,是当前探索传统媒体与新兴媒体融合发展的一条路径。传统的主流媒体具有政府背景、政治优势,可以协调社会各界的力量;而新兴的社交媒体具有互动和参与的优势,可以广泛调动民众参与社会治理的活动。因此,把建设性新闻的倡导与实践作为传统媒体与新兴媒体融合的一个切入点,有助于加快媒体融合。新闻学本来就是实践的产物,是实践经验的规律性总结,也必定在实践中不断发展。

这套丛书既是我们对上述一系列问题的梳理、思考和阶段性研究成果的呈现，也是我们继续不断努力的一种动力。我们希望通过这套丛书能够拓展媒体从业者和学界同人的视野，引发更多的思考和创造，同我们一起为推动中国新闻事业的发展贡献智慧。

是为序。

中国社会科学院新闻与传播研究所所长　唐绪军
2019年10月

前 言

2013年，中国社会科学院新闻与传播研究所接受全国科学技术名词审定委员会的委托，承担了新闻学与传播学名词审定任务。审定工作的第一步，就是要把本学科所使用的名词术语尽可能地应收尽收。在这一过程中，我们注意到了国际上新起的一些诸如"解困新闻""方案新闻""积极新闻""和平新闻"等概念。当年8月，习近平总书记在全国宣传思想工作会议上指出："对世界形势发展变化，对世界上出现的新事物、新情况，对各国出现的新思想、新观点、新知识，我们要加强宣传报道，以利于积极借鉴人类文明创造的有益成果。……着力打造融通中外的新概念新范畴新表述，讲好中国故事，传播好中国声音。"为此，我们从2014年开始，在"公共传播时代的新闻实践研究与传播理论创新"的总题目下，推进了一系列相关研究。

2016年，习近平总书记在哲学社会科学工作座谈会上提出了要着力构建中国特色哲学社会科学学科体系、学术体系、话语体系的要求。此时，"建设性新闻"异军突起，囊括了"解困新闻""方案新闻""积极新闻""和平新闻"等诸多概念，成为国际学界和业界的一个热点。我们认为，尽管"建设性新闻"这一概念是由西方学者最先提出的，但是新闻的"建设性"理念一直是我们所倡导和秉持的，我们完全可以将这一概念拿来为我所用，注入中国经验，锻造中国特色，形成能够融通中外的新闻传播专业的新概念、新表述。因此，我们专门设置了"互联网治理与建设性新闻研究"这一创新工程项目。

项目确立后，主要从两方面开展工作。其一是基础性研究。项目组成员除了刊发一系列相关研究论文外，还编辑出版了"建设性新闻"研究丛书的第一部《建设性新闻实践：欧美案例》；举办了主题为"建设性新闻：理念与实践"的国际学术论坛，并将这个论坛的学术研讨成果汇编成《新闻与传播研究》2019年增刊。其二是实践性探索。项目组与苏州市广播电视总台合作开展"建设性新闻"在地市级媒体实际操作的试点，创办了传统媒体与新兴媒体融合的一档新节目《共筑美好生活 苏城议事厅》；与乐正传媒、健康报社、迈瑞医疗、爱奇艺合作，制作了九集系列纪录片《中国医生》。上述这些理论和实践的努力都取得了令人满意的成果，也使得"建设性新闻"理念为更多人所知晓、所了解、所践行。

由于我们的倡导和推动，尤其是2019年11月举办的国际学术论坛，以及随后我们与苏州市广播电视总台、苏州大学传媒学院联合成立的国内首家"建设性新闻研究中心"，极大地带动了国内学界和业界对"建设性新闻"研究的热情。以"建设性新闻"为关键词在中国知网检索发现，截至2021年5月，中国知网共收录相关中文文献268篇。说它形成了一股研究热潮，一点也不为过。

然而，浏览这些文献可以发现，由于"建设性新闻"理念与实践才刚刚兴起，讨论虽有热度，但深度不够。很多文章还是在概念上打转转，甚至将"建设性新闻"当成一个筐，什么东西都往里装。有鉴于此，我们认为，有必要对当前国内相关"建设性新闻"的研究进行一番梳理。这也就是本论文集得以形成的缘由。

本论文集筛选了26篇相关文章。这些文章有对"建设性新闻"本身的理解与解构，有对中西方"建设性新闻"理念的比较与分析，有对"建设性新闻"理念的本土阐释、落地可能，以及实践逻辑的探讨。从理论到实践，从理念到操作，从西方到东方，从域外到国内，学者们以各自独到的视角阐释"建设性新闻"的方方面面。这对更好地理解和践行"建设性新闻"，无疑是大有裨益的。

我们根据主题将这些文章分为以下五类。

一是"建设性新闻"的概念、范式与中西对话。目前，中外学界对于"建设性新闻"的界定尚未形成清晰统一的认知，所以关于"建设性新闻"历史渊源、概念界定、特点特征等方面的讨论还是很有必要的。这对于理清"建设性新闻"与诸如"方案新闻""好新闻""幸福新闻""恢复性叙事"等概念的关系与区别是有帮助的。鉴于"建设性新闻"是泊来品，对中西方"建设性新闻"核心理念的比较也是必须的，这有利于我们在本土实践中扬长避短。

二是"建设性新闻"的全球实践与本土探索。"建设性新闻"的研究重点不在理论，而在实践，在于怎么样践行"建设性新闻"的理念。围绕"积极"与"参与"这两个核心要素展开的"建设性新闻"实践，业已在全球掀起了热潮。中国新闻界所惯习的"正面报道"，也在媒体融合的大趋势下向着"建设性新闻"发展，这与其他国家与地区的"建设性新闻"实践相映成趣。由是，对诸如凤凰网、中青网、苏州市广播电视总台等我国媒体的"建设性新闻"实践作一番深入的研究，也是对"建设性新闻"理念在本土落地可行性的一种验证。

三是"建设性新闻"的哲学溯源与价值反思。任何一种学术观点的提出都不是无源之水、无本之木，欲加深对"建设性新闻"的理解不可能不追问其本质与价值，而这种追问的终极指向必定是哲学。于是，辩证唯物主义、历史唯物主义以及希望哲学就成为学者们对"建设性新闻"更深层次解读、更宽视域观照的一种工具。这种追根溯源的努力，其实更重要的意义在于阐明"建设性新闻"在社会化媒体、智能媒体等多元化传播语境中新闻专业性的价值，以及职业新闻工作者在公共传播时代的地位。

四是通过"建设性新闻"参与社会治理的媒体担当。这一主题的研究更多的是本土语境中的探讨，是对"建设性新闻"在国家治理体系与治理能力现代化过程中的角色定位与功能解析。将"建设性新闻"置于当下中国的社会语境与媒体变局中进行思考，有助于加深对传统媒体角色转型、新闻的"建设性"在社会治理中发挥作用的理解,尤其是有助于加深对媒体"建设性"舆论监督的理解。一个良性运行的现代社会不能没有舆论的"建设性"监督。

五是"疫情"大考之下"建设性新闻"的构建与未来展望。2020年新冠肺炎疫情的突如其来,打乱了正常的信息传播节奏,但却给"建设性新闻"的研究提供了一次在突发公共卫生事件中验证其作为的契机。一些学者通过个案评估了"建设性新闻"在风险传播中的效果,一些学者通过反思传统新闻理念与新闻价值探讨了疫情中"建设性新闻"的专业性与积极性,也有一些学者结合"强信心、聚民心、暖人心、筑同心"的要求来阐释"建设性新闻"在中国的功能使命与行动方向。

当然,这些研究和探讨仅仅只是开始,不可能尽善尽美,我们将它们汇集成册也并不代表我们都同意其作者的观点。编辑这本论文集,是想让读者通过阅读本书对当前国内"建设性新闻"的研究和实践有一个整体的了解,形成更为系统、全面、前瞻性的认知。我们也希望通过本书抛砖引玉,引发更多的思考与研究,为"建设性新闻"注入更多的中国实践和中国智慧。

目　录

总　序 / 1
前　言 / 1

概念、范式与中西对话

I　建设性新闻与新闻的建设性　唐绪军 / 3
II　多元语境中的价值共识：东西比较视野下的
　　建设性新闻　史安斌　王沛楠 / 11
III　范式转换抑或东西合流？
　　——探析欧美建设性新闻运动的理论身份与价值　刘自雄 / 22
IV　建设性新闻：一种正在崛起的新闻形式
　　——对凯伦·麦金泰尔的学术访谈　晏青　凯伦·麦金泰尔 / 42
V　建设性新闻：概念界定、主要特征与价值启示
　　徐敬宏　郭婧玉　游鑫洋　胡世明 / 50

全球实践与本土探索

VI　并行与共振：建设性新闻的全球实践与中国探索　殷　乐 / 77
VII　建设性新闻的中国范式
　　——基于中国媒体实践路向的考察　漆亚林 / 89

Ⅷ　建设性新闻的苏州实践与探索　陆玉方 / 112

Ⅸ　从暖新闻到善传播
　　　——凤凰网的建设性新闻实践　邹　明 / 122

Ⅹ　论"建设性新闻"适用性与可操作性　王辰瑶 / 130

Ⅺ　"建设性新闻"的中国化思考　周然毅 / 141

哲学溯源与价值反思

Ⅻ　从希望哲学的视角透视新闻观念的变革
　　　——建设性新闻实践的哲学之源　吴　飞　李佳敏 / 151

ⅩⅢ　以反传统的实践追求新闻业的传统价值
　　　——试析西方新闻界从"公共新闻"到"建设性新闻"的
　　　改革运动　蔡　雯　郭浩田 / 164

ⅩⅣ　建设性新闻：一个"伞式"理论的建设行动、哲学和价值
　　　金　苗 / 179

ⅩⅤ　智媒时代下建设性新闻的价值理性与实践路径
　　　陈　薇　王中宇 / 200

ⅩⅥ　论新闻建设性的理论基础及价值追求　李仁虎　文　建 / 218

社会治理与媒体担当

ⅩⅦ　从建设性新闻到建设性治理的实践路径探析
　　　沈　玲 / 233

ⅩⅧ　从数字性到介入性：建设性新闻的媒介逻辑分析
　　　常　江　田　浩 / 245

ⅩⅨ　建设性新闻实践：党媒发展的必由之路　吴湘韩 / 256

ⅩⅩ　他山之石：从"建设性新闻"看我国新闻传播理论
　　和实践的创新发展　芮必峰　余跃洪 / 272

XXI 从公共新闻到建设性新闻：媒体功能的两次转型

  王建峰 / 287

XXII 建设性舆论监督：党报参与社会治理的"重头戏"

  ——以北京日报《政府与市民》的实践为例　赖　薇 / 302

"疫情"之考下的建设性新闻构建与未来展望

XXIII 疫情报道中我们需要怎样的新闻与新闻业

  ——兼论中国建设性新闻理论的构建　邵　鹏　叶　森 / 313

XXIV 强信心·聚民心·暖人心·筑同心：疫情报道中的

  建设性新闻生产实践　任媛媛 / 326

XXV 疫情信息传播中建设性新闻的可行性论证　高慧敏 / 337

XXVI 新冠肺炎疫情报道中的"建设性"探索：本土诠释、

  关键问题与未来面向　翁之颢 / 350

概念、范式与中西对话

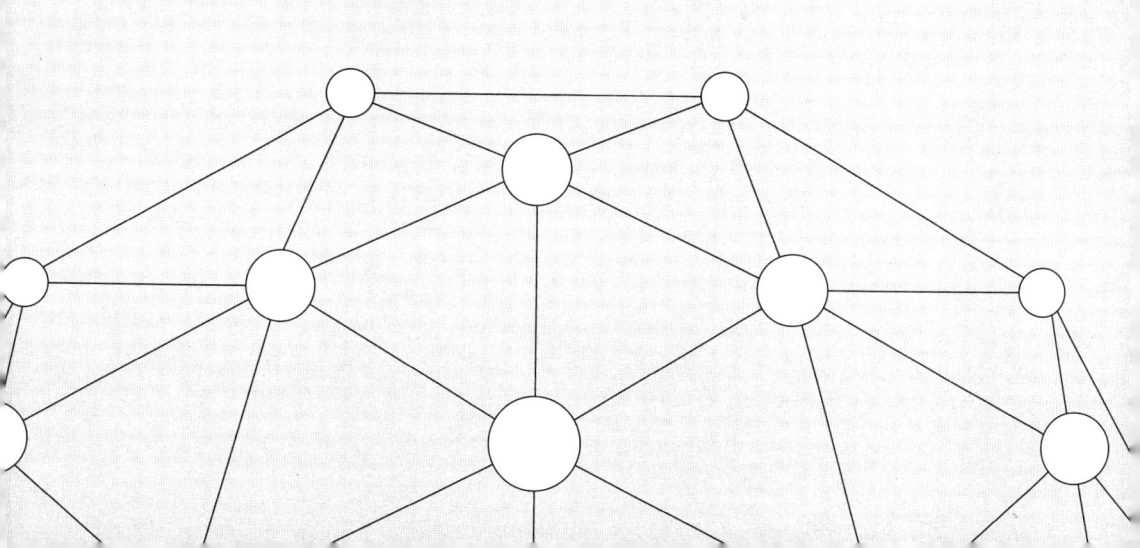

Ⅰ 建设性新闻与新闻的建设性

唐绪军*

内容提要： 建设性新闻是传统媒体在公共传播时代重塑社会角色的一种新闻实践或新闻理念，很有可能会成为我们这一代新闻业的主流。尽管这一概念是由西方学者最先提出的，但新闻的"建设性"理念一直是我们所倡导和坚持的。在中国特定的国情下，秉持新闻的建设性理念，有助于推进传统媒体与新兴媒体的融合发展，有助于媒体设置议题引导舆论，有助于推进国家治理体系与治理能力的现代化，有助于发展具有中国特色的社会主义新闻学。

关 键 词： 新闻 建设性 建设性新闻 中国特色新闻学

随着互联网的广泛应用，整个世界开始进入快速而多向度的结构变迁和关系重构，国家与国家、国家与社会、权力与权利、文化与历史、制度与技术……既有破坏又有创新，在创新中破坏，在破坏中创新，解构和建

---

* 唐绪军，中国社会科学院新闻与传播研究所所长，研究员。

构往往同时进行。

在这一过程中，新闻业首当其冲。媒体生态在变，新闻场景也在变。传统媒体信任度下降、影响力弱化，社交媒体迅速崛起、广泛应用，人工智能大举进入，假新闻四处泛滥，算法新闻喜忧参半……当互联网赋予所有人以传播信息的权利，既有的新闻传播格局必然发生颠覆性的变化。对于这种变化的发展趋势，我们现在起码可以做出三点预判：其一，大众传播时代正在向着公共传播时代演进或跃升；其二，公共传播时代的新闻产制方式将不同于大众传播时代；其三，公共传播时代的媒体角色也将不同于大众传播时代。这就是新闻业面临的百年未有之大变局！为此，全球媒体都在寻找着应对之策，都在探索着新的新闻产制方式，都在调整着自己的社会角色。其中，建设性新闻（Constructive Journalism）正成为近年来国际新闻实践和学术探讨的一个热点。

什么是"建设性新闻"？我们可以从两个层面来加以理解。狭义来看，"建设性新闻"指的是在互联网新媒体环境下一类积极参与解决社会问题的新闻实践。这类新闻实践强调在新闻报道中除了要坚持内容的客观真实外，也应积极主动介入社会生活，要以解决问题为报道的导向。与之相仿的另一个经常被人提及的概念是"解决之道新闻"（Solutions Journalism），也有将其译为"解困新闻""解题新闻""方案新闻"等。此外，还有些相关的概念，如"方案聚焦新闻"（Solutions-Focused Journalism）、"好新闻"（Good News）、"积极新闻"（Positive Journalism）、"和平新闻"（Peace Journalism）、"恢复性叙事"（Restorative Narrative）等。如果我们将视野放宽，甚至还能追溯到"公共新闻"（Public Journalism）"公民新闻"（Civic Journalism）等[①]。

广义来看，建设性新闻则是在近年来此类新闻实践基础上将其宗旨抽象概括而形成的一种新闻理念。无论是"建设性新闻"，还是"解决之道

---

① Karen McIntyre & Cathrine Gyldensted, Constructive Journalism: Applying Positive Psychology Techniques to News Production, *The Journal of Media Innovations*, vol. 4, no. 2, 2017, p. 24.

新闻",抑或其他什么名目的新闻,均强调两个重点:其一是积极,其二是参与。所谓"积极",即运用积极心理学的研究成果,在新闻生产中以正面报道为主,给人以向上向善的信念和力量;即便是揭露问题的报道,出发点也是为了解决问题,而不是为了"扒粪",因而在报道问题时会同时提供解决问题的策略或方案。所谓"参与",指的是媒体和记者不再置身事外,而是作为社会成员之一,介入社会问题的解决过程之中去,媒体作为平等的一员与其他社会成员一起共筑美好生活。这两点其实都是对传统西方新闻理论所强调的"坏事情就是好新闻""媒体记者必须保持中立"的观点的一种扬弃。换言之,建设性新闻强调的是,好的新闻报道可以激发公众的对话和参与,能解决社会面临的诸多问题,推动媒体在公共传播时代社会价值的重新定位。这也是诸多研究者将这一类新闻实践冠之以"建设性新闻"名称的原因。

综上,建设性新闻指的是媒体着眼于解决社会问题而进行的新闻报道,是传统媒体在公共传播时代重塑自身社会角色的一种新闻实践或新闻理念。

在比尔·科瓦奇(Bill Kovach)和汤姆·罗森斯塔尔(Tom Rosenstiel)合著的《新闻学原理》中有这么一句话:"每一代人都会创造属于自己的新闻业。"[①] 仔细想想,这句话是很有道理的。每一代人的新闻业都是特定的时代、特定的环境、特定的技术条件制约下的产物,一定不同于他们的前辈,也有别于他们的后辈。在我们现在这样的一个时代,在公共传播的特定环境中,在互联网新闻媒体技术条件下,建设性新闻也许就是我们这一代人的新闻业。

为什么?至少有以下五个方面的原因。

第一,新闻传播渠道的变化,倒逼了新闻报道理念的变化。"坏事情就是好新闻"的报道理念,是在媒介资源稀缺的条件下,建筑于私有制

---

① Bill Kovach & Tom Rosenstiel, The Elements of Journalism, Crown Publishers, New York, 2001, p.19.

基础之上的西方媒体遵循商业逻辑的必然选择。因为，无论是报纸的版面还是广播电视的时段都是有限的，暴力、恐怖和灾难能够吸引受众的眼球，可以让有限的资源带来最大的利润。但是，互联网新媒体的广泛应用，彻底改变了媒介资源稀缺的状况。近年来，在西方社交媒体上，人们更多地分享那些积极健康、催人奋进、打动心灵、感受亲情的建设性新闻与新闻的建设性信息。这是对传统媒体报道的拨乱反正。这一现实使得受众日益减少的传统媒体感受到了危机，不得不在新闻报道理念上有所调整。

第二，人人可以参与传播的现实，促使媒体新闻报道方式的变化。在大众传播时代，由于媒介资源的稀缺，媒体报道，尤其是主流媒体的报道，是一个事件或一种观点得以进入大众视野的唯一途径。而在公共传播时代，信息终端多样化，人人都可以传播，彻底颠覆了传统媒体的垄断地位。当然，渠道太多也导致了信息过剩，观点泛滥，虚假新闻盛行，真相反而退居次要的位置。在这种情形下，作为提供信息服务的专业机构，主流媒体要想继续保持自己的公信力就必须追问真相，澄清观点，并且与社会公众一起直面问题、想办法解决问题，而不是像其他社交媒体那样一报了之。

第三，人们对美好生活的向往，推动媒体新闻报道内容的变化。对幸福、快乐、美好的追求是人类的共性和本能。这其实也是新闻业存在的理由之一：为人们提供信息，帮助他们做出选择，趋利避害。在信息纷繁的公共传播时代，人们更需要积极的新闻信息去增加其社会资本，需要获得向上的动力去追求美好生活。近年来，众多研究证实，正面新闻比负面新闻传播得更远，人们更希望让自己看起来优秀一点，而在线分享正面新闻有助于此项愿望的达成。因此，积极的新闻比消极的新闻更受大众青睐，共享次数也更高。这一现状也迫使传统媒体重新考量新闻报道的内容选择。

第四，技术赋能公众民主参与，导致媒体政治角色的变化。西方媒体自诩为"看门狗"，在传统上强调新闻媒体的独立与中立，形象的比喻如普利策所说："倘若一个国家是一条航行在大海上的船，媒体和新闻记者就是站在船头的瞭望者"。"瞭望者"说隐含的意思是，媒体和新闻记者的职责只在于报道事实，而不在于参与行动。即便是"社会责任论"，强调的也是"供给真实的、概括的、明智的关于当天事件的记述，它要能说明事件的意义"，而不是参与事件，解决问题。但是，互联网的出现，赋予了人人参与社会事务的可能性，因此媒体就不可能仅仅只是一个旁观者，负责任的媒体应该有更积极的政治角色定位。

第五，传播网络与社会网络日益重合，加速媒体社会角色的变化。大众传播时代，传播网络与社会网络各自独立，互不相干。但是，公共传播时代，通过社交媒体的联系，传播网络正日益与现实的社会网络相重合。线上的风吹草动瞬间就会影响到线下，线下的家长里短很快就会在线上扩散。线上线下的这种互动，传播网络与社会网络的交织，为社会治理提供了汇聚民意的便利条件。集体智慧的发展、社会组织形式的变化，都终将带来媒体权利的分散。顺应技术潮流，引导民众参与社会治理，是提升媒体公共品质和社会价值的重要途径。

以上分析是对建设性新闻何以在西方新闻界兴起的原因探讨。事实上，作为由信息技术支撑的服务业，互联网新媒体的发展对中国新闻业的挑战也是一样的。一个明显的基本事实是，传统职业新闻人的领地正在被蚕食。比如，最近全国人大原内务司法委员会副主任委员、云南省委原书记秦光荣被捕的消息，最早是由最高人民检察院的微博发布的，人民日报微博转发了这一消息，转发时注明"来源：最高人民检察院微博"。可见，传统新闻人的领地被机构媒体蚕食了。再比如，轰动一时的当当网创始人李国庆、俞渝夫妻俩的争斗，是在社交媒体上展开的。李国庆说："我也决不会再忍让！"俞渝回应："李国庆，我要抓破你的脸！"本来，这种涉及上市公司最高领导层的内部纷争，应该是传统媒体，尤其是财经类媒体的头条独家新闻，可是如今传统媒体却成了看客。可见，传统新闻人的领地被社交媒体蚕食了。再比如，我们几乎每个人都在使用微信，而使用微信就会附带接受"腾讯新闻"。可有多少人察觉到，"腾讯新闻"给我们推送的新闻中，一年有大约 2000 多篇财经和科技类的新闻稿、500 多篇体育类的新闻稿是由机器人撰写的？这个机器人的名字叫 Dreamwriter。可见，传统新闻人的领地也正在被人工智能蚕食着。

如果说"每一代人都会创造属于自己的新闻业"主要是基于信息技术发展的泛泛之论的话，那么，把特定的政治制度和意识形态环境的因素考虑在内，我们也可以具体地说"每一个国家都会创造属于自己的新闻业"。中国是社会主义国家，以人民代表大会制度为根本政治制度，实行中国共产党领导的多党合作和政治协商的政党制度。这种制度既不同于西方国家的两党或多党竞争制，也有别于有的国家实行的一党制，它是非对抗性的、合作性的、建设性的。与这种非对抗性的政治格局相适应的社会主义新闻媒体，既是党的耳目喉舌，也是人民的耳目喉舌，更注重新闻媒体广泛凝聚共识、增进发展合力的社会建设功能，力求最大限度地促进各种公共资源的优化配置，有效地保持政治稳定与社会和谐。因此，以"正面宣传为主"一直是我国新闻媒体的重要报道方针，舆论监督也强调建设性、科学性和合法性。从这个意义上来讲，尽管"建设性新闻"这一概念是由西方学者最先提出的，但是新闻的"建设性"理念一直是我们所倡导和坚持的，我们完全可以借鉴建设性新闻的操作技巧来应对主流媒体所遭遇到的互联网新媒体的挑战。

有鉴于此，中国社会科学院新闻与传播研究所自 2014 年开始，在"公共传播时代的新闻实践研究与传播理论创新"的总题目下，推进了一系列与互联网治理与建设性新闻相关的研究项目。在对不同媒介环境中的新闻传播现象进行持续性跟踪和研究的基础上，展开了多个面向的探索：有对全球主流媒体、新媒体前沿议题的持续追踪与解析，有对新闻传播经典理念的爬梳与反思，有对建设性新闻与社会发展的比较研究，有对中国媒体融合和民生新闻发展的调研与总结，更有在实践层面与媒体机构合作的建设性新闻试点……不同研究项目各有其侧重点，但其共通之处在于，以"建设"为核心概念来关注和探讨互联网治理和新闻传播，把建设性新闻作为研究新闻业务发展、研究互联网治理的一个重要环节，探寻传统主流媒体在公共传播时代的立足点，发掘社会发展中的媒体角色，追问智能互联时代媒体的初心与建设性新闻与新闻的建设性使命。通过深入的理论探讨和试点实践，我们获得了一些初步的思考结果。

其一，秉持新闻的建设性理念，有助于推进传统媒体与新兴媒体的融合发展。中共中央2014年出台了《关于推动传统媒体和新兴媒体融合发展的指导意见》，2018年又出台了《关于加强县级融媒体中心建设的意见》，强调要坚持先进技术为支撑、内容建设为根本，推动传统媒体和新兴媒体在内容、渠道、平台、经营、管理等方面的深度融合。建设性新闻是顺应信息技术发展的要求，在新闻内容和新闻报道方式上的一种探索。从中国国情来看，传统的主流媒体具有政府背景，政治优势，可以协调社会各界的力量；而新兴的社交媒体具有互动和参与的优势，可以广泛调动民众参与社会治理的活动。因此，把建设性新闻的倡导与实践作为传统媒体与新兴媒体融合的一个切入点，有助于加快媒体在内容建设上的深度融合。

其二，秉持新闻的建设性理念，有助于媒体设置议题引导舆论。与西方的情况不同，由于我们一向强调正面宣传为主，主流媒体揭露问题、舆论监督的功能发挥得不很充分。而事实上，处于转型期的中国，各类社会矛盾和问题层出不穷。互联网新媒体崛起后，这些矛盾和问题以及大量负面情绪一下子都涌向了新的传播端口，从而造成了所谓"两个舆论场"的现状。为此，党中央特别强调要"改进和创新正面宣传，完善舆论监督制度，健全重大舆情和突发事件舆论引导机制。"[①] 在公共传播时代，信息越是真伪难辨，人们越希望获得真实权威的解读；越是众声喧哗，主流媒体越有责任发出鲜明的主导声音，使社会明辨真相，引导网民讨论理性化，意见表达更具有建设性。从这个意义上来说，强调以问题为导向，以解决问题为出发点的建设性新闻切合中国现实的需要。

---

① 《推进国家治理体系和治理能力现代化若干重大问题的决定》，新华社，2019年11月5日。

其三，秉持新闻的建设性理念，有助于媒体参与推进国家治理体系和治理能力现代化。党的十九届四中全会通过了《推进国家治理体系和治理能力现代化若干重大问题的决定》。不管对"现代化"作何种解释，互联网是其中最大的变量，应该是一个不争的事实。互联网给普通百姓提供的便利，不仅仅是信息的告知和意见的表达，更有实实在在的对国家治理和社会治理的直接参与。在"建设人人有责、人人尽责、人人享有的社会治理共同体"① 的过程中，主流新闻媒体需要重新定位自己与受众的关系。由是观之，建设性新闻开辟了公共传播时代新闻业务发展的新思路，改变了大众传播时代"自上而下"的信息传递方式，鼓励公众共同参与新闻制作及线下方案活动，从而能够积极推动整个社会的变化与进步。

其四，秉持新闻的建设性理念，有助于发展具有中国特色的社会主义新闻学。习近平总书记2016年在哲学社会科学工作座谈会上的讲话中，将新闻学列入对哲学社会科学起支撑性作用的十一个学科之一，这表明了党对新闻学的重视。中国新闻学发展百年，为中国新闻事业的进步做出了巨大的贡献。在这一过程中，我们从来不拒绝学习和借鉴国外的经验，从马克思恩格斯列宁的办报思想，到西方传媒经营管理的操作方法，我们都以海纳百川的胸怀，取其精华为我所用。当今，在大众传播向公共传播演进的过程中，应当也亟须有新的新闻传播理论观照新现象、解释新问题、指导新实践。建设性新闻为我们提供了一套新思路，值得我们借鉴。新闻学本来就是实践的产物，是实践经验的规律性总结，也必定在实践中不断丰富和发展。

（本文原载于《新闻与传播研究》2019年第S1期，该文章收录本书时内容和文献标注方式略有调整）

---

① 《推进国家治理体系和治理能力现代化若干重大问题的决定》，新华社，2019年11月5日。

Ⅱ 多元语境中的价值共识：东西比较视野下的建设性新闻

史安斌 王沛楠*

内容提要： 在后真相和民粹主义兴起的背景下，建设性新闻的理念作为当前新闻业发展困境的解决方案，日益受到学术界和业界的关注。建设性新闻的实践表明，它作为一个"伞式"的理论框架，是一组对于新闻应当发展怎样价值的思考和实践的集合，涵盖了新闻业追求正向价值和积极意义的一系列概念，为不同国家的新闻业和社会提供了如何走出现实困境的方案。但在这一共识性价值的本土实践中，不同国家新闻业所呈现的"建设性"价值却各不相同。通过比较的视野分析建设性新闻的理念在不同政治制度和新闻规范的语境下所呈现出的本土化特征与能动性实践。可以发现，建设性新闻是一种在共识价值驱动下的多元化本土实践，为重塑什么是当前新闻业的核心价值提供了一种新的想象空间。

---

* 史安斌，清华大学新闻与传播学院副院长、教授；王沛楠，清华大学新闻与传播学院博士生。

关　键　词： 建设性新闻　价值共识　多元语境　去西方化

近几年来，建设性新闻作为一个新兴的概念逐渐被学界和业界所关注。在民粹主义兴起，智媒推送"后真相"放大了社会分裂，威胁到以精英主义立足的传统主流媒体的生死存亡的时代背景下，新闻业需要对自身的社会价值与角色进行反思和定位。建设性新闻这一概念的提出则为这一场新闻业的变革提供了新的思路。作为以倡导积极意义和正向价值为核心的理念，建设性新闻的实践也逐渐在世界各国铺开，将理论愿景变为现实行动，成为后真相时代新闻业最为引人注目的变革之一。在观察和理解不同国家、不同新闻规范体制下"建设性新闻"的实践可以看出，"建设性"作为一个开放的理念，在不同的政治制度和媒介环境下所表现出来的特征各有不同。长期从事建设性新闻研究的美国学者麦金泰尔认为，建设性新闻必须考虑到不同国家的政治背景、历史发展和现实语境。① 因此，在一系列对于建设性新闻的理念和逻辑进行思辨性的分析和研究之后②，应当更进一步地深入建设性新闻在全球不同国家和地区的实践，通过比较的视野分析建设性新闻的理念在不同政治制度和新闻规范的语境下所呈现出的本土化特征与能动性实践。

一　建设性新闻的历史脉络与价值共识

在西方新闻业的实践中，冲突性始终被置于重要的位置上，冲突的形式和对立的观点呈现应当是新闻的首要任务③。但这种高度戏剧化的新闻

---

① 晏青、〔美〕凯伦·麦金泰尔：《建设性新闻：一种正在崛起的新闻形式——对凯伦·麦金泰尔的学术访谈》，《编辑之友》2017年第8期。
② 徐敬宏、郭婧玉、游鑫洋、胡世明：《建设性新闻：概念界定、主要特征与价值启示》，《国际新闻界》2019年第8期；史安斌、王沛楠：《建设性新闻：历史溯源、理念演进与全球实践》，《新闻记者》2019年第9期。
③ Golding, P., & Elliott, P. R. C., *Making the News*, Longman Publishing Group, 1979.

报道方式并不符合媒体作为"社会公器"的价值。学界很早就已意识到过度强调冲突性对于新闻业的危害，并提出需要通过建设性的报道理念调和这种不平衡的状态。作为美国历史最为悠久的新闻学院，密苏里大学新闻学院的创院院长沃尔特·威廉姆斯（Walter Williams）早在20世纪初叶在其著名的《记者信条》（The Journalist's Creed）中提出："我认为成功的新闻业是……建设性的。"① 虽然报业大亨普利策旗下的《纽约世界报》因为引领"黄色新闻"潮而臭名昭著，但在赚得"第一桶金"后，他开始反思新闻业公共服务的价值，并且在普利策新闻奖中专门设立"公共服务奖"，以激励记者积极投身到卓有成效的社会建设中去。

虽然中国早期的新闻实践并没有专门提出类似"建设性新闻"的概念，但这种强调正向价值和社会进步立场的报道在中国新闻业的理念和实践中从来没有缺席。早在国民党统治时期，邹韬奋就曾在《生活》周刊上提出："杂志是以读者的利益为中心，以社会的改进为鹄的……要不顾一切地保持爱护本刊公正独立为社会进步努力的精神。"② 中国共产党高度重视利用宣传工作引领群众，刘少奇在对华北记者团的讲话中提出："新闻工作做得好，就能引导人民向好的方向走，引导人民前进，引导人民团结。"③ 在新中国的新闻实践中，20世纪90年代兴起的舆论监督和批评性报道代表了早期建设性新闻理念在中国的实践。

由此可以看出，不论在怎样的历史背景和社会制度下，对于建设性新闻的追求是新闻从业者跨域时空的共振。作为建设性新闻理念的一部分，美国的行动新闻和公共新闻都曾在不同时期推动了新闻业价值的变革，以解决新闻业实践与社会发展方向相矛盾的问题。也有学者认为解困新闻、

---

① Williams, W., "The Journalist's Creed," *Missouri School of Journalism*, (1914), http://www.journalism.missouri.edu/about/creed.html.
② 邹韬奋：《〈生活〉周刊是谁的》，《生活》周刊1928年第4卷第1期。
③ 刘少奇：《对华北记者团的讲话》，《中国共产党新闻工作文件汇编（下）》，新华出版社，1928，第248~263页。

和平新闻和行动新闻等理念共同组成了建设性新闻的核心①。虽然对于建设性新闻的范畴和边界存在争议，但建设性新闻的价值核心在理论和实践层面的讨论中已经日渐清晰。概括而言，作为共识性价值的"建设新闻学"包含六点基本的理念②。

1. 问题解决导向

建设性新闻借鉴了解困新闻学的理念，要求新闻业不仅能够揭示问题，同时也需要提供"问题解决导向"的报道框架。

2. 面向未来的视野

建设性新闻在报道新闻事件的过程中，需要在传统新闻报道的 5W1H 的基础上加入"当下应该做什么（What now）"这一元素。不同于"扒粪"一类的调查性报道追溯"过去发生了什么"，建设性新闻立足于当下的情势，更加看重未来的发展趋势。

3. 包容与多元

建设性新闻力求在报道中涵盖多元的声音，跳脱传统报道中秉持的"官—民""富人—穷人""施害者—受害者"这类极化的二元对立框架，调和新闻事件的利益攸关方之间的冲突。

4. 赋权

建设性新闻需要通过报道为民众"赋权"，通过广泛的采访充分了解民意，并通过他们与官方、精英和专家的对话和互动，寻求共识和解决方案，避免既有的冲突被进一步放大。

5. 提供语境

建设性新闻要求记者在报道争议和冲突时充分挖掘事件背后的深层次原因，提供充足的背景和语境，引导公众全面理解新闻事件背后的张力，

---

① 金苗：《建设性新闻：一个"伞式"理论的建设行动、哲学和价值》，《南京社会科学》2019 年第 10 期。
② Hermans, L., & Gyldensted, C., "Elements of Constructive Journalism: Characteristics, Practical Application and Audience Valuation," *Journalism*, vol. 20, no. 4, 2019, pp. 535 - 551.

倡导舆论场的理性讨论。

6. 协同创新

吸纳了公民新闻的理念，为了避免主流媒体被商业利益捆绑，要求新闻业吸纳公众的广泛参与和协同合作，以实现对公共领域和社会共识的维护。

这种共识来源于对新闻业如何实现社会价值在应然层面的期许。一方面，在不同的历史时期和社会背景下，新闻业所应当承担的社会责任和扮演的社会角色各不相同，但在西方经典新闻理论中，客观性原则作为新闻业的"不死之神"，对于记者的角色定位产生了深远影响①。客观性原则约束记者成为新闻事件的"局外人"和"观察者"，限制自己只能够——或者只需要——报道社会现实而绝不干预。另一方面，作为调查性新闻的经典隐喻，"看门狗"的角色体现了媒体将报道框架聚焦于冲突和批判的功能定位。但在报道过程中，媒体却倾向于简单地将事件框选为"正义—邪恶""进步—落后""施害者—受害者"等这类非黑即白的模式，而缺乏对社会问题深层次原因和解决方案或路径的发掘②。建设性新闻理念则力图打破传统的职业角色设定对记者的束缚，要求记者承担起行动者的角色和提供解困的思路。从职业认知的角度来看，建设性新闻的意义在于它力图改变记者对于"什么是有价值的新闻"的理解，拓展了有关新闻业角色的想象。如果说记者在调查新闻中的角色是"看门狗"，在突发新闻中的角色是"局外人"和"观察者"，那么建设性新闻中的角色则应该更接近于"解困者""推动者"和"倡导者"。这些角色会促使新闻从业者更加积极地介入新闻事件，推动事件发展或寻找解困方案，从而改变长期以来新闻从业者"墙上的苍蝇""扒粪工"的刻板印象及其袖手旁观或愤世嫉俗的态度，以乐观向上和鼓舞人心的叙事推动人类社会的切实进步。

---

① 〔加拿大〕罗伯特·哈克特、赵月枝：《维系民主？西方政治与新闻客观性》，清华大学出版社，2005。

② Moeller, S. D, *Compassion Fatigue: How the Media Sell Disease, Famine, War and Death*, Routledge, 2002.

从这个角度来看，建设性新闻作为一个深刻根植于实践的新闻理念，特别强调记者和新闻媒体应当从积极的角度解决问题、倡导进步并推动社会发展。在价值的层面，不论西方还是中国的新闻业都对此形成了一定的共识。但具体到新闻业生动、复杂而多元化的实践，如何将抽象的"建设性"落地生根以适应本土的社会现实，是建设性新闻从理念到行动重要的"跨越"。大量从西方起源的新闻传播学理念——例如客观性、发展传播——等，都因为陷入"语境剥离"的困境而遭到了学界的批判。[1]

建设性新闻从一开始就避免提出过于具体的可操作化路径，以防止理念演变成为实践过程中的"仪式策略"，使得不同国家和地区的学者和新闻从业者因地制宜地探索符合社会发展需要和媒介规范的建设性框架和报道方式。因此，相较于一些传统西方新闻理论"去语境化"的发展路径，建设性新闻所秉持的是一条"再语境化"的路径，强调共识性的理念在不同本土语境下的实践可能会展现出完全不同的形态。对于建设性新闻这种兼具全球共识和本土特征的新兴新闻实践形式，应当被置于跨国比较的视野下进行更为深入的分析。

二 东西比较视野下的建设性新闻

1. 北欧：民主法团规范下的多元协商

作为当前建设性理念的起源地，北欧（特别是丹麦）的建设性新闻实践早在20世纪90年代就已经开始。建设性新闻的倡导者之一，丹麦学者乌瑞克·哈格洛普（Ulrik Haagerup）在20世纪90年代担任《日德兰邮报》（Jyllands-Posten）政治新闻记者期间，曾经策划协调了丹麦的政党冲突。那一时期的丹麦政府和反对派都没有占据议会多数，双方的资深政客相互攻击，几乎无法就任何法案达成协议，丹麦的不同媒体则各站一派

---

[1] 胡翼青：《传播研究本土化路径的迷失——对"西方理论，中国经验"二元框架的历史反思》，《现代传播》2011年第4期。

相互批判。作为记者的哈格洛普对此感到非常失望，他邀请了丹麦各个政党组织青年领袖齐聚一堂，力图通过青年政治家之间的对话改变老派政治家之间不可调和的矛盾。这一计划取得了成功，丹麦不同政党的青年领袖在一些议案上妥协达成了一致①。这一事件也启发了哈格洛普投身到建设性新闻的运动中，并撰写了关于建设性新闻的著作②。

对于北欧这种典型的民主法团模式的媒介体制，碎片化多元主义是最为典型的特征。这使得媒体非常强调自己的党派属性，即使在当前政党与报刊的组织联系消失后，媒体的党派倾向习惯也通常会作为一种惯性保留下来③。因此，媒体之间基于政党立场的争论和攻讦不断是丹麦和北欧媒体的一个显著特征。哈格洛普等建设性新闻的先驱也正是立足于解决北欧民主法团模式下新闻业所存在的这一问题而提出了建设性新闻的理念。但近些年来，北欧的建设性新闻不仅仅停留在解决媒体的政治立场分歧上，如丹麦电视二台（TV2）开办了一档晚间新闻栏目"我们能做到（Yes We Can Stories）"，分享丹麦各地发生的正能量故事，以提升民众在媒介感知层面的幸福感。

2. 美国：虚假新闻与信任重塑

2016年美国大选成了美国政界和新闻业的转折点，误导性信息（misinformation）在社交媒体上的泛滥和特朗普与媒体之间的口水战使得整个新闻业的公信力大打折扣。将政治视为"战略竞技"的做法侵蚀着公众对政党、媒体等公共机构的信任，最终导致学界所担忧的"没有公民的民主"和"犬儒主义螺旋"成为现实④。在这样的背景下，提升媒体

---

① Flueckiger, S., "Making a Case for Constructive Journalism," (2018), https：//blog. wan-ifra. org/2018/08/16/making-a-case-for-constructive-journalism.
② Haagerup, U., *Constructive News*：*Why Negativity Destroys the Media and Democracy-and How to Improve Journalism of Tomorrow*, InnoVatio Publishing AG, 2015.
③ Hallin, D. C., & Mancini, P., *Comparing Media Systems*：*Three Models of Media and Politics*, Cambridge University Press, 2004.
④ Entman, R. M., *Democracy Without Citizens*：*Media and the Decay of American Politics*, Oxford University Press; Cappella, J. N., & Jamieson, K. H., *Spiral of Cynicism*：*The Press and the Public Good*, Oxford University Press, 1997.

透明度、重建媒体公信力成了美国新闻业推动建设性新闻的立足基础。

自那以来，一系列提升新闻报道建设性价值的举措开始出现。美国两家非政府组织"美洲笔会（Pen American）"和"信任工程（The Trust Project）"共同推出了"新闻编辑室透明度追踪器"（Newsroom Transparency Tracker），从"伦理政策""媒体所有权""编辑室成员信息"等十余项指标对美国四十多家主流媒体的新闻编辑室透明程度进行实时分析，力图推动美国新闻编辑室改变封闭和神秘的状态，更多公开编辑室的信息，让受众充分了解自己日常消费的新闻是如何被生产的，进而改变主流媒体信任度每况愈下的局面，提升对主流媒体的社会影响力。

美国地方媒体逐渐形成的"新闻荒漠"也开始引发新闻业的关注。根据北卡罗来纳大学的研究，美国有超过一半的县没有自己的地方报纸，在媒介资源日益集中纽约和洛杉矶这样的大都市的背景下，地方社群则会因为缺乏高质量的新闻报道和理性对话而走向分化甚至解体。在2018年，美国新泽西州通过了"公民信息法案"，旨在为一些小微初创媒体提供总计500万美元的资助，以提升地方新闻的质量①。这对于一向以与政府保持距离为重要价值的美国新闻业是一个巨大的突破。

因此，当前美国语境下的建设性新闻体现在通过提升透明度和覆盖范围，挽回失去的受众信任，重建新闻业在社会发展中的进步性力量②。这种本土性的建设性价值重建凸显了美国作为建设性新闻的实践者，同样需要将这一共识性价值与当前本国政治发展与社会进步的迫切需求结合起来，推动建设性新闻理念的本土化落地。

3. 中国：社会进步与民众福祉

在中国，追求新闻报道的建设性意义长期以来都深刻影响着中国新闻

---

① Aaron, "Government funds local news and that's a good thing," (2018), https：//www.niemanlab.org/2018/12/government-funds-local-news-and-thats-a-good-thing/.

② Aitamurto, T., & Varma, A. "The Constructive Role of Journalism: Contentious Media Discourse on Constructive Journalism and Solutions Journalism," *Journalism Practice*, vol. 12, No. 6, pp. 695–713.

从业者对于新闻价值的判断。习近平在2013年的全国宣传思想工作会议上就曾特别强调："坚持团结稳定鼓劲、正面宣传为主，是宣传思想工作必须遵循的重要方针。我们必须坚持巩固壮大主流思想舆论，弘扬主旋律，传播正能量，激发全社会团结奋进的强大力量。"虽然中国的新闻理论中没有对"建设性新闻"专门的论述，但它所包含的追求积极价值，推动社会进步的理念一直渗透在中国共产党领导的新闻工作中。

这一理念在中国近几年的扶贫报道中体现得非常明显。2015年11月，中共中央和国务院发布了《关于打赢脱贫攻坚战的决定》，将扶贫开发工作提升到了重大政治任务和发展议程的层面，体现了党和政府对于扶贫工作的高度重视。中国新闻业也迅速跟进这一议程，推出了一系列具有影响力的扶贫新闻报道。近几年的中国新闻奖中，以扶贫为主题的报道数量不断上升：2016年3篇、2017年8篇、2018年15篇。2018年的最高奖项——"特别奖"授予了新华社的《中国反贫困斗争的伟大决战》，凸显了这一议题在中国社会的重要性。

对于中国而言，将扶贫这一核心的国家战略通过典型案例的新闻报道的方式在全国范围内传播，能够有效地推动扶贫成功经验的传播和扶贫工作的推进，代表了中国当前新闻建设性理念的一种取向。《人民日报》和新华社等主流媒体作为党的"喉舌"，需要将党的重要决策与基层的实践有机结合，通过报道呈现和推动党中央的决策在各个层面的推进，这种建设性新闻的实践也符合中国的媒介体制与社会发展现实。扶贫攻坚作为当前涉及中国民生和发展最为重要的议题之一，通过主流媒体的广泛报道和国家最高新闻奖对优秀报道的表彰得以进一步铺开，形成了当前中国新闻业将建设性价值与提升人民福祉，推进贫困地区发展相联系的发展格局。

三 建设性新闻与新闻研究的"去西方化"

本文从价值共识和多元语境两个角度分析建设性新闻理念与实践的连

接,一方面探讨建设性新闻的理念形成与发展过程,另一方面从比较的视野分析了建设性新闻的理念如何在不同社会语境下呈现出不同的形态。建设性新闻的实践之所以能够逐渐展现出活力,很大程度上来源于它开放性理论框架为不同国家寻求符合社会观照的本土实践提供了空间。从这个意义上来说,虽然建设性新闻的理论来源于西方国家,但它的内核精神是"去西方化"的。

20世纪90年代以来,媒介研究领域的"去西方化"浪潮逐渐兴起,研究者也开始反思诸如客观性、新闻自由和专业主义等来源于西方社会的媒介或新闻理论在全球范围内的普遍适用性问题①。正如李金铨所言:"全球化使跨文化交流频繁,促进思想的引入、混生与适调。这是漫长而复杂的过程,橘逾淮为枳,所以无法生吞活剥,而必须考虑到语境对接的程度与面相。"② 因此,理论的全球旅行如果"罔顾现实的社会语境,野蛮硬生地横向移植任何理论",必然会造成理论和现实脱节,或者强行植入的理论无法为社会进步提供必要的支持。

因此,建设性新闻理念在全球范围内不同媒介规范语境下的落地很大程度上就依赖于它的普遍价值能够和不同本土的现实需要接合。无论是在北欧国家、美国抑或是中国,建设性新闻的实践都与解决本土迫切的现实问题紧密联系。建设性新闻理论的生命力就在于它清晰的价值内核和一定程度的开放性边界相结合,为不同本土的实践提供了有效的指导。它一改诸如客观性、专业主义等理论将西方理想情境下的实践"移植"到非西方国家所造成的凿圆枘方式的错位,要求本土新闻的实践发挥能动性,运用这一普遍价值去解决现实存在的具体问题。

因此,包含了解困新闻、和平新闻和行动新闻等概念的建设性新闻不是单个新闻学概念,而是一组对于新闻应当发展怎样的价值的思考和实践的集合,作为一个"伞式"的理论,它涵盖了新闻业追求正向价值和积

---

① Park, M. J., & Curran, J. (eds.), "De-Westernizing Media Studies," Psychology Press, 2000.

② 李金铨:《"媒介专业主义"的悖论》,《国际新闻界》2018年第4期。

极意义的一系列概念①。从实践的层面，它为不同国家的新闻业和社会提供了如何走出现实困境的方案；从理论的层面，它代表了一种超越"西方理论—本土实践"二元结构的理论想象，从价值共识和本土语境两个层面为重塑什么是当前新闻业的核心价值提供了一种新的想象空间。

（本文原载于《新闻与传播研究》2019年S01期，该文章收录本书时内容和文献标注方式略有调整）

---

① 金苗：《建设性新闻：一个"伞式"理论的建设行动、哲学和价值》，《南京社会科学》2019年第10期。

Ⅲ 范式转换抑或东西合流？
——探析欧美建设性新闻运动的理论身份与价值

刘自雄*

内容提要： 近十年来，欧美兴起了一波建设性新闻运动，在国际新闻界产生了一定影响。运动的倡导者们反思了传统新闻理论及报道实践面临的危机，以积极心理学作为改造工具，突出"建设性"的核心价值，重构了新闻报道的理念与方法，并付诸部分媒体的实验性实践。梳理"建设性"元素在欧美新闻理论传统中的地位，可以推论，建设性新闻具有悖逆于欧美传统主导理论的"范式转换"的新意，但其实只是对东方理论传统中的"建设性"价值观的一次借用与理论再包装，它是欧美内部的一种新兴替代性新闻理论，并不能推广并主流化。

关 键 词： 建设性新闻　积极心理学　解决方案新闻　范式转换　替代理论

---

* 刘自雄，中国传媒大学新闻学院副教授。

"建设性新闻"（Constructive Journalism）是近十年来欧美新闻界推出的一个新兴新闻流派，目前在理论建设和媒体实践两方面都已颇有建树。它的理论先驱凯瑟琳·吉登斯泰德（Cathrine Gyldensted）、乌瑞克·哈格洛普（Ulrik Haagerup）以及积极分子凯伦·麦金泰尔（Karen McIntyre）、约迪·杰克逊（Jodie Jackson）等人陆续出版了著作，阐发理论主张及实践创新。2018 年，英国的两家核心期刊《新闻学研究》与《新闻实践》先后开辟专刊，发表了系列研究论文。与此同时，致力于理论倡导与实践推广的"建设性研究所"（Constructive Institue）、"建设性报道网络"（Constructive Journalism Network）、"建设性新闻计划"（Constructive Journalism Project）等国际组织相继成立。此外，第一届（2016）、第二届（2019）全球建设性新闻学术研讨会先后在荷兰、瑞士召开。由此可见，建设性新闻是欧美新闻界颇具影响的创新运动。

本土学界对"建设性新闻"的关注略为滞后。张艳秋是较早介入的学者之一，她在 2014 年发表的一篇英语论文中，借用"建设性新闻"概念来阐释中国媒体在非洲的传播实践。[①] 2016 年，她在合作发表的另一篇英语论文中将建设性新闻认定为中国媒体在非洲践行的一种"新闻范式"。[②] 2017 年，国内期刊发表晏青与凯伦·麦金泰尔的《建设性新闻：一种正在崛起的新闻形式》[③] 一文，首度向本土学界介绍建设性新闻运动的基本情况。进入 2019 年，相关论文增多，除了凯伦·麦金泰尔的《建

---

① Zhang Yanqiu. *Understand China's Media in Africa：From the Perspective of Constructive Journalism.* 北京："中国与非洲：传媒、传播与公共外交"（China and Africa：Media, Communications and Public Diplomacy）国际学术会议论文，2014 年 9 月 10~11 日。

② Zhang Yanqiu, Simon Matingwina. *Constructive Journalism：A New Journalistic Paradigm of Chinese Media in Africa.* From China's Media and Soft Power in Africa：Promotion and Perceptions, Edited by Xiaoling Zhang, Herman Wasserman, Winston Mano. Hampshire：Palgrave Macmillan. 2016, pp. 93-105.

③ 晏青、〔美〕凯伦·麦金泰尔：《建设性新闻：一种正在崛起的新闻形式——对凯伦·麦金泰尔的学术访谈》，《编辑之友》2017 年第 8 期，第 5 页。

设性新闻：概念的界定与实验》[①] 之外，史安斌与王沛楠[②]、白红义与张恬[③]、王辰瑶[④]、徐敬宏等[⑤]相继发表论文，介绍与探讨建设性新闻的来龙去脉及其应用价值。2019年11月9日，中国社科院主办了"建设性新闻：理念与实践"国际学术研讨会，凯伦·麦金泰尔与尼科·德罗（Nico Drok）等外国专家参会。同月，首部介绍西方建设性新闻实践的著作《建设性新闻实践：欧美案例》[⑥] 出版。不久，国内首家"建设性新闻研究中心"在苏州大学成立。显然，本土学界已经把建设性新闻纳入前沿研究话题当中。

综上所述，建设性新闻是国内外新闻界正在关注的一个热点话题，目前的研究尚处在初级阶段，有深化与拓展的必要。本文旨在深入剖析欧美建设性新闻的理论建构背景、内涵以及意义，并通过文献研究和比较研究，诉诸东西方理论对话，辨析"建设性"概念在中西新闻思想史上的历史性身份，澄清欧美建设性新闻理论与非西方新闻理论之间的关系，以科学评价该运动的理论与实践意义，并推论其借鉴价值。

一 建设性新闻运动在西方兴起的背景

通过梳理相关学者的论述，可以将其崛起原因概括为下述三个方面。

第一，西方公众对媒体的信任危机是触发新闻变革运动的根本原因。

[①] 〔美〕凯伦·麦金泰尔：《建设性新闻：概念的界定与实验》，林晓平译，《新闻与传播研究》2019年第S1期（增刊），第42页。

[②] 史安斌、王沛楠：《建设性新闻：历史溯源、理念演进与全球实践》，《新闻记者》2019年第9期，第32页。

[③] 白红义、张恬：《作为"创新"的建设性新闻：一个新兴议题的缘起与建构》，《中国出版》2020年第8期，第8页。

[④] 王辰瑶：《论"建设性新闻"适用性与可操作性》，《中国出版》2020年第8期，第15页。

[⑤] 徐敬宏、郭婧玉、游鑫洋、胡世明：《建设性新闻：概念界定、主要特征与价值启示》，《国际新闻界》2019年第12期，第135页。

[⑥] 唐绪军、殷乐著《建设性新闻实践：欧美案例》，社会科学文献出版社，2019年。

丹麦是建设性新闻的创始基地，该国公众对媒体的信任度低迷，据皮尤研究中心发布的 2018 年研究报告，丹麦公众只有 47% 的人信任媒体。① 另据路透社研究所最新发布的《数字新闻报告 2019》，丹麦公众对新闻的总体信任指数只有 57%，对社交媒体新闻的信任度更低，只有 15%。② 另据著名公关公司埃德尔曼（Edelman）发布的"信任晴雨表"（Trust Barometer）报告，近三年的调查数据表明，无论是北欧、西欧国家，还是美国，媒体信任度的指标都低于 60%。在 2018 年的调查中，英国为 32%，法国 33%，德国和美国皆为 42%，荷兰为 58%。在 2019 年，法国 36%，英国 37%，德国 44%，美国 48%，荷兰 56%。2020 年，英国为 35%，法国 37%，美国 48%，荷兰 58%。③ 这些数据反映了各国公众对媒体的信任度普遍低迷，意味着 20 世纪初建构起来的新闻专业文化及伦理规范在 21 世纪已深陷危机。

建设性新闻的倡导者们反思媒体信任度低迷的原因，达成一致看法：传统的新闻文化出现了结构性问题。媒体惯于讲述坏消息的故事，认为负面新闻能够激发点击。新闻评价体系也偏爱负面新闻，编辑部总是惯性地秉持"只要流血，就是头条"（If it bleeds, it leads）④ 的价值观，媒体报道总是围绕冲突与危机展开，战争、事故、谋杀、天灾充斥媒体，新闻界深陷负面新闻文化的泥潭，这引起公众的不安、厌倦、疏离，损害了大众对媒体的信任感。基于此，必须反向重构新闻价值观与文化，"建设性新闻"于是作为矫正弊端的替代性方案被提出了。

第二，积极心理学为建设性新闻的先驱提供了理论灵感与变革工具。

---

① Pew Research Center. *News Media and Political Attitudes in Denmark*. https://www.pewresearch.org/global/fact-sheet/news-media-and-political-attitudes-in-denmark/. 2018.5.27.

② Reuters Institute. *Digital News Report 2019*. http://www.digitalnewsreport.org/survey/2019/denmark-2019/2019.6.12.

③ Edelman. *Edelman Trust Barometer Global Report 2018-2020*. https://www.edelman.com/trustbarometer, 2018.1.21, 2019.1.20, 2020.1.19.

④ Eric Pooley. Grins, *Gore and Videotape: The Trouble with Local TV News*. New York Magazine, vol. 22, No. 40, October 9, 1989. p.37.

"建设性新闻"经历了十年的酝酿和发展过程，它的概念化、理论化与积极心理学密切相关。凯瑟琳·吉登斯泰德于2010年至2011年进入美国宾夕法尼亚大学攻读"应用积极心理学"硕士项目，受到"积极心理学之父"马丁·塞利格曼博士（Martin Seligman）的影响，于2011年最早提出了将积极、道德和前瞻心理学整合到新闻领域的想法。当年，她完成了硕士学位论文《用积极心理学创新新闻报道》。[①] 吉登斯泰德有十几年的新闻工作经验，对传统新闻报道模式的弊端深有体悟，在积极心理学的启发下，她创建了新概念，并阐发了系统的建设性新闻思想。随后，她出版了《建设性新闻手册》（2014）、《从镜子到推动者：建设性新闻的积极心理学五要素》[②] 等著作。2017年，吉登斯泰德还与荷兰记者卡尔雷·斯穆特（Karel Smouter）一起联合创立了"建设性新闻网"，从事理论推广与培训工作。

吉登斯泰德还直接影响了美国青年学者凯伦·麦金泰尔，使之成为主要的理论建构者之一。她们在一篇合作论文中明确表示：积极心理学是建设性新闻的理论基础。[③] 麦金泰尔曾经在本科期间主修新闻学，辅修心理学；在吉登斯泰德的影响下，她在北卡教堂山分校攻读博士学位期间（2012～2015）专注于建设性新闻研究，于2015年完成了博士学位论文《建设性新闻：新闻报道中积极情绪和解决方案信息的作用》；[④] 随后她进入弗吉尼亚联邦大学媒介与文化学院任教，继续该主题的研究，在期刊上发表了多篇论文，成为主要理论贡献者之一。吉登斯泰德与麦金泰尔等人

---

① Cathrine Gyldensted. *Innovating News Journalism Through Positive Psychology*. Master of Applied Positive Psychology, University of Pennsylvania, 2011. https://repository.upenn.edu/cgi/viewcontent.cgi?article=1024&context=mapp_capstone.

② Cathrine Gyldensted. *From Mirrors to Movers*：*Five Elements of Positive Psychology in Constructive Journalism*. Lexington, KY: GGroup Publishing. 2015.

③ Karen McIntyre, Cathrine Gyldensted. Positive Psychology as a Theoretical Foundation for Constructive Journalism. *Journalism Practice*, vol. 12, No. 6, 2018, pp. 662–678.

④ McIntyre, Karen. *Constructive journalism*：*The effects of positive emotions and solution information in news stories*. A Dissertation of Doctor's Degree, University of North Carolina at Chapel Hill, 2015.

成功地对建设性新闻进行了概念化与理论化，对西方新闻界产生了广泛影响。

第三，传统媒体的生存危机吸引部分新闻工作者尝试建设性报道实验。在数字革命和社交媒体革命的背景下，人们的新闻消费习惯重组，旧的媒体运作模式和新闻报道惯例已经失去了吸引力，传统新闻文化无法感召记者的职业认同，于是部分记者有了求新求变的动力，通过拥抱建设性新闻，重新找到了价值认同。乌瑞克·哈格洛普曾长期担任丹麦公共广播公司的执行新闻总监。2014年，他出版了《建设性新闻：为什么消极性会破坏媒体和民主以及如何改善明天的新闻报道》。① 2017年，他又出版了《建设性新闻：如何通过明天的新闻业拯救媒体和民主》。② 2017年9月，哈格洛普在丹麦奥尔胡斯大学创建了"建设性研究所"，提出的使命是"在5年内改变全球新闻文化"。他认为，建设性新闻是对主要关注冲突和危机的主流媒体文化的一种纠正，后者是"民主的悲剧"。建设性新闻希望专注于明天并激励社会，通过强调更准确、平衡和关注解决方案的报道来对抗新闻报道的琐碎化和退化。③

在新闻生态大变革的背景下，以吉登斯泰德与哈格洛普为代表的专业记者积极反思与突围，渴望走出新闻危机与理论迷思，通过建构新的理论与实践模式，来改造新闻文化，以拯救新闻业乃至西方民主建制的公信力危机。

二 建设性新闻的核心价值主张

吉登斯泰德与麦金泰尔最初给"建设性新闻"的工作定义是：运用

---

① Ulrik Haagerup. *Constructive News*：*Why negativity destroys the media and democracy*，*And how to improve journalism of tomorrow*. New York：InnoVatio Publishing AG. 2014.

② Ulrik Haagerup. *Constructive News*：*How to Save the Media and Democracy with Journalism of Tomorrow*. Aarhus：Aarhus University Press. 2017.

③ Fondation Hirondelle，Ulrik Haagerup. *A Call for "Constructive Journalism"*：*our interview with Ulrik Haagerup*. https://www.hirondelle.org/en/newsletters/download/108 _ 187caaebcabb1b015726ed6425bbd689.

源自积极心理学及相关领域的技术;故事对社会很重要;坚持新闻业的一个或多个核心职能,即:扮演看门狗角色;提醒公众潜在威胁;传播重要信息,以养成知情的选民。① 2017 年,吉登斯泰德与麦金泰尔又再度尝试对概念进行更加成熟的定义,她们将其修正为:一种新兴的新闻报道形式,将积极心理学技术应用于新闻采集和制作流程中,努力创造富有成效和引人入胜的报道,同时忠实于新闻的核心功能。② 吉登斯泰德还对积极心理学可用于建设性新闻的五项技术进行了深入解析,具体包括:(1)告别"疾病模式",以"幸福模式"来报道新闻;(2)用 PERMA 工具来报道新闻;(3)改变提问方式,关注合作、解决方案与愿景;(4)用正确方式讲故事,以建设性的叙述和结束语来影响公众的情绪状态与参与意愿;(5)推动社会进步,添加面向未来的问题。③

哈格洛普与"建设性研究所"的同人一起酝酿了建设性新闻的核心主张,具体包括:(1)重要的(critical)、客观的和平衡的;(2)解决社会面临的重要问题;(3)基于事实,没有偏见;(4)保持冷静;(5)不屈服于丑闻和暴行;(6)连接而不是两极分化;(7)前瞻性和面向未来;(8)细致入微。同时,还澄清了它不包括:(1)促进具体议程,跨越新闻与政治之间的界限;(2)不批评或天真;(3)促销英雄、政府或民间社会组织;(4)遮掩批判性观点;(5)任何形态或样式的行动主义;(6)愚蠢的、琐碎的或喜讯;(7)虚假的对等/平衡;(8)提倡一种解决方案而非另一种;(9)过于简化复杂问题,或为解决问题提供过于简单的方案。④

"建设性新闻计划"的联合创始人肖恩·达冈·伍德(Sean Dagan

---

① Cathrine Gyldensted. *From Mirrors to Movers*:*Five Elements of Positive Psyhology in Constructive Journalism*. Lexington,KY:GGroup Publishing. 2015,p. 13.
② Karen McIntyre,Cathrine Gyldensted. Constructive Journalism:Applying Positive Psychology Techniques to News Production. *The Journal of Media Innovations*,vol. 4,no. 2,2017,pp. 20 – 34.
③ Cathrine Gyldensted. *From Mirrors to Movers*:*Five Elements of Positive Psyhology in Constructive Journalism*. Lexington,KY:GGroup Publishing. 2015,p. 13.
④ Constructive Institute. *What is Constructive Journalism*? https://constructiveinstitute.org/what/faq/.

Wood)与丹尼尔·巴蒂斯特(Danielle Batist)将概念定义为:严谨、有说服力的报道,使受众能够做出建设性的回应,在维护新闻核心功能和道德的同时,呈现更全面的真相。他们还概括了十五条特征,并特别强调不能将其混淆于"好新闻"(Good News)、"倡导性新闻"(Advocacy Journalism)以及受政府影响的"发展新闻"(Development Journalism)。①

此外,为了清理新闻界陆续涌现的一些"类概念"带来的混乱,例如正面新闻(Positive Journalism)、和平新闻(Peace Journalism)、解决方案新闻(Resolution Journalism)、前瞻新闻(Prospective Journalism)、恢复性叙事(Restorative Narrative)、公民新闻(Public Journalism)等,吉登斯泰德与麦金泰尔用图表厘清相关概念的关系(见表1),把建设性新闻看作是一个"总括术语",包含和平新闻、解决方案新闻、恢复性叙事与前瞻新闻四个分支;同时澄清了它与正面新闻、公民新闻之间的联系与差异。②

表1 建设性新闻的分支及心理学技术在报道中的使用

类别	分支	特征
建设性新闻	和平新闻	建设性访问,情感,高潮/结局,前瞻心理学
	恢复性叙事	建设性访问,情感,高潮/结局,PERMA,前瞻心理学
	解决方案新闻	情感,高潮/结局,PERMA,前瞻心理学
	前瞻新闻	建设性访问,高潮/结局,PERMA,前瞻心理学
积极新闻	无	情感,高潮/结局,PERMA
公民新闻	无	公共,参与,对话,解决方案,建设性

注:据麦金泰尔与吉登斯泰德建构的图表模型,略有修改。

如表1所示,建设性新闻的四个分支流派在报道理念及技巧方面共享很多观念,但又各有侧重。其中,"和平新闻"是基于"和平研究之父"、挪威社会学家约翰·加尔东(Johan Galtung)的原始概念而建立的,可以

---

① *The Constructive Journalism Project*. https://www.constructivejournalism.org/about/.
② Karen McIntyre, Cathrine Gyldensted. Constructive Journalism: Applying Positive Psychology Techniques to News Production. *The Journal of Media Innovations*, vol. 4, no. 2, 2017, pp. 20 – 34.

追溯到 1965 年。① 后来，杰克·林奇（Jake Lynch）和约翰·加尔东进一步发展了"和平新闻"的概念，认为记者在报道冲突和战争时表现出对暴力的偏好，这是有问题的，应该纠正偏差；冲突是各方之间的利益冲突，应该通过新闻报道，在各方之间寻求妥协机会，达成更深层次的协议，防止冲突加剧乃至演变成战争。②

"恢复性叙事"是美国非营利组织"希望之声"（Images & Voices of Hopes，IVOH）建构的术语。2013 年，数十位媒体从业人员集体讨论、拟定了它的定义，即讲述人们和社区在经历困难时期和之后如何学习重建和恢复的故事。包括一系列主张：（1）捕捉真实的事实，揭示希望与可能性；（2）突出有意义的进展；（3）揭示唤醒人们联系感的普遍真理，赋予人与社区以面对困境的韧性；（4）持续关注访问；（5）是个人或社区的真实经历；（6）基于力量，帮助人们与社区找到力量。③ 恢复性叙事旨在革新传统的灾难报道，它建构了自然灾难与社会悲剧报道的一整套解决方案，具有强烈的建设性。

"解决方案新闻"也是美国新闻界建构的一套理论学说。早在 1998 年，自由记者苏珊·贝内斯（Susan Benesch）就在《哥伦比亚新闻评论》上发表了《解决方案新闻的崛起》④ 一文，指记者在新闻报道中不只是发现、揭露问题，而且还注意探寻解决问题的办法。近年来该概念被发扬光大，总部位于美国的"解决方案新闻网"（Solutions Journalism Network，简称 SJN）着力倡导并推广实践，旨在"对社会问题做出反应，开展有力报道；寻求重新平衡新闻，以使人们每天都能接触到有助于他们理解问题

---

① Johan Galtung, Mari Holmboe Ruge. The structure of foreign news: the presentation of the Congo, Cuba and Cyprus crises in four Norwegian newspapers. *Journal of Peace Research*, vol. 2, no. 1, 1965, pp. 64-90.

② Jake Lynch, Johan Galtung. *Reporting Conflict: New Directions in Peace Journalism*. St Lucia: University of Queensland Press. 2010.

③ IVOH. What we do. https://ivoh.org/what-we-do/restorative-narrative/.

④ Susan Benesch. The rise of solutions journalism. *Columbia Journalism Review*, vol. 36, no. 6, 1998, p. 36.

和挑战的故事,并揭示潜在的应对和解决方法。"①

"前瞻性新闻"是吉登斯泰德的个人创见,意指用前瞻心理学(Prospective Psycholog)的理论与技术来开展新闻报道。由斯科特·考夫曼(Scott B. Kaufman)和马丁·塞利格曼领导的"想象力研究所"(The Imagination Institute)致力于前瞻心理学研究,吉登斯泰德受到影响。她认为,传统新闻报道主要描述已发生或正在发生的事情,因此记者往往充当侦探的角色,回顾过去,报道当前的新闻。记者几乎从来不会为面向未来的、有远见的政治辩论提供便利。但是,在影响决策者和掌权者的思维方式时,记者可以发挥作用,即面向未来提问,这样才有助于找到面向未来的解决方案,提高政治报道和辩论的质量。②

至于表1中罗列的"公民新闻",吉登斯泰德与麦金泰尔认为,建设性新闻与其有渊源关系,它继承了公民新闻的某些因素。一方面,公民新闻的目的是促进"更健康的公共氛围",这也是建设性新闻的目标。另一方面,传统新闻工作者坚持独立、消极的立场,只重视搜集新闻报道之前的信息,不考虑新闻发布后的社会影响;而公民新闻与建设性新闻的记者在塑造故事方面的作用更加积极,更鼓励公众参与;记者更充分地参与故事的解释,还担心新闻的影响或报道后发生的事情;建设性新闻与公民新闻一样,要求新闻工作者采取更积极、更参与的方式。③

三 "建设性"在西方新闻理论话语中的历史身份

在经过十年时间的积淀之后,建设性新闻已经形成较成熟的理论学

---

① Solutions Journalism Network. Who we are. https://www.solutionsjournalism.org/.
② Cathrine Gyldensted. *News Media kills Political Visions. Help: Prospective Psychology*. September 28, 2015. https://www.creativitypost.com/index.php?p=activism/news_media_kills_political_visions_help_prospective_psychology/.
③ Karen McIntyre, Cathrine Gyldensted. Constructive Journalism: Applying Positive Psychology Techniques to News Production. *The Journal of Media Innovations*, vol. 4, no. 2, 2017, pp. 20–34.

说。但是审视"建设性"概念及其内涵阐释,不难发现它植根于西方新闻思想的旧传统,并非新颖的创见,它与现代新闻学早期及中期建构的一些理论学说有着蛛丝马迹的联系。

密苏里新闻学院的创始人沃尔特·威廉姆斯(Walter Williams)在新闻史上留下的重要理论遗产之一就是《记者信条》(The Journalist's Creed),其中有一段话:"我相信,那些最成功的新闻报道——因为是最好的,所以配得上成功——敬畏上帝,尊重人;它坚定地独立,不受骄横意见或贪婪权力的影响;它是建设性的,宽容而不草率;自我控制,保持耐心;总是尊重读者,并且无所畏惧。"[1] 显然,在这段话语中,"建设性"是其主张的新闻价值之一。可见,"建设性新闻"并非原创,而是有着深厚的历史根基。不过,"建设性"原则长期被西方新闻界忽视、轻视,并未被当作核心价值。

在美国新闻界后来建构的核心理论体系中,"建设性""积极的"元素要么不被重视,鲜少被使用,要么还被污名化。在哈钦斯委员会发表的《一个自由而负责任的新闻界》报告中,没有出现"建设性"概念,"积极的"一词出现五次,跟"积极自由"的论述有关,并不涉及新闻报道的积极性、建设性。[2] 在《报刊的四种理论》中,"积极的"与"建设性的"在正文中各自出现三次,都是威尔伯·施拉姆在评价"报刊的苏维埃共产主义理论"时用来指称苏联新闻学说的。据他的梳理,在苏维埃新闻理论中,广播的功能之一是"为人民提供一个积极的、建设性的放松手段。"[3] 他奚落般地分析到,西方新闻价值中倡导的"人情味",在苏

---

[1] Steve Weinberg. *A Journalism of Humanity: A Candid History of the World's First Journalism School.* Columbia: University of Missouri Press. 2008,p. 72.

[2] The Commission on Freedom of the Press. *A Free and Responsible Press.* Chicago: University of Chicago Press, 1947.

[3] Fred S. Siebert, Theodore Peterson, Wilbur Schramm. *Four Theories of the Press.* Urbana: University of Illinois Press. 1963, pp. 136, 137.

联意义上不是积极的和建设性的。① 在施拉姆的论述中，这两个概念都是用来质疑和讽刺苏联报刊理论的。不过，在该书封底刊载的书评摘引中，《基督教科学箴言报》的编辑保罗·德兰（Paul S. Deland）倒是很另类地认为大众媒体有责任选择和传播更多"建设性的"、较少"破坏性的"国际信息，来促进兄弟情谊的传播。这句话对于该书的"冷战"基调不啻是一种反讽。实际上，"社会责任论"内在即便有建设性的内涵，但是并未将其当作核心价值来倡导。

比尔·科瓦奇（Bill Kovach）与汤姆·罗森斯蒂尔（Tom Rosenstiel）的《新闻学元素：新闻人应知与公众期待》是美国新闻学院的主流新闻理论教材，该书于 2001 年推出首版，即获得巴特·理查兹（Bart Richards）媒体批评奖。在 2014 年出版的第三版中，全书四度使用"建设性"的概念，例如，提到新闻记者应该扮演"建设性的议程设置者角色"，以帮助社区与公众，使他们制作的新闻对他们的同胞有用。② 应该说，科瓦奇与罗森斯蒂尔在一定程度上继承了沃尔特·威廉姆斯对"建设性"的一般性关注，但是他们对建设性价值的重视仍然微不足道，并未上升到核心原理与规范层面。

在西方主导新闻理论中，建设性没有得到重视。但是在矫正传统报道弊端的替代性新闻运动那里，建设性倒是被当作中心价值。20 世纪 90 年代美国新闻界兴起的公共新闻也是针对当时新闻危机的一场革新运动，进行了十年左右的实验，一些媒体力图改造新闻编辑部文化，吸引公民参与，组织公民对话，用适当的方式构建重要社区问题的故事，探求公共问题的解决方案。③ 吉登斯泰德认为，建设性新闻与公共新闻（或公民新闻）分享同样的 DNA，努力将新闻纳入民主进程，在该进程中，媒体不

---

① Fred S. Siebert, Theodore Peterson, Wilbur Schramm. *Four Theories of the Press.* Urbana: University of Illinois Press. 1963, pp. 136, 137.

② Bill Kovach, Tom Rosenstiel. *The Elements of Journalism: What Newspeople Should Know and the Public Should Expect.* New York: Three Rivers Press. 2007, p. 52.

③ Edmund B. Lambeth, Philip E. Meyer, Esther Thorson. *Assessing Public Journalism.* Columbia: University of Missouri Press. 1998, p. 17.

仅向公众告知，而且还致力于使公民参与并引发公众辩论。但是，两者的区别在于，建设性新闻植根于行为科学（主要是积极心理学），它的研究结果是综合的；正是在这个交叉点进行了创新，她们用建设性价值创造了现代的、参与式的新闻报道模式。①

此外，建设性新闻与同期产生的另一个新闻运动——"慢新闻"（Slow Journalism）也共享建设性的价值观。吉登斯泰德为此与荷兰慢新闻媒体《通讯员》（De Correspondent）的创始人罗伯·维恩伯格（Rob Wijnberg）进行了一次对话，后者确认了自身对新闻报道应该具备"建设性"的立场，包括邀请公众参与民主对话，不仅报道新闻事件，还关注新闻实践对公众的影响，应该让媒体成为改善世界的积极力量，等等。②

事实上，在西方主流新闻话语中，"建设性"概念的存在感一直很低，几乎可以忽略，根本原因在于它与媒体的"看门狗"角色以及"客观性"规范之间存在语义矛盾，建设性概念意味着媒体与政府当局、私有制企业、社会机构之间的良性互动关系。在克里斯多夫·斯特林（Christopher H. Sterling）主编的《新闻学百科全书》共计 2500 多页的内容中，"建设性"仅仅出现数次，且无关紧要。③ 在斯蒂芬·沃恩（Stephen L. Vaughn）主编的《美国新闻学百科全书》④ 中出现更少，而在克利福德·克里斯琴斯等人主编的《媒介规范理论》一书中，除了几处提及"建设性的冲突""建设性批评"⑤ 之外，建设性并非核心的新闻价值要素。从这种意义上来说，吉登斯泰德、哈格鲁普、麦金泰尔等人建构的建设性新闻学说，颠覆了西方传统新闻学规范理论和主导话语，为西

---

① Cathrine Gyldensted. *From mirrors to movers: five elements of positive psyhology in constructive journalism*. Lexington, KY: GGroup Publishers. 2015, pp. 25, 29–38.

② Cathrine Gyldensted. *From mirrors to movers: five elements of positive psyhology in constructive journalism*. Lexington, KY: GGroup Publishers. 2015, pp. 25, 29–38.

③ Christopher H. Sterling. *Encyclopedia of Journalism*. Thousand Oaks: SAGE Publications. 2009.

④ Stephen L. Vaughn. *Encyclopedia of American Journalism*. New York: Routledge, 2008.

⑤ Clifford G. Christians, Theodore L Glasser, Denis McQuail. *Normative Theories of the Media: Journalism in Democratic Societies*. Urbana: University of Illinois Press. 2009, pp. 98, 135.

方新闻学引入了崭新的价值尺度，具有值得称道的创新价值；具有托马斯·库恩（Thomas Kuhn）所说的"范式转换"（Paradigm Shift）①的价值，是西方新闻学说的重要理论重构。

四　建设性：东西与西方、南方与北方的理论合流？

从国际新闻理论比较的视角来看，欧美建设性新闻思潮与第三世界的新闻理论学说之间有着密切关联。在政治学理论中，第三世界亚非拉国家有时也被称为"东方""南方"国家。在其中一些坚持独立自主的本土化传媒政策的国家中，发展新闻学（Development Journalism）颇有影响。而"建设性"是发展新闻学中的核心价值，例如强调大众传媒推动经济社会发展的建设性作用，通过"建设性的手段""建设性的方法"，媒体要发挥"建设性对话"②"建设性批评"③的作用，形成"建设性关系"，实现"建设性的社会变迁"④。与此同时，"积极的"概念也是发展新闻学的核心概念，在理论话语中反复出现。从这种意义上来说，西方当下建构的建设性新闻学说，与发展新闻之间确实有理论上的共同语言，共享一些价值。不过，发展新闻的话语体系是指向第三世界的传播语境，与基于现代化理论的发展学说紧密相关，因此其理论话语的具体内涵具有自身的特殊性。而欧美的"建设性新闻"则指向西方发达国家主流媒体的新闻危机，旨在解决发达社会中的新闻传播问题。

在苏联与中国的主导性新闻理论话语中，"建设性"也是核心的价值

---

① Thomas S. Kuhn. *The Structure of Scientific Revolutions*. Chicago: University of Chicago Press. 1996，p. 89.
② Karin Wilkins, Thomas Tufte, Rafael Obregon. *The Handbook of Development Communication and Social Change*. West Sussex: Wiley Blackwell. 2014，p. 240.
③ Jan Servaes (ed.). Approaches to Development Communication. Paris: UNESCO, 2002，p. 14.
④ Karin Wilkins, Thomas Tufte, Rafael Obregon. *The Handbook of Development Communication and Social Change*. West Sussex: Wiley Blackwell. 2014，p. 331.

与规范之一。一方面,强调大众媒体是党和国家的助手,媒体与政府是建设性的关系,新闻媒体应该坚持"以正面宣传为主"的基本规范,坚持正确的舆论引导,有利于"团结、稳定、鼓劲"的目的;另一方面,也肯定大众媒体可以"建设性地"发挥舆论监督的作用,开展批评性报道。这一套话语向来不为西方待见,反映在"四种理论"以来的几乎所有西方中心主义的论述中,以至于"建设性""积极"这些用来指称东方模式的概念,欧美学者甚至刻意回避使用。

随着21世纪以来国际比较新闻学研究的勃兴,"去西方化"(De-western)① 成为超越东西二元对立的响亮口号。西方学者开始探索超越西方中心主义的、僵化的规范理论研究,通过在"西方"与"东方"、"北方"与"南方"之间开展广泛的理论对话,在国际多元新闻体系及理论学说之间建构对话的桥梁,寻找新的理论合法性。例如丹尼尔·哈林与保罗·曼奇尼主编的《比较媒介体系:西方之外》一书中,对亚洲媒体包括中国媒体的"建设性"特征,有较为公允的评价。②

在欧美建设性新闻运动中,"建设性"已经从边缘走向中心,在一定意义上颠覆了西方新闻理论传统,有向东方、南方靠拢的趋势。但是,审视建设性新闻的内涵阐述,我们还是可以发现东西之间、南北之间的价值观分歧。欧美建构的建设性新闻固然强调媒体与社会、公众之间的建设性关系,但是仍然强调媒体独立于政府当局、权力集团,这是哈格鲁普、吉登斯泰德、麦金泰尔等人在定义时已经明确表达出来的立场。而东方与南方的建设性价值观则特别强调新闻媒体与政府建制之间的"建设性的伙伴关系"③。

---

① James Curran, Myung-Jin Park. *De-Westernizing Media Studies*. London:Routledge. 2000. Georgette Wang. *De-Westernizing Communication Research*:*Altering Questions and Changing Frameworks*. London:Routledge. 2011.

② Duncan McCargo. *Partisan Polyvalence*:*Characterizing the Political Role of Asian Media*. From Comparing Media Systems Beyond the Western World. Cambridge:Cambridge University Press. 2012,p. 216.

③ Thomas Hanitzsch. Populist Disseminators, Detached Watchdogs, Critical Change Agents and Opportunist Facilitators:Professional Milieus, the Journalistic Field and Autonomy in 18 Countries. *International Communication Gazette*,vol. 73,No. 6,2011,pp. 477–494.

这也是两者之间不可通约的内在根本分歧。因此，在围绕建设性新闻的东西理论对话中，彼此仍然只能"搁置争议，求同存异"，无法真正合流。

五 西方新闻界对建设性新闻运动的评价

建设性新闻并没有颠覆西方传统理论的根基，而只是提供了一种修正主义的替代方案，是特定背景下出现的一种新型的"替代理论"（alternative theory）。它面临着很多困难与争议，很难主流化。基于以往社会责任理论、公共新闻运动的历史经验，可以推论，它不可能成为现行西方传播政经体制下的主导理论，也不可能获得主流媒体的全盘接纳。

建设性新闻运动的先驱们也有"自知之明"，并不认为它可以征服主流媒体。"解决方案新闻网"的联合创始人大卫·伯恩斯坦（David Bornstein）在接受美国新闻研究所执行主任汤姆·罗森斯蒂尔的采访时说："建设性新闻可以在对话中注入有关如何解决问题的新信息，它不仅合法，而且必要，如果我们希望新闻准确而全面的话。"[1] 他在发表于《纽约时报》网站《意见陈述者》（Opinionator）栏目的一篇文章中表示：应该公平地说，解决方案新闻也是合法的新闻报道的分支，并且必须与其他新闻类型保持相同的准确性和专业性标准。[2] 伯恩斯坦明白，解决方案新闻只是诸多新闻报道的分支类型之一，有它的存在价值，但它无法取代监督性的传统客观性报道。

吉登斯泰德也不认为建设性新闻可以替代传统负面新闻，它的价值在于平衡新闻报道中的正面与负面情绪。她在硕士学位论文中说："如果我们

---

[1] Tom Rosenstiel. Reporting "the whole story": 9 good questions with David Bornstein of Solutions Journalism Network. American Press Institute, January 15, 2014. https://www.americanpressinstitute.org/publications/good-questions/moving-toward-whole-story-9-good-questions-david-bornstein-solutions-journalism-network/.

[2] David Bornstein. Why "Solutions Journalism" Matters, Too. Opinionator, The New York Times, December 20, 2011. https://opinionator.blogs.nytimes.com/2011/12/20/why-solutions-journalism-matters-too/?_r=0by?.

的报道在情感上变得更加均衡,那么由于新闻中绝大多数的负面信息而使我们在听众中出现的脱敏现象可能会得到纠正……调查和批评性的故事仍然需要讲述,而不再失去敏感性的听众可能会从批评性的负面报道中看到更多的行动和影响。一个良好的新闻业将能够熟练和自觉地运用消极和积极的态度,从而根据我们的道德准则提高工作和工作场所的质量。"① 她认为,如同积极心理学只是补充、加强和平衡了心理研究领域一样,它不能取代传统心理学。② 另一位积极分子、前 CBS 新闻主播米歇尔·吉兰(Michelle Gielan)则认为这种"变革性新闻"(Transformative Journalism)超越了负面新闻或正面新闻的价值,开辟了新的"第三条道路"(a third path)。③

一些批评者坚持辩证理性的态度,有的并不认同其理论上的合理性,也有人并不看好其可持续发展前景。比利时布鲁塞尔自由大学的几位学者认为:虽然学术界对该主题的兴趣稳步增长,但建设性新闻本身就是一个研究领域,仍需进一步发展。他们对建设性新闻持"批判性欣赏"的立场,认为它是"激进的另类新闻分支",它的实践在某些方面是可能的,但是也阻碍重重。④

基于对建设性新闻与解决方案新闻的元话语(meta-discourse)分析,伊利诺伊大学的坦娅·艾塔莫托(Tanja Aitamurto)与安妮塔·瓦玛(Anita Varma)认为,两者在理论上都存在内在矛盾。她们虽然强调将报道的焦点从"问题"转移到"解决方案",但是仍然奉行传统的盎格鲁—撒克逊新闻准则和惯例。建设性新闻通过解决棘手社会问题的强烈需求来证明其存在价值;同时,它的拥护者经常远离提倡社会公益的主张,并声

---

① Cathrine Gyldensted. *Innovating News Journalism through Positive Psychology*. A Thesis for Master's Degree. University of Pennsylvania,2011.
② Cathrine Gyldensted. *From Mirrors to Movers*:*Five Elements of Positive Psychology in Constructive Journalism*. Lexington,KY:GGroup Publishing. 2015.
③ Michelle Gielan. *Broadcasting Happiness*:*The Science of Igniting and Sustaining Positive Change*. Dallas:BenBella Books. 2015,p. 226.
④ Jelle Mast,Roel Coesemans,Martina Temmerman. Constructive journalism:Concepts,practices,and discourses. *Journalism*,Vol. 20,No. 4,2019,pp. 492 – 503.

称它们只是客观地涵盖了解决方案。这种策略性措辞意味着它们试图在"建设性新闻"与"倡导性新闻"之间划清界限,并将建设性新闻置于传统新闻监督角色范围之内。这样做掩盖了建设性新闻与监督性新闻之间的区别,并且在言辞上混淆了建设性新闻从根本上追求社会进步的理想。解决方案新闻和建设性新闻的元话语声称可以加强(而不是拆除,或挑战)传统新闻规范。然而,通过掩盖新闻业的建设性作用,声称建设性新闻主要是增强的监督新闻,最大限度地降低了其促进社会进步的潜力。[①] 在她们看来,建设性新闻既想表达推动社会进步的诉求,又想保有"客观"的名声,实际上自相矛盾,暴露了其保守主义心态。

维也纳大学的丹尼尔·诺莱克(DanielNölleke)评价说:"建设性报道并未在概念上代替传统新闻,而是作为一种额外的新闻工具。尽管媒体行业已经接受了建设性报道,但对它的学术分析仍处于起步阶段。到目前为止,仍然广泛未知的是涉及哪些主题以及怎样设计建设性故事。"[②] 他的怀疑态度,与路易斯·伍德斯托克(Louise Woodstock)在评价曾经盛行一时的公共新闻运动时所说的话类似:"公共新闻是一组抽象的理想,而不是新闻方法。"[③] 目前建设性新闻的发展处境确实如此,它提出了一组抽象的新闻价值观,但并未厘清具体的可操作方法。

德国学者克劳斯·迈耶(Klaus Meier)通过两项受众实验研究,尝试论证建设性新闻的可操作性。她认为,可以将建设性新闻的周密使用方式整合到新闻编辑室策略中;但这并不是那么容易实现,建设性报道需要更多的资源、时间和空间。[④] 这种批评意见直击要害,建设性新闻的可操作

---

① Tanja Aitamurto, Anita Varma. The Constructive Role of Journalism. *Journalism Practice*. vol. 12, no. 6, 2018, pp. 695 – 713.
② DanielNölleke. Constructive Journalism. *From The International Encyclopedia of Journalism Studies, edited by Tim P.* Vos and Folker Hanusch. New Jersey: John Wiley. 2019.
③ Louise Woodstock. Public journalism's talking cure An analysis of the movement's "problem" and "solution" narratives. *Journalism*, vol. 3, No. 1, 2002, pp. 37 – 55.
④ Klaus Meier. How does the Audience Respond to Constructive Journalism? *Journalism Practice*, vol. 12, no. 6, 2018, pp. 764 – 780.

性并不强，它意味着更高的经济成本和人力成本，而它缺失有效财务模式决定了它的生命力。从这个视角来看，我们可以推论：建设性新闻在理论上颇为高贵动听；但在实践中无法制度化，难以推广，因此很难可持续发展。

六 欧美建设性新闻运动带给我们的启示及借鉴价值

基于理性的对话态度，我们可以从欧美建设性新闻运动中获得如下几点启示。

第一，西方新闻界发现传统客观性报道存在弊端，提出用建设性报道来予以平衡，在理论上具有借鉴价值。我们同样也需要反思客观性报道所导致的负面新闻泛滥，社会舆论充满负面情绪和戾气，舆论场存在不同程度的失衡。从这种意义上来说，我们有必要汲取建设性新闻的一些理念、价值与方法，引入积极心理学的工具和技术，来改造新闻报道，使正面报道与负面报道达到更好的平衡，以形成健康的社会舆论氛围。

第二，中西关于"建设性"的理解与阐释既有一定的相通之处，也存在根本差异。欧美建设性新闻运动所阐发的概念内涵植根于"盎格鲁—撒克逊新闻准则和惯例"，仍然强调独立、客观等自由主义核心价值。中国本土语境下的"建设性"则基于"中国道路"，两者之间存在不可通约的差异。因此，我们不需要亦步亦趋地发动建设性新闻运动。但它确实带给了我们一点启示，即加强自身新闻理论中关于建设性元素的内涵建设。积极心理学完全可以作为我们加强关于建设性的理论建设的有用工具。

第三，新闻学是复数概念，存在多元的理论学说，各种理论学说都有其一定的合理性。建设性新闻针对传统新闻的缺陷，提出制衡的解决方案，有其充分的合理性。遗憾的是在西方现行政经体制之下，它虽然成功地概念化、理论化了，但是无法制度化、主流化。我们在坚持中国特色的核心传播价值观的基础上，继承创新、兼容并包，取长补短，才能推进理论研究不断前进，才能有效解释多元化的现状，也才能指导多样性的实践。在新闻报道实践领域，各种报道理念、方法、技术各擅所长，形成互补、平衡的关系，才能构建良性的舆论场，实现推动社会进步的终极目标。

第四，在跨文化的新闻理论对话方面，建设性新闻是一个可以建立起共同对话基础的有效概念工具，比我们直接用"新闻宣传"来跟西方的"专业新闻"展开对话来得更加有效。尤其是随着中国国际影响力的提升，中西的传播力量在第三世界南方国家相遇的时候，我们需要选用更加有效的理论工具来解释自我，而建设性新闻是一个对外传播时更加行之有效的理论工具。例如张艳秋的英语论文在国际学术圈借助于建设性概念的诠释，可以发挥连通中国新闻思想的外译作用，创造与西方理论对话的空间。① 赵月枝从比较新闻学的视角推动中西新闻传播思想的对话，来破除西方中心主义偏见，阐释中国新闻理论的价值与规范，也是行之有效的学术对话策略。② 显然，在未来推动中西新闻学术对话时，进行适当的话语转换是值得探索的路径，可以假借可通约的概念转换，有效地推进国际学术对话。

（本文原载于《现代传播（中国传媒大学学报）》2020年第11期，该文章收录本书时内容和文献标注方式略有调整）

---

① Zhang Yanqiu, Simon Matingwina. A new representation of Africa? The use of constructive journalism in the narration of Ebola by China Daily and the BBC. *African Journalism Studies*, vol. 37, No. 3, 2016, pp. 19 – 40.

② Zhao Yuezhi. *Understanding China's Media System in a World Historical Context*. From Comparing Media Systems Beyond the Western World. Cambridge: Cambridge University Press. 2012, pp. 166, 173.

Ⅳ 建设性新闻：一种正在崛起的新闻形式
——对凯伦·麦金泰尔的学术访谈

晏青　凯伦·麦金泰尔*

内容提要：目前，新闻主要被负面和冲突的框架主导。本访谈围绕国外主流媒体兴起的建设性新闻进行理论的探讨。文章厘清了学术界和业界对方案新闻、好新闻、幸福新闻、恢复性新闻等概念的误读与理解偏差，首次提出建设性新闻概念。对建设性新闻的积极心理策略的运用、传媒实践、研究现状、学科建设、发展趋势等问题进行剖析，并指出建设性新闻将为新闻学研究和实践提供新的范式。

关 键 词：建设性新闻　新闻范式　心理策略

---

* 晏青（1984～），江西峡江人，暨南大学新闻与传播学院副教授，美国弗吉尼亚联邦大学传媒与文化学院访问学者，主要研究方向为娱乐传播、传媒文化等；凯伦·麦金泰尔（Karen McIntyre）（1984～），美国弗吉尼亚联邦大学传媒与文化学院助理教授，主要研究方向为新媒体心理效果的跨学科研究。

近年来，国外主流媒体在建设性新闻领域的实践已取得不菲的成绩，学术界研究方兴未艾。但是，学术界与业界对新闻功能的理解存在一定程度的偏误，忽视了新闻建设性的一面。国内开始引介，但仍存在某些概念上的误读、功能上的曲解。本期专访弗吉尼亚联邦大学助理教授凯伦·麦金泰尔，从建设性新闻的概念、写作策略、历史实践、新闻范式、未来发展等方面进行探讨。

一 概念辨析与心理学策略的运用

晏青：学术界和业界对建设性新闻有很多不同的表述，比如积极新闻（Positive Journalism）、好新闻（Good Journalism）、预期新闻（Prospective Journalism）、方案新闻（Solutions Journalism）等。含混的概念难免引起研究者和记者的困惑。这些概念的差别是什么？

凯伦：这些术语确实让人感到困惑。我认为，所谓建设性新闻，它是一种新兴的新闻形式，在坚持新闻核心功能的同时（比如"看门狗"、告知公众潜在威胁等功能），将积极心理学和其他行为科学的技巧运用到新闻流程和产品，致力于创作卓有成效、引人入胜的报道。建设性新闻和积极新闻、好新闻与幸福新闻之间有很重要的差别，建设性新闻仍要坚持新闻核心功能的严格报道，而其他的不是。积极新闻会让人感觉很快乐，可能就包括像警察从树上解救一只猫的"无价值"的故事。诸如好消息网（Good News Network）、幸福新闻网（Happy News）和赫芬顿好消息网（HuffPost Good News）等"积极新闻"大多缺乏有意义的信息。这些网站的新闻故事更重视情感和娱乐，但缺乏新闻的冲突性、影响性等主流新闻的核心要素。正如我们所界定的建设性新闻必须要运用积极心理策略一样，新闻实践过程中出现的其他使用了积极心理技巧的新闻形式，我们将其视为建设性新闻的种类。我们确定了四个分支：方案新闻（以及它的分支解决问题的新闻）、预期新闻、和平新闻（Peace Journalism）和恢复性叙事（Restorative Narrative）。方案新闻是关于人们如何应对问题的严肃报道；预期新闻简单概括为专注于未来；和平新闻涉及国家和国际冲突，与预期新闻或方案新闻有交叉，旨在思考以非暴力的方式应对冲突；恢复性新闻与建设性报道社区冲突。实际上，Cathrine Gyldensted 和我在即将发表的一篇文章中绘制了一个图表用来描绘这些概念的关联（见图 1）。

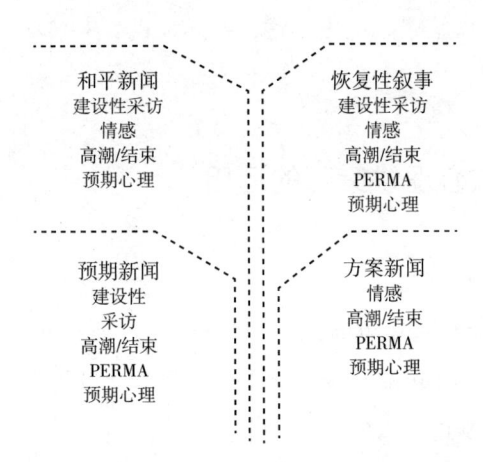

```
和平新闻              恢复性叙事
建设性采访            建设性采访
情感                  情感                  建设性新闻
高潮/结束             高潮/结束             坚持新闻的核心功能，在新闻流程和产
预期心理              PERMA                品中，运用积极心理策略，生产卓有成
                     预期心理              效、引人入胜和全面深刻的报道。

预期新闻              方案新闻
建设性                情感
采访                  高潮/结束
高潮/结束             PERMA
PERMA                预期心理
预期心理
```

图 1　建设性新闻概念关联性

晏青：怎么理解心理学技巧在建设性新闻中的独特运用呢？

凯伦：现有的研究已论证至少有五种积极心理技巧适用于建设性新闻。这些技巧适用于新闻生产、信息收集、产品营销等几个阶段，现在有些新闻机构已开始运用它们。（1）在新闻故事中唤醒积极情绪。如果新闻唤醒了读者的希望或进取心，读者会备受鼓舞，充满能量，激发更多的参与。一般来说，积极情感更可能产生接近倾向，而负面情感产生逃避倾向。如果人们感到更积极，他们更可能"接近"这个故事，花更多的时间去阅读它，在 Facebook 上点赞，在社交媒体上分享，跟朋友谈论、签请愿书、捐献等。（2）提建设性的采访问题。在采访中，记者常常扮演进攻者的角色，就像调查者。这种采访方式常会引起对方的防御。我们建议记者提各种类型的问题，相比调查员而言，像一个探索者更容易让对方畅所欲言。（3）报道中要融入方案。我们建议记者除了提供冲突的信息，还要关注潜在方案。这有助于推动对话。（4）新闻工作中要有 PERMA 元素：积极情感、参与融入、和谐关系、集体意义和行业自律。这些技巧尤其适合在故事的生产过程中运用。（5）考虑世界的幸福模式。不仅要考虑所有事件包括冲突、灾难、消极、悲剧等，还要考虑事件进取、成长、合作、恢复等方面。

二 拓宽新闻学科疆界

晏青：建设性新闻让新闻不再只是冲突与负面，也让新闻充满解决之道与希望。可以说它赋予了新闻第二双眼睛。是否可以说，它为新闻学研究和实践提供了新的范式？

凯伦：是的，很长时期里，新闻学被冲突和负面的框架所主导。1997年，Charles Bantz 认为新闻机构把冲突视为平常的、预期的，可能也是必要的。这样一来，把冲突和负面当作新闻价值，它们和接近性、影响力、及时性一同被用来培养记者并确定新闻价值。而建设性新闻提出了一种方法，让记者的焦点从冲突和负面转移，在履行新闻核心功能的同时，报道和生产更有成效的故事，即提供重要信息，同时吸引新闻消费者、更准确地描绘世界的故事。

晏青：作为一种新闻形式，它如何参与全球公众事务？

凯伦：许多人错误地认为，建设性新闻不适合报道像全球公共事务这样重要的、严肃的事件。其实有很多例子表明建设性新闻能担此大任。例如，叙利亚使用化学武器镇压本国人民事件发生后，美国国家部长 John Keng 召开发布会，美国也准备打击这个国家。从根本上讲，这是一个负面事件，会议上许多记者都关注此事件的冲突。但是哥伦比亚广播公司的一个记者 Margaret Brennan 在发布会上提出了一个建设性的问题："此时此刻，他（叙利亚总统 Bashar al-Assad）的政府如何才能避免这场打击呢？" Kerry 回答说，叙利亚只有向国际社会交出所有的化学武器，才可能避免打击的发生。Brennan 将这个回答公之于众。这是一个专注于方案而非冲突的独特建设性问题。它更关心未来，而非过去。

晏青：很多学者认为，建设性新闻固然有益，但并不是万金油。你能谈谈建设性新闻的局限吗？

凯伦：只要新闻记者在记述时不掺杂个人情感，我认为建设性新闻没什么局限。在我看来，建设性新闻适用于所有题材。有人会问我："但是，如何把内在是负面的主题新闻写成积极或建设性的新闻，比如恐怖袭击？"其实，即便你很肯定新闻是负面和冲突的信息，你仍然可以增加建设的元素。例如，建设性新闻的实践路径之一是通过唤醒新闻故事里的某些情感实现的，比如希望。如果是恐怖袭击，记者可以通过鼓舞人心的引用让故事更有建设作用。例如，引用一位死者的母亲的话，她说：从社区支援之举中备受鼓舞。

三 传媒领域的实践早就开始

晏青：每种新事物的产生与发展都有其理由与过程。你能谈谈建设性新闻产生的现实背景和实践情况吗？

凯伦：建设性新闻发轫于诸如公民新闻、公共新闻或大众新闻等已有的新闻形式。这些新闻形式都要求记者更加积极参与、乐于分享，而非更被动、更超然。过去的二十多年里，记者一直以各种形式进行建设性新闻实践。早在1998年，Susan Benesch在《哥伦比亚新闻评论》上就讨论了建设性新闻的产生问题，谈到了《洛杉矶时报》和《纽约时报》在刊发方案新闻方面的突出表现。从那时起，"建设性新闻"一词诞生，其后越来越多的新闻工作者践行这种新闻理念。比如，荷兰新闻论坛《记者》注重新闻的背景、分析和调查，专注于建设性报道。超越爆炸性新闻，着眼于新闻故事。他们在八天里就筹集超过百万欧元，创下了新闻界众筹的世界纪录，这说明了这种新闻的受欢迎程度。《纽约时报》专门有Fiex网站，主要报道方案导向的新闻。文章的作者也是解决方案新闻网

（Solutions Journalism Network）的创建人。除此，《卫报》《经济学家》《赫芬顿邮报》等都在这个方面有所建树。在世界各国的新闻故事中都能找到建设性新闻的要素。可以肯定的是，它不像已有的其他新闻形式，建设性新闻的独特性体现在其要求运用积极心理学的技巧上。

晏青：据我所知，你对三十多个国家的建设性新闻实践进行实地调研。除英、美两国外，其他国家或地区是否出现有特色的新闻实践？

凯伦：不同国家的人使用不同的术语，但我相信他们有一个共同的目标：做对社会负责的新闻。我曾主持过对美国境内记者的调查，他们绝大多数是支持建设性新闻的。我更认为在其他一些国家，这种新兴新闻形式比在美国更为人们所接受。例如，我在丹麦调研建设性新闻的实践情况时发现，在那里"提出方案"（presenting solutions）是一种较普遍的新闻价值。而在美国这不是新闻价值标准。

我认为在一些不完全具备新闻自由的国家，建设性新闻运用得更为广泛，比如非洲一些国家，在卢旺达，记者不使用建设性新闻这一术语，但是他们生产建设性新闻故事时，尽力去促成社会团结与和谐。卢旺达的记者认为，1994年的大屠杀之后，促进和平是他们的义务。因此，他们在新闻报道时通常会凸显国家的恢复与再发展。他们不想报道任何分裂的事情，这跟美国很不一样。如果你认为卢旺达记者在政府的"看门狗"和批评性新闻报道上发挥的作用不够，这是不公平的，因为你没有考虑这个国家的历史。

四 不会削弱新闻功能

晏青：正如你在文章指出的，建设性新闻是基于方案新闻，而非负面和冲突，更注重问题和事件的积极方面。但是它是否会陷入粉饰太平的被动处境，削弱其社会监督和批评功能？

凯伦：如果新闻因这变得过于积极就不再被认为它们是建设性新闻，我认为这不现实。正如建设性新闻的定义里所说的，它包含履行新闻的核心功能。因为其揭露新闻、监督新闻的传统在全社会已根深蒂固。同样，值得注意的是，我并不是倡导只报道积极事件与方案，一种新闻更应该同时报道冲突和可能的方案。只要记者能够确保这两个方面，即使在进行建设性新闻实践时，仍然在长时期内能保持社会监督的功能。一些没有新闻自由的国家的记者比美国更喜欢报道建设性新闻，但是在某种程度来讲，若这些建设性新闻的记者不能批评政府、不能以他自己的意志写建设性新闻，这就与建设性新闻写作宗旨南辕北辙。

五 建设性新闻教育与未来发展

晏青： 建设性新闻为新闻教育带来怎样的启示？

凯伦： 建设性新闻也是刚刚步入新闻教育。美国认可的新闻学院里有不到十位教授开始讲授建设性新闻方法。比如温德斯海姆应用科技大学新闻学院在 2016 年开设了建设性新闻这门课。Kathryn Thier 的《初步实施方案新闻课程的机遇和挑战》是第一篇关于方案新闻影响的学术期刊论文。他的研究认为，通过方案新闻实践，学生和老师都感到重获力量。我认为应在新闻院校开设建设性新闻的课程，这是让所有的新闻工作养成正常心态的最好方式。我也朝这个方向努力，讲授的课程里也吸收相关内容。在我看来，千禧一代更喜欢建设性新闻。

晏青： 现在学术界对建设性新闻的研究情况怎样？

凯伦： 建设性新闻在业界不断发展壮大，但在学术界还是一个新事物。虽说过去两年里出现了一些学者，但正在研究它的学者仍然很少。我本人研究主要集中于建设性新闻的理论概念、理解它的作用过程，以及效果检验。其他学者也有所研究，比如方案新闻或恢复性叙事。目前对建设性新闻的研究多采用跨学科的方法，通过结合行为科学，如积极心理学、预期心理学和伦理心理学等进行。可以肯定的是，建设性新闻是一个新兴的研究领域。

晏青：你能给我们分享 2016 年欧洲"被建构/建设性新闻"会议的主要观点吗？

凯伦：其实在这次会议前，也就是 2016 年 12 月 2 日，我曾被邀请到荷兰召开建设性新闻会议，做会议评议人。此次会议是一次行业会议，由温德斯海姆应用科技大学举办。包括《卫报》的前主编 Alan Rusbridger、记者网的副主编 Karel Smouter、麻省理工学院的公民媒体实验室主任 Ethan Zuckerman 等专家发表了演讲。

主题为"被建构/建设性新闻"的会议是 2016 年 12 月 8~9 日在比利时举办的，主要是围绕"新闻是如何建构社会的"和"新闻如何成为建设性"两个核心议题组织的。建设性新闻运动的领军人 Cathrine Gyldensted 在大会上梳理了关于建设性新闻的几种争议及其潜能。我分享了《卢旺达记者如何进行建设性新闻实践》的研究。会议讨论的重点是建设性新闻的概念体系，以及密切关注全球和地方对建设性新闻进行报道等问题。我第一次意识到大会参会人员似乎都有这样一个共识：这种新闻不是简单的存在，而是我们创造了它。这很重要。总的来讲，这是我第一次参加过的，甚至是第一次听说过的专门聚焦建设性新闻的学术会议。这也意味着建设性新闻的茁壮成长！

（本文原载于《编辑之友》2017 年第 8 期，该文章收录本书时内容和文献标注方式略有调整）

V | 建设性新闻：概念界定、主要特征与价值启示

徐敬宏　郭婧玉　游鑫洋　胡世明*

内容提要： 建设性新闻兴起于欧洲和美国，并逐渐获得了各国重视，但学术界对其概念尚未形成统一的认识，新闻业界也仍存在一定的分歧。本文通过梳理现有文献以及当前的实践情况，对建设性新闻的概念、主要特征、历史实践、价值和启示进行了探讨。建设性新闻主要根植于积极心理学，报道框架集中于对社会问题提出解决方案，并注重赋予受众权力。建设性新闻能对受众的情绪带来积极影响，并逐渐取得了商业化的成功。

关 键 词： 建设性新闻　积极心理学

当前，新闻行业面临如下一些问题：信息超载、订阅用户和广告收入

---

* 徐敬宏，北京师范大学新闻传播学院教授、博士生导师、北京师范大学互联网发展研究院研究员；郭婧玉，北京师范大学新闻传播学院硕士研究生，通讯作者；游鑫洋，北京师范大学新闻传播学院硕士研究生；胡世明，北京师范大学新闻传播学院硕士研究生。

下降，加之人们新闻偏好和消费观念发生了变化，传媒内部对变革的抵制在逐渐减弱①。另外，传统新闻业中，大部分新闻以负面的框架为主，充满了冲突②，带来了一定的负面影响。从商业角度而言，这导致新闻受众正在减少。数据显示，自2007年以来，美国广播公司、哥伦比亚广播公司、福克斯新闻和美国全国广播公司的平均收视率在下降③。从受众角度而言，传统媒体中通常会出现负面的、受冲突驱动的新闻，但这并未能说明解决冲突的政策是否有效，这样的媒体环境对受众造成了"同情疲劳"，即受众厌倦了媒体对人类不幸的无情报道。克尼克（Kinnick）、克鲁格曼（Krugman）和卡梅伦（Cameron）解释媒体导致受众"同情疲劳"的关键因素是新闻报道中总是有持续不断的坏消息，并缺乏社会问题的解决方案④。

针对这一现状，近年来一种新闻写作方式——建设性新闻（Constructive Journalism）走进了大众的视野，即在新闻中加入积极心理学的元素，以积极的、具有建设性的方式来建构新闻。建设性新闻还是一个相对较新的概念，学界对于建设性新闻并没有统一的界定。目前，国内对于"Constructive Journalism"的翻译存在两种情况。业界在将"Constructive Journalism"概念引入国内时使用了"建构式新闻"的说法，全媒派在编译国际新闻传媒协会有关"Constructive Journalism"的文章时，提出建构式新闻是一种以解决问题为导向进行的报道⑤，强调其相对于传统新闻报道的"新"的建构形式。我国部分学者则将其翻译为"建设性新闻"，如

---

① Liesbeth Hermans, & Nico Drok (2018). Placing Constructive Journalism in Context. *Journalism Practice*, 12 (6), pp. 679–694.
② Karen McIntyre, & Cathrine Gyldensted (2018). Positive Psychology as a Theoretical Foundation for Constructive Journalism. *Journalism Practice*, 12 (6), pp. 662–678.
③ 皮尤研究中心（2017），《本地电视新闻简报》，http://www.journalism.org/fact-sheet/local-tv-news/。
④ Karen McIntyre (2015). *Constructive Journalism: The Effects of Positive Emotions and Solution Information in News Stories*. Ph. D Dissertation, University of North Carolina, North Carolina.
⑤ 全媒派（2018），《国外兴起"建构式新闻"：以解决问题为导向，拒绝情绪消耗》，https://36kr.com/p/5148920.html。

暨南大学晏青在与凯伦·麦金泰尔（Karen Mclntyre）的学术访谈中涉及建设性新闻的积极心理学策略的运用①，这些策略使新闻报道具有建设性意义。通过检索，笔者发现韦氏词典中对"Constructive"一词的英文解释有三种，分别是"Declared such by judicial interpretation"，即通过司法解释进行声明；"Of or relating to construction or creation"，即与建构或创造相关；"Promoting improvement or development"，即推动、改进或发展。联系文献中所提到的概念与特征，"Constructive Journalism"强调通过新闻报道提出解决方案，从而激励受众，促进个人发展和集体与社会的繁荣。笔者认为"Constructive"一词在"Constructive Journalism"中的含义更倾向于第三种解释，即将"Constructive Journalism"翻译为"建设性新闻"更为恰当。

一 建设性新闻研究的文献计量分析

通过尽可能全面的文献检索，笔者以"Constructive Journalism"或"Constructive News"为主题词，在EBSCO数据库中的传播及大众传媒全文数据库（communication & mass media complete）、学术参考类数据库（academic source complete）、汤森路透集团web of science中的社会科学引文索引数据库（social science citation index）、艺术与人文科学引文索引数据库（arts & humanities citation index）和社会科学与人文科学会议录索引（conference proceedings citation indexsocial sciences & humanities）、Taylor & Francis SSH数据库、Scoupus数据库和谷歌的学术搜寻进行检索；并以"建设性新闻"或"建构式新闻"为主题词，在中国知网的核心期刊进行了检索。通过检索，截至2019年1月27日，笔者发现与建设性新闻相关的文献数量包括期刊论文、会议论文、学位论文和网络优先发表的论文在内共25篇。本文利用文献计量学方法对这些文献数据进行分析，以了解

---

① 晏青、〔美〕凯伦·麦金泰尔：《建设性新闻：一种正在崛起的新闻形式》，《编辑之友》2017年第8期，第5~8页。

建设性新闻研究的发展方向。

从文献的年载量来看，图1显示，以"建设性新闻"为主题的论文出现于2014年，是中国传媒大学学者张艳秋在国际会议"中国与非洲：传媒，传播与公共外交"中发表的会议论文。2015年和2016年发表的论文数量分别为1篇。其中，2015年发表的论文为凯伦·麦金泰尔（Karen Mclntyre）的博士学位论文。2017年的文献发表数量为5篇，2018年的文献发表数量为13篇，发表数量呈现出逐年上升趋势。另外，还有4篇以"建设性新闻"为主题的论文属于网络优先发表论文，处于待刊发阶段，即已经同意出版，但未指定在期刊哪一期上发表。本文将其归入将在2019年发表的文献。从文献的年载量而言，建设性新闻近年来正逐渐走入学界的视野，获得了越来越多的关注（见图1）。

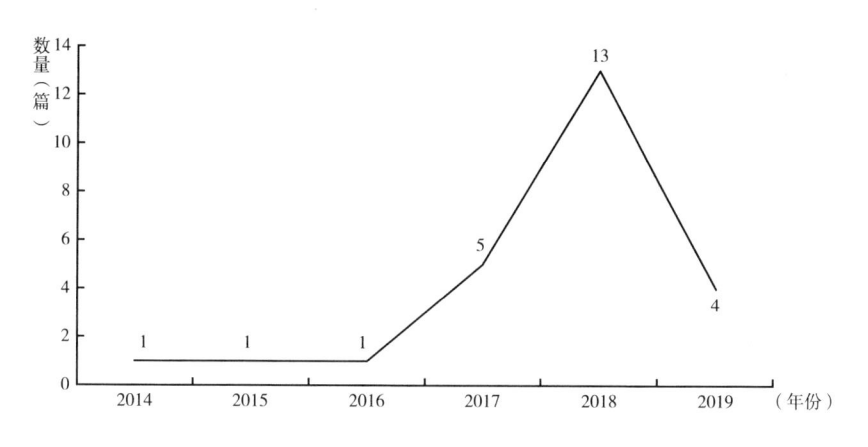

图1　2014~2019年发表文献数量

从已发表文献的著者来看，表1显示，建设性新闻属于处在萌芽期的研究领域，正在形成几位具有影响力的著者。凯伦·麦金泰尔发表了6篇以"建设性新闻"为主题的论文，发表文献数量最多，从署名上看，其中两篇论文是与凯瑟琳·吉登斯泰德（Cathrine Gyldensted）的合作成果。中国传媒大学学者张艳秋除了在2014年发表了一篇会议论文以外，还分别于2016年和2018年与西蒙（Simon Matingwina）合作发表了2篇论文，使中国对建设性新闻的研究走在了世界前列。

表 1 高产作者发表文献数量

单位：篇

作者	论文篇数
Karen McIntyre	6
Cathrine Gyldensted	3
Yanqiu Zhang	3
Simon Matingwina	2
Mariska Kleemans	2

通过对期刊分布的统计，表 2 显示，建设性新闻的文献基本上发表于外文期刊，以《新闻实践》（*Journalism Practice*）为主阵地，共有 8 篇论文发表。《新闻学研究》（*Journalism Studies*）次之，共有 3 篇论文发表。在中国知网的核心期刊中，有 1 篇相关论文发表于《编辑之友》。

表 2 期刊分布统计

单位：篇

期刊	发表篇数
Journalism Practice	8
Journalism Studies	3
Journal of Applied Journalism & Media Studies	1
Journal of African Media Studies	1
Journal of Communication	1
Journal of Youth and Adolescence	1
The Journal of Media Innovation	1
African Journalism Studies	1
编辑之友	1

通过对关键词的词频统计，表 3 列出了出现频率在两次及两次以上的关键词。表 3 显示，这些关键词包括"建设性新闻"（含 Constructive Journalism 和 Constructive News）"对策新闻"（Solution Journalism）"积极心理学"（Positive Psychology）"公共新闻"（Public Journalism）"积极新闻"（Positive News）"参与"（Engagement）"情感"（Emotions）"非洲"

(Africa)"实验"(Experiment)。其中,"建设性新闻"出现频率最多,达到 24 次。"对策新闻""积极心理学""公共新闻"和"积极新闻"的出现频率次之,反映出学界重点关注这些概念与建设性新闻的关系。另外,"实验"这一关键词被 2 篇文献提及,说明实验法成为建设性新闻领域一种重要的研究方法。从高频关键词的时间分布来看,如表 4 所示,除了"建设性新闻"本身被提及的频率随论文发表数量递增,学界对"对策新闻""积极心理学"和"公共新闻"与建设性新闻的联系逐渐给予了较多的关注。另外,从"实验"这一关键词可以发现,学界从 2018 年起逐渐开始对建设性新闻进行实证研究,主要的研究方向是建设性新闻对受众情感和行为的影响。

表 3 建设性新闻领域关键词词频分析

单位:次

序号	高频关键词	频率
1	Constructive Journalism/Constructive News/建设性新闻	24
2	Solution Journalism	7
3	Positive Psychology	4
4	Public Journalism	4
5	Africa	3
6	Experiment	2
7	Emotions	2
8	Positive News	2
9	Engagement	2

另外,与建设性新闻相关的专著主要以外文专著为主。乌瑞克·哈格洛普(Ulrik Haagerup)于 2014 年出版了《建设性新闻:为什么消极会摧毁媒体和民主以及如何提升未来的新闻报道》[1],并于 2017 年推出修订版《建设性新闻:如何通过明天的新闻业拯救媒体和民主》[2],该书对新闻

---

[1] Ulrik Haagerup (2014). *Constructive News: Why Negativity Destroys the Media and Democracy and How to Improve Journalism of Tomorrow*. New York, USA: InnoVatio Publishing.
[2] Ulrik Haagerup (2017). *Constructive News: How to Save the Media and Democracy with Journalism of Tomorrow*. Aarhus, Denmark: Aarhus University Press.

表 4　高频关键词时间分布统计

单位：次

高频关键词	2014 年提及频率	2015 年提及频率	2016 年提及频率	2017 年提及频率	2018 年提及频率	2019 年提及频率
Constructive Journalism/Constructive News/建设性新闻	1	—	1	6	11	5
Solution Journalism	—	—	—	2	4	1
Positive Psychology	—	—	—	2	2	—
Public Journalism	—	—	—	—	3	1
Africa	1	—	1	—	1	—
Experiment	—	—	—	—	2	—
Positive News	—	—	—	1	1	—
Engagement	—	—	—	1	1	—
Emotions	—	—	—	2	—	—

媒体的传统思维观念提出了挑战，并提出了媒体的消极倾向对受众、公众话语和民主的影响。凯瑟琳·吉登斯泰德在 2015 年出版了《从镜子到推动者：建设性新闻中的积极心理学的五个要素》[①]，通过介绍积极心理学等交叉学科来阐释建设性新闻的创新。

总体而言，学界对于建设性新闻理论性探讨集中于概念界定、理论来源、特征和历史实践等，实证研究集中于建设性新闻对不同年龄段受众态度的影响。本文通过筛选整理文献中对于建设性新闻的相关内容，对其概念界定、特征、历史实践与价值启示进行了探讨。

二　建设性新闻的概念

有学者认为，建设性新闻出现于 2010 年以后的数字媒体时代[②]，但

---

① Cathrine Gyldenster (2015). *From Mirrors to Movers: Five Elements of Positive Psychology in Constructive Journalism.* South Carolina, USA: CreateSpace Independent Publishing Platform.

② Unni Fron, & Nete Norgaard Kristensen (2018). Rethinking Constructive Journalism by Means of Service Journalism. *Journalism Practice*, 12 (2), pp. 714–729.

建设性新闻的理论概念与所采用的报道方式并不是一种新的方法，它与积极心理学（Positive Psychology）、和平新闻（Peace Journalism）、公民新闻（Civic Journalism）和对策新闻（Solution Journalism）等概念有着一脉相承的紧密关系。积极心理学为建设性新闻提供了一种积极的报道视角与理论基础。国际积极心理学协会（International Positive Psychology Association）将积极心理学定义为"让个人和社会茁壮成长的科学研究"。积极心理学的主要研究领域涉及适应力、美德、优势、幸福感、创伤后成长和积极情绪等方面①。一些研究表明，人们在看完普通的新闻简报后，会感到沮丧，大多数人觉得他们对新闻中反映的情况无能为力，人们变得麻木不仁，失去了知觉②。而在新闻中加入积极心理学的元素，以积极且具有建设性的方式来建构负面新闻③，可以激发受众的积极情绪（Positive Emotions）。

在心理学中，情绪（emotion）与情感（affect）不同。情感是一个更加普遍的概念，具有两个维度，即积极或者消极两方面的感觉。情绪则更为具体，许多学者将其分为许多不同的维度，比如害怕、生气和开心④。其中，积极情绪中的崇高（elevation）和希望（hope）这两种情绪类型可以应用于建设性新闻⑤。拉扎勒斯（Lazarus）将希望定义为一种情绪，当人们相信生活中原本不存在的积极事物能够实现时，就会产生希望这种情绪⑥。海特（Haidt）将崇高定义为对目睹美德或道德之美的情感反应。崇高适

---

① Karen Mclntyre, & Cathrine Gyldensted (2018). Constructive Journalism: Applying Positive Psychology Techniques to News Production. *The Journal of Media Innovations*, 4 (2), pp. 20 – 34.
② Chrysi Dagoula (2018). Constructive Journalism. *Journal of Applied Journalism & Media Studies*, 7 (3), pp. 569 – 574.
③ Mariska Kleemans, Luise F. Schlindwein, & Roos Dohmen (2017). Preadolescents' Emotional and Prosocial Responses to Negative TV News: Investigating the Beneficial Effects of Constructive Reporting and Peer Discussion. *Youth Adolescence*, 46 (9), pp. 2060 – 2072.
④ Karen Mclntyre (2015). *Constructive Journalism: The Effects of Positive Emotions and Solution Information in News Stories*. Ph. D Dissertation, University of North Carolina, North Carolina.
⑤ Denise Baden, Karen Mclntyre, & Fabian Homberg (2018). The Impact of Constructive News on Affective and Behavioural Responses. *Journalism Studies*, 30 (2), pp. 233 – 256.
⑥ Lazarus, R. S. (1999). Hope: An Emotion and a Vital Coping Resource against Despair. *Social Research*, 66 (2), pp. 653 – 678.

于在媒体背景下进行研究，因为在新闻报道的语境中，读者通过阅读文章中提到道德行为（比如英雄主义、同情心或面对困境时的勇气），他们能感受到崇高这种情绪①。

弗雷德里克森（Fredrickson）指出，积极的情绪能够提高注意力和认知能力，使个体思维更加灵活，更有创造性，更加包容。虽然刚开始的积极情绪不会持续很久，但从积极情绪中获得的讯息资源能够带给人长期的好处，包括消除消极情绪的影响、保护健康、增强心理的适应能力及推动积极情绪的螺旋上升，从而提高情绪上的健康②。所以在新闻报道中使用积极心理学技巧，能够在一定程度上平衡消极的偏见，用希望取代犬儒主义，用公民参与代替冷漠，减少两极分化以增加社会福利③。同时有助于减少新闻报道带来的负面情绪，可能会提高受众的幸福感，从而对社会产生积极影响④。

一些批评者认为，建设性新闻忽视现实中的残酷，不同于传统新闻中强调客观、中立的价值观，这可能会导致新闻机构失去权威和信誉⑤。而且，一些记者认为撰写有关冲突和社会问题的报道是他们的职责，提出解决方案只是描绘了一幅美好的世界图景，并不会被视作是"真正的"新闻⑥。

值得注意的是，建设性新闻并不完全等同于积极新闻。梁（Leung）

---

① Denise Baden, Karen McIntyre, & Fabian Homberg (2018). The Impact of Constructive News on Affective and Behavioural Responses. *Journalism Studies*, 30 (2), 233 – 256.

② Fredrickson, B. L. (2004). What Good Are Positive Emotions. *Review of General Psychology*, 2 (3), 300 – 319.

③ Karen McIntyre, & Cathrine Gyldensted (2018). Positive Psychology as a Theoretical Foundation for Constructive Journalism. *Journalism Practice*, 12 (6), pp. 662 – 678.

④ Mariska Kleemans, Luise F. Schlindwein, & Roos Dohmen (2017). Preadolescents' Emotional and Prosocial Responses to Negative TV News: Investigating the Beneficial Effects of Constructive Reporting and Peer Discussion. *Youth Adolescence*, 46 (9), 2060 – 2072.

⑤ Unni Fron, & Nete Norgaard Kristensen (2018). Rethinking Constructive Journalism by Means of Service Journalism. *Journalism Practice*, 12 (2), 714 – 729.

⑥ Karen McIntyre (2015). *Constructive Journalism: The Effects of Positive Emotions and Solution Information in News Stories*. Ph. D Dissertation, University of North Carolina, North Carolina.

和李（Lee）区分了积极新闻的类型：能在危机中带来希望的新闻（news that brings the hope in a crisis）、善事（good deeds）、感动生活的故事（touching life stories）、关于庆祝活动、节日或国家成就的新闻（news about celebrations or festivals, national achievements）①。通过这四种类型的积极新闻可以看出，积极新闻是由乐观的故事组成的，重视感情和娱乐，而且不是所有的积极新闻都具有冲突性、重要性等新闻的核心要素。建设性新闻则并不掩盖议题中的负面内容②，坚持新闻的伦理和核心功能。麦金泰尔指出，当积极新闻确实反映出了新闻的核心功能，那么它能够被认为是具有建设性的。但这并不意味着积极新闻等于建设性新闻。

和平新闻这一概念出现于20世纪70年代。学者将和平新闻定义为一种新闻报道的框架，有助于保持和平进程，解决冲突。和平新闻提倡新闻工作者致力于建设和平，摆脱传统的新闻价值观，即新闻工作者在冲突报道中偏向消极暴力的行为③。和平新闻的方向是提出解决方案，特别关注和平的倡议以及战后的发展议题④，也被认为是一种具有社会责任感的新闻模式⑤。和平新闻偏向于处理全球化的议题，公民新闻则是处理地方性的议题。20世纪90年代初，美国出现了公民新闻（也称为公共新闻）。建设性新闻延续了公民新闻中对受众权力的重视。公民新闻的先驱认为，新闻媒体不仅应向公众提供信息，而且应使公民参与辩论⑥。公

---

① Leung, Dennis K. K., & Francis L. F. Lee. (2015). How Journalists Value Positive News: The Influence of Professional Beliefs, Market Considerations, and Political Attitudes. *Journalism Studies*, 16 (2), 289–304.

② Klaus Meier (2018). How does the Audience Respond to Constructive Journalism? Two Experiments with Multifaceted Results. *Journalism Practice*, 12 (6), 764–780.

③ Laura Ahva, & Mikko Hautakangas (2018). Why do We Suddenly Talk So Much about Constructiveness. *Journalism Practice*, 21 (6), 657–661.

④ Thomas Hanitzsch (2010). Journalists as Peacekeeping Force? Peace Journalism and Mass Communication Theory. *Journalism Studies*, 5 (4), 483–495.

⑤ Laura Ahva, & Mikko Hautakangas (2018). Why do We Suddenly Talk So Much about Constructiveness. *Journalism Practice*, 21 (6), 657–661.

⑥ Merritt, & Davis (1995). Public Journalism and Public Life. *National Civic Review*, 83 (3), 262–266.

民新闻具有双重的目标,即加强专业主义新闻和公民、公民与民主社会之间的联系①。总体而言,公民新闻反映的是一种以公众为导向的模式,记者在塑造新闻故事的过程中呈现出更为积极的形象,参与感更强。

对策新闻的出现则为建设性新闻提供了一些重要的报道方法。对策新闻通常关注政治冲突和社会问题,把新闻的报道框架集中在对社会问题的回应上,试图提供变革的蓝图,改变公共话语的基调②,为解决现实中的政治冲突和社会问题提供帮助。传统的新闻报道五要素包括何人(who)、何事(what)、何时(when)、何地(where)和何因(why)。对策新闻还强调这五要素之外的另一个要素,即现在如何做(what now)。在美国,对策新闻报道已经存在了至少20年。1998年,《哥伦比亚新闻评论》首先强调了对策新闻的趋势,《洛杉矶时报》《纽约时报》《圣地亚哥联合论坛报》在内的报纸,《国家杂志》和美国广播公司的《今晚世界新闻》栏目都在新闻报道中针对社会问题强调了可能的解决方案。其中,2010年,《纽约时报》推出系列博客"修理"(fixes),博客文章探索社会问题的解决办法。并且,"修理"旗下的一位作者建立了解决方案新闻网(Solutions Journalism Network),专门研究对社会问题的可行性反应,以了解潜在的解决方案是如何起作用的,以及为什么不起作用③。

解决社会问题方案的新闻是建设性的,但是,提出解决方案只是积极心理学方法中的其中之一。因此,基于解决方案的新闻是建设性的,但具有建设性的新闻报道并不一定要包含解决方案④。

---

① Liesbeth Hermans, & Nico Drok (2018). Placing Constructive Journalism in Context. *Journalism Practice*, 12 (6), 679-694.

② Karen McIntyre, & Meghan Sobel (2018). Reconstructing Rwanda: How Rwandan Reporters Using Constructive Journalism to Promote Peace. Journalism Studies, 19 (14), 2126-2147.

③ Karen McIntyre (2015). *Constructive Journalism: The Effects of Positive Emotions and Solution Information in News Stories*. Ph. D Dissertation, University of North Carolina, North Carolina.

④ Karen McIntyre (2015). *Constructive Journalism: The Effects of Positive Emotions and Solution Information in News Stories*. Ph. D Dissertation, University of North Carolina, North Carolina.

  "建设性新闻"这一提法并不是由学者提出的，而是新闻从业者首先提出的概念①。1998年，苏珊·贝娜施（Susan Benesch）在《哥伦比亚新闻评论》中讨论了建设性新闻的产生问题，谈到了《洛杉矶时报》和《纽约时报》在报道对策新闻方面的突出表现。从那时起，"建设性新闻"一词诞生，其后越来越多的新闻工作者践行了这种新闻的理念②。丹麦广播公司的新闻主播杰斯伯·博乐普（Jesper Borup）认为，建设性新闻提供了更有效的报道方式，新闻记者可以针对解决方案提出问题，这些问题强调未来而非过去，更倾向于促进合作而非冲突。

  目前而言，学界对建设性新闻定义的界定并没有达成一致意见。特别是学界对于建设性新闻与对策新闻、公民新闻这两个概念之间的关系存在着不同的理解。有的学者认为，建设性新闻来源或等同于对策新闻，因为它们都更加关注社会议题的解决方法，等同于以解决问题为导向的新闻，为解决社会问题提供需求，以此证明其存在的正确性③。另一种观点则认为，建设性新闻来源于公民新闻④，在新闻中融入了民主的理念。这两种观点的实质性区别在于强调的侧重点不同，公民新闻侧重针对受众的方式，对策新闻侧重对新闻功能的理解。

  一些学者融合了对策新闻、公民新闻和积极心理学中的不同面向，对建设性新闻做出了更为完整的界定。目前，凯瑟琳·吉登斯泰德作为建设性新闻的先驱，其对建设性新闻的定义得到了大部分学者的认可，即建设

---

① Tanja Aitamurto, & Anita Varma (2018). The Constructive Role of Journalism: Contentious Metadiscourse on Constructive Journalism and Solutions Journalism. *Journalism Practice*, 12 (6), 695-713.
② 晏青、〔美〕凯伦·麦金泰尔：《建设性新闻：一种正在崛起的新闻形式》，《编辑之友》2017年第8期，第5~8页。
③ Tanja Aitamurto, & Anita Varma (2018). The Constructive Role of Journalism: Contentious Metadiscourse on Constructive Journalism and Solutions Journalism. *Journalism Practice*, 12 (6), 695-713.
④ Karen Mclntyre, & Cathrine Gyldensted (2018). Positive Psychology as a Theoretical Foundation for Constructive Journalism. *Journalism Practice*, 12 (6), 662-678.

性新闻被定义为将积极心理学方法应用到新闻生产过程，以创造有吸引力的报道，同时忠于新闻的核心功能[①]。凯伦·麦金泰尔认为建设性新闻必须要运用"积极心理学"策略，并将建设性新闻确定了四个分支：对策新闻、预期新闻、和平新闻和恢复性叙事[②]。

三 建设性新闻的特征

通过对文献资料的梳理，文章试图从建设性新闻的定义中归纳总结出特征。通过统计文献中所提及的11个对建设性新闻概念的定义，本文总结出六个共性的特征，如图2所示，即解决特定问题、强调公民赋权、维持新闻的核心功能、积极情绪、记者干预和以未来为导向。

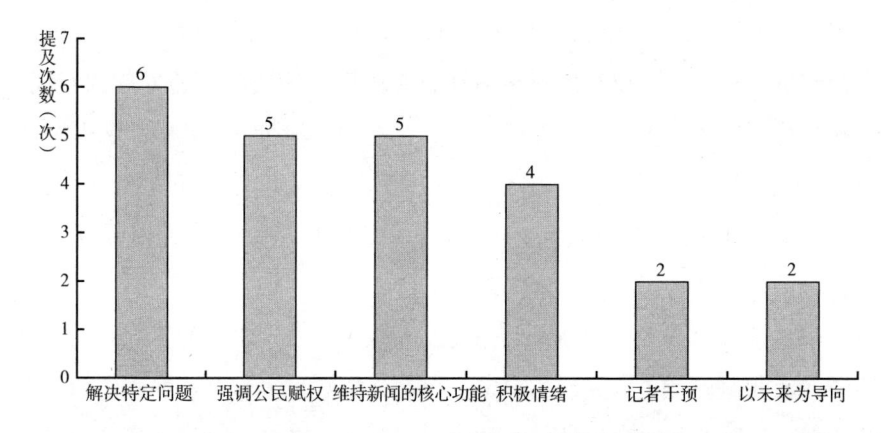

图2 11个建设性新闻定义中的特征分布情况（统计时间2019年1月27日）

通过统计数据可以看出，目前文献中对建设性新闻的定义多强调在新闻报道中解决特定问题，其次是强调公民赋权和新闻的核心功能，再次为建设性新闻中体现的积极情绪，记者干预和以未来为导向这两个特征在所

---

① Karen McIntyre (2015). *Constructive Journalism: The Effects of Positive Emotions and Solution Information in News Stories*. Ph. D Dissertation, University of North Carolina, North Carolina.
② 晏青、〔美〕凯伦·麦金泰尔：《建设性新闻：一种正在崛起的新闻形式》，《编辑之友》2017年第8期，第5~8页。

有定义中也被提及。

解决特定问题指的是记者不仅仅报道问题，而应使用以解决问题为导向的框架去报道社会问题，但并不是所有的社会问题都有明确的解决方案。对此，学者提出了不同的看法。一些学者指出即使解决方案可能并不有效，但对受众而言仍是有希望的。记者应该继续对其他潜在的方案提出问题，以免让读者在绝望中感到无助①。另一些学者则认为如果新闻从业者在报道一个解决方案仍不明确的社会问题时，可以选择放弃提出可能的解决方案。实证研究表明，新闻中没有提出解决方案或提出了无效的解决方案时，对受众的负面情绪而言在统计学意义上没有显著差异②。

就公民赋权这一特征而言，建设性新闻强调记者并不是孤立的观察者，而应与公众保持联系。在新闻实践中，记者要询问人们他们想看到的社会问题和解决方案，与公众合作以得到有趣的报道角度和信息，与公众共同创造内容。这意味着要让社会各个阶层和群体的人参与进来，打破刻板印象，跨越性别、种族、年龄、阶级和区域的界限，得到更完整和细致的了解。

在定义中提出记者干预这一特征往往会招致批评，违背了新闻客观中立的原则。从建设性新闻的角度来说，虽然建设性新闻是在新闻报道中解决特定的问题，但新闻记者并不直接参与提出解决方案，而是让公民、政客和专家参与这一过程。换言之，受众成了一个更加活跃的社群，他们能够成为新闻制作过程的参与者。记者所扮演的不仅是传播者与监督者的角色，还扮演着积极的调解者③角色。所以，建设性新闻同样严格坚持新闻

---

① Denise Baden, Karen McIntyre, & Fabian Homberg (2018). The Impact of Constructive News on Affective and Behavioural Responses. *Journalism Studies*, 30 (2), 233 – 256.

② Karen McIntyre (2015). *Constructive Journalism*: *The Effects of Positive Emotions and Solution Information in News Stories*. Ph. D Dissertation, University of North Carolina, North Carolina.

③ Unni Fron, & Nete Norgaard Kristensen (2018). Rethinking Constructive Journalism by Means of Service Journalism. *Journalism Practice*, 12 (2), 714 – 729.

的伦理和核心功能。

积极情绪是建设性新闻定义中强调的重要特征。学者凯伦·麦金泰尔提出，从积极心理学的角度来看，至少有五种积极心理技巧适用于建设性新闻：在新闻故事中唤醒积极情绪；提建设性的采访问题，建议记者像一个探索者更容易让对方畅所欲言；报道中要融入方案；新闻工作中要有"PERMA 元素"：积极情感、参与融入、和谐关系、集体意义和行业自律；考虑世界的幸福模式，不仅要考虑所有事件包括冲突、灾难、消极和悲剧，还要考虑事件进取、成长、合作和恢复等方面①。

面向未来则强调记者不能只关心当天发生的事情，而是要通过询问未来的可能性来为新闻增加新的维度②。虽然在本文所统计的定义中以未来为导向的特征较少，但它往往与解决特定问题联系紧密。在新闻报道中提供有关解决方案的信息，会促使受众继续消费新闻，关注新闻中所提到的解决方案，进而增加关注未来的可能性。

建设性新闻的目的是维护新闻业的核心功能，比如充当监督者向政府问责，提醒公众潜在的危险或者提供有用的信息③。相较于积极新闻中的许多故事被认为是"废话"或是些有趣的动物或者小孩子的视频④，建设性新闻中所具备的新闻核心功能使其具有广泛的社会意义。

在六个维度的特征中，既强调新闻实践中的操作性技术，比如解决特定问题、强调公民赋权和积极心理学的技巧，又兼顾新闻的核心功能。这为建设性新闻提供了强有力的理论基础。

---

① 晏青、〔美〕凯伦·麦金泰尔：《建设性新闻：一种正在崛起的新闻形式》，《编辑之友》2017 年第 8 期，第 5~8 页。
② Liesbeth Hermans, & Nico Drok (2018). Placing Constructive Journalism in Context. *Journalism Practice*, 12 (6), 679–694.
③ Karen McIntyre (2015). *Constructive Journalism*: *The Effects of Positive Emotions and Solution Information in News Stories*. Ph. D Dissertation, University of North Carolina, North Carolina.
④ 同上。

需要指出的是，学界在对建设性新闻的定义大多不是单一性的，而是同时强调了多种特征，每一种概念的界定都有所侧重。克里斯·道格拉（Chrysi Dagoula）指出，建设性新闻被定义为一种严谨且引人注目的报道，包括了积极元素与以解决问题为中心的元素，赋予受众权力，维护新闻的核心功能①。有学者则认为建设性新闻具有专业主义新闻的目标和价值观，同时以公众为导向，以解决问题为导向，以未来为导向，以行动为导向，试图规避新闻中消极报道所带来的偏见。

总体而言，建设性新闻既关注政治挑战、冲突和社会问题，又注重赋予受众权力，关心受众福祉。建设性新闻的主要任务不仅仅是"快速地向公众提供信息"来传播新闻，而是成为一个独立的观察者，通过面向未来，提出解决问题的可能性，为新闻报道增加新的维度②。

四 建设性新闻的实践

建设性新闻最早是新闻从业者所使用的一种新闻报道方法，近些年受到了学术界的重视，并且学术界对建设性新闻的探讨进一步为实践提供了理论基础。而且，学界与业界结合非常紧密，相辅相成。学术界不仅提供理论支撑，还为新闻从业者提供建设性新闻的培训课程，业界成立独立机构，为学术研究提供资金支持。

建设性新闻在实践应用中有微观、中观和宏观层面的三个目标：微观层面，即受众在接触建设性新闻后应该感觉更好，因为他们意识到有一种潜在的希望或者解决问题的导向，而不是被问题所累，建设性新闻应消除受众对世界的负面看法；中观层面，即媒介公司应该获得更大的受众忠诚度，从而增加阅读量和覆盖面，媒体品牌应该被认为是积极且有益的；宏

---

① Chrysi Dagoula (2018). Constructive Journalism. *Journal of Applied Journalism & Media Studies*, 7 (3), 569-574.
② Liesbeth Hermans, & Nico Drok (2018). Placing Constructive Journalism in Context. *Journalism Practice*, 12 (6), 679-694.

观层面，即报道中提出了社会问题的解决方案，应该为社会带来进步①。

建设性新闻实践多在欧洲和美国得到了应用。新闻机构使用了建设性新闻的一些原则，在新闻中加入积极的元素，多聚焦于提出解决方案。

在欧洲，英国的《卫报》、瑞典的国家电视台、丹麦广播公司、《经济学人》杂志和英国广播公司等等，越来越多的新闻机构开始使用建设性新闻的原则和技巧，尽管他们没有明确地提及建设性新闻是其灵感来源②。瑞典国家电视台提出了有五种类型的问题能够在采访中使用：一是提出线性问题，基本的调查性问题，即"谁做了什么？在哪里？什么时间？为什么？"这类问题有助于搞清问题的事实。二是循环问题，从与事实有关的背景这一视角提问，比如："它怎样影响你的？"和"你是怎么解释 A 或 B 的？"三是反身问题，采访者就一个特定问题提出了一个新的视角，推动被访者思考问题的可行性方案。四是战略问题，引导被访者对其所提出的方案作出承诺，这些承诺是面向未来的。比如，"应该做什么？你会这样做吗？你什么时候去做？"五是使用数据支撑新闻报道的问题是否得到了解决或出现了挫折③。

丹麦广播公司的新闻主播杰斯伯·博乐普和他的新闻团队通过选择一个影响当地居民的社会问题进行全方位的报道，询问问题的细节以及如何找到解决方案④。2015 年起，德国、奥地利和瑞士的建设性新闻报道已经发展成了一种趋势。德国公共广播公司和奥地利公共广播公司、德国的杂志《明镜周刊》以及刚刚成立的网络媒体"每日透视"（perspective-daily.de）都采用了建设性新闻的报道方式。

---

① Klaus Meier（2018）. How does the Audience Respond to Constructive Journalism? Two Experiments with Multifaceted Results. *Journalism Practice*, 12（6），764 – 780.
② Liesbeth Hermans, & Nico Drok（2018）. Placing Constructive Journalism in Context. *Journalism Practice*, 12（6），679 – 694.
③ Karen McIntyre, & Cathrine Gyldensted（2018）. Positive Psychology as a Theoretical Foundation for Constructive Journalism. *Journalism Practice*, 12（6），662 – 678.
④ Karen McIntyre（2015）. *Constructive Journalism：The Effects of Positive Emotions and Solution Information in News Stories*. Ph. D Dissertation, University of North Carolina, North Carolina.

在美国，《纽约时报》推出了名为"修理"的系列博客，其中的文章都是针对社会问题提出解决方案；解决方案新闻网则研究对社会问题的可行性反应，以了解潜在的解决方案是如何起作用的，以及为什么不起作用；《华盛顿邮报》则向数字订阅用户提供电邮形式的通讯"乐天派"（the optimist），意在激励受众①。

学术界对建设性新闻的讨论也与新闻实践相联系。欧洲建设性新闻运动的领导者之一乌瑞克·哈格洛普成立了建设性研究所（Constructive Institute）。这是一个独立的组织，并与丹麦的奥尔胡斯大学形成了密切的合作关系，提供研究和培训②。它作为一个独立机构推动新闻报道实践，举办研讨会，提供奖金项目支持学术研究。

一些教授新闻专业的学校在课程中增加了课程《走向建设性》（going constructive）。荷兰的温德斯海姆应用科技大学的教授开设了建设性新闻的课程。同时，欧洲公共广播联盟（European public broadcasting）也在组织开设建设性新闻的课程③。

同时，欧洲在过去两年举办了多场关于建设性新闻的会议。2016 年 9 月荷兰举办了"建设性新闻会议"（the constructive journalism conference）；2016 年 9 月比利时举办了"建设性新闻会议"（constructive journalism conference），2017 年 10 月丹麦举办了"国际建设性新闻会议"（global constructive journalism conference）。

中国目前在建设性新闻领域的学术研究与新闻实践刚刚出现萌芽。

在学术研究方面，国内关于建设性新闻的文献屈指可数。其中，《建设性新闻：一种正在崛起的新闻形式》是我国学者晏青对凯伦·麦金泰尔进行的学术访谈，文章中呈现的仍然是国外学者对于建设性新闻的观

---

① Denise Baden, Karen McIntyre, & Fabian Homberg (2018). The Impact of Constructive News on Affective and Behavioural Responses. *Journalism Studies*, 30 (2), 233 – 256.

② Laura Ahva, & Mikko Hautakangas (2018). Why do We Suddenly Talk So Much about Constructiveness. *Journalism Practice*, 21 (6), 657 – 661.

③ Laura Ahva, & Mikko Hautakangas (2018). Why do We Suddenly Talk So Much about Constructiveness. *Journalism Practice*, 21 (6), 657 – 661.

点。建设性新闻在我国的概念界定和适用情况必然会随着国家政治、经济和文化背景的不同而发生些许的变化。中国传媒大学张艳秋研究了中国媒体对非洲进行的建设性新闻报道。她以中央电视台非洲频道中《非洲生活》、《非洲谈话》和《非洲面孔》节目为研究对象，探究其是否使用了建设性新闻这种报道形式，以及发挥了怎样的作用。研究表明，在样本中，69.68%的新闻报道是建设性的，中央电视台非洲频道提供了一种不同于西方媒体的非洲新视角[1]。在另一篇文献中，张艳秋还研究了《中国日报》对非洲及埃博拉疫情的新闻报道，并与英国广播公司进行了对比。研究发现《中国日报》所采用的建设性新闻的一些报道方法，有助于进行有效的健康传播，对遏制和治疗埃博拉等疾病具有重要的作用[2]。但总体而言，我国对于建设性新闻理论研究仍然存在很大空白。

在新闻实践方面，我国媒体在新闻实践中虽然没有明确提出使用建设性新闻这种报道形式，但一些新闻报道中包含了建设性新闻的元素。清华大学和南非的威特沃特斯兰德大学开启了一个报道项目，旨在培训记者如何更好地报道中非关系[3]。通过对获奖作品的内容分析，发现新闻报道中使用了建设性的新闻叙事，为现有的刻板印象提供了新的视角，探讨了新的争议话题。这种叙事方式可以增进中非人民之间的了解。2012年，中央电视台推出了非洲频道，希望打破长期以来西方媒体的垄断并赢得非洲人民的认可[4]。另外，《中国日报》对非洲埃博拉疫情进行建设性的新闻

---

[1] Zhang Yanqiu, & Simon Matingwina (2016). Constructive Journalism: A New Journalistic Paradigm of Chinese Media in Africa. In Xiaoling Zhang et al. (Eds.). *China's Media and Soft Power in Africa* (pp. 102). New York, USA: Palgrave Macmillan.

[2] Zhang Yanqiu, & Simon Matingwina (2016). A New Representation of Africa? The Use of Constructive Journalism in the Narration of Ebola by China Daily and the BBC. *African Journalism Studies*, 37 (3), 19–40.

[3] Zhang Yanqiu, & Simon Matingwina (2018). Exploring Alternative Journalistic Approaches to Report on China and Africa Relations? Comparative Study of Two Best Reporting Awards Projects in China and South Africa. *Journal of African Media Studies*, 10 (1), pp. 21–37.

[4] Zhang Yanqiu, & Simon Matingwina (2016). Constructive Journalism: A New Journalistic Paradigm of Chinese Media in Africa. In Xiaoling Zhang et al. (Eds.). *China's Media and Soft Power in Africa* (p. 102). New York, USA: Palgrave Macmillan.

报道时，采用了自省的方式，在新闻报道中提供了可能的解决方案，具有建设性意义①。

五　建设性新闻的价值与启示

（一）建设性新闻的价值

根据当前的学术研究成果和业界实践经验，建设性新闻具有以下优势。

第一，从建设性新闻对受众情绪影响的角度而言，观看建设性新闻后能够为受众带来更积极的情绪。当受众读到关于社会问题的新闻时，无论新闻中是否包含解决方案，受众都感觉比之前更糟糕。但是，对于阅读了新闻中提到有效解决方案的人来说，负面影响的增加是最小的。换言之，当人们在新闻中看到社会问题的解决方案时，他们的负面情绪会明显减少，而且对新闻本身以及可能的解决方案持有更积极的态度②。

第二，从建设性新闻对受众行为影响的角度而言，建设性新闻可能会为受众提供更多动力采取积极的行动。一些学者认为新闻框架越偏向于解决问题，给受众的感觉越积极，受众就越有可能具有采取积极行动的动机，比如向慈善机构捐款、对环境问题负责或者表达政治观点。相反，接触灾难性框架的新闻会导致采取积极行为的动机降低。同样，包含积极情感话语的新闻会引发积极的感情，从而使受众产生更大的参与意愿。但是，也有一些学者则通过实证研究发现，基于解决方案的新闻会影响受众的情感和态度，但并不会影响他们在社交媒体上参与行动的意愿，也不影

---

① Zhang Yanqiu, & Simon Matingwina (2016). Constructive Journalism: A New Journalistic Paradigm of Chinese Media in Africa. In Xiaoling Zhang et al. (Eds.). *China's Media and Soft Power in Africa*. New York, USA: Palgrave Macmillan.

② Karen McIntyre (2015). *Constructive Journalism: The Effects of Positive Emotions and Solution Information in News Stories*. Ph. D Dissertation, University of North Carolina, North Carolina.

响他们为解决问题做出实际的行为。换言之,其影响力足以改变受众的感受和态度,但不足以达到影响行为的阈值①。

当前学术界主要集中在建设性新闻对受众态度和行为影响的研究,一方面由于建设性新闻影响的实证研究数量较少;另一方面由于不同研究者针对研究对象所属群体的不同,建设性新闻对受众的影响还缺乏统一完整的认识,仍存在进一步探索的空间。

第三,短期而言,建设性新闻正在逐渐受到消费者和资本的青睐,长期的影响还有待未来的观察。《赫芬顿邮报》有一部分专门用于发表积极新闻②,虽然积极新闻并不完全等同于建设性新闻,但其中一部分具有建设性特征并体现新闻核心功能的新闻报道可以视为建设性新闻。其流量在一年内增长了85%,收到来自社会的反馈是其他内容的两倍。荷兰众筹的在线新闻机构"记者"(The Correspondent)致力于进行建设性新闻的报道,2013年开始推出建设性新闻并且在为期一周的宣传活动中筹措了超过一百万美元。犹他州的"沙漠新闻"(Desert News)在采用基于解决方案的新闻报道方式后,报纸的新刷发行量增长了15%,并成为国内2012年增长第二快的报纸③。一家新闻网站(Upworthy)使用高度情绪化的标题吸引读者阅读有意义的新闻。尽管具有"标题党"的风格,但就商业角度来看,它获得了极大的成功,2013年的月访问量超过了8000万人次。

同时,建设性新闻在实践过程中也存在一定的缺陷。由于建设性新闻的概念和范围界定没有明确统一的界定,新闻媒体在进行建设性报道时缺乏明确的理论指导与技术规范,因此不同媒体在具体的操作层面对建设性新闻有不同的理解。建设性新闻在操作过程中出现了如

---

① Karen McIntyre (2015). *Constructive Journalism*: *The Effects of Positive Emotions and Solution Information in News Stories*. Ph. D Dissertation, University of North Carolina, North Carolina.

② Karen McIntyre, & Rhonda Gibson (2016). Positive News Makes Readers Feel Good: A Silver-Lining Approach to Negative News Can Attract Audiences. *Southern Communication Journal*, 81 (5), 304–315.

③ Karen McIntyre (2015). *Constructive Journalism*: *The Effects of Positive Emotions and Solution Information in News Stories*. Ph. D Dissertation, University of North Carolina, North Carolina.

下的一些问题。

新闻实践过程中，记者在建设性新闻中可能过分夸大积极因素，软文和公关文有可能伪装成建设性新闻。研究发现，一些地区的媒体充当与商业联系的中介，以此来刺激当地经济的发展，这符合建设性新闻的部分定义，即为新闻工作者参与并提高社会福利。但是，当地使用建设性新闻的根本动机在于对金钱和权力的追求，这削弱了新闻的建设性意义[1]。

虽然建设性新闻的定义强调维护新闻的核心功能，但在实践过程中建设性新闻有可能演变为地方精英为自己利益服务的工具。学者对圣马丁岛的新闻媒体进行了考察，发现移民的记者在撰写建设性新闻的深度报道时持谨慎态度。因为移民需要政府批准许可证，当移民到当地的记者撰写了对政府不利的新闻报道，有可能会受到来自当局的压制[2]。

建设性新闻在推行的过程中也遭遇了阻碍。从商业化的视角来看，虽然学术研究证明建设性新闻能为受众带来更积极的情绪，但受众的消费行为是复杂的，人们并不总是选择他们喜欢的新闻[3]。并且，编辑对新闻的选择越来越受到新闻消费者"点击行为的影响"。商业因素和道德因素之间存在一种紧张的关系，前者会导致编辑倾向于在新闻中使用危言耸听的语气，后者则倾向于注重解决方案的新闻框架。但是问题在于，公众普遍认为负面的新闻就是新闻。

（二）对我国未来发展建设性新闻的启示

当前中国的网络环境中，信息传播速度快，技术的发展更多地赋予了公众公共表达权，人们能够通过论坛、博客、微博等网络应用工具行使自

---

[1] Sanne Rotmeijer (2018). "Words that Work?" Practices of Constructive Journalism in a Local Caribbean Context. *Journalism*, 1–17.

[2] Sanne Rotmeijer (2018). "Words that Work?" Practices of Constructive Journalism in a Local Caribbean Context. *Journalism*, 1–17.

[3] Swart, J. C. Peters, & M. Broersma (2017). Navigating Cross-Media News Uses: Media Repertoires and the Value of News in Everyday Life. *Journalism Studies*, 18 (11), 1343–1362.

己的公共表达权,发表对公共事务的认知、情感。与此同时,公共空间中的情绪化表达也有漫延之势,媒介事件常常能够激发网民的悲哀、愤怒、恐惧等基本情绪心态,促使网民沉溺于情绪的宣泄,而不能形成对社会问题的理性思考①。所以,发展建设性新闻对改善我国网络环境中的负面化情绪具有较大意义。从建设性新闻的技术操作层面出发,媒体可以通过采用建设性新闻的方式对受众情绪加以引导,促进其产生积极的态度与行为。记者在撰写建设性新闻时,可借鉴国外学者和新闻从业者提出的原则与积极心理学技巧,尤其提出有效解决方案,避免无效方案,从而能为受众的态度和行为带来积极的影响。

从建设性新闻所处的社会文化环境而言,在中国的建设性新闻实践中要注意维护中国的国家意识形态,坚持党的领导,保障社会的最大利益。因为如果不考虑当今媒体的现实因素,或者只关注新闻记者的报道技巧,那些理论模型和实际的操作指南都无法发挥它的潜力。因此,必须注重新闻的制作过程,注意新闻工作者的实际工作环境②,以及所处的社会文化背景。

另外,应避免软文伪装成为建设性新闻,否则媒体将会丧失公信力。软文是以报道的形式发布广告主所需要的信息,虽然有时这样的呈现方式符合建设性新闻的某些特征,但很多情况下广告新闻传递的是广告主的观念和价值,将广告主的利益冒充为社会公共利益③,已经违背建设性新闻维护新闻核心功能的目的。中国目前出台的新《广告法》中明确规定大众传播媒介不得以新闻报道形式变相发布广告。但新《广告法》的出台并未有效遏制传媒上层出不穷的广告新闻,特别是当下网络环境中的软文既没有暴露广告属性,又没有明确标识自身广告属性,此类软文利用自身

---

① 党明辉:《公共舆论中负面情绪化表达的框架效应——基于在线新闻跟帖评论的计算机辅助内容分析》,《新闻与传播研究》2017年第4期,第41~63、127页。

② Burkhard Blasi (2004). Peace Journalism and the News Production Process. *Conflict & Communication Online*, 3 (1/2), 1–12.

③ 陈力丹、钱童、魏雨珂:《新〈广告法〉实施后"广告新闻"现象分析》,《新闻界》2016年第2期,第9~13页。

的话语权很容易给网民以误导①，甄别难度更高。法律对于网络媒体中软文广告的规范未能予以约束，未来还需要一些具体的操作规章和司法解释②。

最后，在我国发展建设性新闻的保障是培训更多擅长于建设性新闻写作的记者。虽然中国已经在建设性新闻上有所实践，但是善于撰写建设性新闻的新闻工作者数量很少。如上文中清华大学和南非金山大学启动了中非的报道项目，使用了建设性新闻的叙事，这样的报道能够增进中非人民之间的了解，但有必要培训更多的媒体人员以确保可持续性地发展建设性新闻。

六 小结

就建设性新闻的理论来源而言，建设性新闻根植于积极心理学，采用积极心理学中的不同技巧进行采访报道。并且，建设性新闻概念继承了公民新闻、和平新闻、积极新闻与对策新闻的不同面向，分别是采取积极的态度、重视公众权力、提出有效解决方案等，但建设性新闻又与这几类新闻类型不完全相同，目前学术界对此仍存在争议。

在新闻实践中，建设性新闻关注的议题包括政治挑战、冲突和社会问题。虽然记者具有高度干预性，但新闻中的解决方案并非由记者直接提出，建设性新闻应为受众提供信息与对话和合作的可能性。而且记者不能只关心当天发生的事情，而应该关注未来的诸多可能性等。建设性新闻的实践主要在欧洲和美国，逐渐受到学界与业界的重视，并且学界与业界联系非常紧密，科研机构为建设性新闻完善理论基础的同时注重培养从业人员在建设性新闻方面的实践。

---

① 余人、高乔：《新〈广告法〉中互联网广告规定的更新与局限》，《中国出版》2016年第3期，第38~41页。
② 陈力丹、钱童、魏雨珂：《新〈广告法〉实施后"广告新闻"现象分析》，《新闻界》2016年第2期，第9~13页。

就目前而言，建设性新闻能够为受众的情绪带来积极的影响，促进受众精神的健康，有更强的社会政治参与感，推动社会稳定。但建设性新闻对受众的影响尚未形成完整清晰的认识。从商业角度来看，建设性新闻为新闻媒体机构带来了更多的注意力资源，从而推动了其变现与盈利能力。同时，建设性新闻在新闻实践过程中也存在一定的问题，记者在撰写建设性新闻时有可能夸大强调积极因素，甚至成为少数精英利用的工具等。这都为我国发展建设性新闻提供了借鉴。

本文原载于《国际新闻界》2019年第8期，该文章收录本书时内容和文献标注方式略有调整）

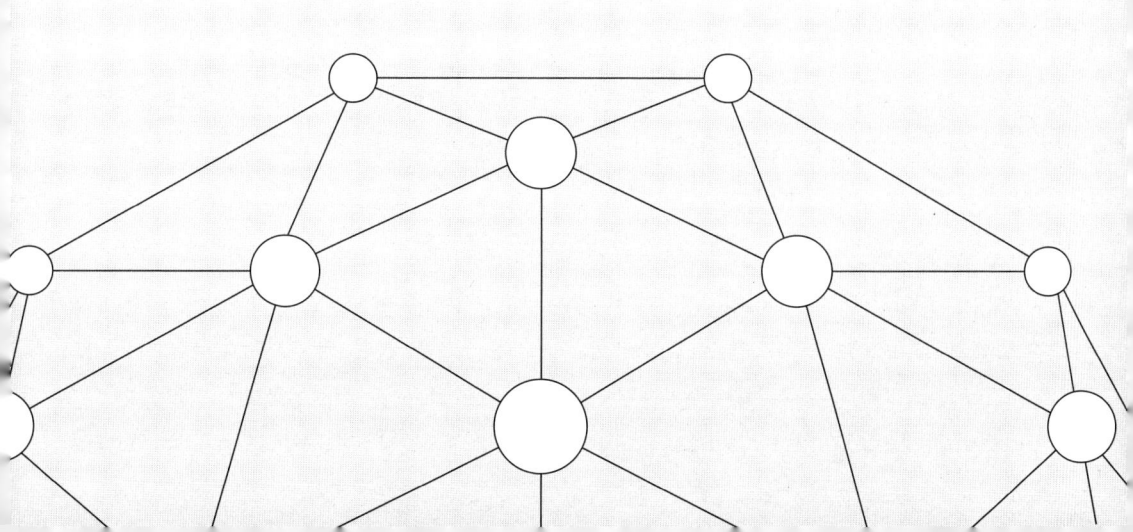

全球实践与本土探索

Ⅵ 并行与共振：建设性新闻的全球实践与中国探索

殷 乐*

内容提要： 近年来，建设性新闻（Constructive Journalism）正成为国际新闻实践和学术领域的一个热词。论文试图探讨建设性新闻在全球的发展状况、为什么在今天出现全球范围大规模的建设性新闻的潮流，透视建设性新闻在中国的发展现状，探求中国民众对正面新闻、建设性新闻的认知和态度。研究发现，从全球看，尽管语境不同、体制不同、文化不同，对建设性新闻的理解和认知不乏差异处，但在积极和参与的核心元素上，中国由正面报道而始的建设性新闻探索与欧美的建设性新闻实践形成了并行发展之势，并与其他国家和地区媒体进行的探索形成了共振。

关 键 词： 建设性新闻 实践 正面报道

---

* 殷乐，中国社会科学院新闻与传播研究所研究员，博士生导师。

近年来，建设性新闻（Constructive Journalism）成为国际新闻实践和学术领域的一个热词。从2014年开始，我们追踪了全球的建设性新闻及其相关概念潮流，追溯了理念的发展，分析了数十个国家的不同案例，同时也对中国民生新闻、建设性新闻的发展状况做了梳理和总结。本文作为一个阶段性成果，着重探讨两个方面的问题。一是建设性新闻在全球的发展如何，发展的驱动力和走向如何？二是建设性新闻在中国有何探索，民众对于正面新闻、建设性新闻的认知和态度如何？

一 建设性新闻在全球的实践

狭义来看，"建设性新闻"指的是在新媒体环境下积极参与解决社会问题的一类新闻实践的新探索，与建设性新闻相并提的另一概念即为"解决之道新闻"（Solutions Journalism）；广义来看，建设性新闻则是在近年来此类新闻实践基础上将其宗旨抽象概括而形成的一种新闻理念[①]，在此理念下形成了一个概念的矩阵，皆着眼于跳出好新闻、坏新闻的二维区分，聚焦于解决问题，提供立体完整的新闻报道，寻求并建立一套可以付诸行动的解决方案，参与到社会治理中去。本文从广义层面来看建设性新闻。历时来看，我们可以发现建设性新闻在全球发展的几种态势。

一是实践范围覆盖广泛且持续增长。截至2019年，尽管具体名目小有差别，建设性新闻相关实践几乎遍及欧洲、美洲、亚洲、非洲。从全球建设性新闻实践机构的分布来看，欧美媒体的建设性新闻实践较为密集，欧美多国均出现了10个以上的建设性新闻实践媒体，非洲及其他地区的媒体也在近年加入建设性新闻的实践大潮。整体发展呈现出持续增长之势。

二是实践主体中传统媒体与新媒体并举，社交属性鲜明。建设性新闻的出现和发展与新媒体的发展密切相关。20世纪90年代中晚期始，美国

[①] 唐绪军、殷乐编著《建设性新闻实践：欧美案例》，社会科学文献出版社，2019。

即有各类寻求解决方案的新闻尝试，《哥伦比亚新闻评论》（CJR）在1998年有文称解决之道新闻正在兴起①，但零星散落未成规模。直至21世纪近10年来，在新媒体语境中才出现了建设性新闻的大发展，新技术、新媒体带来的新空间和新挑战从不同方向刺激了主流媒体对自身价值的思考，其中建设性新闻因其对积极和参与的强调，为传统媒体转型及媒体融合发展带来新的契机，一些公共广播电视机构尤为重视建设性新闻的发展，以此重建媒体的公共价值。北欧建设性新闻的发展即起源于丹麦公共电视台的尝试，当前，丹麦、芬兰、瑞典、比利时等国的公共广播电视机构均进行了建设性新闻的诸多探索，并由此在欧美蔚为风潮，各主流媒体纷纷践行该理念。如英国《卫报》及其网站推出了以解决问题为导向的新闻报道系列，《纽约时报》《西雅图时报》等也在其合作的解决之道新闻网中持续聚焦于民生问题，着重与新媒体结合推进建设性新闻发展。此外，一些新媒体也加入建设性新闻的浪潮，尤其凭借网络与移动端等技术优势来生产与传播"正能量"内容，如美国的Upworthy、ATTN：Yes！，荷兰的De Correspondent，德国的Spiegelonline、Perspective Daily，英国的Inkline，法国的Sparknews、Reporters d'Espoirs，等等。据对目前进行建设性新闻实践的全球媒体的不完全统计来看，传统媒体为主力，占到57%，网络媒体占到42.9%，而在新闻发布渠道上，网站（100%）成为头部渠道，社交媒体（77.8%）位列第二，App则次之（33.3%）②。建设性新闻与新媒体，尤其是社交媒体发展形成了互为交织的曲线关系，注重用社交媒体传播积极情绪，鼓励公众参与社会发展行动。

三是建设性新闻及其相关概念始于业界，释于学界，发展于业界。既往相关新闻概念多由学界发起，而这一轮建设性新闻/解决之道新闻等的概念却从业界而生，并迅速在学界得到回应并再度回到业界，理论和实践之间互动频密。以"解决之道新闻"的概念来看，20世纪90年代中晚

---

① Susan Benesch, "The Rise of Solutions Journalism," *Columbia Journalism Review*, vol. 36, no. 6, 1998, pp. 36 – 39.

② 本课题组综合统计数据。

期,《洛杉矶时报》《纽约时报》《圣迭戈联合论坛报》等报纸及美国广播电台等广播媒体均纷纷发布解决社会问题的方案报道,1999 年,"解决之道新闻"概念首次在学术领域提出[1]。2010 年《纽约时报》推出"解决"栏目并进一步在 2012 年成立解决之道新闻网,这一概念才逐渐与同期欧洲进行的建设性新闻实践汇流并成为新闻学界和业界的聚焦点。"建设性新闻"的概念同样起于业界;2008 年,乌瑞克·哈格洛普(Ulrik Haagerup)在丹麦公共电视台(DR)担任新闻部总监期间提出建设性新闻的理念并将其付诸实践,其后数年内欧洲出现了建设性新闻研究和实践的并进,乌瑞克也在 2016 年前后离开 DR 并在奥胡斯大学成立建设性研究所(Constructive Institute),进一步为这一理论和实践的交互促进提供了助力。北欧另一建设性新闻倡导者凯瑟琳·吉登斯泰德(Cathrine Gyldensted)亦是从记者转向学界,其论著对记者角色和报道方式多有关注[2],英国建设性新闻项目的主要负责人也是来自业界[3]。中国台湾的媒体人称 2005 年即提出建构式新闻(英文同为 constructive journalism)[4],与此同时,学界对此也多有关注和释义,有从积极心理学视角加以阐释[5],有对其进行学理提升[6],论者甚众。

　　之所以出现这样一个建设性新闻的发展态势,有诸多影响因素,全球化、后真相、新国际关系等均有其作用。从技术发展视角来看,当一个领域的关键技术发生了根本性的改变时,该领域会相应发生变异。对于新闻业而言,一种新的媒介技术的出现会构成一种新的关系和网络。在这个关

---

[1] Davies, Chris Lawe., "Journalism, Corporatism, Democracy," *Media International Australia Incorporating Culture and Policy*, vol. 90, no. 1, 1999, pp. 53 – 64.

[2] Gyldensted Cathrine, *From Mirrors to Movers: Five Elements of Positive Psychology in Constructive Journalism*, Lexington, KY: GGroup Publishing, 2015.

[3] Constructive Journalism Project, https://www.constructivejournalism.org/about/.

[4] 何日生:《建构式新闻》,五南图书出版股份有限公司,2017。

[5] McIntyre, Karen Elizabeth, *Constructive journalism: The Effects of Positive Emotions and Solution Information in News Stories*, The University of North Carolina at Chapel Hill, 2015.

[6] Bro, P., "Constructive Journalism: Proponents, Precedents, and Principles," *Journalism*, vol. 20, no. 4, 2018, pp. 504 – 519.

系和网络中的新闻理念和实践也有不同。当新闻业与数字技术相遇，技术改变了信息生态和传播模式，由此在很大程度上使得建设性新闻的蓬勃发展成为可能。

二 建设性新闻在中国的发展与认知

对于中国而言，虽然明确以建设性新闻为名的实践在近两年才出现，但广义上的建设性新闻的发展有其脉络可循也有民众基础：以正面报道为主一直是我国新闻媒体的重要报道方针。在这一方针指导下，各类型正面报道、民生新闻、帮忙新闻乃至问政节目已经有了数十年的发展。近年来，随着微博、微信等社交媒体的崛起，更出现"正能量"的信息传播取向和多元探索，堪称是中国的建设性新闻实践与探索之路。同时，从民众认知来看，"关注民生，能切实追踪并致力于解决问题的连续报道"是受访者希望看到并有愿望转发的新闻首选。具体来看。

（一）民生新闻、问政节目到建设性新闻

从中国建设性新闻的相关探索来看，除了新闻报道中对正面报道方针的贯彻和实践，有三个阶段尤其值得注意。一是从20世纪90年代至2010年前后，其典型代表是广播的政风行风热线和电视民生新闻的大发展，河北邢台人民广播电台在1998年开通了全国第一条"行风热线"后，广播"政风行风热线节目"在各级党委政府的强势推动下，迅速在全国省市级电台推开，其目的和宗旨在于成为党和政府与人民群众的"民心线""监督线""连心线"。而电视民生新闻的概念来自业界并迅即与学界产生深刻互动。2000年初在中国地方台出现了民生新闻发展大潮，截止到2010年，全国省级台地面频道和城市频道（不含县级）共拥有民生新闻类栏目200多个，占全国电视新闻栏目的60%以上[①]。所处的媒介

---

① 胡智锋、禹成明、袁胜：《中国电视民生新闻发展报告》，中国广播电视出版社，2011。

环境是电子媒介环境，传播特征是贴近，视野下沉，关注民众生活，有冲突，有趣味，这是电子媒介能做到的极致，有些电视台甚至发放了小型摄像机给民众，由其提供新闻素材。二是 2008 年前后出现的帮忙类节目、公益节目、问政节目等。究其原因，主要是民生新闻在经过多年的发展之后出现了瓶颈，陷于鸡毛蒜皮，亟待突破，于是在一些地方台出现了帮忙新闻，公益新闻的名称变化，在具体操作中出现多种尝试，如有的媒体推出爱心大巴，开着车去寻找问题，有的尝试做公益服务，电台的此类节目更是通过热点连线，由记者发挥政府和民众的中间角色，针对问题寻找解决方案。问政节目也在这一阶段出现，虽则搭建了民众与政府机构交流的公共平台，但这一类型节目也引发诸多争议和质疑。这一阶段的媒介环境为网络环境，传播特征是强调参与性。三是 2016 年前后出现的直接以建设性新闻、解决之道新闻为名目的多元实践，这一阶段的媒介环境特征是移动社交。调查显示，超九成受访者以微信朋友圈作为发布信息和观点的主要渠道，① 传播特征是共建，媒体和民众的关系"我中有你，你中有我"。在这一阶段出现了很多探索，中国社会科学院新闻与传播研究所和苏州广播电视总台从 2018 年开始进行建设性新闻的实践，推出了"共祝美好生活—苏城议事厅""一槌工作室"等建设性新闻栏目，如凤凰网的善新闻，中青报的青蜂侠。还有，中青报、宁波广电、无锡广电、《杭州日报》以及一些新媒体如凤凰新媒体、中青新媒体都有一些尝试。中国台湾、香港也有一些探索，目的就是以建设性理念来推进新闻业发展，转换媒体角色，线上线下结合报道与解决问题并进，参与社会治理。

（二）民众对于正面报道的认知与评价

为进一步了解民众对于正面报道的认知和态度，我们在 2016 年 11 月

---

① 中国社会科学院舆情实验室 2018 年第三期调查，调查抽样区域设定为大型城市、中型城市和小型城市，20 个城市总体样本规模为 2000 人。

进行了一次搭车调查①,调查发现如下。

——"关注民生,能切实追踪并致力于解决问题的连续报道"是受访者希望看到并有愿望转发的新闻首选。

——对正面新闻的认知和评价整体趋高,但目前中国国内正面新闻发展有提升空间。

——社交媒体是分享正面新闻的主要平台。

其一,"关注民生,能切实追踪并致力于解决问题的连续报道"是民众接收及转发的首选,在希望看到和有意愿转发的新闻类别上保持了一致的态势。

在对"您希望看到什么样的新闻报道?(多选)"的回答中(见图1),被调查者最想看到的报道是"关注民生,能切实追踪并致力于解决问题的连续报道",高于七成(73.3%)的被调查者选择此项。其次是"对国内外重大事件快速及时的报道"和"对重大事件的深入调查报道",有高于六成的被调查者选择这两项,分别为65.4%和63.1%。再次是"注重事实报道和背景知识提供"、"针砭现实,揭露问题的报道"和"观点鲜明的评论型报道",比例分别为52.4%,47.4%和43.3%。选择"轻松娱乐型报道"的被调查者比例最少,仅有二成(21.5%)。

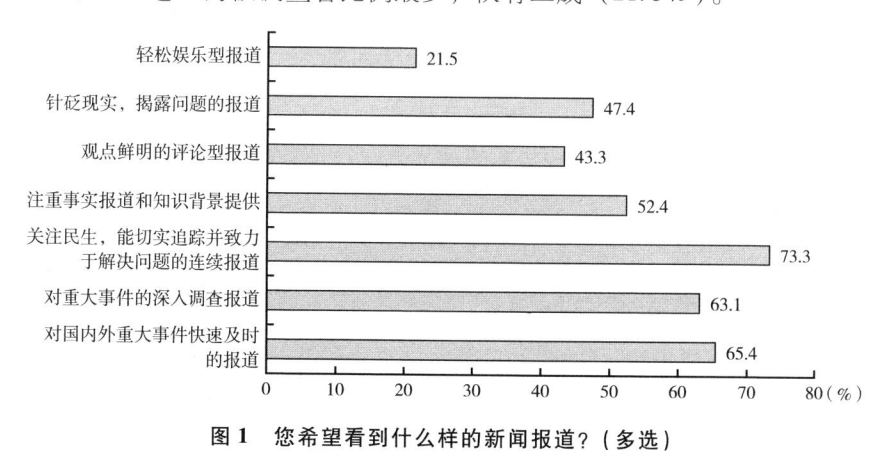

类别	比例(%)
轻松娱乐型报道	21.5
针砭现实,揭露问题的报道	47.4
观点鲜明的评论型报道	43.3
注重事实报道和知识背景提供	52.4
关注民生,能切实追踪并致力于解决问题的连续报道	73.3
对重大事件的深入调查报道	63.1
对国内外重大事件快速及时的报道	65.4

图1 您希望看到什么样的新闻报道?(多选)

① 调查抽样区域设定为大型城市、中型城市和小型城市,20个城市总体样本规模为2000人。

在对什么样的新闻更愿意转发的回答上，被调查者保持了基本一致。被调查者最愿意转发的新闻为"关注民生，能切实追踪并致力于解决问题的连续报道"，有46%的被调查者选择了此项。

其二，民众大多认可正面新闻的提法，愿意收看并转发正面新闻的民众占据绝对主体。

近八成（79.3%）被调查者认为"正面报道""正能量新闻"的提法很好。其中46.4%的被调查者认为这种提法有助于振奋人心，关注社会积极面；32.9%的被调查者认为虽然提法好，但是这类新闻没有做好，流于形式。近两成（18.6%）被调查者认为没必要单独提出这种概念，真实报道现实就可以。另有极少数被调查者没想过这问题（1.8%），或者选择了其他（0.2%）（见图2）。

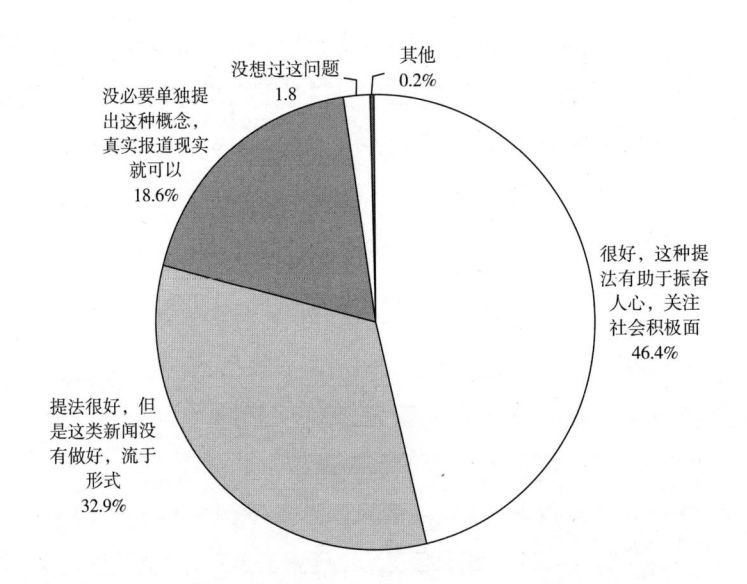

图2 您怎么看"正面报道""正能量新闻"的提法？（单选）

对这一概念的认知在年龄上呈现出较大的波动（见图3）。55岁以上的被调查者认为这种提法很好且有助于振奋人心，关注社会积极面的比例最高，为62.5%。16~18岁人群对正面新闻的概念认可比例最低。

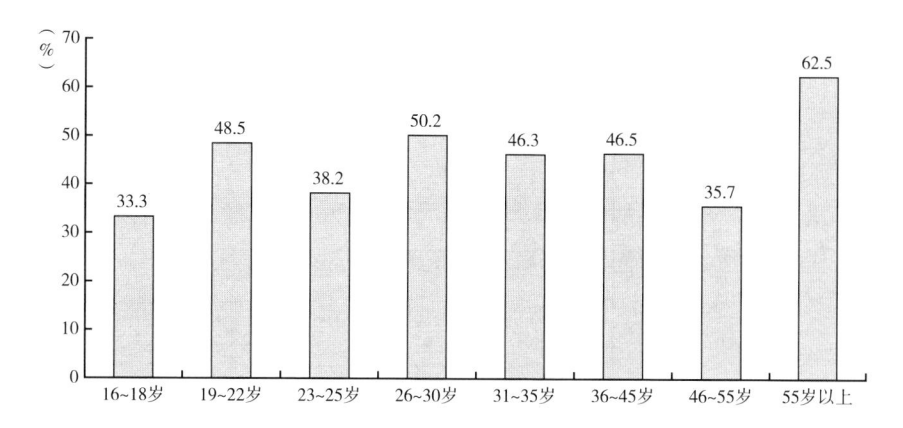

图3　不同年龄对"正面报道""正能量新闻"相关提法的认知

此外，九成以上（93%）被调查者会看正面/正能量新闻，八成（81%）被调查者会主动分享正面/正能量新闻。

其三，民众对当前中国正面新闻报道的评价整体正面，但未来此类报道需要进一步提升。从对正面新闻的评价来看，36%被调查者认为当前国内媒体上的正面/正能量新闻做得不错，45%被调查者认为一般，15%被调查者认为亟待改进，4%被调查者认为不好说。

这一亟待提升的现状也在民众对于正面新闻的分享意愿调查中得到一定的印证。调查显示愿意分享的原因，76.1%的人为了传播正能量，64.5%的人是因为认可这些内容，希望能够帮助更多的人，45.2%的人是因为认为这些内容很有价值，分享有利于分享者的个人形象，21.4%的人是因为别人发来的随手转发（见图4）。

而在不分享的原因中，近八成提到宣传色彩过重，76.6%的人认为可能是真的，但是宣传色彩太重，27.9%的人没有共鸣，16.9%的人认为内容不真实不可信，13.9%的人认为内容是不错的，但是不想让别人知道他相信这些（见图5）。

其四，社交媒体是受访者分享正面新闻的主要平台，近八成的人每周至少分享一次。

在调查中，我们发现社交媒体是受访者分享正面新闻的主要平台，尤

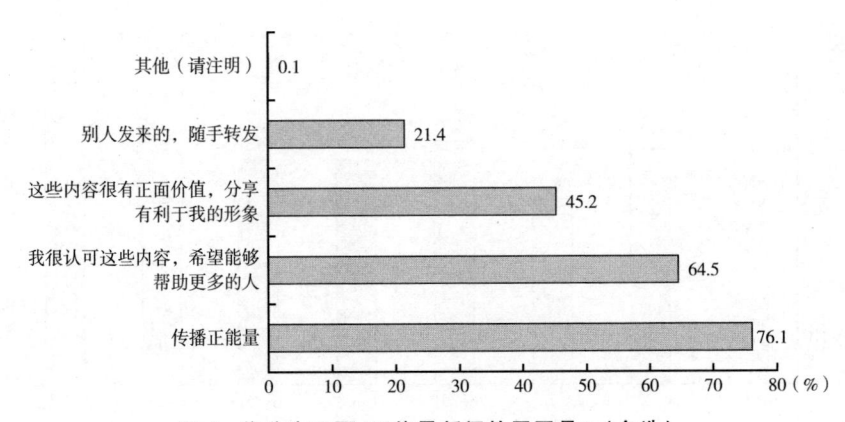

图4 您分享正面/正能量新闻的原因是?(多选)

- 其他(请注明) 0.1
- 别人发来的,随手转发 21.4
- 这些内容很有正面价值,分享有利于我的形象 45.2
- 我很认可这些内容,希望能够帮助更多的人 64.5
- 传播正能量 76.1

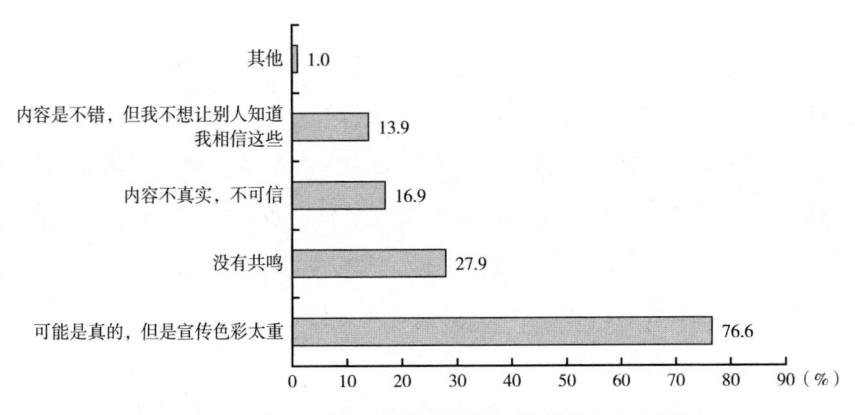

图5 您不分享正面/正能量新闻的原因是什么?(多选)

- 其他 1.0
- 内容是不错,但我不想让别人知道我相信这些 13.9
- 内容不真实,不可信 16.9
- 没有共鸣 27.9
- 可能是真的,但是宣传色彩太重 76.6

其是微信朋友圈成为分享正面新闻的绝对首选平台,86.5%的人通过微信朋友圈转发,50.7%的人通过网站发帖、评论、留言,37.2%的人通过与亲友的微信聊天(含一对一、群聊),35.2%的人通过发微博,23.6%的人通过微信公众号推送(见图6)。

近八成(78%)被调查者一周至少一次(包括至少一次,一周多次和几乎每天)在社交媒体(微博、微信、论坛等)分享正面/正能量信息。其中10%的被调查者几乎每天分享,39%的被调查者一周多次分享,29%的被调查者一周至少一次分享。17%的被调查者一月至少一次分享。只有5%的被调查者一年分享几次。职业差异明显,最高为家庭主妇(25%),其次

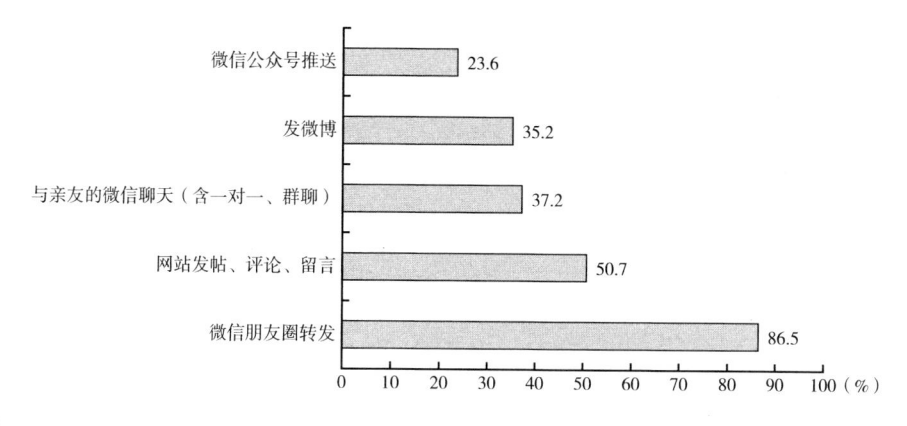

```
微信公众号推送        23.6
发微博              35.2
与亲友的微信聊天（含一对一、群聊）  37.2
网站发帖、评论、留言    50.7
微信朋友圈转发                          86.5
         0  10  20  30  40  50  60  70  80  90  100（%）
```

图6　您选择哪种方式分享正面/正能量新闻？（多选）

为自由职业者（22.8%）。这与自由支配时间量有一定的关联。

究其原因，与当前媒介环境和受众行为模式的变化密切相关。一则是社交媒体的发展改变了整体传播环境，移动终端成为媒介接触和使用的最主要终端。二则是微信分享的易操作性。三是微信朋友圈的半封闭性圈子传播效果，有助于建构个人形象、累积社会资本。

此外，2017年底针对一部分中外青年群体的问卷和访谈中，[①] 我们同样就有涉正面报道的认知进行了调查访问。结果显示，外国青年学生对正面新闻的立场多元，绝大多数中国学生对正面新闻态度积极，两方均倾向于分享。其中也颇能折射出一些对于正面报道这一概念的中外理解差异。

由上述媒体探索与民众需求来看，中国建设性新闻探索由正面报道一路发展而来，有历史渊源也有现实成长空间，某种程度上，可以将当前进行的建设性新闻理解为民生新闻、政风行风热线等正面报道的升级，是从单一问题帮忙上升到主动发现问题、查找原因、解决问题，最终推进社会治理。也可以这样说，建设性新闻是媒体在通过新闻报道提供公益服务基础上的再升级，在新闻体系中与民生新闻、帮忙类节目形成矩阵关系，共同推动社会进步。

[①] 该调查和访谈由全球影视与文化软实力实验室于2017年12月进行，针对中外青年学生发放150份问卷，回收137份有效问卷。

三　结语及思考

全球视野来看，尽管语境不同、体制不同、文化不同，对建设性新闻的定义和理解上不乏差异处，但在积极和参与的核心元素上，中国由正面报道而始的建设性新闻探索与欧美的建设性新闻实践形成了并行发展之势，并与其他国家和地区媒体进行的探索形成了共振。导致这个共振的因素很多，因新技术革命和社会变革的结合而带来的新媒介环境和传播语境尤为值得持续关注：新的媒介技术的出现构成了一种新的关系和网络。在这个关系和网络中，建设性新闻是一个恰逢其时的存在。建设性新闻既是一个新闻发展的动向和类别，更是一个全谱系的理念，其在今天的出现是对技术变革、用户需求、媒体和社会发展的适应和回应。从这个视角来看，建设性新闻本身就是一个针对当代媒介环境和社会环境的解决方案，是在新技术基础上形成的新观念体系，建设性的新闻工作也是恢复人们对主流媒体信任的一种方式。

新闻的变革之旅已然开始。对于传统媒体而言，在信息平台上遭遇了更多的竞争节点，而在公共服务和社会治理平台上一切才刚刚开始。对于新媒体而言，亦然。

（本文原载于《新闻与传播研究》2019 年第 S1 期，该文章收录本书时内容和文献标注方式略有调整）

Ⅶ 建设性新闻的中国范式

——基于中国媒体实践路向的考察*

漆亚林**

内容提要： 建设性新闻的中国范式是在历时性和共时性的坐标中逐渐形成自己的独特内涵和发展模式，是以中国传统文化为滋养、以马克思主义新闻观为核心、以社会责任与功能导向为目标的协同主义范式。建设性新闻具有开放性和包容性，作为新闻理念的建设性新闻是中国范式的理论基础；作为新闻报道样式的建设性新闻彰显了中国样本的表达特征；作为辞屏的建设性新闻体现了中国经验的行动方向。基于建设性新闻的元话语，文章主要考察作为一种新闻改革中的民生新闻、公共新闻、参与式新闻和暖新闻的中国样本。

关 键 词： 建设性新闻　中国范式　协同主义

---

* 基金项目：国家社会科学基金一般项目"一体化战略视阈下媒体融合的现实困境与实现路径"（19BXW030）。
** 漆亚林，中国社会科学院大学媒体学院执行院长、教授，上海大学新闻传播学院博士生导师，主要研究方向为新闻实务、媒体融合、传媒经济。

政治迭代与技术驱动导致了"后真相"的弥漫和科技伦理问题，新闻业遭受着前所未有的信任危机。新闻业如何重塑信任，着力于解决问题、承担使命的建设性新闻"呼之已出"，并延伸为当下一场新闻传播的学术、教育与实践运动，同时"成为媒体、政府、民众、专家共同参与的社会治理行动"。① 现有学术成果对作为辞屏并发源于西方的建设性新闻的核心概念、历史渊源、关键特征、主要类型和全球实践等进行了有益的探索，积累了丰硕的学术智慧和成果。但是，对于建设性新闻的中国理念、中国方案、中国经验、中国特色等构型的中国范式的研究还有一定的深化空间。本文尝试通过探讨中国建设性新闻的发展脉络与实现路径建构建设性新闻的中国范式。

一 逻辑理路与内涵阐释

范式是一种理论构型，是共同体成员所共同遵守的价值观和方法论，包括具象的阐释方法和规则体系。美国著名科学哲学家托马斯·库恩解释道："我选择这个术语，意欲提示出某些实际科学实践的公认范例——它们包括定律、理论、应用和仪器在一起——为特定的连贯的科学研究的传统提供模型。"② 对中国问题的研究必须考虑综合性和历史性的因素。③ 新闻生产不仅描述内容的生成，更会受到"编辑方针、专业主义、市场和文化传统等多种不同诉求之间的角力与协商"，④ 因此，我们必须承认在中国现有传媒制度的影响下，中国媒体基于政治、经济、文化、科技等因素的路径依赖与社会建构同西方社会大相径庭，从而形成了不同于西方建

---

① 唐绪军、殷乐：《建设性新闻实践：欧美案例》，社会科学文献出版社，2019，第3页。
② 〔美〕托马斯·库恩：《科学革命的结构》，金吾伦、胡新和译，北京大学出版社，2003。
③ 杨学功：《"中国模式"对哲学社会科学提出的新要求》，《求是》2010年第8期，第64页。
④ 〔美〕迈克尔·舒德森：《新闻生产的社会学》，载〔美〕詹姆斯·库兰等《大众媒介与社会》，杨击译，华夏出版社，2006，第164页。

设性新闻的独特范式。有学者将中国媒体文化的独特性理解为一种"文明的权力",而非一般意义上的有别于英语世界的"结构"。① 建设性新闻中国范式的提出意味着呈现一种体现中国新闻思想传承的新世界观和新赋权机制的演进模式,它不仅能用来建构和阐释中国社会发展的现实图景和基本逻辑,而且有助于解释和推进世界新闻事业的发展。

建设性新闻不是一个单一的概念,是一个包含多种概念和元素的理论群。美国弗吉尼亚联邦大学助理教授凯伦·麦金泰尔称之为"伞式结构"或者"总括性的术语"。她将建设性新闻定义为回应现实问题的、严谨的、基于事实的报道形式,包括和平新闻、方案新闻、修复新闻、公民新闻等具体方式。② 新闻理论与实践的历史发展与现实需要是建设性新闻"崛起"的内在逻辑,并沿着"问题—批判—对策—范式"的逻辑理路与操作框架演进。近年来,建设性新闻成为新闻业面临结构性危机时寻找出路的一种实践转向。凯瑟琳·吉登斯泰德提出建设性新闻的四大导向"公众导向、方案导向、未来导向、行动导向",③ 体现了新闻传播学者批判、应对后真相政治和"后新闻业时代"④ 所带来的公信力缺失、公共善缺位、伦理失范、群体极化等问题而倡导的新传播理念和操作路线。

在现有的学术传统中,对中国特色的批判性考察通常要求研究者持有特定的理论假设,同时又可熟稔地使用一套多少带有排他性色彩的术语系统。⑤ 以西方主义为中心的二元对立结构主导了中国范式研究的角度立意和话语框架。在自然科学中,范式具有"不可通约性",但是在人文社科

---

① 常江:《从中国案例到中国范式:评〈中国媒体走向全球〉》,《国际新闻界》2018 年第 6 期,第 173~176 页。
② Karen McIntyre, Cathrine Gylden sted. Construct i v e Journalism: Applying positive psychology techniques to news production, *The Journal of Media Innovations*, 2017, 4 (2): 24.
③ Hermans L, Cathrine Gyldensted. Elements of constructive journalism, *Journalism*, 2018, 20 (2): 535–551.
④ 杨保军:《民众新闻观念的实质及其可能影响》,《编辑之友》2015 年第 10 期,第 5~10 页。
⑤ 常江:《从中国案例到中国范式:评〈中国媒体走向全球〉》,《国际新闻界》2018 年第 6 期,第 173~176 页。

领域,"范式并存"渐成共识。每一种范式本身都是观察社会的一种方式,不同范式之间不是一种非此即彼、非对即错的选择,而是不同观点互相补充的关系。① 建设性新闻的中国范式是一个开放式的理论与实践模式:一则具有跨学科性特征,它吸纳了新闻传播学、积极心理学、美德伦理学、公共舆论学等诸多理论;二则具有跨时间性特征,它是继承了中国哲学以及中国传统新闻学、社会主义新闻学、中国特色社会主义新闻学、新时代中国特色新闻学的学术思想与范本经验;三则具有跨空间性特征,它汲取了西方新闻传播理论与实践的优秀成果,进而形成包容、开放、多维的新闻理论与实践活动。② 中国社科院学部委员李林教授认为"开放包容是建设性新闻的活力所在"。③

中国的建设性新闻是在时空网络的关联中沉淀自己的独特性,并具有坚实的理论根基和发展土壤。以人民为中心是我们的出发点和归宿。舆论监督也强调建设性、科学性和合法性。④ 建设性新闻的中国范式是在历时性和共时性的坐标中逐渐形成自己的独特内涵和发展模式,即以中国传统文化为滋养、以马克思主义新闻观为核心、以社会责任与功能导向为目标的协同主义范式。与资本主义和政治制衡制度下产生的第四种权力的西方新闻范式相异其趣,中国新闻事业作为社会治理系统的子系统在参与社会的协同治理中发挥着积极的建设性作用。我们可以从三个维度来把握具有中国特色的建设性新闻的主要内涵。

1. 作为新闻理念的建设性新闻是中国范式的理论基础

建设性新闻作为一种新闻理念早已存在于中外新闻理论之中,在新闻的基因里以社会责任和正向功能的诉求得以传承。建设性新闻试图通过赋

---

① 许敏球:《范式并存还是范式转换?》,《视听界》2019 年第 4 期,第 128 页。
② 漆亚林:《建设性新闻的生成逻辑与现实困境》,《新闻与传播研究》2019 年增刊,第 106~113 页。
③ 李林:《不忘本来推进新闻传播理论的创新与理论发展——在"建设性新闻:理念与实践"社科论坛上的致辞》,《新闻与传播研究》2019 年增刊,第 6~8 页。
④ 唐绪军:《建设性新闻与新闻的建设性》,《新闻与传播研究》2019 年增刊,第 9~14 页。

权多元主体、提出解决方案、化解社会问题、弥合社会矛盾从而摆脱"扒粪"报道的冲突框架所带来的负面效果。这种突破"怀疑主义和虚无主义"设定"施害者—受害者"功能角色①的新闻理念暗含中国传统文化意涵,并在中国新闻理论的沿革和范式转换中彰显。协同主义的建设性新闻尊崇"整体观"和"系统观",强调媒体与社会的关系,尤其是在社会治理中的建构性作用。天人合一、人心向善的和合文化基因、"罕言利"和"义利合一"的义利观以及六经为教的仁爱德政观等形成的价值体系和伦理规范影响着世世代代的中国人和社会治理,并在批判性传承过程中焕发出生机,成为社会主义核心价值观的重要基础,亦成为马克思主义新闻观的丰沃土壤,为中国特色的建设性新闻提供了丰富的思想资源和价值底色。

马克思主义者深入地阐释了新闻业的建设功能和文化使命。马克思和恩格斯创办《新莱茵报》时明确表示"要成为人民精神的'千呼万应的喉舌'",②并提出吸引工人群众直接参与报刊工作,这与建设性新闻提倡的赋权理念不谋而合;列宁论述"报纸不仅是集体的宣传员和集体的鼓动者,而且是集体的组织者"③的观点与建设性新闻主张媒介不仅是记录者更是行动者的内涵互通;我国党和国家领导人多次提出关于媒体的党性原则、实事求是、群众办报、社会效益、正面宣传、舆论监督、传播正能量、讲好中国故事等新闻思想和工作方法。新媒体时代舆论环境发生深刻变化,习近平总书记强调"党的新闻舆论工作是党的一项重要工作,是治国理政、定国安邦的大事"。④ 中国新闻事业的社会责任及其与社会治理的协同发展从更高的要求提出了建设性新闻所倡导的"解决之道"的理论进路。

2. 作为新闻报道样式的建设性新闻彰显了中国样本的表达特征

建设性新闻是运用积极心理学以解决方案为导向的、面向未来的报道

---

① 史安斌、王沛楠:《建设性新闻:历史溯源、理念演进与全球实践》,《新闻记者》2019年第9期,第32~39页。
② 马克思、恩格斯:《马克思恩格斯全集》(第六卷),人民出版社,1961,第275页。
③ 列宁:《列宁全集》(第五卷),人民出版社,2013,第8页。
④ 本书编写组:《习近平新闻思想讲义》,人民出版社、学习出版社,2018,第13~25页。

方式，是一个日益崛起的新闻形式，① 一个试图在新闻中消除消极性的新闻形式。② 建设性新闻的倡导者希望通过新闻报道形式的改革缓解负面新闻对公众心理产生的消极影响，增强媒体渐失的公信力和好感度，它与和平新闻、解困新闻、公共新闻、方案新闻、公民新闻等族群概念消弭冲突、解决问题的理路一脉相承。中国新闻工作者和新闻媒体逐渐形成自己的核心价值观，概括地说就是责任感和建设性。③ 从某种角度上说，中国新闻报道形式服从于内容的价值取向和社会意义，坚持党性原则、以人民为中心的价值取向是新闻报道样式的核心。

中国建设性新闻样式在发展中形成了鲜明的特征。从报道立意和基调来看，新闻内容要宣传党的主张，反映人民心声，传播正能量，维护社会稳定，并将新闻的真实性、客观性、公正性、全面性原则与正确的舆论导向相结合，将舆论监督与正面宣传相统一；从具体报道形式来看，中国建设性新闻的族群包括实用新闻、民生新闻、帮忙新闻、公共新闻、公民新闻、暖新闻、问政节目等报道方式；从新闻的构造来看，大量的报道样式凸显报道问题、分析问题、解决问题的文本结构和思维路径，在民生新闻、公共新闻、参与式新闻、暖新闻中尤为突出。都市报创设的新闻追踪和新闻连载等形式通过激发公众参与、释放时空张力提供了解决方案实施的重要样本。这类报道以解决问题为出发点，尽量避免采用冲突叙事框架，化解社会矛盾，弥合阶层裂痕，推动公共对话与协商。建设性新闻的中国样本体现了媒体以非对抗的方式参与社会治理的表达方式和行动方案。

3. 作为辞屏的建设性新闻体现了中国经验的行动方向

美国修辞思想家伯克提出辞屏概念，④ 即对一事物采用命名的形式进

---

① 晏青、〔美〕凯伦·麦金泰尔：《建设性新闻：一种正在崛起的新闻形式——对凯伦·麦金泰尔的学术访谈》，《编辑之友》2017 年第 8 期，第 5～8 页。
② Liesbeth Hermans, Nico Drok. Placing Constructive Journalism in Context, *Journalism Practice*, 2018, 12 (6): 679-694.
③ 李彬、马学清：《中国新闻专业主义的核心理念：责任感和建设性》，《湖南科技学院学报》2011 年第 3 期，第 187～188 页。
④ 鞠玉梅：《通过"辞屏"概念透视伯克的语言哲学观》，《现代外语》2010 年第 1 期，第 39～45 页。

行框定。以建设性新闻命名的实践活动和学术研究起源于特定的历史语境，建设性新闻旨在对后真相政治和新闻呈现的媒介图景进行修正。2008年，时任丹麦国家广播公司新闻部执行主任的哈格洛普在发布的一篇新闻评论中正式提出了这一概念。① 作为辞屏的建设性新闻正在引起全球新闻业界和学界的高度关注，也成为我国研究者的重要观照对象，或从理论溯源、概念阐释等角度进行探析，或从主要特征、价值启示等角度进行阐释，或从职业理念、实践哲学等角度进行辨析，或从媒体报道方案、受众传播效果等角度进行剖析等。中国社会科学院新闻与传播研究所2019年年末举办了建设性新闻的国际学术研讨会，出版了《建设性新闻实践：欧美案例》一书。《新闻与传播研究》《编辑之友》《南京社会科学》等学术刊物已经或正在组织刊发建设性新闻的学术专题研究成果。建设性新闻的学术工作坊、研究中心、研究项目亦陆续启动并展开工作。

  中国新闻媒体的建设性一直凝结在新闻实践之中。中国的政治制度决定了新闻媒体的核心功能是基于国家逻辑和人民逻辑而建构的。新闻媒体既要真实客观地记录时代，直面社会问题，揭露丑恶现象，激浊扬清、针砭时弊，又要坚持以社会主义核心价值观引领舆论场。中国媒体从受众定位、编辑方针、内容生产、议程设置、栏目策划、话语方式等方面体现出新闻实践在建构社会、协同治理过程中的建设性作用。从不同类型的媒体观之，党媒一以贯之地坚守党性原则和主流意识形态功能，在国家治理中发挥着十分重要的作用。智媒时代，党媒积极转型，打造"四全媒体"，创新话语表达方式，吸引社会参与，比如《人民日报》创建全国党媒公共信息平台和全国移动新媒体聚合平台"人民号"，用"党媒算法"和主流价值纾解"流量焦虑"和"算法焦虑"，用社会责任规范"内容创新"和"内容创业"，用优质平台凝聚"众人之智"和"众人之力"，不断壮大网上正能量。② 《中

---

① 史安斌、王沛楠：《建设性新闻：历史溯源、理念演进与全球实践》，《新闻记者》2019年第9期，第32~39页。
② 卢新宁：《人民日报为什么要办"人民号"?》，2018年6月21日，http：//media.people.com.cn/n1/2018/0612/c40606-30051403.h。

国地市报人》杂志对全国 28 家地市报社的问卷调查显示,每家报社都开辟有"暖新闻"专栏或专版,或者与"暖"相关的专栏专版。① 20 世纪末都市类媒体的主流化转向可谓一场建设性新闻的本土化运动。都市类媒体自创办之日起,就以解决社会问题的理念而快速崛起并在"叫好与叫座"中探索可持续发展。"如果仅仅是简单地提供信息,这还不够,还要努力地去解决市民生活中遇到的困难和问题。"② 在遭遇低俗化诟病之后都市类媒体又迅速"向主流迈进"。腾讯、今日头条等平台媒体为了解决科技伦理等问题与社会多元主体共建"科技向善"的行动模式。中国媒体在传递政策、反映民意、共同协商过程中不断推进国家治理体系和治理能力的现代化发展,积极探索建设性新闻协同主义范式的实现路径。

二 建设性新闻的中国样本

建设性新闻的实践活动在全球已经展开。丹麦广播电视台是建设性新闻理论和实践的倡导者之一,丹麦电视二台《19 新闻》、荷兰的个人新闻论坛《记者》、英国的《积极新闻》杂志、BBC 的数字节目《世界妙招》栏目以及美国的《纽约时报》《赫芬顿邮报》、在线媒体 Upworthy 等都在积极探索"方案新闻""好新闻"等建设性新闻的内容生产模式。③ 我国的新闻媒体在不同历史阶段都是以社会责任和建设性作为核心理念,并在与社会治理关系的演进中进行内容生态的建构与重构。从宏观角度而言,中国媒体的建设性主要体现在媒体的社会功能、编辑方针、经营理念等方面;从中观角度而言,主要体现在栏目策划、内容定位和公共协商模式等方面;从微观角度而言,主要体现在具体报道的话语框架、文本结构和风格调性等方面。

---

① 高秉喜:《给整个社会以温暖的力量——对全国部分地市报暖新闻报道实践的调查与思考》,《中国地市报人》2017 年第 7 期,第 19~21 页。
② 肖云:《席文举新闻策划》,中国社会科学出版社,2000,第 12 页。
③ 唐绪军、殷乐:《建设性新闻实践:欧美案例》,社会科学文献出版社,2019。

建设性新闻的中国范式是中国特色新闻学的一个分支，无论是传统媒体还是智能新媒体都在实践中不断吸取中外优秀传媒文化创造出具有中国特色的中国样本。中国建设性新闻最大养分的特点是正面宣传为主和坚持党性原则，基于建设性新闻的元话语，本文主要考察作为一种新闻改革理论与实践的经验范本。

1. 民生新闻：人本主义的"解决之道"

以人为本是人本主义哲学的核心思想，人是万物的尺度，体现了主体哲学对人的价值、责任和尊严的推崇。民生新闻的兴起符合中国的政治语境，反映了从"个人价值被尊重"的体制革新，到"以人为本"的科学发展观，再到"以人民为中心"的治国理政核心思想的中国政治范式的历史演进路径，体现了媒介场域与社会场域的协同关系。作为辞屏的民生新闻是中国都市类媒体开创的新闻报道方式，"是一种具有中国特色的新闻传播范式"。① 它发端于都市报，鹊起于电视。20世纪90年代，中国社会主义市场经济制度的确立推动着新闻事业的改革与创新，以人为本的理念开始进入媒体的战略管理。席文举1994年创办《华西都市报》时将都市报定位于"市民生活报"，重视解决市民日常生活遇到的困难、监督社会问题。席文举认为"市民最关心的问题也就是政府关心和要解决的问题"。②《华西都市报》的成功吸引了全国300多家报纸模仿、复制"华西模式"。《晶报》2001年正式提出"民生新闻"的口号，随后电视民生节目也在各大电视台流行起来，其中颇具代表性的有江苏电视台的《南京零距离》《1860新闻眼》、湖南台经视频道的节目《都市一时间》、广东珠江频道的《630新闻》、天津台《都市报道60分》等。

民生新闻呈现出建设性新闻的诸多特质，并在主流化运动与"走、专、改"的践行中不断摒弃己身问题，通过转型升级创新内容生产机制。

（1）民生新闻一个被低估的建设性功能是在对自在生活主体日常生

---

① 董天策：《民生新闻：中国特色的新闻传播范式》，《西南民族大学学报（人文社科版）》2007年第6期，第88~95页。
② 席文举：《报纸策划艺术》，中国社会科学出版社，2000，第46~49页。

活的呈现与批判中建构"人之现代性"。"民生新闻以大量的新闻事实鼓励更多的人追求理性利益、公平竞争、张扬个性的现代生活方式和价值观念。"① 公众的个体利益、情感、需求得到媒介表达和治理者的关注，促进人的自主性和自觉性的生成，向现代性的主体转向。

（2）报道内容以呈现人的生存、生活和生命的状态，揭示人与自然、社会之间的关系问题，提出解决社会民生问题的程序、步骤和方案，"切切实实为政府分忧，为百姓解难"。② 《钱江晚报》的《今天我当记者》、《扬子晚报》的《连心桥》等民生新闻栏目还及时为政府部门和公众提供对话、互动平台。

（3）报道主体的角色从事实的记录者转变为事件的行动者。民生新闻操作者擅长新闻策划，在遵守新闻客观真实的基础上设置议程、推动事件发展，甚至卷入将事件与新闻内容融为一体。帮办新闻、调解新闻尤为鲜明。山东电视生活频道的《生活帮》、湖南公共频道的《帮女郎帮你忙》、北京电视台的《第三调解室》等民生新闻节目的传播主体已经由报道者成为参与者、叙述者成为讲述者、由传播者变为组织者。③

（4）转型中释放正面宣传与舆论监督的结构性张力。正面宣传和舆论监督的统一是中国建设性新闻的一大亮点。与西方媒体所秉承的新闻专业主义不尽相同，中国传媒制度旗帜鲜明地要求媒体"坚持正面宣传为主的方针"，以正确的舆论引导人；提倡舆论监督，维护公共利益，传播效果是正面的。习近平总书记强调："舆论监督的出发点应该是积极的、建设性的。"④ 但是早期的民生新闻受市场主义的影响，通过冲突性叙事和新闻炒作对社会场域进行监督，其追求过度曝光和轰动效应带来负面效

---

① 刘萍、吴廷俊：《"人的现代化"指向——论日常生活批判视阈下电视民生新闻发展》，《新闻大学》2013 年第 3 期，第 19～25 页。
② 席文举：《报纸策划艺术》，中国社会科学出版社，2000，第 46～49 页。
③ 王忠：《后民生新闻时代的媒体角色——以〈生活帮〉栏目为例》，《现代传播》2009 年第 4 期，第 64～65 页。
④ 刘光牛：《当代中国新闻理论的重要创新与发展——习近平新闻舆论观阐述分析》，《中国出版》2016 年第 7 期，第 6～11 页。

果，加之一些民生新闻呈现出浅薄化、琐碎化、同质化的现象，频遭诟病。在内外力量的驱动下，都市报开始了主流化运动，电视民生新闻节目向大民生新闻、公共新闻转型升级，体现了民生新闻在政治、市场、专业的力量框架中逐渐释放出正面宣传与舆论监督的结构性张力。

2. 公共新闻：公共生态建构导向的媒介策略

公共新闻是激发公众参与解决公共问题的新闻理念和运行策略，契合建设性新闻的主要观点。"'建设性新闻'其实是'公共新闻'的延续和发展。"① 公共新闻是20世纪90年代起源于美国的一场新闻改革运动，是美国新闻界对"看门狗"角色和娱乐至死产生的负面传播效果的一种修复，也是解决公众"政治疏离"② 问题的一种媒介化策略。回顾杰伊·罗森、戴维斯·梅里特、菲利普·迈耶、麦克斯韦·麦考姆斯等重要学者的相关讨论和研究，核心观点主要集中在以下五个方面：（1）把人们看成公民；（2）激发公众参与公共事务；（3）长时间关注公共议题和公共利益；（4）以解决问题为导向；（5）提高公民素养，建构公共生态等。③ 美国公共新闻研究成果经过中国学者蔡雯教授的译介以及诸多学者的深化研究，成为正在探索突破困境的民生新闻找到的一个有力抓手和发展方向。美国公共新闻实验项目结束之后，其公共性与建设性的成果为随后的公民新闻和建设性新闻所传承与革新。

就中国的公共新闻而言"公共事件与公共问题长期是新闻报道的重要议题，新闻媒体也早已具有发动公众参与、共同讨论对策的经验"。④ 中国都市报的崛起对本土化公共新闻的兴起具有重要的推动作用。都市报

---

① 蔡雯、郭浩田：《以反传统的实践追求新闻业的传统价值——试析西方新闻界从"公共新闻"到"建设性新闻"的改革运动》，《湖南师范大学社会科学学报》2019年第5期，第124~130页。

② 郑一卉：《美国公共新闻运动的理论背景及现实动因》，《湖北大学学报（哲学社会科学版）》2007年第6期，第124~128页。

③ 蔡雯：《"公共新闻"：发展中的理论与探索中的实践——探析美国"公共新闻"及其研究》，《国际新闻界》2004年第1期，第30~34页。

④ 蔡雯：《试论中美两国公共新闻传播的现实差异》，《今传媒》2005年第6期，第4~6页。

捕捉到了政治生态变革带来的民主化进程的加快以及受众市场的巨大变化。"都市报在充分收集、组织和引导公众舆论，提供公共话语平台作为公众理性讨论和开放性交流的空间方面，做了有效的尝试"，① 尤其是在向主流化转向过程中提升社会性民生新闻的品质，在建构公共意识和促进公共问题解决等方面影响深远。

《华商报》的"夫妻在家看黄碟事件"系列调查性报道和《南方都市报》的新闻追踪《被收容者孙志刚之死》可谓具有里程碑意义的中国式公共新闻。前者通过长达半年的追踪报道，提升到公民私权与政府公权的社会大讨论，推动社会各界携手捍卫公民的权利。后者通过跨时空的新闻调查与追问，推动公众讨论、高层彻查、民间上书。全国人大启动《城市流浪乞讨人员收容遣送办法》的违宪审查，最终废止该项制度，促进了司法改革。2004 年，江苏卫视《1860 新闻眼》正式打出公共新闻的招牌，确定"用公众的眼睛关注国计，以人文的精神关注民生，创造公共新闻话语，搭建社会和谐的公共平台"②的理念标识。随后，云南广播电视台《都市条形码》、福建新闻频道的民生新闻栏目《现场》、江西电视台都市频道的《都市现场》等一大批民生新闻节目向公共新闻转型升级。

由于政治制度和媒介环境的差异性，"中国公共新闻活动的探索不是美国意义的公共新闻"，③ 中国公共新闻在兼容并蓄中呈现出如下特征。一是理性、建设性的专业追求。党性原则要求媒体报道公共新闻时亦须立足于建设性的传播效果。公共新闻要对新闻事实的公共属性进行开掘，对事实发生的背景、结果和趋势进行逻辑建构和社会关联，以阐释新闻事实变动的复合性和复杂性。大多数报道体现出较强的反思性、批判性和"力透纸背"的特点。二是培养公共意识，搭建公共平台，关注公共利

---

① 漆亚林：《模式与进路：中国都市报发展战略研究》，中国社会科学出版社，2013，第 77 页。
② 冯浩、肖俊德：《对〈1860 新闻眼〉探索实践的思考》，《电视研究》2006 年第 10 期，第 46~47 页。
③ 强月新、屠晶靓：《中国公共新闻活动的实践辨析》，《当代传播》2008 年第 6 期，第 7~10 页。

益。中国的公共新闻通过深度报道、时评、公共论坛①等形式建构公共话语体系，提高公民素养，提供对话平台，维护共同体成员权力与利益。三是持续报道公共问题，激发公众参与，促进社群协同解决。都市类媒体和腾讯"探针"、财新网"特供·深度"擅长跨时空新闻追踪，持续聚焦公平正义、公共道德、公共环境等公共问题，甚至形成新闻舆论热点以推动问题的解决。"中国公共新闻的模式是通过新闻监督的信息干预，来启动相关媒体的信息联动和公众层面的信息表达，形成一定舆论压力后，促进相关职能部门的公共问题决策机制的公开化和理性化。"② 四是融合多种智媒传播形态和影像表达手段。当下公共新闻借助技术迭代的力量通过融媒体建构更为立体的公共传播空间。澎湃新闻、封面新闻等新型都市类媒体建构了智能媒体生态，在公共信息源、公众参与方式、公共话语空间等方面得到巨大的拓展，公共新闻的数据化、视频化、移动化传播成为常态。电视问政节目、政务直播节目、新闻调查等仍然成为电视机构的重要内容供给。但是，中国公民社会尚在形成之中，中国建设性新闻的探索还在路上。一些公共新闻为了引起更多公众的关注，采用冲突框架、悲情剧目等内容设计短期内调低了社会情绪。从长期和整体角度而言，中国的公共新闻在建构人的主体性和现代性、解决社会公共问题、促进社会协同治理等方面起着积极的、建设性的作用。

3. 参与式新闻：激活边缘性权力的话语祛序运动

参与式新闻经常与公民新闻、民众新闻、民间新闻、市民新闻等概念的内涵互通。杜威认为公民对公共事件有智慧和能力判断和认知的理念奠定了参与式新闻的理论基础。③ 虽然参与式新闻尚未有统一定义，且边界模糊，但是中外学者均认可参与式新闻是基于新媒体赋能所产生的非传统

---

① 冉华：《中国传媒公共话语领域的建构》，《武汉大学学报（人文科学版）》2007年第5期，第710～715页。
② 龚彦方、陈卫星：《公共新闻实践的可行性实证研究》，《南京社会科学》2011年第9期，第95～101页。
③ 张赐琪：《公民新闻的产生与特征》，《毛泽东邓小平理论研究》2009年第5期，第57～86页。

专业新闻机构生产的新闻报道或者评论。Shayne Bowman 和 Chris Willis 认为"参与式新闻"是指个体成为互联网主体的一种新闻生产与传播模式。① 我国传播学者邵培仁等认为参与式新闻或者市民新闻是"市民（非专业新闻传播者）通过大众媒介和个人通信工具向社会发布自己在特殊时空中得到和掌握的新近发生的特殊的、重要的信息"。② 美国公共新闻学术领袖杰·罗森教授在互联网兴起的背景下也将研究焦点从公共新闻转向了参与式新闻，③ 并通过创建个人网站体验参与式新闻的公共性传播带来的传播变化。中国与美国、英国、韩国等国家在2000年左右就创建了参与式新闻网站。1998年创立的西祠胡同以及随后创办的天涯社区、人人网等BBS论坛拉开了中国参与式新闻运动或者说公民新闻运动的序幕，中国的参与式新闻涵盖博客、播客、BBS、贴吧、百度百科、微博、微信、腾讯QQ、个人网站、新闻客户端等社会化媒体发布形式。

参与式新闻是新媒体赋权机制主导新闻革命方向的重要体现。新技术改变了传播场域的话语生产逻辑，激活了网络空间的边缘性权力，颠覆了传统的传播模式。传播者与接受者的交互机制开创了 UGC 模式，是一场改变精英主导的话语秩序与重构运动，"引发了有关民主化传播的理论想象"。④ 我国新闻观念在经历结构性演变过程中，民众新闻观念是最新进入的一种公共化新闻传播观念。⑤ 也就可以理解为何凯伦·麦金泰尔等学者将参与式新闻纳入建设性新闻的范畴了。

---

① Shayne Bowman、Chris Willis、欧阳俊杰：《参与式新闻的兴起》，《中华文化论坛》2009年第 S1 期，第 310~316 页。
② 邵培仁、章东轶：《市民新闻学的兴起、特点及其应对》，《新闻界》2004 年第 4 期，第 52~53 页。
③ 蔡雯、郭浩田：《以反传统的实践追求新闻业的传统价值——试析西方新闻界从"公共新闻"到"建设性新闻"的改革运动》，《湖南师范大学社会科学学报》2019 年第 5 期，第 124~130 页。
④ 余文斌：《以技术对治公众与政治的分离：公民新闻的理论想象》，《国际新闻界》2012 年第 8 期，第 79~83 页。
⑤ 杨保军：《民众新闻观念的实质及其可能影响》，《编辑之友》2015 年第 10 期，第 5~10 页。

中国参与式新闻的探索与互联网和通信技术的阶段性发展密不可分，并形成与建设性新闻意指相同的特征。

（1）庞大的公民记者群体生产海量的参与式新闻。在媒介日益社会化的过程中，人人都是公民记者已经成为可能。《第44次中国互联网络发展状况统计报告》显示，截至2019年6月，我国网民规模达8.54亿人，手机网民规模达8.47亿人。传播工具的便捷性、及时性和交互性使得每个网民都可能是潜在的新闻生产者和传播者，记录、丰富专业记者"不在场"或"不知晓"的新闻报道或公共意见，也意味着移动场域成为海量信息和参与式新闻生产与传播的集散地。

（2）专业媒体与机构媒体搭建起参与式新闻的融通传播场域。专业媒体的融合平台向公众开放，激发公民采用多种方式参与新闻报道。一是采用众包的方式，由专业媒体人与公民记者共同生产PUCG（专家生产内容）的内容。比如《成都商报》的《城事e闻》专版QQ记者群的2000个公民记者每天可以生产近200篇稿件，[①] 这些稿件需要经过专业编辑的审核与编辑。二是专业媒体利用新媒体平台为公民记者提供UGC（用户生成内容）的服务，大多数专业媒体都建有参与式新闻可以附丽的新闻网站和两微一端。《华西都市报》的封面新闻打造的青蕉社区、青蕉拍客、封面号等为UGC公民新闻提供智能生态服务。今日头条、腾讯新闻等平台媒体、微博的"一直播"、哔哩哔哩网站等网络直播平台以及快手、抖音等短视频平台为公民提供了全域的UGC服务。

（3）参与式新闻的公共性与围观性表达成为公共事件的重要推力。UGC的个人赋权方式使参与式新闻成为另类替代性媒体。公民记者参与式报道可以分为利益诉求类、探询真相类、社会动员类三大类型。[②] 在开放的多元议题中，公共利益和公共问题是公民新闻乐此不疲的聚焦点。替

---

① 韩鸿、张娜：《公民新闻的中国实践——成都商报"QQ记者"模式探析》，《新闻爱好者》2007年第9期，第12～13页。
② 申金霞：《公民新闻的三种类型及其政治意义》，《当代传播》2013年第1期，第68～71页。

代性另类媒体对权力极为敏感,在反映民意和舆论监督方面,公民新闻为政府部门提供了有价值的互动和测试平台。① 参与式新闻通过网络围观、虚拟和现实的空间动员,形成巨大的社会力量,从而促进公共事件的有效解决。厦门 PX 事件、"表哥"杨达才事件、武汉疫情"李文亮被训诫"等事件中,就有无数网民自愿充当公民记者的角色,在不断追问真相和提供事实中推动权力部门介入,最终助推问题解决。

(4) 参与式新闻的伦理问题与"科技向善"的责任追求。参与式新闻的传播主体是公民,其中绝大多数是网民个体,网民的公民素养、媒介素养参差不齐,因而对事实的甄别与价值判断时难以把握准确。网络的隐匿性、交互性、病毒式传播容易催生群氓文化和非理性行为。"网络暴力、淫秽色情、不负责任的指责、谩骂,信息的过剩、思想意识的多元,只能给这个在变革中的多少带些浮躁的社会造成更多的不确定和混乱。"② 加之,算法偏见与"信息茧房"带来的价值迷失导致一些伦理失范的参与式新闻泛滥等问题。《人民日报》人民号、封面新闻等新型主流媒体通过加入主流价值权重建构党媒算法,形成兼有主流价值、创新活力的全新内容生态。科技内容平台则主动推出"科技向善"、工具理性与价值理性统一的新闻理念和操作策略,促使 UGC 参与式新闻承担社会责任,不断自我净化,提升内容品质。

4. 暖新闻:寻找向上的力量

中国新闻界与西方新闻界提出"好新闻""暖新闻"的逻辑基础不同。西方"罪感文化"和新闻专业主义推崇"无流血、不头条"的负面报道带给人们压抑和消极情绪,需要通过正能量媒介策略加以修正。"中华传统的'乐感文化'培育了中国人自强不息、乐观积极的精神状态。"③

---

① 张赐琪:《公民新闻的产生与特征》,《毛泽东邓小平理论研究》2009 年第 5 期,第 57~86 页。
② 林靖:《质疑"公民新闻"》,《国际新闻界》2009 年第 6 期,第 124~128 页。
③ 李海波、张垒、宫京成:《格局与路径:新时代中国特色新闻学理论创新刍议》,《新闻与传播研究》2019 年第 7 期,第 5~15 页。

中国媒体历史悠久的典型报道、"最美"行动记录和报道了层出不穷、感人肺腑的新闻人物和事件，激发人产生积极向上的接受心理。随着市场主义和技术主义对新闻业的侵蚀，中国新闻媒体出现了"三俗"（低俗、媚俗、庸俗）和"三色"（黑色、黄色、灰色）等多种伦理失范行为，在国家逻辑、受众逻辑和媒体逻辑治理框架下，许多媒体通过寻回、强化和创新正能量叙事策略，使得一种具有辞屏学意义的暖新闻成为新时代中国新闻改革的一次突破性创举。

中国建设性新闻的协同主义范式体现了媒体与社会发展的良性互动。2016 年，习近平总书记在党的新闻舆论工作座谈会上强调："新闻舆论工作者要转作风、改文风，俯下身、沉下心，察实情、说实话、动真情，努力推出有思想、有温度、有品质的作品。"① 暖新闻的报道理念和践行策略体现了媒体协同治理的传媒观转型与操作转向。凤凰新闻网 2015 年推出以"暖新闻"命名的栏目，两个月内访问量突破 1 亿人次。"为生命倾注力量，为心灵点盏明灯"成为中国暖新闻实践运动的路标。随后，中央媒体与地方媒体，主流媒体与都市类媒体，传统媒体与新媒体等不同类型的新闻媒体相继创办了暖新闻或者与之相关的栏目、专栏、版面，如陕西广播电视台新闻广播《越听越爱》、今报传媒的《暖视频》、《苏州日报》的《暖心列车》等栏目以及《中国青年报》的《暖闻周刊》、《三峡商报》的《宜昌暖新闻》栏目等，增强暖新闻和正能量的内容供给侧，并形成显性特色。

以主流引领体现新闻舆论工作站位的高度。"成风化人、凝心聚力"是新时代新闻舆论工作的新目标和新要求，也是如何实现的方法论。暖新闻从公民生活体验、现实状态中提取精神光亮和向善的"火种"，建构积极向上的媒介环境，从而驱散"雾霾新闻"对受众心灵的污染，激励人奋发前行。

---

① 《习近平总书记在党的新闻舆论工作座谈会上的重要讲话引起强烈反响》，2016 年 2 月 22 日，http://www.xinhuanet.com/politics/2016-02/22/c_1118122184.htm。

以细致入微的民生关切传递时代的温度。平凡人成为暖新闻的主角，暖新闻发自内心的关切，采用平视的角度观察和感知被报道对象的生活细微、心路历程。展现普通公民实然的生活图景与应然的理性诉求，真切体会世事的冷暖和向善的力量，"让良好的道德风尚深入人心，使冰冷的事实渗透出丝丝暖意，让读者在阅读后感到内心一暖，精神一振，提升幸福感"。①

以新闻性与技术性的结合增强报道的力度。暖新闻避免传统正面宣传的说教、好人好事的报道公式。暖新闻强化暖的主题，还要遵循新闻的规律，从故事中挖掘出硬核的新闻价值、共情的人文价值和共识的社会价值。这正与建设性新闻强调正能量叙事的核心价值异曲同工。暖新闻借助技术的力量形成了文字、图片、视频、VR 等多元传播形态和智能推荐机制，通过多端入口进行传播。

以社会力量的聚合提升暖故事传播的效度。暖新闻不仅仅是一个栏目、一家媒体的"独唱"，目前已经形成了全国"大合唱"。除了传统媒体，新华网、人民网、光明网、搜狐网等新闻网站也开辟了暖新闻专栏。河南广播电视台、《新京报》、字节跳动公司联合多家媒体主办全国性的暖视频大赛和高峰论坛。阿里巴巴联合公益基金"天天正能量"项目和全国 100 多家主流媒体共同发起"点赞中国人"活动，共同打造的五年公益报告每年推出正能量案例奖，形成线上与线下温暖共振的传播效应。

三 个案解析：新时代建设性新闻的中国经验

建设性新闻在中国的实践与理论探索是同步进行的。从某种角度上说新中国成立之后，建设性新闻的实践就伴随着中国特色社会主义理论前行。在新时代的语境下，中国媒体的建设性要突破传播力、公信力、影响力、引导力长期存在的顾此失彼现象。正面宣传要与传播规律相结合，正

---

① 金妍：《"暖"新闻提升幸福感》，《新闻实践》2012 年第 5 期，第 64~65 页。

能量叙事要有"地气"和"人气",并善于借助多种传播技术、传播形态重构话语体系和传播模式。新兴媒体要自觉承担社会责任和文化使命,促进科技向上向善,共同为创建"美丽中国"和全球命运共同体起到建设性的作用。可喜的是中国媒体已经启程,并形成较为成熟的案例范本,在建构新的社会图景中积聚中国经验和中国力量。为了凸显建设性新闻的辞屏内涵,我们从《中国青年报》、凤凰网和新京报社"我们视频"的个案中管中窥豹,以期对中国建设性新闻的学术研究和实操路线提供些许启迪。

1.《中国青年报》:建设性舆论监督与暖新闻相互辉映

《中国青年报》多年来坚守用新闻推动社会的进步的新闻理念,将新闻的深度与温度紧密结合,结出丰硕的成果。它通过深入的调查性报道进行舆论监督,将人文关怀融入满足公众知情权、启发公众思考、指导公众行动之中,生产了众多的公共新闻读本。该报20世纪80年代对大兴安岭火灾的深度报道《红色的警告》《黑色的咏叹》《绿色的悲哀》成为中国深度报道历史上的重要佳作。这种优良的新闻文化基因一直影响到《中国青年报》的发展。

作为建设性舆论监督的践行者可以说是《中国青年报》用新闻推动中国社会进步的硬实力。该报精于调查性新闻和深度报道,深度调查栏目《今日出击》将"理性""建设性"作为选题策划的逻辑基础,同时设定了基本的规范准则和叙事框架:不撕裂社会伤口,不增加社会焦虑,不扩大阶层裂痕,不加剧社会对立情绪,不做"一叶而知秋"的推论或全称判断,不低俗。通过持续追踪报道积极干预社会,推动具体问题解决或制度变革,从而推动社会进程。① 该报的舆论监督在立意上坚持了以马克思主义新闻观为指导思想和正确的舆论导向,在报道框架上采用不冲突原则,降低了事件对受众心理的消极影响,在进程中提出了解决方案,促进

---

① 吴湘韩:《在"六不原则"下深挖新闻——中国新闻名专栏"今日出击"的编辑理念与操作》,《中国记者》2012年第1期,第76~77页。

了问题的有效解决，在明确"我是谁，为了谁，依靠谁"的实践过程中与社会治理协同发展。

《暖闻周刊》可谓《中国青年报》用新闻推动中国社会进步的软实力。2016年创办的《暖闻周刊》每周4版，包括封面、在线故事、圈里圈外、青年之声。作为国内具有成熟运营模式和标杆效应的建设性新闻品牌，《暖闻周刊》形成个性风格和显性特征。主题锁定向真、向上、向善的精神指向。报道方式体现讲好温暖故事的表达机制，在具有新闻价值的凡人小事、生活方式、关注话题中注入人文关怀的温度和正能量，力避悲情叙事和"心灵鸡汤"，[①] 挖掘这片土地滋润真善美的文化养分。建构融合传播生态，以暖心为主线打造文字、图片、视频、H5等多形态的全媒体专栏，通过纸端、PC端、移动端三端合一进行融通传播，曹林还在中青在线推出《曹林暖评》专栏，开发"小棉袄"效应和规模效应。

中国青年报的中青网摸索出一套向正能量要点击量的经验。中青网将暖新闻报道作为重大主题策划的"利刃"。以人为本，以善为核，以暖为调，推出"中国人的故事"之"逐梦人"系列、"最美"系列、"中国度"系列等多维度互联网精品内容，截至2017年已推出作品60余期，累计阅读量已破5亿人次。在"两会"期间策划的"人大代表"系列和2020年武汉抗疫期间的"守护日记"，还创新视觉化表达方式，精心制作触动人心的微文，并设计动图海报，让人物动起来、故事活起来。

2. 凤凰网：建构全域的正能量表达平台

凤凰网是新时代中国建设性新闻的倡导者和践行者，凤凰网《暖新闻》栏目上线之后，率先对《暖新闻》进行了理论与实践探索。善于创新的凤凰网在科技创造价值的实践中向前迈进了一大步。运用科技的力量，激发UGC的自主输出能力，聚合媒体资源，建构向上向善的媒介环境成为凤凰网建设性新闻项目的主要生产模式和运营模式。凤凰网开办

[①] 郭韶明：《关于暖新闻的探索与思考——以中国青年报〈暖闻周刊〉为例》，《青年记者》2016年第22期，第9~10页。

《暖新闻》以来,自采和选发了2000多篇暖新闻文章,2019年有12亿人浏览过该网的《暖新闻》栏目。凤凰网与新华社、新民晚报社、华西都市报社等多家媒体建立暖新闻联盟,在湖北、湖南、安徽等全国多个省市建立了暖新闻地方频道,其公益活动联盟下沉到地级市,搭建全国性的正能量传播空间,使美善环境不断全域化。凤凰网报道了许多引起巨大社会反响的建设性新闻,如《八旬老奶奶用头给患病老伴当枕头照片走红》《千万富翁患渐冻症去世,捐献器官救六人》《这些人互不相识,却在那一刻自发组成人肉担架》等。2020年初武汉抗疫保卫战中,凤凰网《湖北暖新闻》栏目从1月23日到2月11日就集中选发了《疫情防控前线坚守300小时他被"劝退"2小时又上阵》《2个月确诊宝宝看到穿防护服的人就笑》《省际边界疫情防控卡口海拔1800米的"孤独"坚守》等20多条建设性新闻。从这些报道文本来看,核心议题是书写平凡中的美好,框架策略是通过引入积极心理学,重视恢复性叙事,沿着"逆境—转折—解决—情感回应"的故事脉络,提供积极向上的精神力量和理性判断,"通过激发人性,而不是引起恐惧的方式进行报道,为新闻媒体持续播撒转型的种子。把注意力放在那些让我们振奋的故事上",[1] 以带来正向的传播效果。武汉疫情期间,网络空间不少谣言、伤感的镜头和悲痛的表达,让人们容易沉浸在惶恐、消极和不知所措的情绪之中,但是凤凰网各地《暖新闻》频道建构的普通医护人员、社区工作者、患者积极乐观的媒介环境,则让人们体会到"我们的岁月静好,是许多人在替我们负重前行"的心灵震撼。同时,凤凰网正能量叙事从初创点亮心灯的暖新闻转向向善传播的价值维度,从负面事件中发现正面的力量,[2] 在传播"公共善"中彰显情感和价值共振。

3. 新京报社的"我们视频":建设性新闻的视觉化策略

德国哲学家马丁·海德格尔在对现代本质进行探究时,提出了"世

---

[1] 唐绪军、殷乐:《建设性新闻实践:欧美案例》,社会科学文献出版社,2019,第31页。
[2] 邹明:《从暖新闻到善传播,重构新媒体时代的传播价值》,2019年8月1日,http://news.ifeng.com/c/7okuufzOz8i。

界图像时代"。① 视觉表达与传播正在成为文化主因是一个不争的事实。新京报社 2016 年创办的"我们视频",成为布局新媒体的一次大胆尝试。在"我们视频"成为颇有声誉的视觉产品提供商之后,"我们视频"团队协同网络治理行动,将新闻专业理念、影像表达技巧以及技术手段运用于新办的暖心闻视频栏目之中。这与国家层面对短视频发展的高度重视及明确提出要让网络短视频充满正能量的网络治理行动形成了同频共振。暖心闻视频是建设性新闻的一个视觉化读本,从中可以打开窥探中国媒体在视频形态中重构正能量和修复性叙事的视觉修辞策略的一个窗口。

"我们视频"的暖心闻的理念是用影像再现有温度的人和温暖的事,向社会传递温暖的力量,带给人积极正面的视听体验。暖心闻通过向公众"有偿征集突发新闻、爆料新闻核心现场",激发公众参与内容生产过程,甚至国家机关政务新媒体都发动相关工作人员上传暖视频,从而形成 UGC 和 PUGC 的暖视频生产机制。

"我们视频"暖心闻搭建了一个视觉化公民新闻的传播平台。暖视频一般在 1～3 分钟,传播主体大多为公民记者现场随手拍,具有较强的新闻性和现场感,为"我们视频"提供爆料或者成品。暖视频的弹幕话语方式进一步加强了公民的参与性和互动性。"我们视频·暖心闻"的 PC 端与移动端紧密融合,在微博中体现出的传播力、影响力和引导力令人吃惊。一条"地震瞬间一把拉过怀孕妻子"的暖视频在新浪微博不到两个月观看达到 7365.9 万次,讨论 1.9 万次,转发 1.5 万次,点赞 53 万次。丈夫与妻子紧紧相拥的温暖镜头获得了公众的情感认同和价值认同。暖视频见证了一些颇具意义的历史瞬间,如在南京的一所医院,一位护士面对男友下跪求婚即刻应允,手机拍下的视频成就了史上最短求婚;食堂,一群大学生们饭后清唱起《我爱你中国》,他们上了头条。② 这些暖人的短视频汇成正能量引导社会价值取向。

---

① 〔德〕海德格尔:《林中路》,孙周兴译,上海译文出版社,1997,第 86 页。
② 《首届"暖视频"征集活动面向社会启动 征集身边温暖人心的感人瞬间》,2018 年 10 月 24 日,http://www.bjnews.com.cn/wevideo/2018/10/24/513931.html。

余 论

中西方建设性新闻的生成逻辑同中有异，都是对市场主义和技术主义驱使的后真相时代新闻伦理失范的一种纠偏。但是由于政治体制和文化传统不一样，中国的建设性新闻与新闻的建设性伴随着中国社会主义新闻学研究与实践的各个历史阶段。而西方新闻界无论是方案新闻、和平新闻、参与式新闻、公共新闻、公民新闻，还是将它们纳入其中的建设性新闻，都是对西方新闻自由主义的一种补丁式的修复，其本质并没有变化。从西方媒体对中国香港暴乱和新冠肺炎的歪曲甚至"妖魔化"报道来看，西方建设性新闻修复传统新闻的痼疾还有很长一段路要走。中国的建设性新闻和新闻的建设性实践体现了新闻业与国家战略、社会治理的协同关系，是党性原则和马克思主义在新闻舆论工作中的具体体现，也体现了新时代国家顶层设计对于新闻舆论工作的当代要求和重要使命。协同主义范式廓清了中国特色建设性新闻的主要表征。

（本文原载于《编辑之友》2020年第3期，该文章收录本书时内容和文献标注方式略有调整）

Ⅷ 建设性新闻的苏州实践与探索

陆玉方*

内容提要： 苏州广播电视总台以构建绿色舆论生态为出发点，运用建设性新闻理念和操作方法指导大内容生产，由负面、冲突的传统报道框架，转向"意见开放、共同面对、协商解决"的建设性报道框架，取得了显著的成效。主要经验有三：话题选择直面热点，观点表达开放包容，依法提供解决方案。

关 键 词： 建设性新闻　苏州实践　马克思主义新闻观

　　步入新时代的当代中国，舆论环境不一样，党的要求不一样，使命担当不一样，人民期待不一样，工作任务不一样，迫切需要有新的理念统领新的实践。建设性新闻这一概念尽管由西方学者最先提出，但针对的是当今融媒体发展的现实问题，在坚持马克思主义新闻观的前提下，其基本理念和操作方法完全可以为我所用。

---

* 陆玉方，苏州广播电视总台台长，苏州大学传媒学院院长。

一 我们的认识

党性原则是新时代马克思主义新闻观的立足点。党性原则是马克思主义新闻观的精髓。习近平总书记关于"新闻的党性原则,是发展社会主义新闻事业的根本原则""党性与人民性从来都是一致的、统一的"等重要论述,正面回答了新时代中国特色社会主义新闻舆论工作带有根本性质的问题。主流媒体的使命任务是"举旗帜、聚民心、育新人、兴文化、展形象",要承担起团结稳定鼓劲、正面宣传为主,唱响主旋律、弘扬正能量,正确引导社会舆论的职责。当然,社会生活是充满矛盾和问题的,媒体需要宽容不同的意见和主张,新闻舆论也要广开言路。但是,这一切的前提都应该是积极的、建设性的。

发端于积极心理学的建设性新闻,着重聚焦社会发展中的新问题,强调媒体在报道的同时要致力于建立可操作的解决方案,引导人们通过协商对话参与社会治理。这与我们宣传思想工作的最终任务"统一思想、凝聚力量",可谓不谋而合。

治理现代性是新时代马克思主义新闻观的切入点。党的十九届四中全会明确提出,"建设人人有责、人人尽责、人人享有的社会治理共同体"。这体现了党对社会治理规律认识的不断深化与精准把握,具有现实针对性和实践指导性。建设性新闻不仅是传播命题,也是治理命题。从苏州广电的实践看,建设性新闻主要涉及民生服务、城市运行、公共安全、市场建设等公共领域,无不具有鲜明的城市治理现代性,其价值体现为在建设中完善治理,在治理下推进建设,以基层社会治理现代化夯实国家治理现代化的基石。

建设性新闻的提出,体现了媒体融合时代的目标导向。媒体因其在社会治理现代性中凸显的连接功能,尤其是扁平化生态下社会节点的横向网络连接,运用建设性新闻理念从事新闻报道有助于拓宽基层社会治理的广度和深度,优化公共管理各子系统运行,提升政府公信力和治理能力的精确性、有效性。

建设主体性是新时代马克思主义新闻观的落脚点。建设性新闻倡导多主体的合作与协同，这突破了传统新闻报道传者与受者的主次关系。党的十九届四中全会《决定》提出的社会治理共同体建设突出"人人"，这既强调了每个社会成员都是主体，均有参与的责任与义务，也强调了社会治理成果将为人人共享的庄严承诺，为建设更高水平的共同体提供了重要遵循。媒体作为社会沟通的纽带，在构建"党委领导、政府负责、民主协商、社会协同、公众参与、法治保障、科技支撑的社会治理体系"过程中起着举足轻重的作用。结合互联网传播环境下的机遇与挑战，建设性新闻通过在服务大众中提高大众、围绕时代任务、增强中华民族共同体的信心和凝聚力。

邓小平同志提出，"社会主义经济政策对不对，归根到底要看生产力是否发展，人民收入是否增加。这是压倒一切的标准。空讲社会主义不行，人民不相信"。人民群众对于与切身利益密切相关的问题，不仅关心是什么、为什么，而且关心如何对待、如何解决。因此，在建设性新闻实践过程中，媒体对待人民群众的关切，不能仅停留在对问题的阐释说明上，而要在帮助人民群众确立正确的立场、观点、方法的基础上，为其指明解决问题的方向和目标、途径和前景；在服务人民群众的过程中不断解决新问题、积累新经验。建设性新闻的实现程度，还取决于报道反映社会实践、解决具体问题的程度，最终必须落脚到提高人民群众的思想修养、文明素质和精神境界上来，实现"化"大众与"大众"化的统一。

二 我们的实践

思想观念的创新，对于实践具有重要的指导意义。建设性新闻既是理论，又是实践；既是报道样式，又是服务社会的方法。近两年来，在中国社会科学院新闻与传播研究所的指导下，苏州广电总台借鉴建设性新闻的理念和方法，从最早的个案探索切入，到新媒体品牌栏目建设，坚持从建设的出发点来反映世界、改造世界，着力唤起用户积极心理行为，培养公众理性思考能力，在推动社会发展问题的有效解决中，培育共同价值观，助力新时代治国理政。

（一）以人民共享促发展——苏州轨交七块六诉讼

如果坐一趟地铁最低只需要 2 元钱，而你的地铁卡里有 7 元钱，能坐几次？7 除以 2，至少 3 次。但在 2019 年 5 月前的苏州，答案是 1 次也坐不成。大多数人遇到这种情况，只能埋怨、充值了事，无力改变。当事人大学生小吴 2017 年 5 月遭遇此事后，询问工作人员，对方说公司有规定，卡内余额低于单程票价最高价之后就不能进站。经了解，苏州市轨道交通公司制定的《苏州市轨道交通票务规则》第十三条规定，地铁一号线全程票价为 8 元，持有苏州市民卡享受 9.5 折优惠，折后全程票价 7.6 元。这就是卡内余额不足 7.6 元不能进站的由来。

"看苏州"客户端得知此事后，咨询了律师。律师认为，《苏州市轨道交通票务规则》属于《合同法》界定的"格式条款"，加重了乘客责任，排除了乘客主要权利，属于《合同法》规定的无效情形。2017 年 10 月底，在律师指导下，小吴一纸诉状将轨交公司告上法院，一是请求宣告《苏州市轨道交通票务规则》第十三条规定无效；二是当卡内余额低于 7.6 元时，闸机要显示余额。

一经报道，此案成为全网热点。据不完全统计，网络讨论留言 8 万条以上。"看苏州"一方面安排专人收集评论区言论，针对偏激的或者疑惑的留言及时疏导，引导网民尊重事实朝着建设性方向建言献策；另一方面，将轨交话题投放至多个社群中，倾听意见建议，还走进不同站点，访问百十位地铁乘客。此外，"看苏州"还派出多路记者奔赴多地，对北京、天津、南京等 16 个城市进行调查，发现大部分城市规定，只有卡内余额低于最低票价时，才无法进站。苏州轨道交通公司是按照最高票价金额限制，明显不合理。同时，我们组织法学领域五院四系部分专家学者专题研讨，走进直播间现场剖析。

应苏州中院要求，我们将网络焦点、专家建议方案汇总整理后提供给对方，2018年12月，诉讼双方达成调解协议。苏州轨交公司接受主诉求，承诺于2019年12月31日前按最低票价进站原则对《苏州市轨道交通票务规则》第十三条进行修订并同步实行，小吴放弃其他诉讼请求。

2019年5月1日前，苏州轨交发生了悄悄的变化。官方网站发布消息，经过充分验证及设备改造等，完成"最低票价进站"规则修订，已正式实施。苏州轨道交通最低票价2元，9.5折优惠，现在只要卡内余额不低于1.9元就能进站。

这起案件能够在苏州市中院进入审判程序，并得到审结，让大家很意外。据了解，像这类纠纷，很多地方法院都以"主体不合格"等程序原因而驳回起诉或不予受理。这反映了多年社会管理的惯性思维，而不是社会治理的共治思维，造成对民众和服务对象利益的忽略。这起案件表面上是微不足道的个体和不足挂齿的数额，但背后却是苏州这个全国第一个开通地铁的地级市目前日均百万的客流。如果不正视问题的解决，这样一个沉默大多数的庞大群体产生的民怨积聚，很有可能在某个时点引发某种不确定的负面舆情和社会冲突。我们运用建设性新闻理念倡导"较真比胜诉更重要"，面对不合理规则，不抱怨不撕裂，不放大事态不制造冲突，做积极建设者，提供法律途径的解决方案，通过个案的改变共同推动社会的进步。

（二）靠人民力量助发展——上海迪士尼翻包检查事件

上海迪士尼翻包检查事件同样是运用建设性新闻理念报道的一个典型案例。这一事件由"看苏州"客户端首发报道，引起全国性反响，全网传播热度高过了"轨交七块六"，几乎所有重要的主流媒体和新媒体头部平台都予以关注和再报道。网上一度把它列为2020年公务员考试申论热点题。

2019年初，华东政法大学大三学生小王携带零食进入上海迪士尼乐园时，遭遇园方工作人员"翻包检查"。小王认为自己作为消费者的权益受到侵犯，遂将上海迪士尼乐园告上法庭，要求判令禁止游客携带食品入园的格式条款无效。与苏州轨交不同，上海迪士尼首先是跨国公司大品牌；"启信宝"信息显示，华特迪士尼公司持有业主公司43%股份，上海申迪集团持有剩余57%。申迪股东单位分别是上海陆家嘴（集团）有限公司、上海文广发展有限公司与上海锦江国际控股公司。因此，对这一事件，当地媒体包括主流媒体和社会自媒体整体失声，我们前方记者受到的阻力非同寻常。

一开始迪士尼的态度是不对话不变化，哪怕有关话题热度一直居高不下（仅"看苏州"今日头条号的评论数就超过了6万条）。这是消费者与企业由来已久的矛盾又一次体现。早在2014年2月，最高人民法院已经明确认定"禁止自带酒水、包间设置最低消费"这样的格式条款无效，但至今类似情况仍屡禁不止。特别是方式错误、做法强硬又是很多企业在实际操作中的通病。如何破解僵局？我们积极联系上海市消保委、浦东新区人民法院等，反映建设性网络民意，督促它们与迪士尼协商。媒体方面引进国家队央媒一同发力。特别是2019年8月13日人民网四问之后，情况开始有所变化（微博话题#人民网四问上海迪士尼#阅读量达3.9亿次）。9月6日，园方管理团队表示围绕安全和舒适体验为目标进行改进。9月11日上海迪士尼度假区实施食品携带新规：禁带整个西瓜、榴梿、臭豆腐等，游客可携带供本人食用的食品及饮料进入，但不允许携带需加热、再加热、加工、冷藏或保温的食品及带有刺激性气味的食品。所有游客都需要通过金属探测器。从舆情监测系统"鹰击早发现"的分析看，在上海迪士尼食品携带细则出炉后，网友情绪以正面为主，占比达到了89%。有意思的是，2019年10月8日起，上海迪士尼出台规定：游园当日年龄在3周岁（含）至11周岁（含）；或身高1.0米以上至1.4米（含1.4米）的儿童游客，可以享受上海迪士尼乐园门票价格约7.5折的优惠。游园当日年龄在3周岁以下或身高1.0米及以下的婴幼儿游客，可免票入园。这是在没有国家强制统一规定的情况下，上海迪士尼在国内率先实施"身高年龄兼顾"的政策，主动示好消费者，惠及更多儿童游客。

这个案例也表明，舆论监督和批评报道也是建设性新闻的题中应有之义。我们的体会是，倡导建设性新闻，更要监测社会环境，防微杜渐式捕捉社会发展过程的共性问题；满足人民知情权参与权的同时，要能够对社会意见和社会心态合理疏导，调解利益冲突，助推社会良好有序运行。上海迪士尼案例体现了场景传播时代，建设性新闻对传播学理论的补充完善。首先是"明确问题"的能力。2019年中美贸易冲突是个焦点，从五月起到七八月正是双方提高互征关税的非常时期，所以事件整个过程要有艺术地将导向融入话题之中，议程设置定位为消费者与企业的纠纷，不外延不扩大。其次是传播纠偏的能力。"沉默的螺旋"造成的从众和不出风头，很容易让不恰当的言论、不健康的情绪带起一波节奏。因此要俯下身，倾听沉默的大多数。比如，当时有评论把不让自带入园和园内食物高价格勾连，刻画了一个处心积虑的葛朗台式企业人设，一时附议者汹涌，评论盖楼。这当然很偏狭，需要有受过专业训练的职业编辑来引导理解问题的框架。所以，监督要有理性、批评要富有建设性。围绕话题的公共讨论既可以使各种意见得以表达，又应该为协商共识打下基础，顺应民意民心的同时，"报道事实、传递善意、促进社会协同"的准绳不能偏。

（三）为人民利益谋发展——互动·协商·对话

除了典型案例，建设性新闻有没有日常用武之地？我们的体会是有，且行之有效。首先，以建设性新闻作为日常内容生产的指导理念，可有效减少低俗琐碎的社会新闻。苏州广电总台一年多的实践努力，从培训讲座、要素量化，到考核评估、统计反馈，均以社会效果为导向。目前我们几档主干民生新闻、脱口秀栏目基本消除了一味曝光、追求冲突的快消品式报道。

其次，广播、电视端选择黄金时段开设建设性新闻栏目，先后关注了数百个公共话题，对政府工作提出3000多条建议，推动了10多项政府公共政策的制定完善。

在中国社会科学院新闻与传播研究所专家的指导下，2019年我们开设了《共筑美好生活苏城议事厅》电视栏目（主频道每逢单周二晚

19：30播出），定位智能理政，至今已完成30期话题。该档节目以问题为导向，从热线投诉、寒山闻钟及12345梳理相关线索，探寻民意，涉及政经、文教、城建、社会管理等各类公众关心的内容；问计于政府官员、专家学者、相关市民，汇聚民智，提供解决方案。这档节目获得相当大社会反响。这也是建设性新闻在城市广电实践的阶段性成果。试举几例。

2019年1月苏州出现了老旧住宅小区新加装的电梯被拆除的情况，一时议论纷纷。栏目组得知后，实地调查市民看法与意见。总结出加装电梯的几个热点问题：老小区能不能加装电梯，如何审批，费用怎么解决及居民不同态度等。然后，栏目组邀请住建局、市城管局、自然规划局和区、街道代表一起参加节目，共同讨论老小区重塑，包括底层人家用不到的，二楼以上居民如何分摊费用这类具体问题。6月1日，这档名为《古城保护与更新》的节目现场直播，节目现场直接催生了老旧小区加装电梯的建管原则："政府指导、业主自愿、因地制宜、保障安全"。8月6日，苏州市政府正式发布《关于苏州市既有多层住宅增设电梯的实施意见》，明确财政给予每台电梯不超过20万元资金补贴。10月29日，苏州首个提出申请加装电梯的小区进入加装电梯的实质性操作阶段。节目通过各方共聚一桌的形式，引导公众遇到问题时，把"背后的抱怨"转化为"台前的建言"，帮助大家理清思路，找准问题。比如小区居民涉及的问题有提出增梯意愿、统一增梯意见、筹措增梯资金、选择增梯实施单位、申报增设电梯、增梯后日常维护管理等，这些要由本幢/本单元业主自行负责；政府部门应该做的就是工程所需建设资金给予一定补贴，要积极搭建审批平台，在法律法规允许的条件下尽量简化审批流程，方便业主进行相关报建工作。自然而然，也让市民对之前自行加装电梯不合安全规定只得拆除的做法多了一份理解和支持。

2019年8月6日，一档名为《垃圾分类》的节目告诉大家，苏州市区一天产生的垃圾量是两座虎丘塔，一个月就是60座，所以垃圾分类势在必行；以及苏州选择生活垃圾"四分法"的原因。该节目直接推动了垃圾分类工作的实施进程。10月苏州市人大常委会审议通过《苏州市生活垃圾分类管理条例》，苏州垃圾强制分类将于 2019 年 6 月 1 日起施行。

广播品牌栏目《政风行风热线》（每周一到周五上午 10 点到 11 点，下午 4 点到 5 点播出）曾经是苏州广电的品牌节目。此类节目脱胎于 20 世纪 90 年代电话热线节目，后因舆论监督兴起曾风靡大江南北，近年来有所沉寂。2019 年初开始，苏州广播电视总台《政风行风热线》栏目组运用建设性新闻理念，推动多项管理盲区和难点得到了相应改善。截至 2019 年 10 月，70 多期栏目收集近 6000 多条问题，问题涵盖城市管理政策法规方方面面，从小商小贩到垃圾分类，从物业管理到城市建设，解决率达 95% 以上。特别是民意集中的沿街商铺里面的改造申请，这项工作困扰苏州老城区近 10 年。

2019 年栏目邀请各方走进直播室，本着建设性原则协商讨论，达成共识，做到"大家的事情，大家商量着做"，让职能部门解民情、听民意、吸民智，让苏城百姓参与治理、反映诉求、建言献策。相关部门达成的《苏州市自然资源和规划局、苏州市城市管理局工作备忘录》明确了职责分工：在设置店招店牌过程中的局部里面装修，不涉及房屋墙体结构的由城管部门进行受理和审批，涉及房屋墙面结构的申请，由规划局负责受理和审批。

三　我们的经验

当今中国正处于高速发展向高质量发展的转型期，利益多元、观点多样是常态，很多问题由于出发点各异不容易达成一致，对立双方的观点一旦上了网络，更趋于凸显情绪最激烈的表达。这不仅不利于问题解决，而且有可能撕裂社会。这是媒体人面对的真实情况，必须正视。以建设性的报道说理，由负面、冲突的传统报道框架，转向"意见开放、共同面对、协商解决"的建设性报道框架，是新时代主流媒体为党和政府服务，为人民、为社会服务的正确选择。

这几年我们进行建设性新闻实践积累了一些案例，也收获了一些经验和体会。

我们认为,搞好建设性新闻报道要抓住以下三个要点。

1. 话题选择直面热点。不回避、不透过,特别是事涉民生类话题,要以问题的正面解决为导向。这对媒体和政府都提出了较高的要求。

2. 观点表达开放包容。不放大虚假信息和偏激声音,不扩大意见分歧和观点纷争。现在一个公共事件常会引来激烈的观点碰撞,虽然有的观点未必有错,但却引起极大争议。因此,话题的选择不能有先入为主的结论,要给大众提供一个表达观点的平台,相信真理会越辩越明,更重要的是将普遍的社会规则、基本的行为规范和共同的价值观贯穿在其中间,才能保持积极向上的建设性心态。

3. 依法提供解决方案。在依法治国的大背景下,专业性、法治性是建设性新闻报道的重要抓手,围绕法治形成正循环。不偏不倚树立规则意识,有情有义彰显人文关怀。

中国社会科学院新闻与传播研究所在指导苏州台建设性新闻实践时,为我们的试点栏目提供了一个响亮的口号"共筑美好生活"。美好生活是人类社会的普遍向往和共同追求,新时代人民对美好生活的向往,不仅指物质生活和精神生活,更应该是优质的社会生态。共筑美好生活,主流媒体责任重大。

(本文原载于《新闻与传播研究》2019年第S1期,该文章收录本书时内容和文献标注方式略有调整)

IX 从暖新闻到善传播
——凤凰网的建设性新闻实践

邹 明*

内容提要： 建设性新闻理论的提出以及在中国的实践已有数年，作者尝试在人工智能、第五代通信技术、区块链技术冲击的背景下，分析凤凰网所进行的一系列建设性新闻实验。凤凰网自2015年开始进行《暖新闻》的探索，其中大部分可以归入建设性新闻的范畴，2019年更多类似《美丽童行》《正面Face》《地球青年图鉴》等栏目的成功运营，为凤凰网在对策新闻以及恢复性叙事的建设性新闻分支积累了新经验：包括栏目化、视频化、聚焦大议题、把握大事件。

关 键 词： 建设性新闻　凤凰网　对策新闻　恢复性叙事

建设性新闻是当今世界新闻传播中的热门研究领域。凤凰网对此进行

---

* 邹明，凤凰新媒体副总裁，凤凰网总编辑。

了若干尝试，收获了很多正面的反馈。对此，我们总结出四点经验：栏目化、视频化、大事件、大议题。

一　新科技带来的变化

（一）AI全面进入新闻业

目前机器学习、图像识别、自然语言处理等人工智能（AI）技术，已经全面渗透到媒体采编的各个环节。直观的感受是，新闻业内容的生产和分发都更加智能化[①]。比如有专家说写作机器人可能在5年内获得普利策奖，再比如现在各大客户端的算法推荐，这些变革提升了生产和分发效率。

但现在更应该关注其副作用。比如削弱了媒体"把关人"作用，导致假新闻的泛滥，相关的案例层出不穷。最近AI换脸更是营造出一种"眼见未必为实"的可怕氛围。目前美国加州已经开始立法，限制其在色情和选举领域的使用。[②]

低俗庸俗的负面新闻流行是另一大问题，这些新闻的流行有心理学基础。比如说疾病、凶杀、车祸、诈骗都是对个体的威胁，因此读者会本能地去关注这些新闻，点击率非常高，人工智能也会积极推荐这类新闻。但过度传播负面新闻会造成很多意想不到的结果：比如过度报道自杀新闻会引发模仿，原本对生活绝望的人，更容易选择自杀。过度报道车祸事件，会让原本心情衰弱的人更容易出事故。过度渲染医疗纠纷会影响医患关系，造成社会的对立[③]。

---

① 周政华、练紫嫣：《人工智能时代新闻业的谢幕与重生》，《新闻研究导刊》2017年第11期。
② 爱范儿：《96%的Deepfake视频都是色情视频，加州开始立法限制其在色情和选举领域的应用》，2019年10月9日，https://www.ifanr.com/1267717，2019年11月1日。
③ 何日升：《建构式新闻》，五南图书出版股份有限公司，2017。

再比如用户的偏好被操控。比如在 2016 年，一家名为"剑桥分析"的公司涉嫌窃取 5000 万脸书用户信息，包括性格特征、价值观取向、成长经历，再有针对性地推送真假掺杂的竞选信息，影响到了英国脱欧公投和美国大选[①]。正如很多人所说，世界进入了假新闻和后真相时代，如果不改变这种局面，人们就不会相信社交媒体，不再信任政府，不再信任社会。这就成为当下时代信任危机的根源。

（二）第五代通信技术(5G)正式商用

5G 正式商用带来了很多新的期待。5G 所带来的不仅仅是更快的速度，深入来讲，它将重构新闻传播的过程。

5G 的传输速度、质量和可靠性大幅提高。用户将体会虚拟现实（VR）新闻交互、VR 体育，拥有更丰富的感官体验。比如第二届进博会上直播的"5G 全息音乐会"，得益于超高传输速率和 VR 技术，我们可以打破距离限制，欣赏几十公里外的表演，并进行实时互动。

此外，5G 时代万物皆为终端，用户表达意见的渠道增多，自发生产的内容增多，更多个体将成为和专业媒体、大 V 并存的重量级角色。

同时 5G 时代直播流可能激增，舆情可控性、内容敏感性、情绪感染力都将上升，个体的感受将获得更大的话语权。

（三）区块链对新闻的影响

区块链技术与新闻的结合也有很大的想象空间。

一种预测认为，之后新闻区块中的数据可以储存发布时间、作者署名等细节，每条新闻都是可溯源、可追责的，这就从根本上抑制了假新闻的生产传播。而且一旦有抄袭剽窃，污点也将被永远记录，洗稿现象也会被遏制。

有学者引述了广告链等级系统（ACR），认为可以打击数据造假和广

---

① 界面新闻：《深陷 Facebook 数据丑闻剑桥分析公司宣布破产》，2018 年 5 月 4 日，https：//baijiahao.baidu.com/s? id=1599499596676990548，2019 年 11 月 2 日。

告欺诈。最近的流量造假的新闻非常受关注，之后可能会有改善①。

此外，区块链技术以及加密代币的使用，也将重构资讯业态。读者可以就自己感兴趣的话题出价，出价高的议题会得到优先报道，而记者进行报道可以得到代币的激励。学者设想，这样的去中心化模式将取消内容搜索引擎和分发平台等中心化机制的介入。

美国已经有了区块链新闻平台 Civil 的尝试，我们也在密切观察。

二　新闻业应该坚守真和善的价值

通过上述的梳理，我们可以看到，新技术的出现已经模糊了很多既有的疆界。

AI 的深度使用，让传统新闻人的角色被人工智能部分取代，人工和智能的模糊是一种趋势。

5G 的正式商用，我们将看到很多虚拟的现实，真实和虚拟的边界越来越模糊。区块链技术的投入，去中心化的模式将模糊专业媒体和自媒体之间的界限。

那么新闻业应该坚守什么？求真，向善，这些既有的价值不能模糊。媒体的本质之一是监督和批评，是求真，这一点我们要坚持。另外在新媒体传播的复杂形势下，我们希望重申另一个维度的价值，就是善良。

下面我来谈谈凤凰网从暖新闻到善传播的若干尝试，作为对当下情形的一种回应。

三　建设性新闻理念及凤凰的尝试

弗吉尼亚联邦大学助理教授凯伦·麦金泰尔（Karen Mclntyre）② 认

---

① 史安斌、叶倩：《区块链技术与新闻业变革：理念与路径》，《青年记者》2019 年第 16 期。
② 晏青、〔美〕凯伦·麦金泰尔：《建设性新闻：一种正在崛起的新闻形式——对凯伦·麦金泰尔的学术访谈》，《编辑之友》2017 年第 8 期。

为：建设性新闻是坚持新闻核心功能的同时，将积极心理学等科学技巧运用到新闻中。她将建设性新闻分为解决方案新闻、恢复性新闻、预期新闻以及和平新闻，另外还有与之密切相关的积极新闻[1]。

总的来说，建设性新闻报道通过提出解决方案，激励受众促进个人发展和集体与社会的繁荣[2]。

由于预期新闻和和平新闻涉及具体领域，我们着重介绍凤凰在其他几个方面的尝试。

（一）积极新闻(Positive Journalism)

这一类新闻的特点是简单平凡让人快乐，包括拯救流浪小狗一类的暖心故事。凤凰已经坚持了4年多的《暖新闻》栏目，就是这样的形式。虽然严格意义上讲，并非所有暖新闻都具有新闻核心功能，所以并不能全然归于建设性新闻。

但暖新闻蕴含的建设性力量也不容忽视。《暖新闻》开办4年到今天，已经在很大程度上超出了当初《赫芬顿邮报》《好消息》栏目的范畴。我们总结了几条经验。第一，暖新闻是不分国别的，不光中国有暖新闻，国际上很多国家也有暖新闻。第二，暖新闻不只是好人好事。第三，暖新闻不等于苦新闻。第四，暖新闻必须是真实、可信，不是虚构的故事。第五，暖新闻的选取避免同质化。第六，暖新闻不是心灵鸡汤。第七，我们要挖掘暖新闻背后的故事。第八，我们认为暖新闻是给人一种向上、向善的力量。

所以我们在暖新闻的基础上，提出了善传播的概念[3]。与建设性新闻两种类型具有很强的亲和力。

---

[1] 〔美〕凯伦·麦金泰尔：《想了解更多关于建设性新闻的内容？》，http://karenmcintyre.org/，2019年10月30日。

[2] 徐敬宏、郭婧玉、游鑫洋、胡世明：《建设性新闻：概念界定、主要特征与价值启示》，《国际新闻界》2019年第8期。

[3] 邹明：《从暖新闻到善传播，重构新媒体时代的传播价值》，2019年8月1日，http://news.ifeng.com/c/7okuufzOz8i，2019年10月31日。

（二）对策新闻 (Solution Journalism)

我们常说要把坏事变成好事。这意味着我们要在负面新闻中发现正面的价值，所以在报道中不仅仅要提出问题，也要提出解决方案。对策新闻就是关于人们如何应对问题的严肃报道。

学者的研究显示，当受众读到关于社会问题的新闻时，受众的感觉比之前更糟糕。但是当人们在新闻中看到社会问题的解决方案时，他们的负面情绪会明显减少。

比如大多数人看到城乡教育的巨大鸿沟会感到沮丧，但网课可能让贫困县的孩子也享受到顶级中学的教学资源，帮助孩子们实现阶层的跃迁。这符合我们心中的期望。所以去年《这块屏幕可能改变命运》刷屏，背后实际上是对于解决方案的希望和释然。

凤凰网在这方面也有非常多的案例。比如在 2019 年 4 月浙江织里童模事件出来后，我们选中第二落点，推出一期大鱼漫画专门科普《原生家庭问题怎么用法律解决》，这实际上就是提出的对策。而旨在为中国困境儿童提供体检筛查的益童计划，以及在新城董事长猥亵女童事件后推出的互动页面，都是通过反思提供解决方案的一种尝试。

从更宏观的角度，我们的品牌栏目《政能亮》，围绕国务和时事热点进行建设性解读，对于网友的疑惑进行正面回应，实现和政策发布的良性互动，获得了国务院方面的肯定。在此基础上，我们推出中国互联网首档高端政务访谈节目——《政对面》，栏目邀请政界、学界、业界的一流专家学者作为对话嘉宾，聚焦宏观层面的现实问题，提供专业的对策。同样获得了业内的高度评价。

（三）恢复性叙事 (Restorative Narrative)

这类新闻是在报道中唤醒积极情绪，从积极心理学的角度来看，如果人们感到更积极，充满能量，就更可能"接近"这个故事，并产生正向的行动。

比如浙江女童章子欣失联案。这是个悲惨的事件，当时有很多人指责章的家人，特别是孩子的父母以及爷爷奶奶。我们就联系到女童的家人，通过客观的镜头，呈现女童家属的境遇，以同理心和关怀之心进行报道，帮助他们抵御无端的指责和谩骂。后来很多网友自发悼念章子欣，还有夫妻给将要诞生的孩子取名"子欣"，这就是一个给温暖注以力量的典型案例。

凤凰网专访章莹颖未婚夫，也是从悲伤的故事出发，以同理心进行报道，唤起当事人正面的力量。最后章莹颖未婚夫在悼文里写道"相信美国人看到我们的痛苦，也看到中国人的尊严"。我们认为这不仅是对自身情绪的一种升华，也唤起了读者心中非常崇高的情感。

四　经验

总结上面的案例，我们可以得出四个经验。

第一，栏目化。比如暖新闻，作为一个常设栏目和品牌就具备了更大的影响力。根据统计，2018年全年共有12亿人浏览过凤凰网《暖新闻》栏目。

第二，视频化。视频作为信息量更大的传播形式，天然具有更强的感染力，更容易引发观众的共情。因此也是建设性新闻非常重要的载体，凤凰网近期开设的多个视频节目，都取得了非常好的效果。

第三，关注大事件。人们常说"大事看凤凰"，大事件更容易引发用户广泛关注，也更需要媒体进行引导。我们2019年重点关注了"利奇马台风""章莹颖案庭审"等重大事件，尽力呈现当事人的状态，通过讲述减轻他们的痛苦，也减轻整个社会的负面情绪，让整个社会不至于沉湎于情绪，而是进行更加冷静的思考。

第四，关注大议题。每个时代，人们都有焦虑的重大议题，它们不一定以大事件的形式表现出来，但经常会成为人们谈论的话题。比如教育、医疗、养老、儿童保护、青年发展等，这方面凤凰在持续关注，也有一些案例。比如我们关注自闭症儿童的《星光少年》节目，收到了非常多的温暖跟帖，这在之前是很少见的。再比如我们关注青年的栏目《地球青年图鉴》，击中了网友阶层跃升的痛点，同样起到了巨大的激励作用。

（本文原载于《新闻与传播研究》2019年S01期，该文章收录本书时内容和文献标注方式略有调整）

X 论"建设性新闻"适用性与可操作性

王辰瑶*

内容提要： "建设性"是现代新闻业存在的道德基础之一，是新闻有益于社会的基本专业信念。近年来从丹麦等国发源的"建设性新闻"运动是新闻业界和学界对新闻业如何才能更好服务社会的持续探索中的又一次引人关注的努力。从适用性和可操作性角度出发，对"建设性新闻"运动所提出的对传统主流新闻实践中可能存在"负面偏向"问题的警惕进行考量，"建设性新闻"运动从使用者角度讨论新闻业在网络时代的新实践方式可能带来有益的启示。"建设性新闻"不是对既有新闻理念、价值和实践模式的颠覆，而是对传统新闻标准的补充。

关 键 词： 建设性新闻　负面偏向　新闻创新

2018年，新闻研究领域的英文期刊《新闻实践》（*Journalism Practice*）

---

* 王辰瑶，南京大学新闻传播学院新闻与新媒体系主任、教授。

曾一次性刊登讨论"建设性新闻"（Constructive Journalism）的9篇论文，介绍这组论文的导读文章在标题里问道："为什么我们突然谈论这么多建设性？"一年之后，另一本新闻研究英文学术期刊《新闻学》（*Journalism*）也刊出了"建设性新闻"专辑。"建设性新闻"迅速引起国内学者的回应，2019年国内新闻学期刊密集发表了十余篇关注"建设性新闻"的学术论文，对前述两组英文期刊上的文章多有引介。2019年末召开了以"建设性新闻：理念与实践"为主题的中国社会科学论坛，来自多个国家的研究者包括"建设性新闻"运动的主要倡导者们和国内学者共同研讨新闻的"建设性"，国内首个"建设性新闻研究中心"也宣告成立。这或许表明，"建设性"这样的术语在这个新闻业面临重大挑战和变革的时代尤为能够激发不同语境下的研究者探讨新闻业的问题，并站在不同的脉络中重申新闻的社会使命、畅议新闻的未来。尽管在"建设性新闻"的定义与新闻界此前已出现过的诸多"运动"或理念如"行动新闻""好新闻""和平新闻""公共新闻""方案新闻"等是何关系以及"建设性新闻"的实践方式等等问题上，研究者们尚未达成"共识"，① 但"建设性新闻"的命名正迅速通过一系列国际会议、学术论文、新闻编辑部、新闻研究机构、高校新闻课程和社会化培训等机制，客观上已经成为一个当下具有较高显示度的新闻运动。当此之时，我们有必要顺着《新闻实践》的问题再进一步追问：当全球新闻研究者都开始讨论"建设性新闻"时，我们到底在讨论什么？它的创新之处是什么？是否以及如何有可能被不同语境下的新闻行动者们采用？本文将结合学术界在"建设性新闻"主题下已发表的重要中英文文献，以及一向实行"以正面报道为主"新闻政策的中国当代新闻语境，在这些基础上初步讨论"建设性新闻"对新闻实践的理念适用性与可操作性问题。

---

① Laura A & Hautakangas N. Why Do We Suddenly Talk So Much About Constructiveness? *Journalism Practice*, 2018, 12 (6): 657-661.

一 "建设性"是新闻业的基本理念

阐述新闻业之社会使命与合法性的大量文献都表明,"建设性"其实是现代新闻业得以存在的重要价值支柱,是内置于新闻业的"根深蒂固"的基本信念,这在中西方新闻传统中都有明确的表达。

从中国"具有专门办报思想的第一人"① 王韬所认为的开设报馆可解决中国"上下不通"的沉疴,到梁启超 1896 年在《时务报》发表的《论报馆有益于国事》,中国早期新闻思想一直把新闻业对国家社会的"功用"放在重要位置。西方新闻思想也同样看重新闻业对社会的价值。美国著名报人普利策(J. Pulitzer)1904 年在《北美评论》杂志上阐发对新闻业使命的滔滔宏论,其中最有名的一段恐怕就是已成现代新闻业之隐喻的"瞭望者"说——"记者是国家这艘船驾驶台上的瞭望者"。在普利策看来,记者不仅报道可能带来危险的浅滩暗礁、大雾和风暴,也会关注好天气下海平面上出现的有趣事物、远去的风帆、并提醒船只去解救落水的人。② 这段话在被多次转译后成了更有英雄浪漫色彩的、为国人所熟知的名言——"倘若国家是一条航行在大海上的船,新闻记者就是船头的瞭望者。他要在一望无际的海面上观察一切,审视海上的不测风云和暗礁浅滩,及时发出警告"。不过这也并不影响普利策要表达的原义——新闻记者不是为了一己之私,而是要守护社会。这,当然是"建设性"的。

"建设性"这个词也远早在眼下的"建设性新闻"运动开始之前,就进入新闻从业者和研究者的表述之中。如不少研究者都提到的,全世界第一所新闻学院——密苏里大学新闻学院创院院长沃尔特·威廉姆斯(Walter Williams)在《记者信条》(The Journalist's Creed)中就用了"建设性"(constructive)一词。威廉姆斯描述他所认为的最好的新闻业时同

---

① 黄旦:《王韬新闻思想试论》,《新闻大学》1998 年第 3 期,第 69~72 页。
② Pulitzer J. The college of journalism. *The North American Review*, 1904, 178 (570): 641-680.

时用了"建设性""敬畏上帝""尊重人"等十余个限定词。① 中国新闻学界和业界更是看重"建设性"概念,②"建设性"应该是所有新闻报道追求的共同目标,③ 等等。

在"建设性新闻"运动中做出重要概念阐释工作的美国弗吉尼亚联邦大学助理教授凯伦·麦金泰尔（Karen McIntyre）也认为"建设性新闻"的理论源头可追溯到西方新闻理论中的"社会责任论"（socialresponsibility theory）。她与合作者在一篇论文的开篇即引用1947年哈钦斯委员会的报告，称新闻媒体有责任在做出新闻决策时以社会的最大利益为考量。④ 尽管报告发表后遭到了许多媒体的批评，但报告深刻阐发了新闻媒体的"自由与责任必须永远联系在一起"⑤的观念，成为支撑现代新闻业的基本价值支柱之一。

从中西方新闻理论的论述来看，"建设性"都可以说是新闻业的基本理念之一，新闻业的价值诉求就是通过专业的新闻实践活动推动社会的发展进步。不同国家的新闻从业者对此的表述虽有不同，但绝不会认为新闻业应该对社会发展起"破坏性"作用。不仅如此，他们共同关心的问题都是新闻业如何才能有益于社会。"建设性新闻"运动是在新闻学界和业界从未中断地对这一宏大命题的探索过程中出现的又一次较引人关注的努力。

二 "建设性新闻"试图改变什么？

"建设性新闻"运动的倡导者和支持者们试图改变或者说纠正的，是

---

① Williams W. *The Journalist's Creed*. University of Missouri Website，http：//www.journalism.missouri.edu/about/creed.html.
② 李彬：《中国新闻专业主义的核心理念：责任感和建设性》，《湖南科技学院学报》2011年第3期。
③ 黄勇：《体味新闻报道"建设性"》，《青年记者》2002年第11期。
④ McIntyre K. & Sobel M. Reconstructing Rwanda，*Journalism Studies*，2018，19（14）：2126–2147.
⑤ 哈钦斯委员会：《一个自由而负责的新闻界》，展江等译，中国人民大学出版社，2004，第116页。

他们所认为的目前新闻业已经明显出现并产生了严重后果的"负面偏向"（negative bias）问题。如"建设性新闻"运动的两位业界首倡者——丹麦资深记者编辑乌瑞克·哈格洛普（Ulrik Haagerup）和记者出身的凯瑟琳·吉登斯泰德（Cathrine Gyldensted）都批评当下新闻业有严重的负面偏向。哈格洛普认为，主流媒体上的新闻视角局限，太过负面，让人产生疏离感。吉登斯泰德则试图把积极心理学作为纠正这种负面偏向的新闻实践策略。① 受她影响，凯伦·麦金泰尔做的第一篇以"建设性新闻"为对象的博士论文就明确把积极心理学和新闻业的功能联系起来，认为"建设性新闻是一种在新闻工作中采用积极心理学技术的新新闻形式，它致力于创造更多富有成效的、吸引人行动的新闻报道，以此真正实现新闻业的核心功能"。② 从这些"建设性新闻"运动代表性人物的观点，不难看出，"建设性新闻"是针对他们所认为的新闻业"负面新闻过多"的痹症，采取的修复和纠正措施。

这里至少有三个前提需要进一步讨论。第一，当代新闻业"负面新闻过多"的判断是否成立；第二，如果这一判断成立是否需要或应该被"纠正"；第三，采用"建设性新闻"倡导的诸如"积极心理学"技术是否真的有效。目前介绍"建设性新闻"运动本身状况、理念和实践的文献较多，但对这些前提深入讨论的还比较少。对当代新闻业负面新闻过多从而造成种种社会不适的批评早已出现，其中最妙的，恐怕要数才子作家阿兰·德波顿（A. deBotton）在随笔集《新闻的骚动》中从一个睿智、敏感、带有精英气质的读者角度，对新闻业做的既辛辣又诙谐的批评。但新闻选择可说是新闻业运作的第一大难题，因为记者们既无法对所有发生的事件进行总体权衡后再进行选择，也无法预判新闻对千差万别的读者造成的影响。负面新闻是否"过多"，要以何为标准？谁来定标准？此外，虽

---

① Kovacevic P & Perisin T. The Potential of Constructive Journalism Ideas in a Croatian Context, *Journalism Practice*, 2018, 12 (6): 747 - 763.

② McIntyre K. Constructive Journalism: The Effects of Positive Emotions and Solution Information in News Stories, PhD dissertation. *University of North Carolina at Chapel Hill*, 2015: 7.

然报道了"灾祸""冲突"等具有"负面"因素的事实,但若报道中含有"救灾""互助"和"解决方案"等"正面"因素的角度(这正是"建设性新闻"倡导的做法),是否还要被统计为"负面新闻"?这些都会成为认定上的难题。中国新闻媒体一直采用的是"正面报道为主"的方针,在"正面新闻""负面新闻""批评性报道"等实践问题上的认识,似乎比"建设性新闻"运动对"负面新闻"的理解还要更加深刻一些。如国内研究者早就提出,不能对正面报道为主方针做片面理解和僵化执行,不能因为害怕暴露问题而粉饰太平。① 中国新闻从业者很明确地意识到新闻舆论监督应该是而且也可以是建设性的,即便是带有负面因素的新闻素材,也可以通过对负面现象的揭露,起到"反思"和"警示"的积极作用。② 所以,新闻业"负面报道过多"这恐怕本身就是一个难以严格认定的判断,而即便是以批评和揭露社会问题为角度的"负面新闻"报道,其出发点也是对社会的警示和守护。有意思的是,本文作者发现的最早一篇冠以"建设性新闻"案例研究之名的英文论文,是1959年发表的对被认为是调查性新闻滥觞的美国新闻史上"扒粪运动"(Muckraking Movement)的分析。该研究恰恰证明,"扒粪者们身上最显著的是他们的积极观点",他们的尖锐批判和揭露正是为了推动社会进步。③

在对新闻业"负面偏向"的批评中,"建设性新闻"运动拿出的比较有新意的观点是从新闻使用者角度出发进行的研究。如凯伦·麦金泰尔和其他合作者从网上招募的被试看不同的新闻报道再用问卷测量使用者的反应,结果发现在相似的议题下,那些阅读了有积极报道角度和解决方案新闻的使用者,比起接受负面框架新闻的使用者更愿意参与到推动问题解决的行动中来。他们的研究还发现,虽然负面框架下的新闻也会激发使用者的行动反应,但使用者往往期待"应该有人做点什么",而积极框架下的

---

① 唐绪军:《西方媒体"好新闻"的实践、理论及借鉴》,《对外传播》2015年第11期。
② 刘振:《浅议负面新闻信息的建设性报道》,《今传媒》2010年第9期。
③ Chalmers D M. The Muckrakers and the growth of corporate power: A Study in constructive journalism, *The American Journal of Economics and Sociology*, 1959, 18 (3): 295-311.

新闻则更容易激发使用者自己去做点什么。① 不过另一项用类似方式做的试验则显示，建设性新闻（在此试验中指添加了解决方案的报道）的确让使用者感到更愉快，更少沮丧，但并没有比接触非建设性角度的报道获得更多的信息，也没有让使用者对这个话题更感兴趣。② 这两个试验应该说都还是非常初步的探索，还远不能做出确定性结论。但这些对使用者反应的研究，无论对于新闻实践还是新闻理论来说都是可贵的，因为它们给惯于采用自我阐释的方式来建立新闻理念的新闻业带来了新的视角和实证基础。比如，当新闻业自认为揭露丑闻、腐败、警示冲突、危险、战乱是在履行对社会的守护者角色和看门狗角色时，从使用者的角度而言，是否会产生让新闻业"意想不到的后果"如政治冷漠、玩世不恭、虚无主义、习得性无助等，以及这其中是否有因果关系？这都是需要新闻业审慎对待的严肃问题。

从这个意义上说，"建设性新闻"运动的确提出了好问题。但目前的探索还远远达不到重新"规范"新闻实践的程度，而且对这一角度下的经验研究本身也需要进一步思考。比如，试验证明了接触建设性框架的新闻让使用者感觉更好，但让使用者感觉良好似乎并不能作为新闻业的核心诉求。尤其是上述两个试验结果还分别发现，使用者仍然认为自己更容易被负面新闻而不是正面新闻吸引，尽管后者让他们感觉更好，以及一些使用者对报道中出现的解决方案和正面例子会有些敏感，怀疑媒体是否有广告或公关的意图。"建设性新闻"运动从新闻使用者视角出发，对网络时代的新闻业使命、价值和实践方式带来了富有启发的考察。从现有的初步研究中我们已经看到新闻使用者反应方式的复杂性，但离我们真正了解新闻使用者还有相当的距离。

---

① Baden D, McIntyre K & Homberg F. The Impact of Constructive News on Affective and Behavioural responses, *Journalism Studies*, 2019, 20（13）：1940-1959.

② Meier K. How does the audience respond to constructive journalism? *Journalism Practice*, 2018, 12（6）：764-780.

三 "建设性新闻"的实践难度与可能空间

研究者认为,"建设性新闻重新思考新闻职业的价值和目标,并推崇一种公共导向、方案导向、未来导向和行动导向的新闻形式,以避免在新闻文本中产生负面偏向"。① 上文已经分析了,对"负面偏向"的判断仍有不少前提性问题有待研究,但从"建设性新闻"运动在实践上对公共导向、方案导向、未来导向和行动导向的强调,不难看出它推崇的乃是一种自我要求更高的新闻类型。如通过对"建设性新闻"是什么和不是什么的辨别阐述,研究者认为"建设性新闻"不是"鼓吹式新闻","建设性新闻"提出问题的各种潜在解决方案,但仍要客观地呈现它们而非鼓吹它们。② "建设性新闻"也不是"服务新闻",尽管两者在"服务受众"上有相似之处,但后者一般是文化、生活方式类的"软新闻",而"建设性新闻"更多针对的是重要的社会议题,是用积极和建设性方式做的"硬新闻"。③ 凯伦·麦金泰尔还很反对把"建设性新闻"理解为那种更重视情感和娱乐,但缺乏新闻的冲突性和影响力等主流新闻核心要素的"好新闻""幸福新闻"。在她看来,像警察从树上解救一只猫这样的"无价值"的故事可能会让人感觉快乐,但缺乏有意义的信息,而"建设性新闻"仍是要坚持新闻核心功能的严格报道。④

可以说,"建设性新闻"的倡导者们表达了创新新闻形式、提高新闻质量、使其更好地为公众服务的理想。如吉登斯泰德建议记者们要解放思

---

① Hermans L & Drok N. Placing constructive journalism in context. *Journalism Practice*,2018,12(6):679-694.
② Aitamurto T & Varma A. The constructive role of journalism,*Journalism Practice*,2018,12(6):695-713.
③ From U & Kristensen N. Rethinking constructive journalism by means of service journalism,*Journalism Practice*,2018,12(6):714-729.
④ 晏青、〔美〕凯伦·麦金泰尔:《建设性新闻:一种正在崛起的新闻形式——对凯伦·麦金泰尔的学术访谈》,《编辑之友》2017年第8期,第5~8页。

想、展开头脑风暴、改变提问题的角度、指出事情的正确方向、推动世界进步；哈格洛普则鼓励记者在报道新闻时要建立在让读者产生：独特、亲密、被关心、获得知识和观点、觉得可信有权威、方便做决策等价值的基础上。① "建设性新闻"不回避社会的重大议题，但聚焦点不放在事件的戏剧性上，也不仅仅关注冲突的双方，而是需要了解事情的来龙去脉、倾听更多普通人的声音、提供事情（各种）可能的解决方案，从这些实践策略看，"建设性新闻"主要强调记者在看待、处理和呈现新闻素材时要体现"建设性"的角度，为了实现这一点不仅需要记者改变观念，而且需要记者对新闻素材挖掘得更多、对事物了解得更全面更深刻。这样的新闻行动策略，是否能在新闻行动者中成功扩散，取决于它能否克服实践中可能遇到的困难。目前可看到的实践困难来自三方面：一是使用者是否更愿意使用"建设性新闻"？尽管已有一些使用者在试验的问卷调查中表达了对"建设性新闻"的"喜爱"，但这是否会转化为真实的、长期的实际新闻使用行为？目前还没有依据。二是新闻从业者可能会认为"建设性新闻"并无新意，或是无法适应当代新闻生产越来越快的时间要求，这都会增加"建设性新闻"运动在新闻媒体中的实际扩散难度。不仅在中国语境下新闻媒体一向践行舆论监督和正面宣传统一的方针，"建设性"的新闻报道策略早已是新闻工作的内置要求。在其他国家的语境下，记者们也表示这种理念并不新鲜，自己在以往的实践中早就这么做过。② 真正的实践难度在于新闻生产中的时间资源如何分配。即便所有的新闻素材都可以找到"建设性"的角度，但报道时效等新闻传播的客观规律也会要求先报客观事实，随后再跟进事实发展、全面呈现事实、进行深度分析、提供可能的解决方案，等等。在互联网传播时代，新闻媒体越来越多地采用这种过程式的新闻报道方法，"建设性新闻"只能是这种新闻媒体"有

---

① From U & Kristensen N. Rethinking constructive journalism by means of service journalism, *Journalism Practice*, 2018, 12 (6): 714–729.

② Kovacevic P & Perisin T. The potential of constructive journalism ideas in a Croatian context, *Journalism Practice*, 2018, 12 (6): 747–763.

机运动"过程中的一个组成部分,是对"越来越快"的新闻节奏的一种自我调节,但不太可能挑战一整套建立在"时间"资源基础上的当代新闻生产常规。第三个实践困难则与"建设性新闻"的实际效果有关,也就是"建设性新闻"能否使所报道的具体社会问题有实际改善,从而达到推动社会进步的功用?毫无疑问,这仅凭记者和媒体是无法做到的。目前西方国家推行的"建设性新闻"运动对这一点涉及不多,似乎仍停留在努力让记者"解放思想"的理念层面上。中国媒体在这方面倒是有很多实践经验,国内学者孙五三曾相当深刻地分析过"作为治理技术的批评报道",讨论过中国语境下"批评报道—政府行政措施—有关人员的行政或法律处理"的治理制度的建立。① 这是批评性报道能起到"建设性"实效的一种现实路径,"建设性新闻"还有没有别的起效路径?可能还需要更多的探索。

四 "建设性新闻"小议

"建设性"是现代新闻业建立和存在的道德基础之一,是新闻"有益于"社会的基本的专业信念。近年来从丹麦等国发源的"建设性新闻"运动是新闻业界和学界对新闻业如何才能更好服务社会的持续探索中的又一次引人关注的努力。"建设性新闻"运动所提出的对传统主流新闻实践中可能存在"负面偏向"问题的警惕,以及从使用者角度出发讨论新闻业在网络时代的新实践方式,都带来了有益的启示,并留下可进一步探索的空间。但需要明确的是,"建设性新闻"不是对既有新闻理念、价值和实践模式的颠覆,而主要是通过调整报道角度,对传统新闻模式进行纠偏。就如"建设性新闻"运动的首倡者哈格洛普所说,"是对传统新闻标

---

① 孙五三:《批评报道作为治理技术——市场转型期媒介的政治-社会运作机制》,《新闻与传播评论》2002年第1期。

准的补充"。① 从讨论"建设性新闻"时被研究者们频繁提及的"建设性新闻"实践平台的实际情况来看，无论从报道议题、组织规模、在主流新闻媒体中的位置和实际影响力来看，事实上也都是"补充"而非"颠覆"。

在"建设性新闻"运动渐为全球新闻研究者所知晓之际，"建设性新闻"的语境问题也应被特别关注。"建设性新闻"运动滥觞于丹麦、荷兰等斯堪的纳维亚国家和低地国家，传播学者哈林（D. Hallin）和曼奇尼（P. Mancini）曾将这些国家的媒介制度归为独特的"民主法团主义模式"（Democratic Corporatist Model），在这种模式下"媒介被视为社会公共机构，而不是纯粹的私人企业"。② 这些国家的社会发展程度较高、国民福利水平高、社会矛盾不尖锐，这与处于社会转型期的发展中国家的情况很不一样，对新闻媒体如何才能更好地起到社会"建设性"作用的理解当然也会不同。此外，不同国家的媒介制度和新闻传统差异也很大，如"建设性新闻"运动所批评的主流新闻媒体的"负面偏向"问题，主要指欧美国家的主流媒体，如引介到中国语境，则不可不顾中国新闻媒体直接接受党的宣传系统领导、一贯执行"正面报道为主"的方针，也认为我们的传统新闻实践过多聚焦于负面、消极基调。实际上，若借"建设性新闻"运动为全球新闻研究者所关注之机，对中国媒体事实上已长期开展的"建设性新闻"实践进行制度探索并对"建设性新闻"的社会效果进行更为清晰透彻的研究，也许能对这一运动自身做出颇有"建设性"的贡献。

（本文原载于《中国出版》2020年第8期，该文章收录本书时内容和文献标注方式略有调整）

---

① From U & Kristensen N. Rethinking constructive journalism by means of service journalism. *Journalism Practice*, 2018, 12 (6): 714-729.

② 〔美〕丹尼尔·C. 哈林、保罗·曼奇尼：《比较媒介体制：媒介与政治的三种模式》，陈娟、展江译，中国人民大学出版社，2012，第193页。

XI "建设性新闻"的中国化思考

周然毅[*]

内容提要： 本文试图从哲学、文化及新闻理论与实践层面，探讨"建设性新闻"中国化从可能到现实的可行性及其实现路径。作者认为，从抽象到各种具象的哲学层面，人类社会的全部理论研究和实践活动，都是为了社会进步和发展；中国文化强调以和为美，具有强大的包容涵化力量；中国特色新闻理论与实践，本身就具有很强的建设性特质。这些都为"建设性新闻"的中国化提供了深厚的理论和实践基础。其中国化实现路径可以简洁地概括为"产学研"相结合，首先要结合中国实际进行理论研究，并将研究成果运用于新闻专业教学和继续教育培训，同时落实在"产"，即新闻报道之中。

关 键 词： 建设性新闻　中国化　可行性实现路径

近年来，源于欧美的"建设性新闻"概念，由中国学者引入国内，

---

[*] 周然毅，中国广播电视社会组织联合会副秘书长，高级编辑。

经中国社会科学院新闻与传播研究所等机构的倡导和推动,正在逐步引起理论研究工作者和新闻传播从业人员的关注。"建设性新闻"概念虽然由西方学者提出,然而其中"积极心理学"和"正面报道"的思想内核,早已内嵌在我国媒体"以正面报道为主"的新闻思想和新闻实践之中。因此,在对西方的"建设性新闻"概念进行语境分析的基础上,探讨其对我国新闻实践有何指导和借鉴意义,进而进行新闻理论研究并尝试推动行业实践,很有必要。实践证明,外来理念只有本土化并被群众所掌握,才能产生强大的力量。"建设性新闻"的理念同样存在一个中国化、本土化的问题。本文从哲学、文化及新闻理论与实践层面,探讨"建设性新闻"中国化从可能到现实的可行性及其实现路径。

一 哲学的普遍规律与中国文化基础

首先,从哲学的普遍规律看。从抽象到各种具象的哲学层面而言,人类社会的全部理论研究和实践活动,都不外是为了解决生产关系不适合生产力、上层建筑不适合经济基础的某些部分或环节问题,促进社会进步和发展,使未来更加美好。从这个意义上说,新闻理论的冲突派和建设派,都是从问题出发,试图达到问题的解决,其终极目标都是建设性的,可谓殊途同归。

其次,从传统文化层面来看。中国传统文化,以强调实用理性的儒家文化为主干,崇尚以和为美、以和为贵,建功立业、济世安民,其基本精神乃是建设性的。受和谐文化的影响,中华民族从来就不是一个具有攻击性的民族,盛世追求人与自然、人与社会的和谐,乱世则更多地向内心寻求和谐。这种建设性特质的文化,易于接受并改造外来文化,具有强大的包容涵化力量,这方面的例子很多,仅举一个较为典型的例子:马克思主义的中国化。

19世纪末20世纪初,马克思主义传入中国。在马克思主义中国化的进程中,早期共产党人李立三、王明、博古等,照搬马列教条和苏俄经验，给党的事业带来重大损失。以毛泽东、邓小平、江泽民、胡锦涛、习近平等为代表的中国共产党人，将马克思主义基本原理同中国革命、建设、改革、文化的具体实际结合起来，坚持和发展了马克思主义。20世纪中国革命的胜利和新中国70年的发展繁荣就是马克思主义中国化的伟大成果。

由此得出的结论是：外来理论的中国化，教条主义不行，经验主义也不行，必须与中国的本土文化结合起来；中国具有"建设性新闻"理念本土化的哲学与文化基础，甚至可以说，中国的和谐文化传统，较之于西方强调对立冲突的文化，更适合"建设性新闻"的生长；当然，"建设性新闻"理念也只有与中国本土新闻实践相结合，才具有鲜活的生命力。

二 中国特色新闻理论与实践基础

1978年中共十一届三中全会以后，党和政府的中心工作转移到经济建设上来，一心一意搞建设①，全面建设小康社会②和谐社会③，实现"两个一百年"奋斗目标和中华民族伟大复兴中国梦④，打造建设型社会，逐步形成并发展完善了中国特色社会主义理论。作为中国特色社会主义理论的重要组成部分，中国特色新闻理论建设也取得丰富成果，指导新闻传播实践并在实践中得到完善和发展，形成了既具普遍性又有特殊性的新闻理论与实践。总的来说，中国特色新闻理论和实践具有突出的建设性特征。比如以下耳熟能详的提法："围绕中心、服务大局""坚持正确舆论导向""帮忙不添乱""坚持团结稳定鼓劲、正面宣传为主""唱响主旋

---

① 邓小平：《一心一意搞建设》，《邓小平文选》（第三卷），人民出版社，1993，第10页。
② 江泽民：《全面建设小康社会，开创中国特色社会主义事业新局面》，《江泽民文选》（第三卷），人民出版社，2006，第528页。
③ 胡锦涛：《构建社会主义和谐社会》，《胡锦涛文选》（第二卷），人民出版社，2016，第273页。
④ 习近平：《决胜全面建成小康社会夺取新时代中国特色社会主义伟大胜利——在中国共产党第十九次全国代表大会上的报告》，人民出版社，2017，第29页。

律，传播正能量""团结人民、鼓舞士气""讲好中国故事，传播中国声音"等，都具有明显的建设性特征。

即使对最具冲突性的舆论监督新闻，也提出了建设性监督的要求。早在20世纪50年代初期，邓小平就对报纸的批评性报道提出要求："报纸搞批评，要抓住典型，有头有尾，向积极方面诱导"，不能"只是把问题摆出来了，没有下文"①。这段话虽然出自邓小平1950年5月16日在西南区新闻工作会议上的讲话，但可以视为邓小平一以贯之的新闻思想。到20世纪80年代初期，他再次强调："党报党刊一定要无条件地宣传党的主张。对党的工作中的缺点和错误，党员当然有权利进行批评，但是这种批评应该是建设性的批评，应该提出积极的改进意见。"② 江泽民、胡锦涛、习近平等领导同志高度重视舆论监督工作，做出了明确指示。江泽民指出："舆论监督应着眼于帮助党和政府改进工作，解决实际问题，增进人民团结，维护社会稳定。"③ 胡锦涛要求："发挥好舆论监督作用，增强监督合力和实效。"④ 习近平对舆论监督和正面宣传的辩证关系进行了论述："舆论监督和正面宣传是统一的，而不是对立的。新闻媒体要直面我们工作中存在的问题，直面社会丑恶现象和阴暗面，激浊扬清，针砭时弊。对人民群众关心的问题、意见大反应多的问题，要积极关注报道，及时解疑释惑，引导心理预期，推动改进工作，""不管是主题宣传、典型宣传、成就宣传，还是突发事件报道、热点引导、舆论监督，都要从时度效着力、体现时度效要求"⑤。

"时度效"理论很好地体现了动机与效果的统一，体现了对新闻舆论工作的建设性要求。所谓"时"，就是要在新闻真实性原则的基础上把握

---

① 《邓小平文选》第一卷，人民出版社，1989，第150页。
② 《邓小平文选》第二卷，人民出版社，1983，第236页。
③ 江泽民：《在全国宣传思想工作会议上的讲话（1994年1月24日）》，中国网，2012年9月11日，http://www.china.com.cn/guoqing/2012-09/11/content_26748068.htm。
④ 《胡锦涛文选》（第二卷），人民出版社，2016，第638页。
⑤ 习近平：《在党的新闻舆论工作座谈会上的讲话》，中共中央文献研究室编《习近平总书记重要讲话文章选编》，党建读物出版社、中央文献出版社，2016，第426、430页。

时机、节奏，适时发声，赢得话语权、把握主动权；所谓"度"，就是要综合考量新闻价值与社会影响，把握好力度、分寸，汇聚全社会团结奋进的正能量；所谓"效"，就是要关注实际效果，不断增强传播力影响力，充分发挥舆论引导在经济社会发展中的建设性作用。

再看《中国新闻工作者职业道德准则》对舆论监督的要求："把坚持正面宣传为主与加强和改进舆论监督统一起来，""加强和改进舆论监督，着眼于解决问题、推动工作，坚持准确监督、科学监督、依法监督、建设性监督，""采访报道突发事件要坚持导向正确、及时准确、公开透明，全面客观报道事件动态及处置进程，推动事件的妥善处理，维护社会稳定和人心安定"①。总而言之，对舆论监督要求体现建设性。

有什么样的理论，就会有什么样的实践。以广播电视新闻实践为例，改革开放以来，遍地开花长盛不衰的广播政风行风热线节目、电视问政节目，各种"议事厅""圆桌会"之类的民生节目，聚焦发展中的问题，着眼于出谋划策解决实际问题，起到了很好的舆论监督作用，受到广大听众观众的欢迎。其基本框架是：百姓通过热线提出问题、反映问题；政府职能部门通过热线倾听百姓呼声，了解社情民意；听众或观众参与节目出谋划策；最后实现问题的解决。这样的节目，极具建设性，架起了一座政府与百姓沟通的桥梁，对化解社会矛盾，促进社会稳定发展起到了积极的作用。

由此可见，中国特色新闻理论与实践，具有很鲜明的建设性特质，为"建设性新闻"理念的中国化提供了理论和实践基础。在新时代中国经济建设、政治建设、文化建设、社会建设、生态文明建设中，"建设性新闻"大有可为。

三 "建设性新闻"中国化实现路径

"建设性新闻"中国化的实现路径可以简洁地概括为"产学研"相结

---

① 《中国新闻工作者职业道德准则》，中华全国新闻工作者协会第九届全国理事会第五次常务理事会议，2019年11月7日修订。

合，即从理论研究、教育教学、新闻实践三方面来进行。

首先是理论研究。对欧美"建设性新闻"理念进行全面深入细致的研究，把握其历史背景、发展脉络、内涵外延；结合中国实际，进行扬弃涵化，吸收其适合中国国情的部分，进行理念的本土化融合创新，构建中国"建设性新闻"话语体系，丰富中国特色新闻理论，使之成为中国特色新闻理论的有机组成部分，如毛泽东同志所言："我们接受外国的长处，会使我们自己的东西有一个跃进。中国的和外国的要有机地结合，而不是套用外国的东西。学外国织帽子的方法，要织中国的帽子。外国有用的东西，都要学到，用来改进和发扬中国的东西，创造中国独特的新东西。搬要搬一些，但要以自己的东西为主。"①

其次是教育教学。"建设性新闻"理念中国化，离不开新闻传播人才培养。人才培养可以通过两条路径：一是将"建设性新闻"相关研究成果推广到新闻传播专业教育教学中去；二是将理念研究成果加入新闻传播从业人员的继续教育和培训之中。由此，使"建设性新闻"理论成为新闻传播人才的自觉意识。通过这两条路径，为"建设性新闻"中国化储备人才。

最后是新闻实践。新闻传播是实践性很强的学科，"建设性新闻"理论研究尤其要与新闻传播实践结合起来，落实在"产"，即新闻报道之中，反过来，多姿多彩的新闻实践又将丰富和完善"建设性新闻"理论。教学机构和研究机构可以与新闻传播机构合作，建立"建设性新闻"实践实验基地、协同创新基地，探索"建设性新闻"理念与中国新闻传播实践的有机结合。这方面，中国社会科学院新闻与传播研究所近年来与苏州广播电视总台合作，进行"建设性新闻"实践试点，取得了一定的经验。未来，应该有更多的新闻院所与新闻媒体合作，取长补短，资源共享，共同推动"建设性新闻"中国化理论研究与实践探索。

---

① 毛泽东：《同音乐工作者的谈话》（1956年8月24日），中国网，2012年9月7日，http：//www.china.com.cn/guoqing/2012－09/07/content_ 26746698.htm。

在"建设性新闻"中国化的进程中,理论研究应全面深入,教育教学应精准发力。在开展行业实践实验的初期,也应制订报道标准甚至节目模式,以期有效掌握理论、应用理论。而随着推广的全面铺开,理论成为从业者的自觉意识,报道标准就宜宽不宜窄、宜粗不宜细了,并逐渐从有法走向无法,即无定法,直至达到新闻报道的理想状态:随心所欲不逾矩。

四 结论

当今中国,中国特色社会主义伟大事业进入新时代,脱贫攻坚、全面建成小康社会、实现"两个一百年"奋斗目标、坚持和完善中国特色社会主义制度、推进国家治理体系和治理能力现代化、构建人类命运共同体,都需要新闻舆论团结稳定鼓劲、凝聚民心力量,"建设性新闻"可以起到重要的积极作用,有很好的用武之地。

因此,"要按照立足中国、借鉴国外,挖掘历史、把握当代,关怀人类、面向未来的思路"[1],加强"建设性新闻"理念的本土化研究,使之与中国新闻传播的具体实际相结合,经过由理论到实践,再到理论和实践的循环往复,不断发展完善,形成"建设性新闻"理念的中国风格、中国学派,丰富和发展中国特色新闻理论,并应用于和改进中国的新闻传播实践。

(本文原载于《新闻与传播研究》2019年S01期,该文章收录本书时内容和文献标注方式略有调整)

---

[1] 习近平:《在哲学社会科学工作座谈会上的讲话》(2016年5月17日),中国新闻网,2016年5月19日,http://www.chinanews.com/gn/2016/05-19/7875385.shtml。

哲学溯源与价值反思

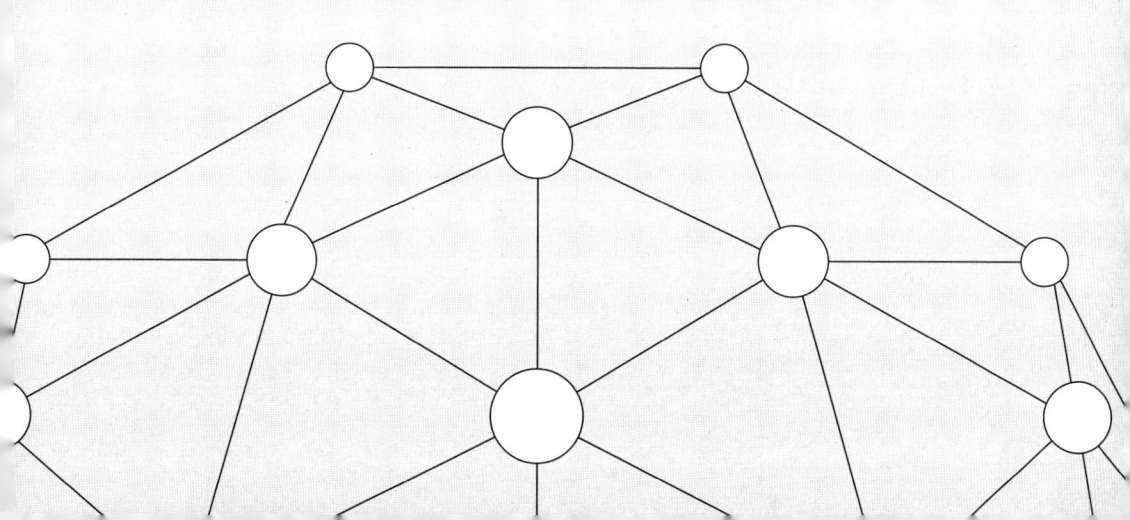

XII 从希望哲学的视角透视新闻观念的变革*
——建设性新闻实践的哲学之源

吴 飞 李佳敏**

内容提要：布洛赫的希望哲学能够为媒介更好发挥新闻建设性作用提供重要理论资源。这一哲学认为，希望是植根于人性之中的固有需要，是一种不可缺少的本体论现象，是经过努力可以实现的生存状态，这便需要媒介调整新闻理念，关注更多社会积极变革，以一种充满希望与建设性的路径报道新闻事件，建构一种希望新闻学，从而使人类固有的希望情绪得以最大化展现。当然，作为对传统新闻价值观的解构，希望新闻理念并不意味着排斥对负面新闻的报道，它同样注重批判性的一面，并为解决问题提供行之有效的方案。

关 键 词：希望哲学 布洛赫 新闻观念

---

* 本文系2019年度国家社科基金重点项目"新媒体环境下公共传播的伦理与规范研究"（项目编号：19AXW007）的阶段性成果。
** 吴飞，浙江大学传媒与国际文化学院教授；李佳敏，浙江大学传媒与国际文化学院博士生。

西方传统新闻媒体向来以"看门狗"自诩,"坏消息才是好新闻"可以说是它们所秉持的新闻理念的典型注解。早在 20 世纪 30 年代,美国《纽约先驱论坛报》采编主任斯坦利·瓦利克尔就曾明确指出,新闻建立在三个"W"上,即:women(女人)、wampun(金钱)和 wrongdoing(坏事)。这意味着趣味性与冲突性一直是新闻报道理念的核心要素,新闻记者也自然成为受众眼中只关注坏消息的"扒粪者",他们的使命只是起诉与证明有罪,而不包括告知与教育。于是电视新闻流行血腥,都市报纸热衷揭丑,坏消息铺天盖地地充斥着民众的生活。这从历届普利策奖的获奖作品就可窥见一斑,其中揭露性负面新闻报道占绝大多数。诚然,揭露权力腐败、文化堕落、娱乐至死等问题理应是新闻报道的一部分。但这些并不是全部。

就此而言,揭露问题并不等于解决问题。人性的弱点与制度的缺陷永远伴随着人类的生存境况本身。黑格尔曾说,在纯粹的光明中与在纯粹的黑暗中一样,不多也不少。绝对同一的世界是不存在的。矛盾恰恰是事物得以生成与存在的原因。黑暗与光明都是必不可少的存在,否定一方并不意味着另一方面的消亡。那么,我们的新闻报道为何不以积极的面相来呈现事物?马克思曾说,"报刊是促进人民的文化和智育发展的强大杠杆"①,而萨特则直接将报纸比作太阳,认为"报纸和太阳一样,它们共同的使命就是给人带来光明"②。基于此,我们的新闻理念是否可以基于一种积极正面、充满人文关怀与希望的平衡报道,建构一种希望(积极、阳光)新闻学?从而实现新闻记者从黑暗揭露者到希望守望者的身份转变。

一 "希望"理念何以可能

著名哲学家恩斯特·布洛赫(Ernst Bloch)在他的代表作《希望的原

---

① 《马克思恩格斯全集》(第 40 卷),人民出版社,1982,第 329 页。
② 〔法〕萨特:《萨特戏剧集》(下卷),人民文学出版社,1985,第 780 页。

理》（1959年）中，曾如此追问人的生存境况："我们是谁？我们来自何处？我们期待什么？什么东西在等待我们？"① 他对这一问题的回答是"饥饿"（hunger），认为饥饿是人最基本的冲动。在他看来，一切事实存在的起点都位于尚未终结的黑暗本身，即位于现在黑暗或刚刚经历过的瞬间黑暗之中。我们内在于其中的黑暗瞬间，并藏有一种向前的冲动，通过欲望、愿望和行动来渴求显现某种本己。他认为，"自我保存的冲动是唯一的基本冲动"②，"这种冲动不仅作为直接的情绪，而且作为活动的冲动乃是情绪活动或情感"③，它具有决定性力量并直接地与自身的载体结合在一起。

  布洛赫的"希望"集中体现了人类走向更美好未来的意图。他提出的"希望哲学"亦称"乌托邦哲学"。这一哲学认为，人和世界是开放着的、向前运动的未完成过程，处在一种"尚未"状态中。这一状态意味着，人类在向未来敞开的过程中具有无限的可能性，进而产生对世界及其自身的各种希望。它是人类生存最基本的情绪。因为在现实中人的本性与其自身的生存境况始终是不充分、不完善的，这便促使人类整体不断向前追求本真完善的人性与生存境况的理想状态。所以，在这个意义上，希望是人类生存固有的本体论现象，而非可有可无、附属于人类本性与固有需要的某种外在价值。在布洛赫看来，人是一种不断朝向未来并且献身多种可能性的独特存在，而每一种可能性的实现全系于主体积极创造与克服障碍的能力，即全系于主体的自我选择、自我克服、自我筹划与自我超越。而这种行动能力的实现必然要求人们对世界与未来抱有种种希望与信念，相信更加美好的未来、更加完美的世界与更加完善的人性终将到来。如果人们感知的信息源总是充斥着林林总总的丑恶现象，那么这必然对他们生

---

① 〔德〕恩斯特·布洛赫：《希望的原理》第1卷，梦海译，上海译文出版社，2012，第1页。
② 〔德〕恩斯特·布洛赫：《希望的原理》第1卷，梦海译，上海译文出版社，2012，第57页。
③ 〔德〕恩斯特·布洛赫：《希望的原理》第1卷，梦海译，上海译文出版社，2012，第61页。

存情绪产生极具负能量的影响,自然不利于具有积极进取精神的希望信念的生成。

除此之外,人不可能离开这个非人的世界而成为封闭的人,人在实现自己内在本质的同时也在帮助周围世界不断得到完善。在布洛赫看来,"期待、希望、向往,走向尚未实现的可能性的意向,——这不仅是人的意识的根本标志,而且当它们被正确地理解和把握的话,也是整个客观实在内部的一个决定性因素"①。布洛赫区分了两种希望:希望着的希望和希望的相关物,即主观的盼望(盼望本身)和客观的盼望(盼望的目标)。因此,世界若要实现一种完善的理想状态,便有待于人类能动创造力的发挥。在希望精神的引领下,在人与世界的互动中,客体不断地主体化,主体不断地客体化,人在完善自身而成为"完全的人"的同时,也在不断地完善世界。由此,人类便将走向更具人道主义精神的"具体的乌托邦"。

实际上,从哲学高度将希望抬升至本体论地位的哲学家是康德。他从理论知识、道德实践和宗教希望三方面,规划了哲学研究的三大领域,提出了"我们能够希望什么?"②这一哲学人类学问题。但与康德不同的是,布洛赫要阐明的问题是,整个人类精神史的中心在于预先推定一种"更美好生活的梦"——一个没有贫困、剥削、压迫和异化的社会制度,从而在一定程度上批判了实证主义的反乌托邦取向,强调人类文明史中乌托邦维度与意义的重要性。这是布洛赫对马克思主义传统,特别是历史唯物主义原理的创造性贡献。布洛赫并未将希望当作无数哲学主题之一来探讨,而是努力当作哲学自身,即第一原理来探讨。1843 年,马克思在《致卢格》中指出:"世界早就在幻想一种一旦认识便能真正掌握的东西了。……那时就可以看出,问题并不在于从思想上给过去和未来之间划下一条不可逾越的鸿沟,而在于实现过去的思想。而且人们最后就会发现,

---

① 〔德〕恩斯特·布洛赫:《希望的原理》第 1 卷,梦海译,上海译文出版社,2012,第 57 页。
② 〔德〕康德:《逻辑学讲义》,许景行译,商务印书馆,1991,第 15 页。

人类不是在开始一件新的工作，而是在自觉地从事自己的旧工作。"① 布洛赫认为马克思以前的知识是面向既有事物的，因而只同过去有关。布洛赫则用"更美好生活的梦"概括并拓展了马克思"世界之梦"的基本内涵和精神实质。他写道："没有希望，理性就不能开花；没有理性，希望就无法说话，二者统一于马克思主义当中——没有其他科学拥有未来，也没有其他未来是科学的。"② 可以看出，布洛赫赋予马克思主义哲学希望以具体的、现实的含义，在布洛赫的希望哲学中，希望、梦想、理性、现实的可能性与具体的社会变革方案是紧密联系在一起的。

以上论述可以看出，布洛赫表达了人类对一个没有剥削、压迫和异化世界的希望，而这种希望并不是虚假的乌托邦，而是具体的乌托邦，是经过努力、需要奋斗可能实现的。就新闻传播而言，这个世界有许多问题，同样也存在解决这些问题的诸多方法，这便需要媒体以一种报道平衡且更加充满希望和建设性的报道路径告诉人们如何让世界变得更美好。

二 "希望"新闻学的观念与实践

面对倾向于报道负面新闻的这种困境，中外新闻界已经开始反思这一问题。它们认为，人们是否已经对足够多的负面新闻感到麻木与厌烦？我们是否需要调整新闻报道理念，关注更多社会积极变革，从而为抛出的社会问题提供解决方案？

《今日美国》的创始人纽哈斯在1983年就曾直接提出"希望新闻学"，并将这一理念运用于新闻实践。纽哈斯极其讨厌美国新闻界所谓的"揭丑报道"，在他的自传《一个婊子的自白》中，批评美国的一些报人把获得普利策奖而不是把他们的读者需求放在第一位。他指出："玩世不

---

① 《马克思恩格斯全集》（第1卷），人民出版社，1956，第418页。
② Ernst Bloch, *Das Prinzip Hoffnung*, Suhrkamp Verlag: Frankfurt am Main, 1979, p.1618, 引自夏凡《乌托邦困境中的希望：布洛赫早期的文本学解读》，中央编译出版社，2008，第354页。

恭者从事的是绝望新闻学,陈旧的绝望新闻学通常使人们读后感到沮丧,或是发疯,或是愤怒。而新鲜的希望新闻学则是喜忧皆报的一种手段,读者读后会对事物有充分的了解,使他们自己能够决定什么值得他们关注。"①

纽哈斯指出:"公众不喜欢我们支配他们,他们需要我们提供信息和不同意见。公众需要媒体平衡地去报道不同的观点。报纸的义务是发表所有的新闻。"② 因此,以"精确而不悲观、详细而不消极地报道所有的新闻"的办报方针为《今日美国》带来了一种全新的新闻运作方式。他们在秉持的三个基本报道理念下展开新闻实践。一是平衡公正。希望新闻学讲究客观公正、新闻平衡,这是新闻专业主义理念的内在机制。但与传统认识不同,它的平衡更强调好坏新闻搭配与报道量的平衡,阴暗面报道不可太多,其公正则与少批评指责相联系。二是积极处理新闻。纽哈斯曾说:"我不是倡导只报道喜事的人,我倡导正面报道。"③《今日美国》最初关于谋杀或残害儿童等新闻一般不会选择置于头版,相反,软新闻的比重较大。三是拒绝做出判断。布洛赫指出,一切唯心论(观念论)都是冥思的、静观的,它们没有把世界的本质把握为尚未形成、尚未显现的,因此它们无法理解实现时的贫乏同时也是一种丰盈:世界是未竟的,这既是实现的阻力,也是实现的动力,实现时之所以没有得到满足,之所以有未完成的希望残留下来,其原因最终来自"尚未形成"④。在德语里面,"尚未(noch nicht)"既可以"指现在还没有成为现实的某个东西,也可以指现在有部分存在而将来可能全部存在的东西"⑤。作为人类认识自然

---

① 转引自刘远军《希望新闻学——"问题新闻"在构建"和谐社会"中的理论选择》,《新闻界》2006年第1期。
② 李希光:《一个世界多种制度——与一位前美国报业集团老板的对话》,《青年记者》1998年第4期。
③ 李希光:《一个世界多种制度——与一位前美国报业集团老板的对话》,《青年记者》1998年第4期。
④ 陈岸瑛:《恩斯特·布洛赫的乌托邦哲学——从〈乌托邦的精神〉到〈希望的法则〉的理论偏移》,《马克思主义与现实》2007年第2期。
⑤ 欧阳谦:《"尚未存在"与"希望哲学"》,《世界哲学》2013年第1期。

和社会、与他者会晤的中介物,新闻媒体呈现的正是人类探索未来的"尚未形成"性,这种探索有失败、有罪恶、有无助的痛苦和泪水,但更多的肯定是进步、阳光和希望。否则,人类社会就不可能有今天如此之成就。也就是说,新闻报道追求的客观、真实、全面的专业精神,就应该呈现这种人类探索前进的真实事实——一个积极的、充满希望的世界和人类的未来。希望新闻学相信如果给人们以事实,使他们能居于所处的环境中识别真正的形势,让他们听到多种观点,他们将能获得有用的真理。

但是,人类探索的世界是充满未知性的,我们所面临的现实往往具有流动性。诚如恩格斯所言:"一切僵硬的东西溶解了,一切固定的东西消散了,一切被当作永恒存在的特殊的东西变成了转瞬即逝的东西,整个自然界被证明是在永恒的流动和循环中运动着。"① 这种不确定性、流动性,使得我们会面临许多难题,那么作为一个可以发现、召集和呈现人类探索实践的传媒中介,就需要同公众一道为不确实的未来寻找一个可供选择的方案,汇集公众的力量来决定一个个现实的问题。2008年,《纽约时报》专栏作家大卫·伯恩斯坦(David Bornstein)的"解困新闻学"(Solutions Journalism)的理念就是针对"现在的青年消费者对媒体的信息超载和让人不满的新闻实践感到无能为力"② 的现状下提出的。在他看来,"解困新闻学是致力于解决问题而并非只是发现问题的新闻报道。它倾向于报道那些对社会问题做出成功或失败回应的事件"③,解困新闻学"不仅关注什么方案是有效的,而且它会基于证据和事实来说明该方案如何有效、为何有效。换言之,它注重问题是怎么被解决的"④。其实,美国从20世纪90年代中后期开始,便出现了各种有关寻求社会问题解决方案的新闻报

---

① 《马克思恩格斯选集》第9卷,人民出版社,2009,第417页。
② David Bornstein, "Why 'Solutions Journalism' Matters, Too", *the New York Times*, 2011.11.20.
③ 〔美〕大卫·伯恩斯坦:《新闻人的未来变革——从发现问题到解决问题》,《社会创业家》2014年第1、2期。
④ 〔美〕大卫·伯恩斯坦:《新闻人的未来变革——从发现问题到解决问题》,《社会创业家》2014年第1、2期。

道的试验。1998年美国记者苏姗·贝内施（Susan Benesch）发表文章《解困新闻学的兴起》，就较为详细地介绍了当时已经采用了相关报道方式的新闻机构和新闻节目；2008年，大卫·伯恩斯坦创办了"探矿者"网站；2011年，大卫·伯恩斯坦与另外几名记者建立了"解困新闻学网络"，提出为促进社会进步，严肃、负责报道新闻事件的目的。

欧洲的建设性新闻理念同样引起全球媒体的共鸣。2008年，明确的"建设性新闻"理念正式出现在丹麦一家报纸的专栏标题中，作为专栏作者的丹麦国家广播公司新闻部门主管哈格洛普（Ulrik Haagerup）主张"我们应该用一种新的新闻标准来补充传统，即建设性新闻"[①]，同样明确地指出运用充满希望的新闻故事和切实可行的解决方案来平衡以死亡、衰败和苦难话题充斥版面的现状。此后，另一位建设性新闻的倡导者，丹麦国家广播公司的前记者吉登斯泰德（Cathrine Gyldensted）在哈格洛普编著的《建设性新闻报道》文集中对建设性新闻的效果进行了实证研究，她同样发现，记者对负面报道的关注会导致读者情绪的沮丧，并呼吁记者应该更关注"积极的、鼓舞人心的和以解决方案为基础的新闻"[②]。其中，"建设性新闻项目"更是立足荷兰和英国，面向全球，志在为新闻记者、媒体机构和专业学生传授建设性新闻的知识和技能，核心项目也是举办培训课程、提供媒体资讯和支持教育研究；2015年底，荷兰温德斯海姆应用科学大学新闻学院将建设性新闻纳入课程体系，并且聘请了专职研究建设性的教授，吉登斯泰德就是其中之一；2017年，由哈格洛普创办的"建设性研究所"通过提供报道方法、组建全球伙伴、开设培训课程和开展学术研究等方式来推进建设性新闻。

作为一种新兴的新闻形式，建设性新闻在试图坚守新闻专业主义的前

---

① Haagerup U. Konstrusktive nyheder［Constructive News］, Politiken, https://journalisten.dk/emne/konstruktive-nyheder, p. 3, 引自 Bro P., "Construct Journalism: Proponent, Precedents, and Principle," *Journalism*, vol. 20, no. 4, 2019, pp. 191–196.

② Haagerup U.（ed.）, *En Konstruktiv Nyhed（A Constructive News Story）*, Arhus: Ajour, 2012, pp. 185–198.

提下实现危机突围，一直在强调自身对消极报道传统的抵制以及对西方传统报道模式的补充。它的报道仍然致力于准确、真实、平衡和必要的批评，只是更多地以积极的元素、解决的态度、变革的目标以及赋权于民的方式来报道新闻。建设性新闻"以最严格的方式遵循传统的新闻事件和规范，只是有了新的报道方面，通过将焦点从报道社会转移到解决社会问题上，通过创造更全面和更具代表性的世界图景，保有客观和准确的新闻理想，承担为公共领域提供有效解决方案的责任"①。根据布洛赫的历史哲学概念，人类奋斗的目标内容与自然过程的目标内容是一致的，其象征就是家乡，即"尚未有人到达过的地方"。在布洛赫那里，"家乡"（heimat）是无所不包的概念，泛指在"至善"（hoechsten Gut）概念下能够设想的一切②。对于"尚未存在"的憧憬，促使人类总是在路上而想成为某种其他的东西。因此，人总是作为一种在谋划、在打算和在延伸的存在。于是，人的意识就具有了一种明显的超越性特征。

"正是这种认识构成了人类进步的基本力量，因为'尚未意识'可以转化成一种积极的行动。"③ 马克思"所关心的完全不是把共产主义描绘成一个充足的社会，他所关心的是把共产主义描绘为一个充满人的尊严的社会，一个在其中劳动会得到尊严并变得自由的社会，因为它是由全面的、有意识的参与者在一个被赋予了合作和共同目标的共同体中所实施的"④。

从某种意义上说，新闻报道长期呈现的是人类探索未来的失败实践，关注的是权力的腐败、人性堕落，揭露了大量的社会黑暗力量的肆意作为，力图让权力在阳光下运作。这确实是新闻业的初心之一。但是根据心

---

① Aitamurto T. & Varma A., "the Constructive Role of Journalism," *Journalism Practice*, vol. 12, no. 6, 2018, pp. 695–713.
② 梦海：《世界是拯救实验室——论恩斯特·布洛赫的历史哲学概念》，《现代哲学》2008年第1期。
③ 欧阳谦：《"尚未存在"与"希望哲学"》，《世界哲学》2013年第1期。
④ 〔澳〕卡曼卡：《马克思主义的伦理基础》，引自〔美〕R.G. 佩弗《马克思主义、道德与社会正义》，李旸、周洪军译，高等教育出版社，2010，第128页。

理学的研究发现，长期关注"失败、问题、障碍"的消极模式固然很重要，但却无法给人以动力。近年来，心理学界兴起的积极心理学研究，致力于探讨"如何获得幸福"，即以发展潜力、提升幸福感为目标，倡导一场"幸福革命"。积极心理学的核心观点是，人们要求的不仅仅是"结束痛苦"，而是"更幸福"。因此，积极心理学以积极的价值观来解读人的心理，试图激发人类内在的积极力量和优秀品质，帮助个体最大限度地挖掘自己的潜力并获得美好的生活。这种积极面向的探索，无非是期望给人类的探索以积极动力，以期用更美的方式进入或者回归"家乡"。在英国，积极新闻（Positive News）是对这种积极心理学理念的回归，目前已成为一种正在崛起的新闻思潮和新闻实践。这一思潮和实践的源头可追溯至已故报人肖娜·克罗克特·巴罗斯（Shauna Crockett-Burrows）在20世纪90年代创办的报纸《积极新闻》，《积极新闻》季刊现任总编肖恩·达冈·伍德（Sean Dagan Wood）曾介绍这份媒体的创办初衷，即希望借助对媒体景观的治理，推动建设一个公正、平等、可持续和快乐的世界。他希望看到媒体在报道内容与如何报道上让世界变得更美好。因此，积极新闻关注社会进步及其可能性并以激励与赋权的方式进行报道，但这并不意味着主流新闻不应报道负面新闻，对问题视而不见，而要求以积极的心态既关注社会问题也关注解决方案的报道。除此之外，伍德为了"积极新闻"可以在数字时代继续生存下去，2015年开始尝试了新的商业模式，并使"积极新闻"成为第一个全球性的众筹社群媒体。2015年6月8日到2015年7月8日，"积极新闻"在英国最大的众筹网站"CrowedFunder"发起了一个名为"拥有媒体"的众筹新闻运动，主要通过"社区招股"来众筹运营资金。通过众筹资金的方式与读者建立起一种合作关系，在他看来，读者与媒体是共有、共享、共治的利益攸关者。而这一关系模式符合《积极新闻》与同道者的共同利益，给读者在新闻生产中更多的发言权，因为只有读者拥有所有权才能被赋予决定传媒价值和编辑方针的权力，从而增进社会福利，减少人们彼此分离的恐惧和失望。

三　结语

与海德格尔的否定的生存分析（烦、畏、死）不同，布洛赫的希望哲学是一种希望解释学。所谓的"希望（hoffnung）"标志着某种面向未来的积极期待情绪。据梦海的总结，从形式意义和内容意义上看，一方面，希望（spes）是"作为纯粹作用的希望（spes qua）"；另一方面，希望是"作为被期待目标的希望（spes quae）"。

"前者意味着指向未来现实的热情，相当于非个人的，亦即一代人乃至整个人类的先验情绪，而这种情绪具有不安宁因素，它不顾计划、诊断、评价等客观尺度，始终趋向绝对而不确定的目标；后者则指单个人对未来的无穷无尽的盼望，这种盼望仅仅与未来视域中的可能性相联系，而与现实的既成事物完全无涉。宗教、哲学或艺术皆渊源于这一未来与当下之间的张力。"① 希望哲学为人类社会和新生活的未来建构一个理想之乡，即一个没有贫困、剥削、压迫和异化的社会形态和制度，布洛赫描绘说那里是"幸福、自由、非异化、黄金时代、奶和蜜像泉水般涌流的国度、永恒的女性、费多里奥和基督复活日中的小号信号"②。但这个理想之乡，不是风吹即破的肥皂泡，更不是虚无缥缈的空中楼阁，也不是毫无现实性的画饼充饥，而是意味着永恒理想的具体实践。它呼唤人们，要为这个理解积极作为。因为人作为可能目的，被赋予了今后有待完成的使命，而在自然中又正好具备了借以完成这一使命的机遇。张世英曾感叹说，人本来是有限的，不是无所不能的，但平常人并不总是意识到这一点并主动积极地接受这个必然性的事实。否则又何必因遇到外在的阻力而叹息呢？我们

---

① 梦海：《一个更美好生活的梦——恩斯特·布洛赫〈希望的原理〉》，引自〔德〕恩斯特·布洛赫《希望的原理》第 1 卷，梦海译，上海译文出版社，2012，序言第 3 页。
② Ernst Bloch, *Das Prinzip Hoffnung*, Suhrkamp Verlag: Frankfurt am Main, 1973, p. 1627, 引自梦海《人类梦想和理想的百科全书——恩斯特·布洛赫〈希望的原理〉新论》，《社会科学战线》2006 年第 5 期。

平常说，人生苦短。人生本来就"短"（有限），如果真能意识到并积极接受这一点，又何必以此为"苦"呢？①

福柯让我们认识到，我们对我们自身的描述和知识，依赖于适用于我们环境的语言资源，受到压制的团体务必发展出新的谈话方式②。当社会充斥的众多负面新闻与人们失衡的心态、失当的意见与失序的行为之间形成链条之时，我们可以呈现一种积极乐观、充满人文关怀与希望的平衡报道，使植根于人性之中固有的希望情绪最大化发挥出来。报道者选择问题的来源和角度能够为事件提供可视性和意义，而希望是反对恐惧最高昂的情绪，也是最富人性的情致，它能为人类开拓出最辽阔与最明亮的生存境遇。媒介本不应处于不是希望就是恐惧的非此即彼状态。因为我们生活在一个黑暗与光明并存的社会，揭露黑暗并不意味着光明的必然到来。对于我们今天的人类社会来说，积极情绪不是太多，而是太少。在布洛赫看来，人是存在内的"否一般"，即匮乏存在或非存在。但布洛赫不是把"否"看作某种终极物，不是"无"，而是可被扬弃为存在的那个存在内的否，是一种"尚未"，而世界则是永恒的实验台。正是这种人类学意义上的"否一般"使人意识到自身的贫困和冲动，使人超越自身单纯的事实存在，向他人、向世界开放。布洛赫在《希望的法则》中，使用了诸如"向上""光明""更好""至善"等概念，用来指代尚未意识的方向。

希望哲学是一种"鼓舞世人批判现实、超越现实、走出黑暗、瞩望未来的哲学"③。马克思主义本身就是一种解放的意图和唯物主义人道主义，它强烈要求"必须推翻那些使人成为被侮辱、被奴役、被遗弃和被蔑视的东西的一切关系"④。提出希望新闻学，强调新闻报道的建设性和积极面向，并不意味着放弃对社会阴暗面的揭露，更不是放弃新闻报道的

---

① 张世英：《希望哲学》，《学海》2001年第3期。
② 〔美〕理查德·罗蒂：《后形而上学希望——新实用主义社会、政治和法律哲学》，张国清译，上海译文出版社，2003，第363页。
③ 周惠杰：《祛除恶世界的革命：具体的乌托邦实践》，《学术交流》2012年第4期。
④ 《马克思恩格斯选集》第1卷，人民出版社，1995，第9~10页。

客观性理念。秉持积极、希望的新闻理念并不意味着避免或排斥对负面新闻的报道。按照布洛赫的理解，现在和当下永远是"黑暗"的，是无法意识到自己的。事物是正在形成之中的，"尚未意识"是对这种"形成过程"的意识。因此，"生活瞬间"中的"黑暗"归根结底是由外在局势的不明朗造成的。所以有学者指出，布洛赫的"尚未意识"和"黑暗的生活瞬间"这两个概念"都被用来说明梦想的本质"①。无论是建设性新闻还是希望新闻都在一定程度上是对西方所奉行的传统新闻价值观的解构，但这些积极新闻实践并非是阿谀奉承式新闻，只停留在报道好人好事层面上，它同样注重批判性的一面，并进行深入采访解释社会问题、挖掘其背景及深层次的原因，从而达到为某一问题的解决提供行之有效并可推而广之的方案的目的。

总之，在"坏消息才是好新闻"被众多媒体长期奉为圭臬的传统理念下，希望新闻、建设新闻、解困新闻、积极新闻都针对自19世纪中叶以来媒体新闻报道过度消极的种种弊端提出"好消息也是新闻"的理念，倡导以乐观、希望的角度报道社会问题、社会进步并解决社会困难，为新闻领域建立一种希望、积极的正面报道理念取得有益探索，也为新闻实践、商业模式和影响社会等方面产生积极的现实影响。

（本文原载于《新闻与传播研究》2019年第S1期，该文章收录本书时内容和文献标注方式略有调整）

---

① 陈岸瑛：《恩斯特·布洛赫的乌托邦哲学——从〈乌托邦的精神〉到〈希望的法则〉的理论偏移》，《马克思主义与现实》2007年第2期。

XIII 以反传统的实践追求新闻业的传统价值

——试析西方新闻界从"公共新闻"到"建设性新闻"的改革运动*

蔡雯 郭浩田**

内容提要： 以欧美为代表的西方新闻界近三十年来先后发起了"公共新闻"和"建设性新闻"两轮改革运动。这两场运动均由新闻业界主导，吸引了公众、社会组织和新闻教育界的多方参与。从新闻理念和运行策略来看，"建设性新闻"是"公共新闻"的延续和发展，是"公共新闻"在新的历史条件和传播生态下的复兴。从新闻生产的业务层面看，"公共新闻"与"建设性新闻"都与西方新闻界一贯坚持的"客观报道"的原则和方法相违背，但这种反潮流的改革实践在终极目标上却与西方传统新闻业所追求的保护公共利益、推进民主政治的价值观是一致

---

* 基金项目：中国人民大学"双一流"建设成果及"四个一批"人才项目"新闻传播业务改革研究与人才培养探索"的阶段性成果。
** 蔡雯，中国人民大学新闻学院教授，博士生导师，中国人民大学新闻与社会发展研究中心研究员；郭浩田，英国剑桥大学社会学系博士生。

的。以新闻媒体为主导的"公共新闻"和"建设性新闻"与自发的"公民新闻"有本质的不同。

关 键 词： 公共新闻 公民新闻 建设性新闻 西方 新闻改革

自 20 世纪 90 年代以来，技术发展驱动之下的媒体变局将新闻业卷入前所未有的危机，传统媒体的自救、新闻从业者和研究者的忧思，在全球范围内绵延铺展。在近三十年中，以欧美为代表的西方国家新闻界两度兴起新闻改革运动（20 世纪末"公共新闻"和 21 世纪前叶的"建设性新闻"），试图调整新闻业的走向，应对西方社会以及新闻媒体自身的种种危机。而在两次改革运动之间，互联网孕育出"公民新闻"，由此拉开了人类信息传播新景观的另一方巨幕，也为新闻改革提供了新的资源。考察以"公共新闻""公民新闻""建设性新闻"为几个重要节点的西方新闻发展历程，对理解当代西方新闻业的变迁具有重要意义。

一 "公共新闻"：西方新闻界反传统的新闻改革运动

"公共新闻"（Public Journalism）在美国又被称为"Civic Journalism"，是 20 世纪 80 年代末、90 年代初发轫于美国的一场声势浩大的新闻改革运动。这场运动以新闻媒体为主导，吸引了新闻传播院系、社会团体和公众力量的联合行动，一大批新闻从业者、学者和教育工作者广泛参与其中，深刻影响了美国社会与新闻传播研究和实践，并影响到了欧洲、澳洲等地。"公共新闻"并没有一个明确的定义，其核心特征在于新闻报道与媒介活动相结合，新闻传播者既报道新闻事实，又以组织者的身份介入公共事务中，发起一系列活动并主导公众讨论，寻求问题的对策。时任纽约大学新闻系主任的 Jay Rosen 教授被认为是"公共新闻"理论和实践的学术领袖。他提出,"新闻记者不应该仅仅是报道新闻,新闻记者的工作还应该包含这样的一些内容:致力于提高社会公众在获得新闻信息的基础上的行动能力,关注公众之间对话和交流的质量,帮助人们积极地寻求解决问题的途径,告诉社会公众如何去应对社会问题,而不仅仅是让他们去阅读或观看这些问题。"他认为新闻业是健康的公共生活中的重要组成部分,"所有被公共生活包围着的人——记者,学者,政治家,市民,左派,右派,中立者……都应该认识到,如果市场取代了公众而成为现代社会中唯一的舞台,我们将全部沉沦。"[1] Jay Rosen 在 20 世纪 90 年代发表的这种观点显然和西方新闻界长期以来所坚守的"客观报道"的新闻原则相悖,他对新闻媒体介入公共事务(报道对象)的呼吁撼动了西方新闻专业主义的精髓,引发了一场激烈的论争。

美国"公共新闻"的改革实验是从政治传播领域开始的。1990年,美国堪萨斯州的《威奇塔鹰报》(The Wichita Eagle)联合当地一家电视台,在对州长竞选的报道中进行了一次与以往报道方式完全不同的尝试。这次报道的关注重点不在于竞选活动本身,即候选人的竞选活动与得票率,而是将候选人的主张与当下存在的公共问题作为报道主轴,并围绕这些问题展开深入的调查。该报同时进行了一场民意调查,从调查结果中分析出公众最为关注的 10 个社会问题,并针对每一个问题进行了长篇背景分析,连续在周日的报纸推出专栏"他们的立场"(Where They Stand),将两个竞选对手的不同政见进行比较。同时,报社向选民们发放了简明易懂的选举指导,并为成年文盲开办学习班,鼓励选民去投票。这样的报道一方面清晰地展现了候选人的政见与公共问题之间的联结,提高了选民的投票意愿,另一方面表达了民意并促使竞选人加以重视,形成了双方之间的互动沟通。该报认为,这样的报道是真正的公共新闻报道,因为它"给读者以机会在最大程

---

[1] Rosen J. Public Journalism: A Case for Public Scholarship, Change, 1995, 27 (3): 34-38.

度上了解竞选者在与堪萨斯人利益相关的每一个主要问题上的立场",同时也告诉竞选人"要说对于核心事件最有意义的内容,我们将报道它并会持续报道它"①。

虽然美国的公共新闻起步于选举报道,但它的报道范围随后迅速扩大到了与公共事务相关的诸多领域。如1993年,《夏洛特观察者》(The Charlotte Observer)在报道一场当地的种族冲突时,没有遵循传统的报道模式,即关注于刺激性、冲突性的场景与故事,而是在当地的居民中进行了充分的调查与访问,对象涵盖白人家庭与少数族裔,包括冲突当事人、目击者和临近的居民。这场报道促使当地居民选派代表组成机构,商讨种族问题的对策,平息了这场冲突。这种报道模式被许多编辑部采用,例如《维吉尼亚导报》(The Virginia Pilot)编辑部将其开展公共新闻报道的方针总结为以下几条:(1)新闻报道不仅应该向公众展示冲突,更应该揭示新闻事件背后的价值;(2)在报道何时、何地、何人、何事、何因的同时,要尽力向公众解释为何此事值得关注;(3)记者应该着力挖掘人们如何解决问题的事实,并尽可能提供建议,帮助公众参与公共生活②。

蔡雯2004~2005年在美国访学时进行实地调研发现,作为一场新闻业的改革运动,公共新闻不仅仅吸引了学界、业界的广泛参与,还获得了一大批基金会、公益机构的支持,例如奈特基金会(The Knight Foundation)、凯特灵基金会(The Kettering Foundation)等。其中,影响范围最大的当属皮尤公益信托基金(The Pew Charitable Trusts)成立的皮尤公共新闻中心(Pew Center for Civic Journalism)和"詹姆斯·巴顿公共新闻奖"(James K. Batten Award for Excellence in Civic Journalism),二者旨在鼓励新闻媒体开展公共新闻报道。从1993年到2003年,美国共有30多家新闻媒体获得了该奖项,有226家新闻媒体参与的120多项公共新闻项目获

---

① Rosen J. *What Are Journalists For?*, New Haven: Yale University Press, 1999: 44-45.
② 蔡雯:《美国新闻界关于"公共新闻"的实践与争论》,《新闻战线》2004年第4期,第78~80页。

得资助，约 3520 名新闻记者参加了 49 个"公共新闻工作坊"，有 1 万多个新闻工作者和公民领袖阅读皮尤中心的季刊①。

伴随着皮尤公共新闻中心在 2003 年的关闭，作为一场改革运动的"公共新闻"宣告结束。但是，作为一种新闻理念的"公共新闻"却影响犹在。在诸多的学术组织所举办的会议中，公共新闻仍然是一个重要议题。例如，当时一批新闻学教授在美国"新闻与大众传播教育协会"（Association for Education in Journalism and Mass Communication）中成立了"公共新闻兴趣小组"（Civic Journalism Interest Group），其中许多学者具备新闻媒体的从业经验，有些人还采写过一些著名新闻报道。

二 "公民新闻"：普通民众的自发性新闻活动

在"公共新闻"运动的后期，Jay Rosen 教授发现，随着互联网技术的广泛应用，"读者和观众现在有更丰富的可供选择的新闻来源渠道，他们越来越自信，也越来越丧失对传统新闻媒体的敬畏"②。他认为公共新闻运动发展的下一步动向是与"参与式新闻"（Participatory Journalism）相融合。前文提到的公共新闻兴趣小组也将关注的焦点转向"基于公民的参与式新闻"（Citizen-based Participatory Journalism），并在 2013 年将小组名称改为"参与式新闻兴趣小组"（Participatory Journalism Interest Group）③。

然而，参与新闻传播的普通民众，并非只是"公共新闻"的合作者，他们更大的能量其实体现在专业媒体之外，自发地、自由地展开新闻内容的生产和发布，因为网络社交平台的诞生为此提供了充分的便利。事实证

---

① 蔡雯：《美国"公共新闻"的历史与现状（上）——对美国"公共新闻"的实地观察与分析》，《国际新闻界》2005 年第 1 期，第 12～16 页。
② 蔡雯：《美国"公共新闻"的历史与现状（下）——对美国"公共新闻"的实地观察与分析》，《国际新闻界》2005 年第 2 期，第 27～31 页。
③ AEJMC. Interest Groups, 2019－7－3, https：//www.aejmc.org/home/about/groups/interest－groups/.

明,以普通民众为主体的"公民新闻"(Citizen Journalism)与专业媒体主导和控制的"公共新闻"不一样,与"参与式新闻"(Participatory Journalism)本质上也不同。所谓"参与式新闻",是站在专业媒体和职业新闻人的角度,将公众作为参与媒体新闻传播的参与者、合作者来看待,公众提供的内容只是专业媒体选择和利用的一种资源,新闻报道的整体框架和传播流程,仍然由专业媒体组织和职业新闻人控制。

21世纪初,随着网络社交平台和自媒体的兴盛,公众可以不再依赖新闻媒体而独立进行新闻活动。Jay Rosen本人就创办了个人网站"新闻思考"(Press Think)①。2004年美国民主党大会在波士顿召开时,他以博主身份列席会议并进行了采访报道,文章在其个人网站发布后被一些大众新闻媒体转载,影响较大。这次美国总统大选,也是美国史上第一次有大量公民记者参与新闻报道的选举。

在推特、脸书、微博等新的网络社交平台兴起之后,普通民众的自发新闻传播活动更加兴盛,对专业媒体的依赖进一步减少,对传统新闻业的冲击也更大。"公共新闻"与"公民新闻"的一个重要不同之处是,前者是由新闻业界主导的新闻行动,公众只是被媒体动员和组织加入其中的第二主体,起决定性作用的第一主体依然是职业新闻工作者;而后者则是技术赋权之下的公众作为第一主体的新闻活动,即公民报道者摆脱了专业媒体的框架和控制,自主地进行新闻内容的采制发布。

一方面,"公民新闻"对专业媒体形成挑战,摧毁了传统媒体对于新闻的垄断权,并将新闻从说教转变为对话②。而且,公民报道者作为新闻现场的当事人或目击者,比职业记者在报道速度、观察角度、情感表达等方面更有优势或特点。另一方面,"公民新闻"又为专业媒体提供了新的资源,如2005年伦敦恐怖袭击中,传统媒体由于事发突然而在第一现场缺席,BBC和《卫报》在自己的网站上设立了专栏,鼓励身处现场的公

---

① Rosen J. Press Think,2019-7-3, http://pressthink.org/.
② Gillmor D. *We the Media: Grassroots Journalism by the People, for the People*, California: O'Reilly Media Inc, 2004:110-113.

众将自己所拍摄的照片或视频上传。还有专业媒体尝试与公民报道者进行更加长期稳定的协作，将自己发展成"公民新闻"的重要发布平台，如2006年，美国有线电视网络CNN创办了iReport栏目，鼓励来自全球的用户提交自己的新闻报道、图片和视频，CNN并不在发布之前对这些内容进行编辑、核实或者审查。而当其中的一些新闻报道经过核实后，它们将会被CNN在自己的媒体平台使用。到2012年，该栏目已经有超过一百万的注册用户①。从iReport栏目的定位与宗旨来看，它与"公共新闻"已无关系，也不是专业媒体策划和组织的"参与式新闻"，而是由公民报道者自发和自主采制新闻。

"公民新闻"源起于互联网技术的推动，因此在全球互联网普及率较高的亚洲等地，也呈现出遍地开花的态势。例如，在韩国，出现了以网站为载体的公民新闻媒体OhmyNews。该网站2000年2月正式运营，以"人人都是记者"作为口号，强调普通公民对于新闻报道过程的积极参与。该网站通过招募公民记者，积极参与了2002年韩国总统大选的报道，而卢武铉在新当选之后接受的第一个专访，便是OhmyNews所进行的。至2010年，OhmyNews已经拥有70名正式员工，7万名公民新闻记者，80%的新闻由公民记者提供②。在中国台湾地区，公共广播电视集团于2007年推出了PeoPo公民新闻平台，鼓励台湾的公民与团体提交自己的新闻作品，积极发声，对公共议题进行讨论与监督，开展多元对话。PeoPo还与台湾高校的新闻院系合作组建公民新闻站，举办每年一度的"公民新闻奖"，具备广泛的社会影响③。

"公民新闻"是否能够取代专业新闻一度是讨论的焦点。一项针对新闻读者的研究表明，对于同一个读者来说，他对于主流新闻的信任程度和

---

① CNN. iReports on CNN, 2019－7－3, http://edition.cnn.com/ireport/archive/index.html.
② 申金霞:《技术的社会形成论与公民新闻网的运作分析》,《新闻与传播研究》2013年第2期，第70~81页。
③ 陈楚洁:《公民媒体的构建与使用：传播赋权与公民行动——以台湾PeoPo公民新闻平台为例》,《公共管理学报》2010年第4期，第111~121页。

对于公民新闻的信任程度并没有显著的不同，他对于媒体的信任与否是基于自己的认知与政治立场①。在社交媒体被广泛使用的情况下，大量的公民新闻必然成为读者重要的信息来源，进而影响到读者对外部世界的认知。与专业新闻相比，"公民新闻"潜在的问题也非常明显。第一，是缺乏事实核查机制，容易出现假新闻或新闻失实等问题。已有研究发现，网络推手通过策划一系列的虚假报道，来博取眼球、赚取钱财，造成恶劣的社会影响②。第二，"公民新闻"大多关注公民生活中的、身边的小事，偏向日常化，尽管这些内容与公共生活息息相关，但是过度地碎片化呈现容易淹没更值得重视的关乎公众共同利益的重大严肃议题。第三，公民报道者的时间和精力是有限的，他们长于及时地爆料第一手新闻资料，但难以深入挖掘事件的背景与真相，因此新闻"烂尾"的现象比较普遍。第四，自由的、个性化的新闻传播虽然有助于视角和观点的多样性，但总体上造成了信息冗余，带给受众困扰和压力。而且，社交网络平台的传播及算法推送导致的"信息茧房"效应，以及过于情绪化的表达，对促成社会公众的理性交流、达成解决问题的共识也难有作为。

三 "建设性新闻"：西方新闻界的新一轮新闻改革实验

"公民新闻"随着移动互联网的普及从未停止其繁荣和发展，但是，它对于实现"公共新闻"倡导者们所期望的关注与解决公共问题的新闻理想其实作用不大。

---

① Carr D J, Barnidge M, Lee B G, et al. Cynics and Skeptics: Evaluating the Credibility of Mainstream and Citizen Journalism, *Journalism & Mass Communication Quarterly*, 2014 (3): 452 - 470.

② 李华、蒙晓阳：《网络推手对参与式新闻的操纵及其治理》，《当代传播》2017 年第 1 期，第 84~87 页。

长期以来,西方主流媒体奉行"越流血,越吸引眼球"(If it bleeds, it leads)的准则,负面报道占据了新闻的主体。然而,这种问题聚焦型报道的持续和集中也会使公众感到不安和厌倦,刻意造成了公众、媒体、社会之间的关系障碍①。这种状态没有因为"公民新闻"而有所改变,相反,"公民新闻"兴起后,社会舆论的分化和对立反而有所加剧,公众的危机和焦虑感有增无减。国际新闻媒体协会新闻主管 Nicola Brennan-Tupara 抱怨道:"我们被负面新闻轰炸太久了,现在我不能直面电视新闻了。电视上没有一件事令人感到好过。我感到悲伤、生气,因为我无法帮助那些受穷的人。以及,为什么他们还在受苦?为什么没人去做些事情,或者至少去开个工作组会议?我们能不能有一些令人振奋的故事?"② 反思与自省,再度引发新闻改革运动。2014 年前后,欧洲出现了"建设性新闻"(Constructive Journalism),美国则更早出现了"方案新闻"(Solutions Journalism)。

"建设性新闻"和"方案新闻"从理念到实践模式非常相似,主要关注公共性的社会问题,寻求解决措施与具体行动方案。从已有的案例看,"建设性新闻"呈现出了丰富的实践形态。它既可以是微观层面的一种操作技巧,用于具体的新闻采写过程之中;又可以是中观层面的一种指导原则,成为某一媒体的行动指南;还可以是宏观层面的一种理念,串联起新闻业界、学界、教育界与社会公众。

美国弗吉尼亚联邦大学的助理教授凯伦·麦金泰尔对"建设性新闻"的微观操作进行过深入的研究,她的博士论文是第一篇以建设性新闻为研究对象的博士论文。依据报道技巧与模式,她将"建设性新闻"分为四类:方案新闻、预期新闻、和平新闻、恢复性叙事。方案

---

① 杨建宇:《基于方案的新闻:一种建设性实践》,《编辑之友》2015 年第 7 期,第 67 ~ 70 页。
② Brennan-Tupara N. *Why Stuff is Embracing Constructive Journalism*, 2018 - 7 - 31, https: // www. inma. org/blogs/media - leaders/post. cfm/why - stuff - is - embracing - constructive - journalism.

新闻是关于人们如何应对问题的严肃报道；预期新闻简单概括为专注于未来；和平新闻涉及国家和国际冲突，与预期新闻或方案新闻有交叉，旨在思考以非暴力的方式应对冲突；恢复性叙事以建设性报道化解社区冲突[①]。她和另一位学者指出，建设性新闻可以在不同阶段应用积极心理学的技巧，例如，在报道问题时，添加方案导向型框架；在5W+1H 的提问之外，添加 What now（当下应该做什么）这一问题，以导向未来；通过一系列的问题来赋权采访对象中的"受害者"和"专家"，增进公众参与和讨论[②]。他们指出，摒弃负面主导的报道模式更加符合新闻的原则，记者应当平等地报道冲突与合作、退步与进步、落后与增长。

积极心理学（Positive Psychology）的相关研究证明，负面新闻会使公众产生远离新闻的倾向，让人感到无助，难以产生动力去参与相关社会议题。因此，以积极信息为主导、加强公众参与的"建设性新闻"，会带来更为积极正面的社会效果，还能使读者更关注新闻。德国学者克劳斯-迈耶通过实验的方法验证了这一理论，他以德语广播为文本，分为建设性和非建设性两组，探究了建设性新闻对读者的可能影响。研究发现：微观上，建设性新闻有助于阅听人中和新闻的消极影响并获得希望；中观上，建设性新闻有助于促进阅听人分享这些新闻，对媒体品牌有扩散效果，但并不能表明他们对媒体品牌的忠诚度；宏观上，建设性新闻促进了读者对社会议题的讨论与参与[③]。

值得关注的是，西方主流新闻媒体在这一轮改革中也有积极的表现。纽约时报在其官方网站开通了专栏"Fixes"，旨在"寻找社会问题的解决

---

① 〔美〕凯伦·麦金泰尔、晏青：《建设性新闻：一种正在崛起的新闻形式》，《青年记者》2017 年第 28 期，第 4~5 页。
② Mcintyre K., Gyldensted C. Positive Psychology as a Theoretical Foundation for Constructive Journalism, *Journalism Practice*, 2018 (3): 1-17.
③ Meier K., How Does the Audience Respond to Constructive Journalism? *Journalism Practice*, 2018, 12 (1): 1-17.

方案以及它们能够运作的原因"①。这个专栏当中的新闻报道，大多运用了建设性新闻的报道技巧。例如最近一篇针对全球贫困地区儿童营养不良的报道，以"For Starving Children, a Bite of Hope"为题，不仅像传统的报道一样揭示非洲等地存在的贫困问题，还介绍了这类问题可能解决的途径，如联合国的一些机构和慈善组织正在改进工作机制，以求更高效地发放营养价值高的食品②。《西雅图时报》和"解决方案新闻网"（Solutions Journalism Network）合作，策划了"教育实验室"（Education Lab）栏目。该栏目起源于一项调查，探究了一个平均收入和测试成绩均较低的小学（White Center Heights Elementary School）如何在一年之内取得了重大进步，以及这种方法是否适用于其他的学校。该栏目自2014年成立以来一直持续进行着相关报道，涵盖了纪录片、读者意见、问答、短文章和博客等不同形式，多以"方案新闻"的技巧呈现。例如，其中一则针对西雅图地区青少年学生无家可归的报道，介绍了一种可能的解决途径，即效仿澳大利亚吉隆（Geelong）地区的经验，成立专门的小组在学校里开展问卷调查，并评估学生的状况，提供针对性的建议，从源头上解决这一问题③。教育实验室这一栏目获得了盖茨基金会、奈特基金会和西雅图市政府的共同支持④。丹麦广播公司在网页上设置专门的辩论（Debate）栏目，用来讨论公共议题，并在讨论中试图寻求解决对策。该栏目要求用户使用真实姓名，由主持人/调解员（moderators）来引导辩论，并且辩论有时间限制。

此外，以"建设性新闻"为专门新闻产品的媒体也在网络上诞生了，

---

① New York Times. Fixes, 2019 – 7 – 3, https: //www. nytimes. com/column/fixes.
② Rosenberg T. *For Starving Children, a Bite of Hope*, 2018 – 11 – 20, https: //www. nytimes. com/2018/11/20/opinion/malnutrition – hunger – united – nations. html.
③ Morton N. *Using an Idea from Australia, Seattle could Try to End Youth Homelessness before it Begins*, 2018 – 12 – 31, https: //www. seattletimes. com/education – lab/using – an – idea – from – australia – seattle – could – try – to – end – youth – homelessness – before – it – begins/.
④ Best K. *Shifting our Focus from Problems in Education to Potential Fixes*, 2013 – 11 – 12, https: //www. seattletimes. com/seattle – news/shifting – our – focus – from – problems – in – education – to – potential – fixes – kathy – best/.

例如 Positive News。该网络杂志是从 2015 年的一次以#Own The Media 为主题的众筹活动中诞生的，它的成员来自 33 个国家，超过 1500 人，杂志的主管人员通过选举产生。据称该网络杂志是第一家专门做建设性新闻的媒体，关注进步（progress）、机会（possibility）与方案（solutions）[1]。

除了专业媒体的新闻实践，"建设性新闻"的社会组织也非常活跃。前文提到的"解决方案新闻网"（Solutions Journalism Network）即是一例。该组织的成员多为新闻工作者，例如其创建者之一、同时是《纽约时报》Fixes 专栏作家的 David Bornstein，普利策新闻奖得主 Tina Rosenberg 等人。组织内也有专门人员负责与社区建立联系，例如社区经营主管、学生社群协调人等。该组织举办针对记者的培训活动，训练建设性报道的相关技巧，同时为一些建设性新闻报道项目提供支持，举办一系列的活动促进公众对话去极端化、更加富有建设性。该组织也受到了盖茨基金会等诸多公益组织的资金支持，并与谷歌等网络企业有合作[2]。在欧洲，较有影响力的组织当属"建设性研究所"（Constructive Institute）。该协会组织召开了 2017、2019 年两次全球建设性新闻大会，并与奥胡斯大学、南丹麦大学、斯坦福大学合作，举办了一系列工作坊[3]。

四 结论与思考

"公共新闻"和"建设性新闻"，是近三十年来一部分西方新闻媒体及其从业者的新闻改革探索。观察其典型案例，不难分辨这两次新闻改革运动与其间广受关注的"公民新闻"有本质上的不同，试列表格进行归纳和比较（见表1）。

---

[1] Positive News. About Positive News, 2019 - 7 - 3, https：//www. positive. news/about/.
[2] Solutions Journalism Network. Who we are, 2019 - 7 - 3, https：//www. solutionsjournalism. org/who - we - are/mission.
[3] Constructive Institute. Constructive. Conference, 2019 - 2 - 18, https：//constructiveinstitute. org/News Events/Constructive - Conference.

表1 "公共新闻""公民新闻"与"建设性新闻"的归纳比较

	时间	主体	目标	策略	效果	特性
公共新闻	1993~2003	专业媒体的职业新闻工作者+媒体动员组织的社会公众	比较明确，聚焦公共问题，寻求解决方案	专业媒体策划组织，与社会组织及公众合作，主要运行方式是：传统媒体的新闻报道+组织公众讨论+相关活动	体现了媒体的动员能力和社会影响力，对社会问题的解决有促进作用	新闻界的改革运动，专业化水平较高
公民新闻	2000~	普通公民	不太明确，个人的自由立场与诉求	无组织的个人自由传播，获得一些基金会和媒体的支持	内容参差不齐，社会效果差异较大	无组织，专业水平参差不齐
建设性新闻	2014~	专业媒体的职业新闻工作者+媒体动员组织的社会公众	比较明确，聚焦公共问题，寻求解决方案	专业媒体策划组织，与社会组织及公众合作，主要运行方式是专业媒体的新闻报道+线上与线下的讨论、活动	对促使社会问题获得解决具有积极作用，帮助公众树立信心	新闻界的改革运动，专业化水平较高

我们认为，从新闻理念和运行策略来看，"建设性新闻"其实是"公共新闻"的延续和发展，或者说，是"公共新闻"在新的历史条件和传播生态下的复兴。这两场新闻改革运动有显著的共同特征，即介入社会生活，关注公共议题，动员公众，寻求问题的解决方案。从新闻生产的业务层面看，"公共新闻"与"建设性新闻"都与西方新闻界一贯坚持的"客观报道"的原则和方法相违背，但这种反潮流的改革实践在终极目标上却与西方传统新闻业所追求的保护公共利益、推进民主政治的价值观是一致的。

在北美和西欧，新闻工作者传统上一直被视为"看门狗"（Watchdog），他们肩负着捍卫公共利益的职责。但对于如何担负这种职责，并非没有争论。其中最具代表性的是李普曼和杜威在20世纪20年代的辩论。李普曼认为，记者的身份是见证者，记者需要向公众如实地描述新闻事实，而公众则据此进行投票。杜威认为，记者与公众一样都是公共事务的参与者，记者需要推动公共对话，这样的公共对话才是民主的媒介，而非报纸①。西方新闻界长期以前一种观点为主流，强调客观报道新闻事实，向公众提供信息，而非直接介入报道对象、组织和发动公众。有西方学者批评说，美国的新闻媒体在传统上采用从上到下、单一方向的传播模式，在报道对象上关注官员与专家。这样的新闻报道模式尽管造就了一群专业的新闻工作者，但也使得新闻业与公众渐行渐远②。"公共新闻"恰恰重新定义了记者的角色，强调与公众密切合作，既挖掘新闻事实，又推动公共辩论。这种改变是美国社会发展到特定历史时期，新闻界面对现实矛盾和困境，对传统新闻操作原则和方式的反思和扭转。

和"公共新闻"一样，"建设性新闻"也是以新闻媒体为主导，联合新闻传播院系、社会团体和公众力量共同行动，一大批新闻从业者、学者和教育工作者参与其中。其实，早在100年前，"建设性"一词就被美国新闻界的前辈提出来。1914年，密苏里新闻学院的院长沃尔特·威廉姆斯在《记者信条》（The Journalist's Creed）③中指出，成功的新闻应当是建设性的、尊重读者的，这代表了西方新闻学界的传统价值观和专业理想。"公共新闻"和"建设性新闻"的实践者不过是在新的历史条件下，以更加激进的、颠覆传统的策略和手段试图实现这种价值和理想。

20世纪末发起的"公共新闻"运动在西方新闻界引起了强烈的意见分歧，当时这场运动的积极参与者以地方媒体居多，一些有国际影响力的主流新闻媒体并未加入，不少新闻精英持怀疑甚至反对态度。但在第二轮新闻改革实验中，一些主流媒体开始参与其中。这也说明，西方新闻界面对日益加深的社会危机和行业危机，其一贯坚守的传统理念发生了动摇。这两轮反潮流式的改革运动也因此更加值得我们关注和思索。

---

① Carey J W. *In defense of Public Journalism*, //Glasser, T. L. *The Idea of Public Journalism*. New York: Guilford Press, 1999: 49 – 66.
② Black J., *Mixed News: The Public/Civic/Communitarian Journalism Debate*. Routledge, 2013: 162 – 177.
③ Missouri School of Journalism. The Journalist's Creed, 2019 – 7 – 3, https://journalism.missouri.edu/tabbed – content/creed – 2/.

在"公共新闻"运动结束十余年后,西方新闻界再度兴起"建设性新闻"改革浪潮,这说明两方面的问题:一是民众自发性的新闻内容生产和发布,对聚焦并解决公共性问题难有作为,"公民新闻"如果不与专业新闻业相结合,很难形成强大的舆论力量,更难转化为积极有效的社会行动。二是西方新闻界虽然一直为其国家的民主政治与公共生活而努力,但是人类社会运行和国家兴衰大势是由社会制度、经济基础、文化传统等一系列要素的变化以及国家之间的博弈决定的,新闻业只能在特定社会体制框架下发挥其有限的作用。当年"公共新闻"未能达到的理想社会也很难由"建设性新闻"来促成。当然,即便如此,这两轮新闻改革运动也是西方新闻业值得记载的一段历史。

(本文原载于《湖南师范大学社会科学学报》2019 年第 5 期,该文章收录本书时内容和文献标注方式略有调整)

XIV 建设性新闻：一个"伞式"理论的建设行动、哲学和价值[*]

金苗[**]

内容提要： "建设性新闻"这一理论认为媒体和记者当以立足未来、直面问题、积极诉求、解决导向、行动第一的新闻报道来履行公共责任、谋求公众福祉。作为一个缺少共识性概念定义，同时又具有一定理念统摄力、现实推广力和理论建设力的西方新闻运动，建设性新闻具有典型的"伞式"特征：试图涵盖西方历次、多个具有一定社会影响的新闻运动理论及实践。这种"伞式"运动策略、范畴特征、思维导向和关联价值，究其本质，是一种针对新闻消极传统的批判，使其具有树起新一轮新闻公共责任大旗的可能。它的出现是对西方新闻传统的纠偏和补充，可以与中国的新闻建设性研究互为他山之石，创造共同为全球新闻学新进路贡献力量的可能。

---

[*] 本文是国家社科基金项目"基于政府善治的国外社会化媒体传播技巧研究"（14BXW034）的阶段性成果。

[**] 金苗，南京大学新闻传播学院研究员、博士。

关　键　词： 建设性新闻　"伞式"特征　西方新闻改革运动

2018 年 2 月 15 日，《卫报》推出《正面》（The Upside）新闻系列，关注那些可能解决世界上最紧迫问题的创业项目、创新方案、创见领袖和创导运动。迄今为止的 19 篇全球性新闻报道，共通之处在于为解决全球最为棘手的问题挖掘答案、寻求解决、推进运动和发起倡议。不再甘当镜像世界，而是力求塑造世界，这类新闻形式正在欧美国家迎来一段快速发展时期，它们有一个共同的术语标签："建设性新闻"（Constructive Journalism）。

"建设性新闻"明确的概念形式始现于 2008 年的丹麦，在欧美新闻业界的实践已达十年，有赖于业界的推动而颇受新闻教育界的青睐，学术研究的累积影响在近两年尤其引人瞩目。国际新闻传播学知名 SSCI 期刊《Journalism Practice》和《Journalism》先后在 2018 年和 2019 年推出主题专刊，前者以"新闻的建设性形式"（Constructive Forms in Journalism）为题集纳学术专论 9 篇，后者直接以"特刊：建设性新闻"（Special Issue：Constructive Journalism）为名收录学术论文 10 篇。学者们从不同的视角或表述，或概括，或分析，或例证，或质疑了建设性新闻，对这一方兴未艾的新闻变革模式给予了适时的学术关注。

星火燎原，未来可期，与社会化媒体几乎在同一时期共兴的建设性新闻，是当下值得一探的西方新闻学理论。它的一位创始人曾称这是一个"伞式术语"（umbrella term）[①]，即涵盖或囊括多个要素或因素的概念。系统而观，历史来看，形象而言，建设性新闻都是一个当之无愧的"伞式"理论。它边际模糊、辐射宽泛，却又具有一定的概念统摄力、现实贴近度和实践可行性。那么，关于建设性新闻，何以为？以何为？为何

---

① McIntyre K. & Gyldensted C., Constructive Journalism：Applying positive psychology techniques to news production, *The Journal of Media Innovations*, 2017, 4 (2), pp. 20 – 34.

有？对其建设行动、哲学和价值这三个问题加以系统回答，探明前因后果，厘清前世今生，就显得极为必要。

一 何以为"建设性新闻"：一个"伞式"新闻运动的建设行动

建设性新闻的伞式术语属性决定了它的引领者、推动者和实践者虽然都在尝试解释，却未能在学术层面获得公认的概念定义，但是这似乎并不妨碍越来越多的新闻从业者和研究者认同和投身于这场新闻运动。在难以从常规定义起步去认识"建设性新闻"的情况下，描述这把"伞"作为一场西方新闻改革运动的概貌未尝不是一个稳妥的开端。

（一）理论引领

建设性新闻作为一种独特而专业的新闻形式能在近十年来获得较大的社会发展动力和新闻实践投入，始于两位丹麦记者的努力——乌瑞克·哈格洛普（Ulrik Haagerup）和凯瑟琳·吉登斯泰德（Cathrine Gyldensted），他们也是当前建设性新闻运动中最具影响力的两位领跑者。

2008年，时任丹麦国家广播公司新闻经理的哈格洛普，在一场关于新闻报道标准的论争中撰写报纸专栏，以"建设性新闻"（konstruktive nyheder）为标题首次明确清晰地使用了这一术语，并以2400字的篇幅阐释了作为传统新闻标准补充的建设性新闻理念。[①] 此后哈格洛普长期致力于建设性新闻的业务实践、研究推进和教育建设，推出实践指南性质的著作《建设性新闻：为什么消极会摧毁媒体和民主以及如何提升未来的新闻报道》（2012，丹麦文版；2014，英文版）。全书以思想立文，以案例释意，奠定了建设性新闻的关键性理念。

---

① Haagerup U., Konstruktive nyheder [Constructive News], Teksten er et uddrag af et debatindlæg fra Politiken, den 6. december 2008. Accessed at http://intranet.svendborg-gym.dk/digiproev/Dansk/foraar2010/sch_media/tekst1a.pdf.

吉登斯泰德同样拥有丹麦全国广播公司的工作背景，在赴美进行硕士深造、学习积极心理学的过程中，开始致力于将心理学研究方法和认知理念引入新闻创新研究中。① 在哈格洛普思想的启发下，2014 年，吉登斯泰德开始了她的建设性新闻"转向"。她引导和启发凯伦·麦金泰尔撰写了博士论文《建设性新闻：积极情绪与解困信息在新闻报道中的效果》，并借此联合提出了"Constructive Journalism"一词，认为有必要以建设性因素补充当前媒体的消极世界观，呈现一种不仅能反映世界问题，还能推动世界进步的新闻，并着力于夯实建设性新闻的积极心理学基础（Gyldensted，personal communication，April 1，2014）。② 此后积极投身于建设性新闻学术化的吉登斯泰德在这一领域的主要著述包括教材《建设性新闻手册》（2014，丹麦文版）和专著《从镜子到推动者：建设性新闻的积极心理学五要素》（2015，英文版）。

（二）运动推进

与大多数西方新闻术语的推广相仿，建设性新闻并非首先作为一个新闻学理论为人所知，它倚借的正是线上和线下的新闻实践运动，它的思想源于实践亦付诸于实践。2017 年创办的建设性新闻网络公共窗口"建设性新闻网"（Constructive Journalism Network）是一个包含"新闻""研究""培训"和"综合"等主题论坛的数字空间，123 名活跃其中的专业记者、编辑、媒体管理人员、教育和研究工作者一起自称为"COJO"。

除了前文特别提到的两位概念引领者，建设性新闻运动的重要活跃者还包括网络季刊《积极新闻》（Positive News）的发行人肖恩·达冈·伍德（Sean Dagan Wood），非营利机构"解决方案新闻网"（Solutions

---

① 参见 Gyldensted C., Innovating news journalism through positive psychology, Master of Applied Positive Psychology（Capstone Projects），University of Pennsylvania Scholarly Commons，2011。

② McIntyre K., Constructive journalism: The effects of positive emotions and solution information in news stories, Doctor of Philosophy in Mass Communication, University of North Carolina at Chapel Hill, 2015, p. 7.

Journalism Network)的联合创办人、《纽约时报》方案新闻专栏"Fixes"的主创 David Bornstein 和 Tina Rosenberg，BBC 方案新闻的倡导者 BBC World Service 编辑主管 Emily Kasriel。他们都是在致力于"积极新闻"或"方案新闻"等新闻运动多年之后，开始参与并集聚至建设性新闻运动中的。

该项运动的推进当然亦有赖于学者的助力。前面提到的三位之外，英国学者 Jodie Jackson 则以《所读即所是》一书加盟，将心理学、社会学和新闻学的研究与现实生活实例相结合，着意分析了当下为什么需要建设性新闻。[①] 除了著书立说，学者们还活跃在非营利机构和大学院系，开展新闻记者和专业学生培训，而他们所在的机构则成为不断推进欧美新闻编辑室建设性新闻潮流的中心枢纽。目前知名的非营利机构主要有两个，一是乌瑞克·哈格洛普创办的建设性研究所（Constructive Institute），自视为运动核心，试图通过提供报道方法、组建全球伙伴、开设培训课程和开展学术研究来推进建设性新闻，主要合作机构为丹麦奥尔胡斯大学；二是肖恩·达冈·伍德与人联办的建设性新闻项目（Constructive Journalism Project），立足英国和荷兰，面向全球，志在为新闻记者、媒体机构和专业学生传授建设性新闻的知识和技能，核心项目也是举办培训课程、提供媒体咨询和支持教育研究。吉登斯泰德则直接出任荷兰温德斯海姆应用科技大学建设性新闻系主任，为世界各地的专业记者和编辑提供咨询、培训和讲座，并在宾夕法尼亚大学积极心理学方向主讲建设性新闻。此外，美国和欧洲的多所新闻学校都在教授关于建设性新闻的课程，美国的波恩学院等专业新闻培训机构亦对此持积极倡导态度。

（三）新闻实践

不同的推进者在术语表达和实践维度上普遍存在起点或焦点上的差

---

① 参见 Jackson J.，You Are What You Read：Why change your news diet can change the world，Unbound（a crowdfunding publisher），2019。

异,他们的努力主要体现为建设性新闻的理念推广和操作普及,前者初现共识,后者别有成效。2016 年,吉登斯泰德所在的荷兰温德斯海姆应用科技大学建设性新闻系结合教学和实践,提出了建设性新闻报道的六大要素①,并在界内取得了一定共识:

(1)方案性:报道问题的同时要有解决框架;

(2)未来导向:新闻 5W 要素之后追问"What Now?"对未来有所产出,对现在有所担当;

(3)包容性和多样化:吸纳更多的声音和观点以对抗传统新闻的两极化;

(4)赋权于民:报道对象要多样化,采访问题当侧重于探求资源、达成协作、建立共同基础;

(5)解释新闻及其语境:运用数据创建清晰的信息图表,从报道事件转至关照背景;

(6)协同创作:注重公众互动和公民赋权,协同创作新闻内容。

从中不难发现,一直以积极新闻作为理论起点的吉登斯泰德,有意兼顾了近年来投身于建设性新闻的各方人士所关注的不同焦点,特别是方案新闻、解释性新闻、公民新闻和未来新闻。或许正是得益于这种伞式策略,建设性新闻经过 10 年的耕耘,业界实践行动日渐增多,影响可圈可点,在公共和商业媒体的新闻栏目、机构部门,以及另类媒体上均有引发公众关注的作品和作为。

除前文提及的部分知名主流媒体新闻栏目,比较有影响的还有力图为世界问题提供出色方案的 BBC 国际频道"People Fixing the World"栏目和"World Hacks"系列,《西雅图时报》由问题聚焦转向解决可能的"Education Lab",以及丹麦电视二台的"19Nyhederne"(19 点新闻)和瑞典 SVT 电视台"乌特特里克斯新闻"(Uttrikesnews)。

媒体机构层面,国际性日报《基督教科学箴言报》宣布突破传统

---

① Hermans L. & Gyldensted C., Elements of constructive journalism: Characteristics, practical application and audience valuation, *Journalism*, Vol. 20 (4), pp. 535-551. (Article first published online: June 7, 2018)

"好坏皆报,不为责备,但求更好",《波士顿环球报》教育报道团队期冀通过公众参与引发建设性和共识性公共话语,而丹麦广播公司公共新闻台和瑞典广播电台则视公民日常生活的建设性报道为己任。

另类媒体分为两类,一类是认同建设性新闻理念的线上媒体。美国新闻博客《赫芬顿邮报》的主要栏目"Impact"便是其间的风向标,该栏目的口号就是"什么在起作用",力求为默默无闻者发声。随后跟进的在线出版新闻媒体还有"用社会科学、社交媒体和社会变革的专业经验改变观念、激励行动、影响文化"的"Upworthy","将娱乐与时事问题联系起来解释世界"的"ATTN",主张"一起改变令我们愤世嫉俗、人格分裂和有所不知的新闻"的荷兰线上众筹媒体"de Correspondent";另一类则是以建设性新闻为己任的线上媒体。典型如英国《Positive News》和"Constructive Voices",丹麦"World Best News"(世界最好的新闻),美国"Orb Media"、"VOX"和"Yes!",德国"Perspective Daily"(每日透视)杂志,南非《南非好新闻》和国际新闻平台"INKLINE",等等。

二 以何为"建设性新闻":一个"伞式"新闻术语的建设哲学

尚处于概念建设中的建设性新闻,欲解其"以何为"的建设哲学问题,需要复盘和提炼理论践行者在建设原则中体现出的共同特征,从而识别究竟哪些新闻报道可以归为建设性新闻。这一术语如今之瞩目,关键在于它试图在模糊和开放中达成范畴化的"伞式"边际特征和导向性的"伞状"辐射思维,让它既与诸多新闻改革运动有所交织,又能在社会化媒体时代独树一帜,在建设哲学上体现出了一个离散又不失聚核的"伞状"理论的集成性和前瞻性。

(一)范畴化的"伞式"边际特征

人类的认知离不开范畴化,即一种依据客观事物的普遍本质、典型特征加以分类、概括和反映,并最终形成概念的过程和能力。作为一个开放的"伞式"新闻术语,建设性新闻的理论建设力量虽然分散,对于建设范畴,却形成了旗帜鲜明的边际特征。

1. 以积极情感实现公众建设

哈格洛普和吉登斯泰德实际代表了建设性新闻的两个理论源头:媒体公共责任传统和积极心理学研究。但是他们又在推动一个基本共识。

"破坏性"(destructive)新闻与"建设性"(constructive)新闻的天壤之别在于一个消极,一个积极。媒体记者偏爱于揭示真相、揭露问题和揭穿骗局。新闻业关乎现实,这是第四等级与生俱来的公共责任;新闻业实为资本,这又是商业运营自然而然的趋利表现。两相作用之下,消极便成为西方媒体一种内嵌的新闻文化。以积极的"好新闻""好方案"去纠正西方新闻业"骨子里的批评和冲突传统",重建公众的新闻认知和社会心态,是哈格洛普建设性新闻理念的主要原则。吉登斯泰德认为建设性新闻应当立足于有所建树,在参与感、激励感和积极感中为公众赋能和提振。[1] 她从认知心理学角度对710名网上实验参与者的阅读效价比较表明:新闻生产过于消极,会对公众产生负面情感影响,若在报道手法上依循积极心理学原则,既可有效引导公众情绪又能不失客观、公正与平衡。[2]

2. 以问题解决参与世界建设

建设性新闻,其建设途径有二:一是影响公众,二是改进社会。前者依靠积极的情感诉求,后者则在于有效的解决方案。"积极"之外,"解决"是建设性新闻理论另一个典型标签。2012年世界经济论坛以"致力于改善世界状况"为口号,就那些可能影响人类未来的全球性问题制定全球创新解决方案。哈格洛普作为与会新闻专家,提议用建设性新闻推动

---

[1] Gyldensted C. & Bjerre M., Haandbog i konstruktiv journalistik (Handbook of constructive journalism) (1st ed.). Aarhus: AJOUR, 2014.

[2] 参见 Gyldensted C., Innovating news journalism through positive psychology, Master of Applied Positive Psychology (Capstone Projects), University of Pennsylvania Scholarly Commons, 2011.

媒体为世界建设助一臂之力,因为"这种新的形式作为传统新闻标准的补充,不再只是关注问题和创伤,而是通过提供方案和决议进行鼓舞人心的报道来解决世界面临的问题"。① 这一将问题的解决视为新闻积极性来源的建设原则,在麦金泰尔那里获得了行为科学研究的学术验证和理论支持。她设计了两个认知心理学实验,考察新闻报道中的积极情绪以问题解决的角色对受众情感、态度、参与和行为的影响,结论是积极的解决报道与公众的幸福感呈正相关,而问题的解决实践又关系到公众的现实福祉。②

3. 以新闻改革推进媒体建设

"我们生活在一个过度沟通而信息不足的世界,通信技术革命对新闻媒体的打击远大于其他任何一个行业,新闻媒体的社会角色正在受到根本性挑战,专业价值被严重地侵蚀,商业模式遭遇巨大的威胁,以至于新闻业正面临着灭绝的危险。"③ 媒体自身作为全球性问题的一部分,同样需要改革来解决。无论是以积极报道实现公众建设,还是在问题解决中参与世界建设,最初皆起于媒体的改革意愿,最终也会落实于媒体的自我建设。进入新千年,围绕建设更好的新闻媒体,深受多种社会因素影响的西方新闻专业实践一直处于概念和运动层出不穷的状态,力求通过革新实现突围和进步。吉登斯泰德将建设性新闻视为一个伞式术语,期望这个新术语能引领过往的新闻改革(Gyldensted, personal communication, April, 2014)。④ 因为,相较于传统,一切有建设性的新闻变革努力都可以是这

---

① Haagerup U., Constructive News (Second Edition), InnoVatio Publishing AG, 2014, pp. 33.
② McIntyre K., Constructive journalism: The effects of positive emotions and solution information in news stories, Doctor of Philosophy in Mass Communication, University of North Carolina at Chapel Hill, 2015, pp. 9.
③ Haagerup U., Constructive News (Second Edition), InnoVatio Publishing AG, 2014, pp. 34–35.
④ McIntyre K., Constructive journalism: The effects of positive emotions and solution information in news stories, Doctor of Philosophy in Mass Communication, University of North Carolina at Chapel Hill, 2015, pp. 15.

一新闻理论的经验基础,建设性新闻所追求的积极影响、问题解决和公共服务,又囊括和提炼了多个新闻变革的精髓要义。

(二)导向性的"伞状"辐射思维

2018年,吉登斯泰德基于建设性新闻十年的发展,提炼出了四个"导向",清晰概括了这一新兴新闻实践与研究路径的特征及其彼此地位关系。[①] 建设性新闻的雄心在这种建设思维中得到了清晰展陈:所有与四大"导向"拥有"相似性"要素的西方新闻变革实践,无论相似多少,无论历史现在,似乎皆可纳入麾下,从而借此占据和夺定"建设性新闻"这一新兴理念的理论和实践地位。

1. 公众导向(public-oriented)

这是由建设性新闻为公众福祉而建设的目标所决定的,吉登斯泰德的认知科学实验亦反复证明了公众在心理上对此类新闻的需求和认可。现实的难题在于,媒体人长期沉浸在充斥着消极、冲突和问题的新闻文化中,并不总在服务于公众;对此习以为常的公众,又缺乏对新闻建设性元素的意识;而几乎生发于同期的社会化媒体浪潮,形成了"自下而上"的"自媒体"信息涌动,新闻不得不积极寻求与公众的协作。这一切都决定着构建一种"更具公众介入性和关联性的积极新闻报道形式"[②] 的必然性,意味着媒体要在报道中勇担公共责任、关注公共服务、讲求公共贡献,了解公众心态、洞悉公众日常、参与公众议程,让公众在新闻的阅读过程中提升对建设性项目、创新和方案的参与意识,继而将公众转换为建设性新闻的报道力量。"公共新闻""公民新闻""参与新闻""服务新闻"等一系列西方新闻概念和实践,都能从这一导向上找到共鸣。

---

① Hermans L. & Gyldensted C., Elements of constructive journalism: Characteristics, practical application and audience valuation, *Journalism*, Vol. 20 (4), pp. 535–551. (Article first published online: June 7, 2018)

② McIntyre K., Dahmen N. S. & Abdenour J., The contextualist function: US newspaper journalists' value social responsibility, *Journalism*, Vol. 19 (12): 1657–1675. (Article first published online: December 30, 2016; Issue published: December 1, 2018)

2. 方案导向(solution-oriented)

方案导向来自"问题解决"这一建设范畴，是建设性的核心来源，也是体现积极性的重要路径。Christians 等人曾界定出新闻业在社会进程中的四大规范性角色：监督性（monitorial）、促进性（facilitative）、激进性（radical）和协作性（collaborative），① 分别代表着媒体作为"看门狗"为公众代行权力监察的角色，媒体为公众意见表达和争辩提供参与空间的角色，媒体深入社会权力关系结构发起批判的角色，媒体基于与政府互信和共享关系上的伙伴角色。"四种角色"理论试图揭示媒体与公众、政府之间在社会运行过程中的关系，它有助于厘清新闻业中那些看似自相矛盾的动机、理想和原则。吉登斯泰德提出"建设性"当为第五种角色，即媒体通过报道现有问题的解决方案来推进社会进步的过程中所承担的角色。② 这在理念上似乎直接受益于 1998 年兴自美国的"方案新闻"，核心区别在于一篇方案新闻报道可以称作建设性新闻，一篇建设性新闻报道却未必包含解决方案。

3. 未来导向(future-oriented)

建设性新闻被视为一种未来新闻。它力求给予希望，而希望存在于公众的未来；它尝试报道方案，方案则着眼于世界的未来；它努力实施变革，变革更有赖于未来的记者。建设性新闻记者在报道时应当"聚集于未来，公开地加以追问：'下一次我们如何能做得更好？'由此将公众的论争引导至问题的解决和未来"③。建设性新闻推崇的积极心理学研究亦表明，相较于基于惯习的行为，基于目标的行为着眼于未来而非过往，会

---

① Christians C. G., Theodore L. G., Denis Mc., Kaarle N., and Robert A. W., Normative Theories of the Media: Journalism in Democratic Societies, Urbana: University of Illinois Press, 2009, pp. 139 – 218.

② Hermans L. & Gyldensted C., Elements of constructive journalism: Characteristics, practical application and audience valuation, *Journalism*, Vol. 20 (4), pp. 535 – 551. (Article first published online: June 7, 2018)

③ Haagerup U., Et opgør med nyhedsvanen A showdown with the news habit. In: Haagerup U (ed.) En konstruktiv nyhed A Constructive News Story. Århus: Ajour, 2012, pp. 44 – 46.

更加高效。① 这就意味着在实践层面，建设性新闻要在传统的"5W"新闻之后再加一问——"What now？"指出一条通往未来的可行之路和创新之路。在面对过去、当下和未来三个时空维度时，传统新闻讲求时效性，为记录当下有时会追溯过去，而建设性新闻模糊时效性，为成就未来才关注当下、追问过去。这与部分欧美新闻院系开设的"未来新闻"和"未来聚焦型新闻"课程更注重新闻报道技术和环境的未来式存在路径区别。

4. 行动导向(action-oriented)

被媒体的数据、观点和方案所激励的公众行动，才是这个世界"民主与进步的基石"②，赋予公众以行动的权力和力量便成为建设性新闻的重要导向。以行动为报道的对象，让有所作为的人物案例和鼓舞人心的公众贡献体现出应有的新闻价值；以行动为报道方式，在参与式报道中培养和提升新闻记者的行动能力；以行动为报道的成效，激发多元主体致力于社会进步的实际行动。也就是说，建设性新闻应当包含行动框架，包括提供、动员和链接各方社会资源，融入其中寻找共同和相通的行动基础，创造对话与合作的可能。③ 这种在动员和参与中采取并激发行动从而体现新闻价值的报道形式，早在 19 世纪末的"行动新闻"中就有所体现。如今，西方自媒体的"激进主义新闻"可谓行动导向更典型的代表，只是它的重点在于将新闻活动视为一种强有力的个体行动主义而非建设性新闻的媒体行动主义。

三 为何有建设性新闻：一个"伞式"新闻理论的建设价值

有观点认为，"建设性"本是深入西方新闻骨髓的东西，不过是在

---

① Seligman, M. E. P., Railton, P., Baumeister, R. F., & Sripada, C., Navigating into the future or driven by the past, *Perspectives on Psychological Science*, 2013, 8（2）: 119 – 141.
② Haagerup U., Constructive News（Second Edition）, InnoVatio Publishing AG, 2014, pp. 131.
③ Hermans L. & Drok N., Placing Constructive Journalism in Context, *Journalism Practice*, 2018, Vol. 12（6）: 679 – 694.

2008年"重返（re-entered）"新闻界。① 建设性确有其传承渊源，建设性新闻运动对新闻目标和实践的再审视，并非"巧合"，也非"孤立"现象。② 如若将建设性新闻放置于整个新闻业各种运动概念的发展系统中加以定位，可以发现，它不仅试图在纵向上与那些先于自己的多个知名术语元素产生或传承、或涵盖、或集成的关系，还具有现实新闻运动的横向聚合力。透视其间的关系网络可以深层次地理解为何会有建设性新闻，它的建设价值究竟是什么？

（一）历时价值：新闻社会公共责任的传承与凸显

建设性新闻秉持为公共利益、公众福祉而公正报道的理念，而社会公共责任从来都被视为西方新闻业的灵魂。从19世纪末的"行动新闻"（Action Journalism），到20世纪末的"公共新闻"（Civic Journalism），再到今天的建设性新闻，三次新闻变革运动的历时脉络，呈现的是不同时代的新闻业在面对公共责任这一共性问题时所发起的突破性实验，各自代表着不同时代背景下不同的路径反思，彼此之间构成一种进阶关系。

1. 行动新闻：致力于平衡公共责任中理想与商业的关系

19世纪70年代，《哈泼斯周刊》漫画主笔Thomas Nast和《纽约时报》曾以坚持不懈的社论漫画和新闻披露一举摧毁纽约"特威德帮"市政贪腐集团。1897年，赫斯特将这类由记者"坐以待变"走向"起而变之"的社会问题报道和行动策划称为"行动新闻"。③ 同期与之争锋的普利策亦认为也只有行动的新闻界才会将提供"公众福祉"、确保"公共利益"视为己任。④

---

① Peter Bro, Constructive journalism: Proponents, precedents, and principles, *Journalism*, Vol. 20 (4): 504 – 519. (Article first published online: May 11, 2018)
② Hermans L. & Drok N., Placing Constructive Journalism in Context, *Journalism Practice*, 2018, Vol. 12 (6): 679 – 694.
③ Campbell W. J., American journalism's exceptional year, *Journalism History*, Winter 2004, Vol. 29 (4), pp. 190 – 200.
④ Pulitzer J., The School of Journalism at Columbia University: The power of public opinion, New York: Columbia University Press, 1904, pp. 47 – 48.

美国第一位新闻学院院长、密苏里大学新闻学院创办者 Walter Williams 以公众利益和公共服务为己任的《记者信条》（The Journalist's Creed）正是在这种"行动新闻"运动的语境下诞生的。① 行动的媒体一直都是美国历史上一支关键性变革力量，它兴起于美国政党报刊向商业报刊的过渡期，正值新闻专业主义雏形初具和大众商业新闻运营初始之时，报道模式由组织新闻转向告知新闻，希望以此影响大众、改变社会。建设性新闻的行动导向显然传承了"行动新闻"的公共责任意识，只是后者体现出的是商业报刊发展早期的报业和报人们平衡专业理想与商业主义之间关系的努力。

2. 公共新闻：致力于加强公共责任中媒体与公民的关系

19 世纪末期的公共新闻是"业界发起、学界助力的一场新闻变革"②。它的兴起包含着一种从告知新闻向对话新闻的转向，在参与和对话中促成公民群体的形成，在公共利益服务中加强媒体与公民的关系，从而突破传统新闻精英化、机构化和单向化的问题，最终实现协商民主的目的。然而，以媒体一己之力促成社群形成、动员公民参与，其间之困难导致这场美国新闻史上"最有组织的新闻社会运动"③ 在 20 世纪 90 年代达到顶峰之后便开始走下坡路。公共新闻虽然建立在美国的公众社群结构基础之上，显然对源自北欧的建设性新闻实践产生有深刻的影响。一方面，建设性新闻以公共新闻运动为鉴，业界、学者、机构在其中扮演着相似的角色，有望成为一种影响相当的接力性新闻改革运动；另一方面，建设性新闻又在以公共新闻运动为诫，退而求其次，由培养公民转而改变媒体，

---

① 这篇镌刻在华盛顿国际记者俱乐部铜牌上的信条，其核心理念是"新闻是一种专业；要为社会公众利益服务，有承载公意的责任；要保持正确与公平并为读者的最大利益服务；坚持超然地位，不为成见和权力的贪欲所动。"
② 展江、李洋：《民主实验和新闻变革》，《公共新闻事业的理念》导读，华夏出版社，2009，第 1 页。
③ Shudson M., What public journalism knows about journalism but doesn't know about "public", In The idea of Public Journalism, edited by Glasser TL., New York: Guildford Press, 1999, pp. 118 – 133.

发起一次"新闻内部变革运动"。

3. 建设性新闻：致力于推进公共责任中公众与世界的关系

同样服务于公共利益，在告知已是常识、对话不在话下的社会化媒体传播环境中，21世纪初的建设性新闻将媒体、记者如何更好地实现对话诉求视为新闻哲学。这个"好"需要通过媒体改变自我来"伞聚"各种建设性因素，以专业新闻的力量实实在在地推进公众与世界的关系，并将此作为新闻运动的突破点。从这个意义上看，建设性新闻同行动新闻、公共新闻一样，是新闻业在面临新的现实条件、社会环境和新闻模式时，围绕专业新闻目标和价值所采取的新思维，即在促进透明、协商的基础上矫正新闻心态、内容及角色的建设之路。正因如此，哈格洛普援引了2010年6月苹果创始人乔布斯与默多克共进晚餐时提出的观点来说明当下建设性新闻的必要性：新闻业的问题不仅与金融资本的侵蚀或数字融合的转型相关，新闻业的轴心也不在于自由和民主，而是对世界的建设性或破坏性。①

（二）共时价值：新闻专业主义危机的直面与突围

进入21世纪，新闻专业主义危机成为新闻界共议话题，人们通常认为这是社会变革、技术革新和经济发展的结果，其实这也是新环境下新闻的文化、价值和目标已发生变化，而专业新闻的角色却未发生相应改变所带来的危机。建设性新闻与此间涌现的公民新闻（Citizen Journalism）和协作新闻（Collaborative Journalism）皆以解决新闻专业主义危机为己任，三者在新闻报道主体认定方面存在差异，组构了一幅直面新闻专业主义危机的共时图景。

1. 公民新闻：新闻专业主义危机的致因

21世纪"informatization（信息化）、internationalization（国际化）、

---

① Haagerup U., Constructive News (Second Edition), InnoVatio Publishing AG, 2014, pp. 11.

individualization（个人化）和 informalization（非官方化）"的"4I"社会环境直接导致了公共领域中公众和媒体的深刻变化。① 公众从"社会尽责公民"（Dutiful Citizen）开始向"自我实现公民"（Actualizing Citizen）转变②，他们关注个人与民主而非组织与权威，随之而来的是长期贡献其间的媒体不得不面对新闻专业的褪色，面对媒体权威的消解和公众信任的磨蚀。"人人都是记者"的公民新闻作为一种以新媒体技术、新社会环境为基础的新闻变革运动得以风起云涌。比照前文所述建设性新闻的公众导向，公民新闻确实与之存在许多共通之处，同时也有诸多差异，公民新闻中的"公民"是一种相对政治化的表述，建设性新闻对"公民"的诠释则更加宽泛和丰富；前者侧重政治民主建设，后者偏重社会民生解决。相形之下，最根本的差异在于：公民新闻依托公民的新闻主体性，建设性新闻则强调记者的新闻主体性。从这个角度来看，公民新闻是导致新闻专业主义危机的因素之一。

2. 协作新闻：新闻专业主义危机的破解

协作新闻指"媒体机构和专业记者在新闻生产过程中引入外部力量，包括普通公众或非营利机构，来协作完成新闻报道，实现资源互补和效果最优"。③ 其技术前提是 Web2.0，即由节点及节点间关系构建的网络模式成为新闻传播的基础，链接和互动成为新闻生产的关键概念，也就是"新闻2.0"。协作新闻的生产主体依然是媒体和记者，根据协作方的不同，拥有"对话新闻""参与新闻""互动新闻""介入式新闻""链接新闻""网络化新闻""开源新闻"等多种新闻协作模式。包括公众在内的

---

① Drok N., Mastery of Journalism Innovations, In Themes and Critical Debates in Contemporary Journalism, edited by Verica Rupar, Newcastle upon Tyne: Cambridge Scholars Publishing, 2017, pp. 105 – 124.
② Bennett W. L., Changing Citizenship in the Digital Age, In Civic Life Online: Learning How Digital Media Can Engage Youth, edited by W. Lance Bennett, The MacArthur Foundation Series on Digital Media and Learning. Cambridge, MA: The MIT Press. 2008, pp. 1 – 24.
③ Stonbely S., Comparing Models of Collaborative Journalism, Center for Cooperative Media, 2017. Accessed at http://collaborativejournalism.org/wp-content/uploads/2017/09/Models-for-Collaborative-Journalism-research-paper.pdf.

外部力量通过贡献事实、交流观点、提出问题、提供方案等形式与媒体和记者协作完成新闻报道。这种对公众和机构参与性及行动性的强调实际与建设性新闻有着神似之处，只是它与建设性新闻的介入向度截然相反，前者主张公众作为媒体外部力量的新闻生产能动，后者注重新闻作为社会、社群外部力量的问题解决能力。

3. 建设性新闻：新闻专业主义危机的突围

面对新闻专业主义时，公民新闻实际在加剧危机，协作新闻尝试着破解危机，建设性新闻则不过是试图在坚守新闻专业主义的前提下实现危机突围。它一直在强调自身对消极报道传统的抵制，对新闻专业主义的补充。它的报道仍然致力于准确、真实、平衡和必要的批评，只是更多地以积极的元素、解决的态度、变革的目标，以赋权于民、赋能于世的方式来报道新闻。同样是在信息社会和网络技术环境中讲求公众参与，建设性新闻与公民新闻、协作新闻有着显著不同的参与方式。它基于行为科学的积极心理认知，更加强调记者报道选题的多元、采访介入的方案、信源采纳的包容、引领参与的主导。建设性新闻仍在"以最严格的方式遵循传统的新闻实践和规范，只是在报道方面有了新的层面，通过将焦点从报道社会问题转移到了解决社会问题上，通过创造更全面和更具代表性的世界图景，保有客观和准确的新闻理想，承担着为公共领域带来有效解决方案的责任"[①]。

（三）内在价值：消极报道传统批判的集成与突破

在挑战和批判中界定，是新闻改革的共性，如果将西方历次新闻改革加以归类，建设性新闻与1997年提出的"和平新闻"（Peace Journalism）、1998年发起的"方案新闻"（Solution Journalism）具有本质的相似性。它们均源起于对主流媒体消极报道传统的建设性批判，属于同一思路下结出的不同果实。也正因如此，和平新闻的创始人和方案新闻的倡导者都热衷

---

① Aitamurto T. & Varma A., The Constructive Role of Journalism, *Journalism Practice*, 2018, Vol. 12 (6), pp. 695–713.

投身于建设性新闻运动。

1. 和平新闻：批判消极的战争新闻报道

1991 年的海湾战争在 20 世纪的最后十年引发了一系列关于新闻与战争的公众讨论和学术研究，和平新闻概念在这一背景下脱颖而出。它批判传统战争新闻报道的暴力、宣传、精英和胜利取向，鼓励以和平、真相、民众和解决为取向进行战争报道，其终极目的在于减少人类痛苦，增加人类幸福。① 可见，建设性新闻不仅在概念界定方式上对其有所借鉴，最终目标也与之志同道合。这从 2019 年 1 月，和平新闻创始人 Johan Galtung 在建设性新闻年度会议上发表演讲，以及 2019 年 2 月《卫报》建设性新闻专栏《正面》刊登了他的专访可以得到证明。事实上，两者的原始关联在于"积极"。加尔通对和平新闻的关注源自他作为和平研究泰斗和冲突协调专家对"积极和平"（Positive Peace）理论的独到理解、认识和实践。他认为单纯的"去除或减少暴力"只是一种与暴力相对的消极和平概念，他更相信积极和平的活力，那是一种"非暴力的和创造性的冲突转化"②。

2. 方案新闻：批判消极的社会新闻报道不同于和平新闻另辟蹊径与传统战争报道分庭抗礼，方案新闻将视线投向了对社会问题消极报道的批判

从消极"揭示问题"到积极"解决问题"，方案新闻认为报道心态要乐观积极，报道内容立足于解决方案，报道功能强调社会责任，报道理念主张赋能于公众。③ 这极易产生一种错觉，建设性新闻就是方案新闻。甚至，麦金泰尔自己也认为"建设性新闻"一词诞生于 1998 年美国自由撰稿人 Susan Benesh 在《哥伦比亚新闻评论》中就方案新闻发起的讨论。④ 该文在为方案新闻举例时指出这是在寻找 "constructive stories"（建设

---

① 金苗：《和平新闻：和平框架、战争批判、理论反思与变革契机》，《新闻大学》2012 年第 2 期。
② 〔挪〕约翰·加尔通：《和平论》，陈祖洲等译，南京出版社，2006，第 2 页。
③ 杨建宇：《方案新闻及其在〈西雅图时报〉的实践》，《当代传播》2015 年第 3 期。
④ 晏青、〔美〕凯伦·麦金泰尔：《建设性新闻：一种正在崛起的新闻形式》，《编辑之友》2017 年第 8 期。

性故事)①。事实上,两者之间存在一个最显著的地域差异,方案新闻兴起于美国,推行于北美,建设性新闻源自丹麦,北欧的推崇度较高。随着建设性新闻的全球交流和影响日益增强,昔日方案新闻的推动者们也开始在业界、学界和教育界全方位追随建设性新闻运动,目前呈交叉融合的你中有我、我中有你的状态。

3. 建设性新闻:批判消极的新闻报道传统

同是批判新闻报道的消极传统,建设性新闻的诠释力、适应力和推广力皆强于和平新闻和方案新闻。它秉持传统新闻批判的共同立场和"造福人类"的一致目标,通过采取"积极+解决+建设"的集成模式,在范畴建设上包含了和平新闻和方案新闻。和平新闻是建设性新闻在战争报道这一特殊领域的报道形式,方案新闻则成为具有解决导向的建设性新闻。不仅如此,建设性新闻更是在推广理念上吸纳了两者的经验,在资源调动上吸引了两者的支持。这种聚核优势得益于两个因素:一方面,建设性新闻并未把自己剥离于主流媒体之外,分享善行、力推善治的同时,依然承诺保有传统新闻核心职能,不去否决性替代,只是建设性的补充;另一方面,建设性新闻也没有无视自己所处的新媒体传播环境,而是突破了单纯的"积极性"和"解决性",以提供公共服务、谋求公众福利的建设性为落点,建立与非主流媒体、非专业新闻的共鸣和协作。

四 结语

总体而言,建设性新闻客观上在反映一种新闻思维、满足一种新闻需求、担负一种新闻责任,主观上又在提供一种新闻方法、尝试一项新闻创造、推动一场新闻整合。而在现实实践中,它既有就新闻公共责任树起新

---

① Benesch S., The Rise of Solutions Journalism, *Columbia Journalism Review*, 1998, Vol. 36 (6): 36.

一轮运动大旗的可能,也有在新闻专业主义危机中突围的愿望,更有博采消极新闻传统批判众长的志向。它不仅有源起对象,也有效仿对象,更有吸纳对象,不同于意在替代专业新闻的"另类新闻",它的出现是对西方新闻传统的纠偏和补充,体现出了西方新闻专业理念本身的多样性、传承性、变革性和创新性。

当然,同历次、各类西方新闻运动一样,建设性新闻也在面临质疑和批判。最为常见是建设性新闻有损于新闻客观性:如果说消极的新闻不客观,积极的新闻同样无法客观,以积极报道的姿态卷入新闻报道更加难以客观。建设性新闻的推动者们正在试图以原则的多样化和导向的多维度来弥补和回答这一质疑。这也是为什么它的边际显得过度开放包容,只是随之而来的质疑便是建设性新闻的概念过于模糊:"伞式"理论并非"筐式"理论,仅仅基于积极心理学能否在理论上网罗所有新闻术语?在这个问题上,建设性新闻若能对其"伞式"术语所覆盖、辐射和关联的历次、各类新闻术语进行关系网络分析和界线切割,或许能避免重蹈过往新闻改革的覆辙。此外,由丹麦记者发起的建设性新闻,在北欧能为媒体机构所接纳,在非洲会得到新闻记者的认同,而在英美更多的只是公共媒体和高级质报的专栏实验。这就提出了另一个突出的问题,即对特殊语境有严重依赖的建设性新闻能走远吗?的确,国家政治体系、国际传播地位、媒介体制土壤的差异似乎难以让建设性新闻在全球范围内呈燎原之势,"拥有相对强大的公共服务、多元主义和通过和解与协作解决问题传统"[①] 的北欧国家显然更易于建设性新闻的推广。

尽管如此,旨在以新闻造福人类的"建设性"新闻取向依然具有全球性价值。将新闻冠以"建设性",在中国并非完全陌生,曾出现在两个颇具时段特征的学术讨论中,与西方概念存在明显差异,也有关联之处:

---

① Hermans L. & Drok N., Placing Constructive Journalism in Context, *Journalism Practice*, 2018, Vol. 12(6): 679-694.

一是起于20世纪90年代初的新闻批评与舆论监督的建设性①，二是在新千年之初学界关于新闻价值与专业主义的建设性提法。② 这两个阶段的建设性新闻，容易因早于西方理论生发而在国内学界产生彼此不分的误读，更可能因为只虑及土壤不同而无视彼此之间的相似之处，最终错失了专业新闻的"建设性"本身在社会化媒体传播时代所具有的中西殊途同归的全球性价值。如此明了之后，再归返中国建设性新闻的理论和实践研究，也许可以更好地互为他山之石，创造共同为全球新闻学新进路贡献力量的可能。

（本文原载于《南京社会科学》2019年第10期，该文章收录本书时内容和文献标注方式略有调整）

---

① 参见张剑虹《建设性：新闻批评的出发点》，《新闻爱好者》1991年第5期；王英恺《新闻舆论监督的建设性立场》，《黑龙江教育学院学报》2004年第2期；刘九洲、陈曦《论建设性新闻舆论监督》，《新闻界》2007年第5期。

② 参见黄勇《体味新闻报道"建设性"》，《青年记者》2002年第11期；李彬、马学清《中国新闻专业主义的核心理念：责任感和建设性》，《湖南科技学院学报》2011年第3期。

XV | 智媒时代下建设性新闻的价值理性与实践路径[*]

陈 薇 王中宇[**]

内容提要： 智媒的发展一方面带来了新闻的个性化与情感化叙事导向，另一方面智媒平台信息价值观的薄弱和伦理失范，也造成了新闻价值的内卷与外溢。作为传统新闻价值的修正和进化，建设性新闻坚守价值理性，注重基于积极心理学的情感调和，倡导公民参与并寻求解决方案。以建设性思维重构智媒时代的新闻生态，不仅是回归新闻学的人本需要，也是利用智媒增益社会福祉的契机。作为一种兼容理性之本和情感之标的范式导航，建设性新闻通过消融、规约与重构的功能，实现新闻价值的深入挖掘、赋权于民与赋能于世，建构新闻的积极情感向度与共情传播、开展开放式新闻协作、提升媒介伦理价值与履行新闻的"公共善"，是重塑智媒时代新闻情感与

---

[*] 基金项目：华中科技大学2018年度"学术前沿青年团队支持计划"。
[**] 陈薇，华中科技大学新闻与信息传播学院副教授，国家传播战略研究院研究员、博士生导师，主要研究方向为跨文化传播、国家传播战略；王中宇，华中科技大学新闻与信息传播学院博士研究生，主要研究方向为跨文化传播。

价值理性的实践策略。

关键词： 智媒　建设性新闻　新闻价值　价值理性

在社会文化与技术变革的背景下，纷繁的数字新闻景观不仅大大提升了新闻报道的时效性、丰富性和临场感，亦给传统的新闻叙事方式带来了情感化和个性化的策略导向。一方面，立足于新技术革命下的媒介生态环境，数字新闻和社交媒体催化了情感要素在公众参与和媒介实践中的重要作用，情感理念正逐渐超越传统走向新闻业的前沿阵地，并逐渐成为促进社会参与的积极力量。[①] 另一方面，智媒平台的发展也加快了新闻范式的更新迭代，并为之提供了保障。然而，伴随着传播主体、渠道、方式以及边界变迁带来的"双刃剑"效应，智媒平台信息价值观的薄弱和伦理失范也成为亟待正视的问题。[②] 作为传统新闻价值的修正和进化，建设性新闻提倡以积极情感主导的善与智慧贯穿报道全局，在忠实于求真、求证、中立等新闻核心价值的基础上，将积极心理学应用于新闻生产流程，直面问题并寻求问题的解决方案。[③] 建设性新闻不仅是一种影响新闻选择和制作过程的价值创新，亦参与了智媒平台的新闻实践，诸如《纽约时报》、《卫报》、BBC 及智媒平台 Buzzfeed 都加入了建设性新闻的行列。[④] 本文在考察智媒价值的基础上，聚焦蕴含"积极智慧"的建设性新闻实践，将其范式创新视为一种兼容价值理性

---

① Wahl-Jorgensen K. *Emotion and digital journalism*: *The SAGE Handbook of Digital Journalism* [M]. California: SAGE Publications Ltd, 2016: 143.
② 陈昌凤、虞鑫：《智能时代的信息价值观研究：技术属性、媒介语境与价值范畴》，《编辑之友》2019 年第 6 期，第 5~12 页。
③ Haagerup U. Constructive news: How to save the media and democracy with journalism of tomorrow [M]. *Bristol*, CT: ISD LLC. 2017: 18-23.
④ Albeanu C. Three reasons why Constructive Journalism Could Improve your Reporting, 2019-12-20, https://www.journalism.co.uk/news/3-reasons-why-constructivejournalism-could-improve-your-reporting/s2/a626876/.

与情感转向的智媒路径,在此基础上探讨智媒时代下建设性新闻的实践与发展策略。

一 新闻的情感转向与智媒价值偏向的局限

情感与理性一直交织于社会运动领域,拥有复杂的构成机制并产生深刻的社会影响。这种辩证关系也贯穿于新闻范式的发展之中,传统新闻专业主义将实证理性作为真伪评定标准,情感被视为一个反理性主义的"坏对象",代表着新闻业标准的下降和对新闻业应有的社会角色的背离。然而近年来,越来越多的研究开始摒弃这种二元对立,转而关注情感与理性的互动方式。① 在智媒发展的背景下,一方面,算法带来了更为广泛与精准的信息推送与用户覆盖,满足了用户个性化和社群化的信息需求;但另一方面,"后真相"的情感偏见和虚假新闻也正伴随着技术负效应发生膨胀。这种技术依赖助长了媒介、社会和人等多重主体间有效沟通圈层的断裂,加剧了工具理性的滥觞与人本精神的衰弱。② 工具理性的概念,追溯至韦伯于 20 世纪初对现代性的实践过程和手段描述,从智能技术的哲学面向来理解,可以看作一种以技术崇拜与利益优先为取向的信息价值观;与之相对的价值理性可被理解为重视情感、伦理、美德和智慧等人文范畴的价值要素。事实上,智能技术在信息传播过程的发展不是一个中立的线性路径,工具理性扩张的过程也为价值理性的嵌入保留了一定的空间。③ 其中,情感作为"新闻文化的合法组成部分"和一种新的"新闻价

---

① Pantti M. The Value of emotion: An examination of television journalists'notions on emotionality, *European Journal of Communication*, 2010, 25 (2): 168 – 181.
② 刘海明:《媒体算法的价值纠缠与伦理误区》,《湖南师范大学社会科学学报》2019 年第 1 期,第 32~41 页。
③ 陈昌凤、虞鑫:《智能时代的信息价值观研究:技术属性、媒介语境与价值范畴》,《编辑之友》2019 年第 6 期,第 5~12 页。

值",① 在智媒技术的牵制下产生了矛盾的张力。因此,如何调适新闻的理性与情感、工具理性与价值理性的平衡,需要透视和剖析智媒发展中价值偏向的局限与错位。

1. 智媒价值的内卷

随着大数据、人工智能、区块链、虚拟现实等技术的快速发展,算法深度介入了智媒新闻生产的各个环节。不可否认,当前算法新闻相比传统新闻报道,更具有丰富性、可视化以及开放化等特征,算法实现了精准的"千人千面"的高效推送,极大地优化了用户体验和传播效果。但这种以技术为主导的"信息繁荣"背后,也隐藏了价值"内卷"的局限。具体体现在两方面,一是信息内容的窄化,二是信息的情感负向。

一方面,算法理性的数理模型赋予了用户前所未有的决策权,个人的能动性、创造性、附着资源得到了激活、挖掘、聚合与重组。然而,这种以用户为圆心的新闻生产模式,可能将公众困在愈加窄化和单薄的"信息茧房"中,对新闻内容的广度与深度带来不利的影响。从新闻消费的角度出发,公众的情感虽然获得了个性化的满足,但在"注意力经济"的导向下,一些极化的情感表达与话题参与也可能被纵容。信息的"回音室"效应亦放大了这种极化情绪,从而一定程度上挤压了个体理性思考的空间。

另一方面,在市场效应和商业利益的影响下,一部分新闻话语被机械的算法转换成"去价值化"向量,导致假新闻、谣言和煽情报道出现,甚至不可避免地产生了一些游走于法律伦理边缘的信息内容,以潜匿的"劣币驱除良币"方式将一部分旨趣纯正、具有社会责任感的高质量新闻排挤于市场之外。事实上,"智媒并非万能之媒",算法的机器属性造就了它超越人的价值,却无法完全参透和企及人类的情感。② 例如,在面对

---

① Pantti M. The Value of emotion: An examination of television journalists'notions on emotionality, *European Journal of Communication*, 2010, 25 (2): 168 – 181.
② 丁柏铨:《智媒时代的新闻生产和新闻传播——对技术与人文关系的思考》,《编辑之友》2019 年第 5 期,第 6~12 页。

多元意见争鸣时，算法无法主观能动地提供问题的解决方案，在面对灾难事件、负面信息时，单纯或过分的技术依赖也使得媒体无法完全履行人文关怀与服务社会的功能。

2. 智媒价值的外溢

信息价值的"内卷"使得新闻内容生产的"合理性"与"公共性"难以避免地出现偏差，与之相对应的则是智媒的"外溢"，容易导向把关权力的外移与隐蔽的泛滥。把关人角色是新闻人的职业权威与边界。相较于传统媒体，算法带来了把关权力的转型，大大提升了新闻生产与分发的效率，洗礼了新闻信息过滤机制与社会信息网络。但是，当传统新闻工作者的把关权力被挪移给了算法"无形之手"的自动筛选与定向发布，算法价值的制度化与伦理缺失也给传统把关角色的权威性带来了挑战。在这个过程中，传统记者与公众之间的联系从直接变成间接，算法充当了中介角色。为了争夺更多的注意力资源，夸张、煽情甚至虚假议题被作为新闻的价值取向以获得市场红利。当平台面对关涉公共利益与多方纠葛的新闻内容时，算法价值亦有可能隐藏或者继承既有的信息偏见，甚至选择性地加深偏见。[1] 由此可见，虽然算法下的把关外移助益于信息内容的丰富与使用体验的提升，但也造成"后真相"新闻的情感极化与偏见泛化，这与前述的新闻"茧房"等信息窄化问题形成了内外合力，一定程度上遮蔽了情感、德性、审美、智慧等新闻的"人学"价值。[2]

通常而言，算法价值声称拥有客观中立与不偏不倚的体系，然而，算法"黑箱"推送下的新闻并非"绝世而独立"，[3] 传统媒体时代的媒介偏见在算法技术下以一种更为隐秘的方式依然存在。事实上，新闻不是一门类似于数学那样的纯科学，它揭示了一种实用意义上的社会关系。在商业

---

[1] Binns R, Veale M, Van Kleek M, et al. Like trainer, like bot? Inheritance of bias in algorithmic content moderation//International Conference on Social Informatics. Springer, Cham, 2017: 405-415.

[2] 杜骏飞：《新闻是人，新闻学是人学》，《国际新闻界》2018年第2期，第22~29页。

[3] 陈昌凤、王宇琦：《公众生产信息时代的新闻真实性研究》，《新闻与写作》2016年第1期，第48~52页。

力量的操纵下,基于算法的"假性中立"在某种意义上扮演着机构利益"代言人"的角色,权力关系通过算法参数的调整来执行意志,并通过话语以难以觉察的非制度方式达成"群体合意"。因此,有学者认为,算法的实质是权力关系运作的产物,① 这也导致了新闻媒体孜孜以求并赖以生存的公信力受到一定冲击。

当然,这里并非全然否定以算法为代表的智媒。正如学者所言,"智媒所呈现的'能'是先进传播技术之'能'",它不仅使得传播效果得以优化,也为人文内容和精神的传播提供了便利和帮助。② 然而,过度的技术依赖与商业导向也会削弱新闻的人文力量,在这样的背景下,新闻界也在思考如何通过一种更具"建设性"的方式弥补智媒的价值缺失,如何最大限度地保证个人和社会福祉,如何"科技向善"。重视新闻的价值理性与积极情感的建设性新闻理念与实践或许可被视为一种回应。

二 消融、规约与重构:建设性新闻的价值理性

如前所述,建设性新闻是一种影响新闻选择和制作过程的新闻价值,也是新闻业对传统新闻主义的反思。作为一种更好地造福公众与服务社会的新闻范式与新闻改革运动,建设性新闻主张广泛分享,在忠于新闻核心价值的基础上,通过鼓舞人心的积极叙述,倡导公民参与的理念,寻找可转化为行动的观点资源并提出解决方案。③ 建设性新闻根植于公民新闻、公共新闻或大众新闻等已有的新闻形式,以解决方案、未来导向、包容性与多样性、赋权于民、解释性报道以及协同写作作为其

---

① 喻国明、杨莹莹、闫巧妹:《算法即权力:算法范式在新闻传播中的权力革命》,《编辑之友》2018年第5期,第5~12页。
② 丁柏铨:《智媒时代的新闻生产和新闻传播——对技术与人文关系的思考》,《编辑之友》2019年第5期,第6~12页。
③ Haagerup U. Constructive news: How to save the media and democracy with journalism of tomorrow. *Bristol*, CT: ISD LLC. 2017: 18-23.

实践准则。① 同时，作为一个"概念丛"或"话语包"，建设性新闻统摄了适用于严肃题材的方案新闻、专注于政治冲突的和平新闻、致力于社区冲突的恢复性叙事以及聚焦非暴力处理冲突的预期新闻四大分支。② 它的出现对传统新闻实践而言，不是取代而是补充，致力于更全面、更平衡和更具吸引力的报道。智媒技术介入的新闻业，同样需要这种以倡导积极情感与解决问题智慧为导向的平衡式新闻，其在一定程度上可以完善智媒价值局限。

1. 深入挖掘：消融新闻报道的"窄化与禁锢"早期的芒福德等技术善论者认为，技术的运用能够解放生产力并推动社会前进发展③

对于智媒而言，技术在一定程度上使记者跳脱老式枯燥的新闻生产，腾挪出更多精力致力于深度报道。然而，诚如芒福德晚年对麦克卢汉的批判一样，新技术带来了信息权力集中和数据独裁。④ 科技本身并无对错善恶之分，关键在于人类如何使用它。出于对新闻专业主义理念的回应，学界和新闻界倡导要回归记者作为人的创造性和主观能动性，立足事实、依靠数据呈现社会问题的前因后果。⑤ 在技术的利用层面，建设性新闻不仅采用传统数据收集和呈现形式，而且借助大数据挖掘不同主体、因素间的关联，数据收集的混合模式将有助于更为广泛地获取新闻信息，从而展示出新闻记者从综合层面对社会某一方面的趋势、动态和结构性的正向把控。美国《赫芬顿邮报》的一个在线栏目"Impact"（效应）就聚焦于"新闻事件中究竟是什么在起作用"。在名为《光污染正在夺走我们的夜

---

① Hermans L, Gyldensted C. Elements of constructive journalism: Characteristics, practical application and audience valuation, *Journalism*, 2019, 20 (4): 535 – 551.
② McIntyre K, Gyldensted C. Constructive journalism: applying positive psychology techniques to news production, *The Journal of Media Innovations*, 2017, 4 (2): 20 – 34.
③ Mumford L. Technics and human development: the myth of the machine, *Harvest Books*, 1971: 124.
④ Logan · R. K. McLuhan's philosophy of media ecology: An introduction, *Philosophies*, 2016, 1 (2): 133 – 140.
⑤ 彭兰：《导致信息茧房的多重因素及"破茧"路径》，《新闻界》2020年第1期，第30~38页。

空》的报道中，记者曼德尔注意到，"光污染"导致了约三分之一的世界无法看到组成银河系外缘的明亮恒星带，他通过列举一系列详尽的数据来说明导致污染的原因，并介绍了土地开发商、住房规划师和地方政府为减轻光污染而采取的行动。① 在这篇报道中，记者从人类、社区、地球、宇宙的思路层层深入、循循善诱，旨在帮助读者了解人类的日常行为与自然环境之间的关联，鼓励读者采取改变现状的行动。同样，在一篇名为《安大略省的一家医院如何说服已故患者的亲人捐赠患者器官》的报道中，加拿大《环球邮报》记者葛兰特运用了综合的调查方法进行报道。他首先收集和解读了来自加拿大卫生信息研究所、北部卫生科学局以及当地医院的公开调查数据，再交叉对比加拿大其他省份的捐赠比例，同时结合对多位专业人士和患者家属的采访，认为加强医院一级的协调、跟踪和公众教育是提高捐献比的关键。② 这则新闻的建设性构思在于记者对广泛数据和专业信息的挖掘，并基于此开展以策略为导向的多方协作，承担起构建面向未来的社区公共健康的责任。由此可见，记者只有通过广泛的信息挖掘，呈现给公众关于社会问题"是什么，为什么，怎么办"的完整逻辑链条与背景知识，才能破除单纯算法推送给公众信息收取造成的桎梏，消融技术时代滋生的信息窄化与权力禁锢边界，培养公众对于社会问题的感同身受与积极参与。

2. 赋权于民：规约新闻报道的"权力外移与偏见"

互联网技术颠覆了传统媒介传播接近权的变化，媒介权力发生了从精英到受众的补偿性转移，出现了"人人都是把关人"的公民新闻局面，③

---

① Mandel K. Light pollution is taking away our night skies, 2020 – 1 – 30, https://www.huffpost.com/entry/city – light – pollution – night – sky – star – protection _ n _ 5dc9d1fee4b00927b2381233.

② Grant K. How one Ontario hospital persuades loved ones of nearly all suitable deceased donors to donate patients'organs, 2020 – 2 – 3, https://www.theglobeandmail.com/life/health – and – fitness/article – howone – ontario – hospital – persuades – loved – ones – of – nearlyall – suitable/? um_ source = Solutions + Story + Tracker.

③ 罗昶:《从孟买恐怖袭击事件中的"自媒体"传播看公民新闻背景下的媒介权力转移》，《国际新闻界》2009年第1期，第82~85页。

但实际上，虽然公众参与了技术作用下的新拟态环境，媒介把关权力的补偿性转移并未实现公众切实获得的预期让渡。① 按照哈贝马斯的对话理论，公共对话应当倡导多元主体平等对话的逻辑规范，包括真实的认知内容、正当的社会互动、真诚的情感动机，以及可理解的话语表达。② 建设性新闻践行了这种立足于交往理性的对话逻辑，赋予公众更多的知情、对话以及合理畅通的情感表达权利，并且在新闻报道中添加来自多方的观点与声音。

建设性新闻的倡导者凯伦·麦金泰尔认为，传统的新闻范式往往过于强调事件的冲突性与消极情绪，进而倾向于采用侦探式或长官式咄咄逼人的采访方式，这有可能激发被访者的逆反。而建设性的采访方式以公平、开放与探索的姿态消解了采访中的消极与"精英霸凌"因素，鼓励记者在开放性、反思性与循环式的提问中，引导被访者重新评估、审视与发现看待议题的视角。③ 在这个过程中，客观、中立、平衡等新闻价值始终作为信条被遵守，从而避免报道"滑入过分简化与强势控制的两极"。④ 其中一个原则就是，在新闻报道中加入包容性和多样性的声音。这意味着记者将受众纳入新闻报道中，让不同群体的观点成为报道内容的一部分，尽可能全面、均衡地描绘真实的世界，从而通过加强与公民团体与公共社区之间的对话与沟通，来提升媒体与公民之间的信任。

建设性新闻先驱者之一的吉登斯泰德在 2019 年路透社数字新闻大会中，提到了德国媒体 ZEITONLINE 发起的"我的国家在对话"项目。在她看来，这个项目是一个基于智媒平台促进公民对话与情感互动的建设性

---

① 靖鸣、张朋华：《自媒体时代"拟态环境"的重构及其对大众传播理论的影响》，《现代传播》2019 年第 8 期，第 71～75 页。
② 〔德〕尤尔根·哈贝马斯：《交往与社会进化》，张博树译，重庆出版社，1989，第 3 页。
③ McIntyre K. E, Gibson R. Positive news makes readers feel good: A "Silver-Lining" approach to negative news can attract audiences, *Southern Communication Journal*, 2016, 81（5）: 304–315.
④ Bro P. constructive journalism: Proponent, precedents, and principles, *Journalism*, 2019, 20（4）: 504–519.

新闻范例。作为一个涉及政治类别话题探讨的建设性新闻平台，其理念在于弥补技术时代下公共对话与真挚情感交流的缺失，它将政治观点不同的公众聚集在一起，使得他们尽可能接近彼此的情感空间。该平台认为，世界需要更多跨越政治分歧与弥合情感偏见的辩论。为了践行这一理念，2017年6月18日，该平台第一次将德国数千网民聚集在一起，进行在线讨论与信息分享，为包括ZEITONLINE在内的全球媒体提供诸多采访素材，取得了广泛的社会关注和影响。吉登斯泰德强调，这种开放式的探索为媒体公众提供情感的交流平台，但并不意味着建设性跳脱了新闻客观公正的立场。算法技术革命导致了流量的多寡成为决定声音强弱的关键因素，而建设性新闻正试图以人的主观能动性和积极实践，打破固有的媒介偏见和技术"妄为"所造成的沉默螺旋。在这一平台的影响下，英国新闻网站威尔士在线发起了"英国会谈：一个使国家团结的项目"，以报名招募和提供免费咖啡的形式，了解英国民众对脱欧等国际事件的观点，倡导以"平缓而和平的对话对抗强磁场媒介的激烈情感"，[①]由此为公共情感的开放流动搭建了平台，构建公众对话与集思广益的良好氛围。

3. 赋能于世：重构社会问题的"智慧方案"

事实上，当前我们所审视并警惕的智媒技术并非负面信息发酵的始作俑者，具有强大传播力的算法支配了消极情感的扩散升级。然而，消极情感的挤压并不能释放情感共振的积极效应，相反，在社会问题的解决层面，只有依赖积极情绪才能促进方法行为、思维拓展以及资源构建。[②] 正如建设性新闻的倡导者、丹麦国家广播公司新闻部门主管乌瑞克·哈格洛普所言："我们应该用一种新的新闻标准来补充传统……从而用充满希望

---

① Wynne-Jones R. Britain talks：A project to bring the country back together，2020-1-10，https：//www.walesonline.co.uk/news/politics/britain-talks-project-bringcountry-16141010.

② Fredrickson·B.L. The role of positive emotions in positive psychology：The broaden-and-build theory of positive emotions，*American psychologist*，2001，56（3）：218.

的新闻故事和切实可行的解决方案来平衡那些充斥于版面的死亡、衰败和苦难。"并力图在解释负面事件的基础上提供未来导向的、富有成效的解决方案。①

作为建设性新闻这一"概念丛"分支的方案新闻,便是在阐明问题根源与挖掘背景的基础上聚焦解决方案的提出、运行和效果。方案新闻应包括"谁、什么、何时、何地、为什么",利用可靠的数据和信源支持,提供严谨全面的叙事,使用"循证"信息和数据来解释影响,同时辅以生动的叙事吸引读者的关注。②例如,美国《纽约时报》专栏《解决》以深度报道和评论见长,着眼于解决社会问题的方法及其作用原因。该专栏的记者罗森伯格在一篇名为《对抗阿片类药物的真相》的方案新闻报道中,聚焦美国公众对阿片等精神麻醉药物的滥用现象以及解决策略。记者首先用一系列的数据来呈现阿片上瘾的危害,通过引人入胜的公益广告来引导受众关注阿片药物对大脑神经的副作用,利用层层设问和一系列证据链条试图扭转公众对阿片药物的浅薄认知,并号召社会、政府和公众对该问题持续关注。除此之外,该报道通过采访卫生科学和药物成瘾研究的专业人士,探寻阿片药物等问题解决的可能性和社会各界对此做出的努力,以呼吁读者也采取积极的行动。③

由此可见,方案新闻的智慧不仅仅在于巧妙呈现和解决社会问题的症状,同时也强调如何制止暴力、恢复或重建社会秩序。再如,纽约的雪城新闻网记者阿尔芙德在 2020 年 1 月 24 日发表了一篇名为《如何制止雪城的青年暴力:榜样,街头监控以及窥见生活的可能性》的方案新闻。在这篇报道中,阿尔芙德首先指出了当地青少年暴力犯罪的严重

---

① Bro P. constructive journalism: Proponent, precedents, and principles, *Journalism*, 2019, 20 (4): 504 – 519.
② McIntyre K, Gyldensted C. Positive psychology as a theoretical foundation for constructive Journalism, *Journalism Practice*, 2018, 12 (6): 662 – 678.
③ Rosenberg, T. Weaponizing truth against opioids, 2020 – 2 – 3, https://www.nytimes.com/2020/01/28/opinion/opioid – drug – prevention – ads. html? utm_ source = Solutions + Story + Tracker.

性，对多名有暴力前科的青少年进行追踪观察，引用了青少年公益活动家"为变革而思考"的活动经验作为策略导向，提出一系列解决冲突、愤怒情绪管理和识别虐待迹象的可行性策略。在此基础上，记者参考了专业人士的观点，建议政府以激励津贴的形式，积极推动青少年的健康成长与世界观的正面重构。① 通过这样的新闻实践，我们发现，方案新闻的价值不仅仅在于"提出方案"，更在于如何有技巧地让方案能够取信于人、富有成效，即既强调新闻的"有为"，启迪记者以一种更具吸引力、更具参与性的报道方式"适时地介入"，又强调"有策略的为"，即站在公民的视角、为公众发声；② 不仅关注"赋权于民"，更追求"赋能于世"。

三 迈向积极进化之路：智媒时代下建设性新闻的实践策略

智媒时代的社交媒体、互联网新闻与"后真相"互为表里。社交媒体和算法机制的介入不仅满足了人们的个性化和社群化的需求，也极大地挑战了新闻的客观性原则；而后真相新闻裹挟的唯心主义与情绪宣泄，也放大了"坏的主观性"，影响着社会的良性建构。③ 但是，情感并非"后真相"负面失范的元凶，而应成为与理性互补的重要资源。建设性新闻致力于辩证地平衡新闻情感，强调"真"与"善"对新闻生产全流程的统合作用，力求塑造新闻范式的积极主动与中立审慎，可被视为后真相时代下新闻业对自身转型的一种积极回应。因此，以建设性思维重构智媒时

---

① Alford N. How to stop youth violence in Syracuse: Ro le mode ls, streetwise mentors, g limpses of life's possibilities, 2020-2-3, https://www.syracuse.com/news/2020/01/how-to-stop-youth-violence-in-syracuserole-models-streetwise-mentors-glimpses-of-lifesspossibilities.html? utm_source=Solutions+Story+Tracke.
② 陈薇：《建设性新闻的"至善"与"公共善"》，《南京社会科学》2019年第10期，第120~126页。
③ 张华：《"后真相"时代的中国新闻业》，《新闻大学》2017年第3期，第28~14页。

代的新闻生态,不仅是回归新闻学的人本需要,也是利用智媒增益社会福祉的契机。建设性新闻的实践路径,既是新闻从业者的"生存之道"和公众情感的"智慧之路",更是智媒时代的"应然之路"。

1. 建构新闻的积极情感向度,实现共情传播

如果说在技术主义时代,纯粹的经验理性和工具理性是一种量化的、抽象的、利己的、利益优先的思维方式,那么人本理性和价值理性就是与之相对的定性的、判断的、利他的、道德优先的另一种思维方式。① 在这样的价值观烛照下,新闻业要注重人与社会的心灵沟通,通过弥合现代社会的多元差异与认同离散,实现新闻的人文关怀与共情功能,服务于人类福祉。建设性新闻致力于将改善、恢复、成长、希望等积极的情绪注入负面事件中,将心理学家塞利格曼提出的 PERMA 元素引入新闻实践中作为其理论滋养,即积极情绪、投入、关系、意义以及成就五个维度。② 不同于强调个体内在观感的主观幸福感,PERMA 的核心在于倡导合作、开放、分享等社会价值感带给人的心理幸福感,从利他主义而不是自我焦点中获取愉悦,由此导向蓬勃的、弹性的、成长而开放的人生。③ 基于此,这里从社会价值、个体价值和公共价值三个层面,对智媒时代下建设性新闻的价值理性与情感策略进行考量。

第一,立足于社会群体的公共价值,实现新闻的人文关怀与共情传播。智媒时代下的建设性新闻要立足于新闻本身的情理逻辑,合理利用公民美德、社会责任、利他主义等能够有助于公众和社区发展的因素,在坚守新闻理性的同时,以更全面、更平衡和更具吸引力的报道形式调和刻板与淡漠的叙事方式,并提出切实和助益社会发展的解决方案。例如,长期关注弱势群体的英国《卫报》记者布尔根,撰写了一则题为《这改变了

---

① 杜骏飞:《新闻是人,新闻学是人学》,《国际新闻界》2018 年第 2 期,第 22~29 页。
② McIntyre K, Gyldensted C. Constructive journalism: applying positive psychology techniques to news production, *The Journal of Media Innovations*, 2017, 4 (2): 20-34.
③ Fredrickson · B. L, Marcial · F. L. Positive affect and the complex dynamics of human flourishing, *American Psychologist*, 2005, 60 (7): 678.

我的生活：雇佣残障员工的餐厅》的报道，讲述西班牙赫雷斯市一家高级美食餐厅为残障人士提供就业机会的故事。① 报道不仅捕捉了事件中具有正能量的新闻价值，还将关注导向了弱势群体的精神需求，唤起社会对残障群体尊严的关注。因此，在群体情感的策略层面，智媒时代的建设性新闻实践要关注人类社会中的公共美德和人文情怀，尊重和体谅多元人群的价值需求，倾听和展现不同社会群体的声音，以开放、友爱的态度贯穿报道始终。

第二，倡导个体关怀与同理心的共振，积极发掘平凡生活中的感动故事，关注社会的良善与美好。如凤凰网策划的《暖新闻》栏目，以"为生命倾注力量，为心灵点盏明灯"为宗旨，整合正能量新闻，传递社会真善美。2019年《暖新闻》栏目排行前三的新闻分别是《励志！残疾男子倒立爬泰山10小时登顶》《儿子要高考，这个父亲坚持送饭100天不重样》《"拾荒妈妈"结对助学12年，贫困女孩圆了大学梦》，在普通人的故事中展现人间冷暖、人之良善，由此达成与受众的共情传播。因此，在个体情感层面，智媒时代的建设性新闻实践，要致力于提倡善行善举，关注个体生活带来希望与帮助的事件，倡导仁爱他人、超越私利的价值取向。

第三，善用技术将情感、伦理和美德等价值理性引入公共议程中，激发公众思考的兴趣和潜能，以公众的力量共同探讨社会问题的成因、影响和对策。例如，英国建设性新闻网站INKLINE设立的《好新闻》专栏，发挥了智媒的长处：它不生产新闻，而是聚合全球主流媒体与世界组织有关社会公正、生态保护、妇女儿童、心理健康、家庭暴力等议题的"摘要"，组成新闻"索引"，旨在聚合舆论并汇聚政府、企业、社会团体等社会各界的智慧解决问题。② 由此可见，建设性新闻所倡导的积极心理学

---

① Burgen S. It's transformed my life: the restaurant where all staff have a disability, 2020 – 1 – 10, https: //www.theguardian.com/world/2019/jun/10/universosanti – spanish – restaurant – disabilities – jerezutm_ source = Solutions + Story + Tracker.
② 唐绪军、殷乐：《建设性新闻实践：欧美案例》，社会科学文献出版社，2019，第138页。

及其 PERMA 元素并非对负面信息避而不谈，也并非罔顾现实的正能量弘扬，而是通过一种策略性的叙事策略，灵活调配讲故事的元素，以履行媒体的社会责任。"他们关注的不是歌舞升平的盛世，或温情绵绵的鸡汤文，或仅仅报喜不报忧的掩耳盗铃似的盲目乐观，而着力于从负面事件中挖掘积极的元素，给绝望注入看得见的希望"，① 由此，以一种富有成效的方式促进公众的社会参与并采取行动。

2. 立足记者的专业智慧，开展开放式新闻协作

在公共新闻运动发展中，"参与式新闻"作为"公共新闻"的融合发展，是站在专业新闻人的立场上，将公众纳入新闻生产的环节当中。② 建设性新闻作为公共新闻运动的一种延续，也同样将参与式的理念与协同写作作为其基本原则。如前所述，随着越来越多的主体参与到智媒的新闻生产过程，传统新闻工作者的把关权力面临着外移与隐蔽的泛滥，建设性新闻需要开展"开放式协作"的实践策略以完善局限。"开放式协作"源于参与式理念与多元协同的观念，但增加了智媒时代下的数据增值与问题导向的要素，也更加强调记者的专业智慧。首要，回归专业记者在新闻生产的主导地位，发挥精英的专业价值；其次，注重记者、公众和技术等主体之间的多元协同和智慧共享；最后，扩大智媒报道的厚度与广度，消减碎片化和无用信息的泛滥，这也是智媒时代建设性新闻努力的方向。而大数据的技术支撑也为记者凭借专业智慧开展建设性新闻的事实陈述和方案设想提供了令人信服的凭证。

在这方面，较为成功的代表是荷兰在线新闻网站"记者"，它的新闻宗旨是"我们所知道的新闻使我们变得愤世嫉俗，分裂而又无所适从，在一起，我们可以改变这一点"。它对以往记者"仅呈现问题而不解决"的报道

---

① 陈薇：《建设性新闻的"至善"与"公共善"》，《南京社会科学》2019 年第 10 期，第 120～126 页。
② 蔡雯、郭浩田：《以反传统的实践追求新闻业——试析西方新闻界从"公共新闻"到"建设性新闻"的改革运动》，《湖南师范大学社会科学学报》2019 年第 5 期，第 124～130 页。

模式进行了扬弃，认为记者既要呈现问题，也要提出解决方案。该网站的独特之处在于取消了简单的定期发布模式，而是专注于某一主题的时间线报道，致力于架设"记者＋用户＋多元群体"的协同编辑和互动模式，提倡与具有多样化知识背景的专业人士和用户进行合作。这种模式可被视为建设性新闻对公共新闻"参与式创作"的一种进化实践：既充分挖掘了记者在"解释性报道"中的精英力量，也是一种面向更广范围的专业智慧聚拢与经验分享，以实现建设性新闻的解决方案与未来导向。①

因此，在建设性新闻实践中，实现记者职能的智慧化和开放化是"开放式协作"模式的关键性力量。一方面，记者要依托于智媒的高效便捷，培养准确处理海量开放数据的能力，以数字信息载体提升报道的广度和深度；另一方面，作为社会的"瞭望者"，记者要站在更为开放与宽广的视角，发挥机器无法企及的价值敏感和人文关怀，挖掘新闻事件的深层价值，探索社会现象的各方成因，寻找社会问题的解决方案。例如苏州广播电视总台建设性新闻的"绿色舆论"实践，坚持"意见开放、共同面对、协商解决"的建设性框架，推动富有开放、包容观点的形成，进一步借助新闻媒体特有的议程设置功能，引导公众关注重要社会议题，并鼓励公众发挥"头脑风暴"的智慧，提升新闻意见议题处理方案的多元化程度，以服务到现存问题的解决行动中来。由此，在智媒时代，建设性新闻要立足于记者的专业智慧，同时以海纳百川的姿态致力于共谋、重建和面向未来的方案，通过群策群力更好地发挥其对于问题的修复与解决功能。

3. 提升智媒的伦理价值，履行新闻的"公共善"

算法作为参与新闻生产与分发的重要力量，通常以基于内容、协同过滤以及混合关联的推荐，构成其新闻的分发机制。② 这三种机制的市场导向以及制度化缺失，难以避免地会给智媒生态带来技术本位、权力集中、

---

① Hermans L, Gyldensted C. Elements of constructive journalism: Characteristics, practical application and audience valuation, *Journalism*, 2019, 20 (4): 535 – 551.
② 陈昌凤、霍婕：《权力迁移与人本精神：算法式新闻分发的技术伦理》，《新闻与写作》2018年第1期，第63~66页。

伦理退次等现象。那么，智媒时代的建设性新闻平台理应主动肩负起公共责任，在以效率为准绳的"技术算法"和以伦理为准绳的"人性算法"之间实现平衡，致力于发挥智媒平台从业者的积极能动性，规避把关权力外溢和隐蔽泛滥等问题。①

在建设性新闻理念中，若将架构积极心理学的 PERMA 拆分来看，这一理念注重投入和成就等物质实在，也聚焦情绪、关系和意义等道德人文的情理要素，强调以"至善"与"公共善"等正向美德滋养，弥合现代社会的分歧，凝聚承认、共识与认同。事实上，早在 2008 年哈格洛普首次提出了建设性新闻的概念时，就从媒体的社会责任理论出发，强调新闻对社会福祉的承诺、重建公众的新闻认知和社会心态的原则。他主张，建设性新闻需要具备平衡信息、正负情感的智慧，特别是作为媒介对社会福祉的未来承诺，以及肩负起重构公众认知和社会心态的使命。②

因此，智媒时代下的建设性新闻实践，需要更加强调媒体的公共职能，将建设性思维融入程序设计中，以建设性新闻的"公共善"理念作为算法分发权力的前提约束条件。具体而言，首先要尊重新闻普遍伦理以及基本的人文价值，而不是只顾经济利益、助长"茧房"效应；其次是以公平正义的方式确保每个人都拥有相对平等发声的机会，而不是趋利避害地关掉某些群体的麦克风；最后是提高人工智能决策和行为的透明度，减少算法"黑箱"的负面效应，而不是标榜有名无实的机器中立。哈格洛普在美国硅谷科技企业的宣讲中，提到了互联网平台建设性新闻的几点理念。他认为，建设性新闻应当阐明基调，确保不造成丑闻和伦理纠纷；注重架设多元沟通渠道而不是将观点绝对化。由此可见，智媒的发展对建设性新闻实践带来了更大的挑战，对于智媒平台的道德伦理、媒介素养和业务能力提出了更高的要求。

---

① 曹建峰：《既要人工智能高效发展，还要符合伦理，该怎么做？》，2019 年 8 月 6 日，https://mp.weixin.qq.com/s/j6bvrjxKFurmzBWkTdbUeQ。
② Haagerup U. Constructive news: How to save the media and democracy with journalism of tomorrow, Bristol, CT: ISD LLC. 2017: 18 - 23.

中国的媒介生态不同于西方,建设性新闻在中国的实践应用也有着自己的特点。事实上,在中国,"科技向善"成为智媒伦理道德与媒介素养的重要发展面向。这一概念最初由腾讯研究院提出,意指科技要兼顾工具理性与价值理性,以真善美为旨归,缓解数字化社会的阵痛,给复杂社会提供更好的系统性解决方案。① "科技向善"可以从两个层面来理解:一是"不作恶",运用科技的方式要遵守基本的伦理规范、法律法规和行业公约,平衡好工具理性和价值理性的关系;二是"择善行",科技成果要用来解决人类生存和发展过程中存在的问题,以促进社会福祉的增益。智媒的科技向善恰恰就是要回归人本主义,报道人、关怀人、服务人。就中国的建设性新闻实践而言,借鉴"科技向善"的本土化思想,应当在使用算法科技的过程中遵守相应的法律法规和新闻伦理,平衡好技术工具理性和社会价值理性的关系;同时,结合中国社会媒介生态的特点和市场、媒介组织与受众需求之间的新变化,在尊重新闻核心价值的基础上,科学地推行建设性新闻实践,发掘人性的良善与社会的积极元素,利用传播技术推动社会健康、良性和持续的发展。

(本文原载于《编辑之友》2020年第3期,该文章收录本书时内容和文献标注方式略有调整)

---

① 齐明志:《科技向善:中国互联网行业20年再出发》,2019年1月17日,http://scitech.people.com.cn/n1/2019/0117/c59405-30573991.html。

XVI 论新闻建设性的理论基础及价值追求

李仁虎 文 建*

内容提要： 西方提出的建设性新闻理念与中国新闻长期坚持的新闻建设性有相似相通相近之处，但又有所区别。建设性新闻与新闻的建设性以及正面宣传为主之间是什么样的关系，建设性新闻理念能否为我所用，对这些重要问题必须进行理论上的回答。倡导建设性新闻理念，必须强调新闻建设性，坚持正面宣传文建为主的基本方针，同时加强和改进舆论监督报道。

关 键 词： 建设性新闻 新闻建设性 新闻价值 价值追求

建设性新闻是近年来全球热议的一个话题，在欧美学界、业界广泛传播，国内学者也多有研究。西方提出的建设性新闻理念与中国新闻长期以来一直倡导的新闻建设性有相似相通相近之处，但又有所区别。

---

* 李仁虎，新华社新闻研究所高级记者；文建，新华社新闻研究所高级编辑。

中西方学者多从建设性新闻概念本身、现实情况及其价值作用来阐释。本文试图从理论基础、时代要求和新闻共同价值追求上，寻找建设性新闻或新闻建设性存在的合理性、必然性和逻辑性。

我国新闻实践一直强调正面宣传为主，同时做好舆论监督报道。建设性新闻与新闻建设性以及正面宣传为主之间是什么样的关系，建设性新闻理念能否为我所用，对这些重要问题必须进行理论上的回答。

一 建设性新闻的概念及与新闻建设性的关系

"建设性"与新闻这两个词的结合，可以追溯至20世纪初，沃尔特·威廉姆斯在《记者信条》第八条提出，新闻事业应该重视"建设性、宽容性而不采取粗率性"。"建设性新闻"（Constructive News）作为一个完整的概念提出并广泛传播，主要归功于乌瑞克·哈格洛普等北欧学者的积极推动，其英文专著《建设性新闻》被认为是当今关于建设性新闻学代表作之一。

这股新的新闻潮流，从欧洲向全球快速传播，从学术思想向社会运动拓展。在丹麦，2017年奥尔胡斯大学成立了建设性新闻研究院，其创办者对外宣称要发起一场席卷全球的社会运动，用5年时间改变全球媒体文化。

建设性新闻的基本主张是，新闻媒体要运用积极心理策略，增强报道的"建设性"；不仅要发现问题、揭示问题，还要着眼未来、思考如何解决问题，对社会建构发挥积极作用，让受众看到希望。其倡导者认为，除了传统的五个W（即何时、何地、何事、何因、何人）之外，今天新闻还应该增加一个新要素："当下应该做什么"（What now）。

西方学者认为，同传统新闻报道相比，建设性新闻有三个基本特点。其一"角度"：不仅发现、揭示问题，而且要寻找解决方案，让受众看到解决问题的希望。其二"观点"：寻找能够获得的最佳事实真相，不能从单一视角观察社会；保持观点平衡，避免过度渲染负面信息。其三"角色"：媒体不仅是观察和记录社会，还要主动参与并促进社会讨论，以积极方式主动服务受众和用户；媒体的编辑部同时也是探讨解决社会问题的工作室。

建设性新闻是对西方传统新闻观的一次重大革新，是对长久以来其盛行的"负面""冲突"理念的一次颠覆。新闻由五要素变成六要素，"当下应该做什么"的提出具有重要价值。

中国虽然没有明确提出建设性新闻这一概念，但在实践中一直把"建设性"作为核心的价值追求。新中国成立前夕的1949年3月5日，毛泽东同志《在中国共产党第七届中央委员会第二次全体会议上的报告》中提出："新闻工作要为生产建设这个中心服务"。① 1954年，毛泽东在与时任中宣部副部长、他的秘书胡乔木的谈话中说："批评要正确，要对人民有利，不能乱批一通。"②"为生产建设中心服务"和"对人民有利"无疑都是建设性的。邓小平同志更是鲜明地提出了新闻的建设性，指出："党报党刊一定要无条件地宣传党的主张，对党的工作中的缺点和错误，党员应该有权利进行批评，但是这种批评应该是建设性的，应该提出积极的改进意见。"③

西方学者提出的建设性新闻是一个新概念，也是一个新理念，并掀起了一场社会运动付诸实践。中国在实践中实行的新闻建设性是指新闻的一种属性、功能，即新闻的属性之一是建设性，新闻应该具有建设性的作用、功能。

两者产生的文化、历史、政治制度等有诸多不同，表述不同，内容也各有侧重，但就新闻的属性和功能而言，两者是相同的、一致的，都强调建设性。两者都强调，新闻媒体在社会建构中要发挥积极的建设性作用，

---

① 中共中央文献研究室、新华通讯社编《毛泽东新闻工作文选》，新华出版社，2014，第201页。
② 中共中央文献研究室、新华通讯社编《毛泽东新闻工作文选》，新华出版社，2014，第222页。
③ 《邓小平文选》第二卷，人民出版社，1994，第272页。

承担负责任的角色,激发社会正能量。因此,只要是在强调新闻属性和功能的语境上,两个词可以通用,既可以用建设性新闻的表述,也可以用新闻建设性来表述。

二　新闻建设性与正面宣传为主的关系

西方学者提出的建设性新闻理念可以拿来为我所用,与我们一直倡导的新闻建设性在追求目标上相吻合。新闻建设性主要体现为正面宣传为主的基本方针,同时强调加强和改进舆论监督报道。建设性新闻或新闻建设性不能代替正面宣传为主,同样,正面宣传为主也不能代替建设性新闻或新闻建设性。新闻建设性可以作为马克思主义新闻观的一个新观念、新要求。建设性是相对于非建设性和破坏性而言的,也是相对于非建设性和破坏性而存在的。新闻的客观效果具有两面性,即建设性和非建设性、破坏性。

一般而言或通常意义上,正面宣传传播的是正能量,弘扬的是主旋律,包含乐观、积极、健康、向上的要求,具有建设性功能作用。

但正面宣传不等于建设性,因为有的正面宣传实际起到的作用是负面的和令人生厌反感的。这种正面宣传表现为:其一,假大空,特别是夸大的甚至虚假的正面、经验、典型等;其二,"低级红""高级黑",把政治、理想、信念低俗化、庸俗化、非人性化,如有的报道《新婚之夜学党章》,有的报道《因洗澡4分钟没接巡视组电话受警告处分》,等等。

以正面宣传为主的基本方针,包含着舆论监督报道。正面宣传为主,并不是排斥问题、回避矛盾、粉饰太平,并不是不要舆论监督。舆论监督和正面宣传是一个统一的有机体,二者相辅相成、并行不悖。习近平总书记强调:"舆论监督和正面宣传是统一的。"① 正面宣传和舆论监督虽然侧

---

① 《习近平总书记党的新闻舆论工作座谈会重要讲话精神学习辅助材料》,学习出版社,2016,第7页。

重点不一样，但出发点和落脚点是一致的，都是要通过新闻报道达到引导人、鼓舞人和解决问题、促进工作的目的。

舆论监督报道不等于非建设性和破坏性，舆论监督报道也有建设性，其对解决问题、推动工作、维护公平正义、促进社会进步的作用是巨大的。

我们党历来重视舆论监督报道，十九届四中全会审议通过的《中共中央关于坚持和完善中国特色社会主义制度推进国家治理体系和治理能力现代化若干重大问题的决定》中要求，完善舆论监督制度，健全党和国家监督制度，健全人大监督、民主监督、行政监督、司法监督、群众监督、舆论监督制度。习近平总书记指出，新闻舆论工作要"澄清谬误、明辨是非""激浊扬清、针砭时弊"，要将包括舆论监督在内的多种形式监督与党内监督贯通起来，增强监督合力。

建设性新闻或新闻建设性不以正面报道还是监督报道来划界，而是以报道的社会效果作为衡量标准。效果好的新闻，无论是正面的还是批评的，都是建设性新闻。效果坏的新闻，无论是批评的还是正面的，都是非建设性新闻。

三　新闻建设性的理论基础

新闻都是对事实的报道，事实是新闻的来源，没有事实就没有新闻。事实是事物呈现的状态和结果，事物遵循规律运动着、变化着，任何事物都有共同的、普遍的规律，而新闻建设性或建设性新闻正源于事物的规律性，同时也源于人们的社会实践。

新闻建设性源于事物的运动性、发展性。辩证唯物主义认为，事物是运动的、发展的，而不是静止的、不变的，"世界不是既成事物的集合体，而是过程的集合体"①，由无数具体事物及其过程所构成的世界是一

---

① 《马克思恩格斯选集》（第4卷），人民出版社，1995，第244页。

个运动的相互联系的总体，其中每个事物和过程都是这个总体中的一个有机组成部分或环节。事物运动的过程呈现出事物阶段性特点，而不是事物的全部或本质特点。所以不能根据某个过程来定性事物，如马拉松运动中，前二三十公里一直跑在最前面的运动员不一定是冠军，只有到最后时刻谁最先到达终点谁才是冠军。简单的体育运动如此，复杂的社会运动也是如此。红军长征遇到重重困难险阻，如果仅就过雪山等类似的损失而断定红军必败，必然要犯历史性的大错误。根据某个过程就定性事物的好坏，特别是负面的定性，既容易违背事实，也不利于社会进步，用运动的发展的眼光作报道，就会多一些理性、多一些建设性。

新闻建设性源于事物的对立统一性。唯物辩证法认为，事物是矛盾的、对立的、统一的，存在着相互制约、相互转化。如作用力与反作用力、冷与热、上与下，都可以互相转化。社会问题也是如此，如我国加大环境污染治理力度，客观上造成一些企业成本上升或停产转产，短期看一些人收入下降、地方财政收入减少，但长远看环境变美了、人民群众的身体健康了、生活质量提高了，同时迫使高污染、高能耗的企业转向高新产业、绿色产业，从而促进了企业转型和全社会的进步。新闻报道在给事实定性时，一定要考虑事物转化甚至向反面转化的可能，不能简单地把好的说成就是好的、坏的就是坏的，特别是要避免负面事实的绝对化、极端化。

新闻建设性还来源于人们的实践。人类的实践是能动的实践，无论是自然实践还是社会实践，都有趋利避害、趋善避恶的选择，这种选择既出于本能，又出于自觉。人们在社会实践活动中，都会自觉和不自觉地选择建设性而非破坏性，即建设性必然地存在于人们的自然实践和社会实践中。比如人类对飞行工具的探索，无论是飞机还是航天器，都有过很多次的失败和许多人的牺牲，但给人类带来的益处是巨大的。

新闻追求事实、真相，人类社会既有真善美的事实、真相，也有假丑恶的事实、真相。某个人、某群人、某一件事、某一阶段、某一区域，可能出现假丑恶的事实、真相，这样的客观事实不可否认，但同样不可否认的是，这样的客观事实不能代表全体人、全过程、全阶段、全区域。人类社会的前进方向是真善美，主流是真善美，主要的场景是真善美。

那种唯有负面才是新闻的理念，往往只看到事物的一面或某一阶段，而忽视了事物的全面和全过程；往往只看到静止的事物，而没有看到转化发展的事物；往往只看到事物的表象，而没有看到事物的本质或本质特点；往往只揭露社会和人性的假丑恶，而漠视社会和人性的真善美。

四 新闻建设性的价值追求

客观、真实、真相是新闻的基本要求，也是新闻必须遵循的基本原则。新闻报道要尽最大可能地、无限地接近真实、真相，这是新闻的基本价值追求。新闻的基本价值追求不是新闻的唯一价值追求。如果新闻的价值追求仅仅停留于此，那么新闻就沦落为没有道德、没有人性、没有善恶标准的"信息工具"。如果新闻就是这样的"信息工具"，那么人类就不应该为之奋斗奉献，不应该成为人们追求的伟大事业。人们之所以把新闻当作伟大事业，愿意为之拼搏甚至牺牲，就是因为"笔下有财产万千，笔下有毁誉忠奸，笔下有是非曲直，笔下有人命关天"。

如果把新闻的功能和作用仅仅定位在传递信息上，价值追求仅仅停留在真实、真相上，那么新闻就不会也不应该承担起时代风云的瞭望者、公平正义的守护者、社会进步的推动者的职责使命。

如果新闻的价值追求只是有闻必录，甚至以"坏消息""阴暗面"为圭臬，以满足人性中的丑恶为嗜好，置人类的幸福和社会进步而不顾，那么这样的新闻就必然堕落为黑暗丑恶的帮凶。

新闻作为一种信息传播手段，和书籍、音乐、舞蹈、绘画等一样，既有传递信息、传授知识、启迪智力、满足视听等作用，同时也嵌入了价值元素，或引导人们真善美，或诱导人们假丑恶。新闻因具有向上向善向美的价值追求，因而具有建设性属性。

信息传播特别是新闻传播自觉和不自觉地都镶嵌着价值元素和价值追

求，纯粹的超阶级、超国家、超意识形态的新闻传播是不存在的，它必然地打上新闻生产者、地域、民族、国家和意识形态的烙印。

如果说真实、真相的追求是新闻的基本价值追求，那么民族利益、阶级利益、国家利益就是重要的价值追求，而人类的幸福和社会进步则是新闻传播的共同价值追求。基本价值追求是基础、基石、根基，是第一级的；重要价值追求是显现的、是立场、是目的，是第二级的；而共同价值追求是各个民族、国家和人类的共同追求，是最高级的。

人类只有一个地球，各民族、国家共处一个世界。党的十八大明确提出要倡导"人类命运共同体"意识，这一全球价值观包含相互依存的国际权力观、共同利益观、可持续发展观和全球治理观。新闻报道除了追求真实、真相的基本价值，追求民族、阶级、国家的重要价值，还要追求人类的共同价值。

五　负面圭臬：建设性新闻的反面标靶

建设性新闻直接起源于对媒体负面偏好的批判。西方国家由于历史、文化和政治制度的根源，媒体奉行"好新闻一定是坏消息""不流血不头条"理念，但由于往往滑向以负面为圭臬的极端，热衷于揭丑、"扒粪"，在实践中是有害的，对本国的影响是双刃剑，而对他国往往是单刃的伤害。

20世纪初，美国新闻界掀起了轰轰烈烈的"扒粪"运动，大量揭露社会各个层面的腐败、阴暗、罪恶。其积极作用是，唤醒了公众的正义感，有力推动了社会立法，促进了社会进步。其消极作用是，到运动后期，许多报道为揭丑而揭丑，甚至涌现大量新闻敲诈、虚假新闻。最终，这场运动以新闻媒体公信力下降，新闻记者被污名化，公众"对一切都不再信任"收场。

哈佛大学肯尼迪政府学院教授托马斯·帕特森指出，新闻媒介对负面新闻题材异乎寻常的偏爱，这本身已经构成一种偏见，损害了新闻的客观性。乌瑞克·哈格洛普进一步指出，对负面、冲突的极度偏好已经严重扭曲了媒体对世界的客观反映，带来两个最显而易见的后果。一是媒体公信力坍塌。在丹麦，新闻记者的可信度位于金字塔底部，仅仅高于二手汽车经销商和政客。二是受众加速逃离传统媒体。受众抛弃传统媒体，投向优兔、脸书等社交媒体怀抱，固然有多重原因，但以负面、冲突为核心的传统媒体文化难辞其咎。牛津大学路透研究院的调查结果显示，48%受调查者是因"引发负面情绪"而放弃使用传统媒体的，这个选项在所有原因中排在第一位。

西方媒体以"坏消息"为圭臬的报道理念，运用在国际报道中，对非西方阵营的国家带来的更多是伤害甚至灾难性恶果。长期以来，西方媒体选择性地报道非洲的战乱、疾病、政变、贫穷，塑造了一个落后、混乱的非洲，迎合了西方受众的心理需求，但与真实的非洲相去甚远。对伊拉克战争的爆发，CNN和《纽约时报》等西方媒体是有力的台前推手，对莫须有的"大规模杀伤性武器"报道连篇累牍，为战争爆发造足了舆论。这固然有美国国家机器、军工企业、媒体集团"共谋"的背景，但媒体对负面、冲突新闻的极度嗜好，是极其重要的一个原因。同样，在"阿拉伯之春""颜色革命"以及香港修例风波等事件上，西方媒体的新闻报道普遍偏离了真实、全面、客观的轨道，严重干扰国际社会客观、准确、全面地认知事件真相。

西方媒体以"坏消息"为圭臬有其深刻的原因。一是人性恶的社会主流观点，以丑陋、黑暗、低俗迎合人性中恶俗的一面；二是认为政府具有天然的权力腐败性，必须以揭露来遏制；三是个人名利的目的，揭黑越深越重越是名利双收；四是媒体公司的利益，揭丑可以增加销量、吸引广告；五是两党制和多党制提供了土壤和温床，党派利用媒体相互揭黑、攻击；六是戴着意识形态和发达国家的有色眼镜，对不同意识形态国家特别是社会主义国家、发展中国家、欠发达国家的负面进行夸张、渲染甚至歪曲报道。

在我国，舆论监督总体是建设性大于非建设性、破坏性，但也有一些负面新闻处理不妥当,产生了双刃甚至单刃效果。比如2008年石家庄三鹿集团奶粉事件,三鹿集团生产的奶粉被发现有化工原料三聚氰胺,导致婴幼儿患肾结石。网民率先揭露,媒体纷纷曝光,随后国家质检总局公布多家乳制品企业的奶粉被检出三聚氰胺。这些揭露性报道对乳制品企业的质量改进提升发挥了巨大推动作用,功不可没。但同时,对我国乳制品行业整体质量水平提高报道不充分,把单个企业问题与整个行业发展区别对待的舆论引导工作做得不够,以及有关领导和部门处置不当,等等,致使国人对乳制品质量特别是婴幼儿奶粉质量的阴影挥之不去,至今国产婴幼儿奶粉这一战略性产品尽管质量可以和国外相媲美,但销量和价格远落后于国外产品,教训极其深刻。

负面偏好为了追求轰动效应,容易夸大、歪曲甚至虚构事实。2016年2月14日,一篇名为《春节纪事:一个病情加重的东北村庄 | 返乡日记》的文章在某杂志微信公众号发表。种种触目惊心的事实呈现出一个"礼崩乐坏"的东北村庄,一时间在网上引起热议。新华社记者深入调查发现,不仅文中描绘的事实本身——时间、地点、人物皆为虚构,且在整体上也子虚乌有。这样一个从个别到全体、从表象到本质都是虚假的报道对媒体公信力和网络舆论环境带来了恶劣影响。

六 新闻建设性的时代要求

新闻建设性符合新闻共同价值追求的必然逻辑,也是实现"两个一百年"奋斗目标的时代要求。宏伟的目标必有艰巨的过程,而置身其中的新闻人,不仅是记录者、参与者,还是重要的建设者,要为近14亿中华儿女凝聚起磅礴之力而努力奋斗。

在伟大的征程上,我们面临不少风险挑战,国内经济社会深刻变革、利益格局深度调整,各种深层次矛盾和问题不断显现,社会热点易发多发频发。国际上以美国为首的西方国家遏制我国发展强大,加紧对我国进行西化分化图谋,竭力在我国策划"颜色革命",企图颠覆中国共产党领导和我国社会主义制度。

当此之时，新闻建设性的作用价值更加显现。"两个一百年"奋斗目标，需要中华民族勠力同心，也需要和平安全的国际环境，建设性新闻的作用价值是，减少分歧分野，减少风险挑战，形成共见共识，谋求最大公约数，画出最大同心圆。

倡导新闻建设性必须坚持正面宣传为主的基本方针。2013年8月，习近平总书记在全国宣传思想工作会议上指出："坚持团结稳定鼓劲、正面宣传为主的方针，是宣传思想工作必须遵循的重要方针。我们正在进行具有许多新的历史特点的伟大斗争，面临的挑战和困难前所未有，必须坚持巩固壮大主流思想舆论，弘扬主旋律，传播正能量，激发全社会团结奋进的强大力量。"①

正面宣传要实现建设性，需要在三个方面着力。一是力戒"假大空"，要深刻认识到长期"假大空"给人民群众的信任感带来极大的伤害；二是情感上打动人、道理上说服人，话语出自乡亲，感情发自内心，说理言之有理，说事言之有据；三是防止"低级红""高级黑"。

倡导新闻建设性要加强和改进舆论监督报道。舆论监督报道对于发现问题、重视问题、改进工作有巨大的促进和推动作用。在实现"两个一百年"奋斗目标的进程中会遇到各种问题，社会主要矛盾已经转化为人民日益增长的美好生活需要与不平衡不充分的发展之间的矛盾。一方面，我国是世界上最大的发展中国家，还存在许多短板；另一方面，人民群众不仅对物质文化生活提出了更高要求，而且在民主、法治、公平、正义、安全、环境等方面的要求日益增长。因此，必须正视存在的问题、矛盾、困难、短板等。总体而言，目前舆论监督报道偏少偏弱。习近平总书记反复强调，要坚持问题导向，坚持底线思维，把问题作为研究制定政策的起点，把工作的着力点放在解决最突出的矛盾和问题上。舆论监督报道是发现问题、解决问题的有力武器，各级党委、政府要高度重视且善于运用这

---

① 《习近平谈治国理政》，外文出版社，2014，第155页。

一武器，而不是拒之门外、弃之不用。

舆论监督报道重在建设性，不是为了揭露而揭露，不是为了宣泄而宣泄，最终目的是为了人民幸福和促进社会进步。要做到建设性，一是必须客观真实，既要注重个体的、局部的、过程的真实，更要注重全体的、全局的、历史的真实；二是围绕中心，服务党和国家工作大局，服务广大人民群众；三是坚守道德和法律的底线，舆论监督必然涉及道德和法律，新闻工作者必须自己行得正，必须严格遵守法律法规；四是坚持以人民为中心的工作导向，把实现好、维护好、发展好最广大人民根本利益作为出发点和落脚点。

（本文原载于《中国记者》2020年第1期，该文章收录本书时内容和文献标注方式略有调整）

社会治理与媒体担当

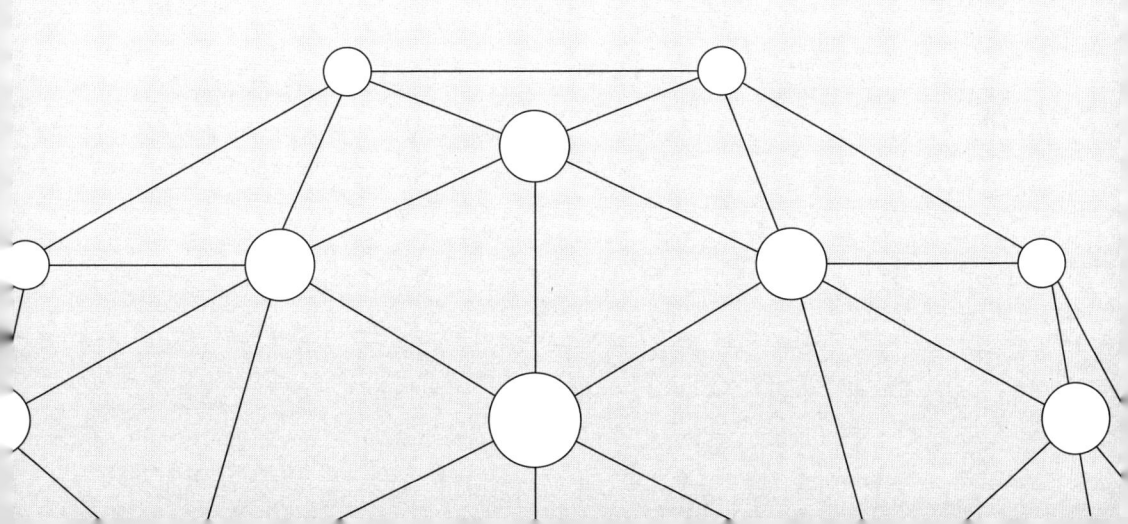

XVII 从建设性新闻到建设性治理的实践路径探析

沈 玲*

一 从"监督功能"到"治理功能"

20世纪90年代，现代治理研究肇始于西方国家的公共部门管理改革需要。治理理论随着学术研究浪潮被引介入中国后，经过与中国国情社情匹配、碰撞的"中国化"过程，通过政界、学界不断的反思、争论和探索，逐渐替代了"管制""管理"，成为国家治理的新理念、新范式、新实践。《中共中央关于坚持和完善中国特色社会主义制度 推进国家治理体系和治理能力现代化若干重大问题的决定》强调：把党的领导落实到国家治理各领域各方面各环节，党的领导力支撑和落实党的领导，是国家治理体系和治理能力现代化能否实现的关键因素。

苏州作为改革前沿地区和开放桥头堡，现已成为国内工业经济、外向型经济重镇，1500余万人口中，外来人口超一半。社会的流动性、复杂性，决定了社会治理的精细化转向，特别是网络社会带来的数据技术普及、赋权，基层技术"大脑"重构了社会治理的主体间关系，如何实现有效"连接"，作为"中介"的媒体，能否恰当发挥功能是实现有效治理的前置条件。

---

* 沈玲：苏州市广播电视总台党委书记、台长，高级编辑。本文系2020年度江苏省宣传思想文化优秀调研成果二等奖。

建设性新闻思维的重要特质是发现问题和建设性地解决问题，进而在纷繁复杂的客观事物发展中创造出新成果或提出新理论。建设性思维一旦作用于新闻工作，就能源源不断为舆论宣传注入精神力量。①

1989年，习近平在福建宁德任职时，撰写题为《把握好新闻工作的基点》一文指出："新闻媒介的舆论监督是最经常、公开、广泛的一种监督方式"，"运用舆论监督武器，要有强烈的社会责任感，讲究社会效果。要有利于维护安定团结的政治局面，有利于改革、开放，有利于党开展工作。舆论监督的出发点应该是积极的、建设性的。"2002年，习近平在与中央驻浙新闻单位和省主要新闻单位的负责人座谈时强调，"要牢牢把握新闻宣传工作的正确方向，弘扬主旋律，提倡多样化，坚持正面报道为主，同时加强舆论监督，为改革开放和现代化建设创造良好的舆论氛围"。2006年，习近平在给驻浙中央媒体和省内主要媒体负责人介绍浙江省情时又强调"各级党委政府要与新闻媒体积极沟通，欢迎新闻监督，闻过则喜；要充分运用舆论监督这个武器，推动各项工作"。2016年2月19日，习近平在党的新闻舆论工作座谈会上发表重要讲话指出：要坚持党性和人民性相统一，把党的理论和路线方针政策变成人民群众的自觉行动，及时把人民群众创造的经验和面临的实际情况反映出来。2020年，习近平在统筹推进新冠肺炎疫情防控和经济社会发展工作部署会议上指出，新闻舆论是团结群众的强大"磁石"，要善于把党的政策变为群众的行动，善于汇聚党心民意的合力。

通过深入学习贯彻习近平新时代中国特色社会主义思想，特别是关于新闻舆论的一系列重要讲话精神，我们可以深刻领会到，习近平总书记对新闻舆论工作性质作用的新定位，使新闻舆论工作与党的执政地位紧密联系在一起，直接服务于党的执政大业。媒体是参与社会治理的主体。党领导下的新闻媒体，是意识形态的前沿阵地，是党实现政治宣传和思想引领

---

① 邰书楷：《建设性新闻的"四个意识"维度》，《中国社会科学报》2020年7月2日，第3版。

的舆论基础和主阵地,是参与社会治理的主体,媒体要切实负担起引导主流舆论、弘扬主流价值、设置公共议题、凝聚社会共识等职责使命。

建设性新闻作为一种舆论监督重要手段,作为报道理念和内容再平衡的不断进行时,深刻影响政治、经济、文化等各个领域,已成为媒体参与治国理政的重要工具,构成社会治理现代化的重要内容之一。而在中国的文化语境和制度规约下,建设性新闻已经不再局限于新闻界,延伸为政府、媒体、民众、企业共同参与的社会治理行动。[①] 本文跳出媒体本位和传统新闻业务的思维定势,以习近平——思想为指导,通过案例分析和实证调查,阐释区域主流媒体如何回应时代,价值再构;以此为基础,探索新时代社会治理高度一体化的有效对策和建议。

二 新常态下主流媒体将为社会治理注入新动能

当前建设性新闻参与社会治理主要面临以下现实局面:第一,社会治理呈现出多极化、去极化、多元主体的特征;第二,社会各阶层、团体的利益诉求、社会舆论反应呈现复杂、流变的多样性;第三,由于社交媒体兴起和互联网变革,信息在治理过程中社会传播的速率、范围不可控,不稳定性增加。社会治理过程中,媒体能发挥什么样的作用?

(一)强化政府共生协作,构建多元治理主体

党的十八届三中全会提出,必须"坚持系统治理,加强党委领导,发挥政府主导作用,鼓励和支持社会各方面参与,实现政府治理和社会自我调节、居民自治良性互动"。

(二)顺应新型传播态势,创新社会治理工具

微信、抖音等网络新媒体因其交互、即时、海量、共享、便捷等特

---

① 田园、宫承波:《从建设性新闻到建设性传播》,《当代传播》2020年第4期,第60~63页。

征，已成为连接社会主体的重要桥梁和纽带。基于一份量化研究报告，新媒体接触对于社会治理参与具有正向影响。当社会公众更多地通过新媒体进行政治话题转发或讨论时，其参与线下问政和网络问政、参加选举等行为会得到进一步激发，符合"需求—反馈—满足"的受众行为逻辑。随着新媒体接触的增加，社会公平感较低的个体会更有意愿参与社会治理。①

（三）预防和化解社会矛盾，强化议题主动设置

今年以来，受到新冠肺炎疫情冲击，国内外经济形势均出现不确定性，对社会治理也提出了新的需求，媒体是预防和化解社会矛盾、缓和社会情绪的桥梁。一方面，建设性新闻强化舆论监督。另一方面，对于网上线下关注度高的舆论话题，提高主动设置议题，引导社会舆论走向的能力。该热的热起来，该冷的冷下去，该说的说到位。②

总的来说，建设性新闻是媒体参与社会治理的重要途径，应通过理念创新、内容创新、方法手段创新为社会治理"赋能"，为社会治理创新贡献更多媒体力量。

三 建设性新闻推动善治的实践路径：多元主体和深度下沉

近年来，全国各地媒体经过了大量研究和探索，在建设性新闻推动社会治理道路上，不断丰富实践。

一是引入外力，搭建多方对话平台。山东电视台 2019 年 3 月推出融

---

① 张云亮：《新媒体接触对社会治理参与的影响研究——基于中国社会状况综合调查2013~2017 年数据的实证分析》，《新闻与传播研究》2020 年第 7 期，第 77~95 页，第 127~128 页。

② 郭潇雨：《后真相时代建设性新闻的本土化实践路径》，《传媒》2020 年第 17 期，第 88~90 页。

媒问政节目《问政山东》,至2020年5月28日共完成直播53场,解决各类具体问题600多个,推动制定完善了400多项政策。① 这档由山东省委一把手亲自过问督办的节目,没有彩排和剧本,除了第一期录播外其余全是直播。观察这档节目运行模式,外力介入是重要特点。如,由山东省人大代表、省政协委员和群众代表组成的问政代表团集体举牌,对问政对象的回答表达意见,红色"笑脸"标志表示满意,蓝色"哭脸"标志表示不满意。人大、政协的借智、借力,为节目搭建了一个引导群众成为社会治理人的平台,实现政府管理、人大政协参政议政与群众民主管理社会公共事务的有效结合。

二是从难点、痛点、堵点中啃硬骨头。北京卫视播出的《向前一步·八米阳光》获第二十九届中国新闻奖一等奖。该案例讲的是北京某社区一条人行道被业主私搭乱建的房屋挤占。相关部门多次沟通无果,节目组将违建房业主代表、其他居民代表,以及相关基层政府工作人员请到节目现场,经过由律师、城市规划师、媒体评论员、心理咨询师和人民调解员组成的"城市沟通团"沟通疏导,以及基层工作人员的详细解释,在6小时沟通协调后,违建房业主代表最终做出了"向前一步"的决定,带头拆除自家违建,还受邀成为街道"义务劝导员",积极劝导其他居民拆除违建,推动疏解整治工作的顺利进行。节目下沉社会治理一线,从深层次的社会矛盾中挖掘信源选题,从群众反映的热点难点问题中寻找切入口,是中国电视媒体直接参与城市治理,全面服务政府工作,积极履行媒体使命的一次重要实践。②

三是形成公民积极参与的治理环境。2010年,杭州电视台开办《我们圆桌会》,栏目以主持人引导、不同身份背景嘉宾在演播室围坐交流讨

---

① 山东广播电视台闪电新闻客户端官方帐号:《〈问政山东〉火了! 它能带起省级直播问政节目的"风口"吗?》,2019年5月22日,https://baijiahao.baidu.com/s?id=1634190247002676384&wfr=spider&for=pc。
② 中国记协网:《八米阳光》,2019年6月23日,http://www.zgjx.cn/2019-06/23/c_138136665_2.htm。

论公共话题为基本形式，融合"政治协商制度""立法听证""基层民主治理""公共论坛"等方式。2016年，《我们圆桌会》针对二十国集团（G20）领导人杭州峰会筹备过程中出现的各种问题，尤其是大量基础工程提升，时间紧、任务重，难免扰民的情势下，先后组织14次城市建设话题的现场讨论。就"阵痛期我们如何度过""G20峰会能给杭州带来什么""道路颜值提升重'面子'更要重'里子'""施工那些事儿如何和市民分享"等进行讨论，及时化解信息不对称情况。既让G20工程建设得到理解和支持，也促进职能部门精细化管理。① 这对如何吸纳市民参与城市管理、创新对话方式，达成社会公示，营造支持、理解的良好氛围具有典范意义。②

苏州本地媒体也有诸多作为。2018年，《姑苏晚报》"星期五调查"专栏获中国新闻奖一等奖。其中，2017年12月专栏刊发《私桩共享能否解决家门口充电难》一文，对新能源汽车买车易、充电难现象，以建设性新闻角度进行了深度调查。这篇报道引发社会各界关注。报道过后，职能部门召开协调会，对私人申请安装充电桩的流程作了进一步规范，并大大缩短了申请、勘查、施工时间；反过来，通过共享模式解决充电问题的车主也一下子多了起来，这对推广新能源汽车发挥了正面作用。这是一起典型的围绕社会热点主动设置议题，既发现问题，又提出解决问题思路的建设性新闻案例。

近年来，苏州广电总台积极打造建设性新闻品牌栏目建设，在推动社会公共问题有效解决过程中，培育公众理性思考和参与治理能力，寻找社会共识，助力市委市政府治理工作。

一是实事求是，推动解决实际问题。为深入贯彻落实习近平总书记关于作风建设的系列重要讲话和指示批示精神，贯彻落实省委和市委关于加

---

① 看传媒：《杭州文广集团〈我们圆桌会〉：协商式电视问政与城市治理能力提升》，https://www.sohu.com/a/254159704_770746。

② 夏雨欣：《基于社会正义：建设性新闻理念与媒介正义的实现路径》，《当代传播》2020年第4期，第51~55页。

强作风建设的部署要求，2020年初，苏州市委部署了新一年苏州作风建设"三件事"，设立转变作风"曝光台"便是其中之一。主要针对各地、各部门存在的形式主义、官僚主义，工作不实、作风漂浮等影响苏州高质量发展的问题，以及损害人民群众利益的人和事予以曝光。

苏州广电总台成立工作专班，在新闻综合频道《新闻夜班车》栏目以及"看苏州"App开辟"曝光台"专栏。每期调查报道直击影响苏州高质量发展的作风建设问题，记者深入苏州各区域、各部门工作一线，通过明察暗访提出问题，引入专家客观分析点评，提出意见和建议。同时与市委、市政府督查室、市信访局、市便民服务中心12345、市纪委监委等多方联动，形成信源分享、问题解决的一整套工作机制。每期节目播出后及时跟进，第二天便推出追踪报道，涉及部门必须直面回应，第一时间推动问题的解决，有效形成处理问题"闭环"。电视报道结合网络、手机端同步传播，并专门开辟小程序，引入网友的实时参与，提供线索、提出建议等。

截至2020年9月底，"曝光台"共播出28期深度调查报道，36篇问题解决类追踪报道，完成内参报道2篇。"曝光台"及相关追踪报道在同时段各类节目中收视表现突出，呈明显升幅。其中电视端收视率最高一期达7.51，平均市场份额达24%。第4期《办不下来的产证》反映了市民17个月办不好一张不动产证的问题。记者通过详实严密的调查，将办证经历清晰还原，暴露了相关职能部门互相推诿、办事拖拉等工作作风问题。节目播出后第二天，分管局长当面道歉，三天后当事人的产权证就办了下来。其后，苏州市资规局多次召开专题会议，开展作风效能提升专项行动，并在全市开展土地房屋历史遗留问题攻坚战，推动了苏州全市土地房屋历史遗留问题的解决。

二是以人民为中心开展报道。如果坐一趟地铁最低只需要2元钱，而你的地铁卡里有7元钱，竟然1次也坐不了。当事人大学生小吴2017年5月遭遇此事后，询问工作人员，对方说公司有规定，卡内余额低于单程票价最高价之后就不能进站。苏州市轨道交通公司制定的《苏州市轨道交通票务规则》第十三条规定，地铁一号线全程票价为 8 元，持有苏州市民卡享受 9.5 折优惠，折后全程票价 7.6 元。这就是卡内余额不足 7.6 元不能进站的由来。

2017 年 10 月底小吴一纸诉状将苏州轨道交通公司告上法院，一是请求宣告《苏州市轨道交通票务规则》第十三条规定无效；二是当卡内余额低于 7.6 元时，闸机要显示余额。"看苏州"客户端报道后，此案成为全网热点，后台讨论留言超 8 万条。"看苏州"安排专人收集评论区言论，针对偏激的或者疑惑的留言及时疏导，引导网民尊重事实朝着建设性方向建言献策。另一方面，将轨交话题投放至多个社群中，倾听意见建议；走进不同站点，访问百十位地铁乘客。此外，"看苏州"还派出多路记者奔赴多地，对北京、天津、南京等 16 个城市进行调查，发现大部分城市规定，只有卡内余额低于最低票价时，才无法进站。苏州轨道交通公司是按照最高票价金额限制，明显不合理。同时，组织法学领域五院四系部分专家学者专题研讨，走进直播间现场剖析。

应苏州中院要求，"看苏州"将网络焦点、专家建议方案汇总整理后提供给对方。2018 年 12 月，诉讼双方达成调解协议。苏州轨道交通公司接受主诉求，承诺于 2019 年 12 月 31 日前按最低票价进站原则对《苏州市轨道交通票务规则》第十三条进行修订并同步实行，小吴放弃其他诉讼请求。

2019 年 5 月 1 日前，苏州轨道交通发生了悄悄的变化。官方网站发布消息，经过充分验证及设备改造等，完成"最低票价进站"规则修订，已正式实施。苏州轨道交通最低票价 2 元，9.5 折优惠，现在只要卡内余额不低于 1.9 元就能进站。

这起案件能够在苏州市中院进入审判程序，并得到审结，让大家很意外。据了解，像这类纠纷，很多地方法院都以"主体不合格"等程序原因而驳回起诉或不予受理。这反映了多年社会管理的惯性思维，而不是社会治理的共治思维，造成对民众和服务对象利益的忽略。这起案件表面上是微不足道的个体和不足挂齿的数额，但背后却是苏州这个全国第一个开通地铁的地级市目前日均百万的客流。如果不正视问题的解决，这样一个沉默大多数的庞大群体产生的民怨积聚，很有可能在某个时点引发某种不确定的负面舆情和社会冲突。我们运用建设性新闻理念倡导"较真比胜讼更重要"，面对不合理规则，不抱怨不撕裂，不放大事态不制造冲突，做积极建设者，提供法律途径的解决方案，通过个案的改变共同推动社会的进步。

三是深度参与政府治理工作，从群众反映的老大难问题中寻找切入口。广播品牌栏目《政风行风热线》（每周一到周五上午10点到11点，下午16点到17点）曾经是苏州广电的品牌节目。此类节目脱胎于20世纪90年代电话热线节目，后因舆论监督兴起曾风靡大江南北，近年来有所沉寂。2019年初，《政风行风热线》栏目组运用建设性新闻理念，推动多项管理盲区和难点得到了改善。系列新闻报道《我的申请谁来批》，从接到市民的热线电话开始，记者一步步深入调查，真实记录了一位市民在建筑外立面改造申请审批过程中，因政策偏差导致的反复递交、申请无门到最终得到解决的全过程。节目内容真实客观，采访充分，在"放管服"改革背景下，揭示了城市行政管理面临的问题，推动并促成了问题的最终解决。2019年3月1日，苏州市规划局、苏州市城管局、姑苏区城管委临时召开协调会并形成备忘录，困扰市民长达10年的店面立面装修审批事宜终于有了结论。相关部门达成的《苏州市自然资源和规划局、苏州市城市管理局工作备忘录》明确了职责分工：在设置店招店牌过程中的局部里面装修，不涉及房屋墙体结构的由城管部门进行受理和审批，涉及房屋墙面结构的申请，由规划局负责受理和审批。

在今年的新冠肺炎疫情期间，苏州市广电总台也充分运用建设性思维，参与疫情防控工作。"看苏州"新闻客户端第一时间组建专题《防控新型冠状病毒肺炎疫情，苏州在行动》，开设苏州防控、要闻聚集、科普资讯、专家解析、谣言过滤、抖音视频等六个栏目。而在中央网信办协调下，"苏州新闻"微信获得一日四推权限，与有115万粉丝的"名城苏州"官微、有65万粉丝的"交通广播"官微同频共振，不但及时准确发布各类政策通告、通知消息,更注重新媒体端后台评论的收集研判,特别是网友重点关注和集中度高的话题,第一时间反馈政府相关主管部门,推动进一步透明公开的解疑释惑。对相关政府部门最新通报的内容,根据网民互动和有关诉求,根据实际需求记者第一时间主动联系相关主管部门,及时给予回应。对回应市民关切,引导社会情绪,全面服务市委市政府重点工作,起到了积极作用。

四、建设性新闻参与社会治理的未来面向
——制度构建和宣传管理创新

打造新时代共建共治共享的社会治理格局,需要全社会的理论创新、实践创新、制度创新等,新闻媒体的政治立场、政治主张、政治观点不是抽象的,具体体现在一篇篇报道和一个个活动中。结合上文分析与我们近年来的实践探索,我们有如下体会、建议。

一是借鉴永康模式龙山经验:高位统筹,分层过滤。将矛盾纠纷化解在基层的典型——永康法院龙山人民法庭。该法庭收案量从2013年的806件逐年递减,2017年下降到401件,降幅达50%,实现了涉诉案件零信访。分析龙山经验,主要有以下特点。

1. 依靠党委统筹协调,变法庭"单打独斗"为"综治综调"。党委围绕共建共治共享,统筹基层各种解纷资源,共同建设治理体系、共同实施治理活动、共同分享治理成果,形成基层社会治理强大合力。龙山镇党委先后出台了《关于构建矛盾纠纷多元化解工作的实施意见》《完善基层治理体系,加强"四个平台"建设实施意见》等文件,明确将法庭调解纳入乡镇综治范畴,以镇综治中心为平台,联合公安、检察、司法、劳动等部门,设立矛盾纠纷调处中心,规定非诉纠纷由中心统一分流调处,由法庭指导调解;诉讼案件由法庭特邀中心人员调解或委托调解,变纠纷直接成诉为调解先行、法院断后。

2. 注重长效机制,构建"分层过滤"递进调解体系和诉调裁一体化

运作模式。"龙山经验"确立了多层递进式矛盾纠纷多元化解模式。第一层：网格调解。网格员第一时间发现并介入纠纷，调处不成的，逐级上报小组长、网格长调处。第二层：镇矛盾纠纷调处中心分流调解。根据纠纷的性质区分一般矛盾、行业矛盾和复杂矛盾，分流到行业部门、派出所、检察室、劳动保障监察所等部门先行调处；复杂疑难纠纷，启动联合调解程序。法庭在各个环节提供法律服务，必要时参与联合调解。第三层：法庭调解。穷尽调解手段后，属于可诉事项的，引导诉讼，司法断后。纠纷逐层过滤，化解在基层、化解在萌芽，做到"隐患不出网、纠纷分级调、案件庭前解"，最终实现了"纠纷下降、信访下降、社会综合治理能力增强"的良性循环。同时，打造司法、调解、仲裁、信访等有效衔接、联动协调的工作机制，实现各方资源的优势互补和有效配置。

党委领导、法庭职能前移、各方力量联动、分层过滤、递进调解的基层社会治理创新之举，也是通过建设性新闻更深度参与社会治理的可借鉴经验。除在日常传播中加强社会各界创新社会治理的相关理论制度、典型经验的宣传推介外，建议主管部门高位统筹全市建设性新闻栏目开设、运行。一是遵循传播规律，以更高政治站位更开阔战略眼光，牵头安排媒体有重点、有针对性地参与社会治理，实现协商性舆论引导，为完善现代社会治理的体制机制助力。二是从制度层面，加强政府各部门重视、支持力度，着力提升干部新闻素养，依托市新闻发言人培训班等课程，常态化开展建设性新闻采访、应对、解决的实战训练。

二是学习青岛"倾听与商量"协商平台，项目运营，多方助力。2020年10月，青岛市政协委员联络活动工作室与青岛日报社、市政务服务热线共同搭建的"倾听与商量"协商平台上线，围绕市委、市政府中心工作，群众关心关切的热点、难点问题及政协委员深入调研的社会关注度高的问题展开广泛倾听和协商，为立体、综合、全方位、内生地"搞活一座城"提供强大民意支撑和智力支持。平台活动采取线上与线下相结合的方式，每月推出一期，线上活动包括网络征集话题线索、线上直播沙龙等，每期话题将通过青岛日报社"观海新闻"客户端提前发布，线上直播沙龙将根据话题邀请市政协委员、相关部门负责人、专家学者、各界人士等现场交流，市民网友可在"观海新闻"客户端实时留言提问与现场嘉宾互动。一方面搭建了制度化协商平台，形成多方参与格局；另一方面也通过进一步锤炼建设性新闻深度，有效提升社会治理专业性。

依托建设性栏目作为群众参与社会治理、协商沟通、公共决策的平台，是引导市民参与共建和共治的有效路径。在此过程中，建议加大外力外脑助力，由市委宣传部指导统筹，搭建项目制运营、专班工作的建设性新闻平台。如山东台的《问政山东》，除省委一把手直接督办外，人大政协也深度合作参与；再如北京台的《向前一步》，就组建了由知名专家学者组成的智囊团队，协助栏目组参与栏目运行。

三是全域融合赋能，整合创新管理。习近平总书记2016年在哲学社会科学工作座谈会上的讲话中，将新闻学列入对哲学社会科学起支撑性作用的十一个学科之一，这表明了党对新闻学的重视。当下，在建设性新闻参与社会治理，贡献治理力量的过程中，也应创新宣传管理理念，解决新的问题，指导新的实践。建议主管部门在宣传管理过程中，一是整合县级融媒体中心资源，依托市县两级编织全员覆盖的综合网络，网罗民生议题，提供公共话题，协助基层单位、机构提高运行效率、治理效能，释放融媒体建设的巨大潜力。二是精细化设置宣管议题，强化建设性新闻对重大舆情和突发事件舆论引导机制的前期疏导、中期监督、后期完善的重要作用。

下一步，我们应该充分重视建设性新闻在社会治理的正义诉求、制度导向上的积极优化作用，将目光投向未来发展和社会治理问题解决上，共同努力。

XVIII 从数字性到介入性：建设性新闻的媒介逻辑分析

常 江　田 浩*

内容提要： 本文立足数字生态下的新闻理念与实践，从技术可供性的概念出发，通过对建设性新闻这一新新闻形态的剖析，尝试解读当代新闻业发展与转型的媒介逻辑。研究发现，数字技术对于新闻业的影响是生态性而非工具性的，数字技术的数字性逻辑是通过将自身转化为一种介入性的理念与实践方式，实现对新闻业的融入和改造，这一逻辑决定了数字新闻学将是对传统新闻学的"破坏性发展"。新闻研究者应正视数字化的颠覆性力量，构建与新闻业的时代特征相匹配的学术话语体系。

关 键 词： 建设性新闻　数字新闻　介入性　可供性　数字性

---

* 常江，深圳大学传播学院特聘教授、博士生导师，深圳大学媒体融合与国际传播研究中心研究员；田浩，清华大学新闻与传播学院博士。

一　引言

数字媒体的崛起对新闻业的影响乃至"改造"正呈现愈演愈烈的趋势,这一趋势兼具全球性和地方性。一方面,数字化浪潮在抽象的新闻传播理念和具体的新闻生产机制中均有显著体现,成为全行业结构性转型的重要推动力;另一方面,在新兴数字技术及其文化影响下,新的新闻实践和新闻样态层出不穷,源源不断地为新闻学的研究提供新的议题。如何理解数字媒体的媒介逻辑及其文化偏向,在理论上回应数字化进程给当代新闻业带来的影响,成为当下新闻学学科发展无法回避的问题。

建设性新闻（Constructive Journalism）就是伴随着新闻业的数字化而出现的一种新新闻,它在理念上强调将积极心理学引入新闻生产机制,在实践中则提出新闻报道活动应当将致力于提出社会问题的解决方案作为一种重要的价值追求①。建设性新闻的概念自提出以来,受到国内外新闻学界的广泛关注,但以往的研究者倾向于将建设性新闻置于发展新闻学（Development Journalism）的框架下予以解读,大多将这种新新闻视为一个既成的,甚至是理想化的信息模式,并解读其对处于转型期的社会的文化变革潜力——我们可以将这类研究称为"适用性"研究。布罗通过历史梳理,呈现建设性新闻理念的发展进程与主要原则,指出建设性新闻是与行动新闻、解困新闻等模式一脉相承的规范性新闻指南②。赫尔曼和吉登斯泰德从受众的角度切入,认为建设性新闻必须面向公众,关切受众的新闻需求,重视受众的变革性力量③。还有学者则结合中国社会转型实

---

① MCINTYRE K, GYLDENSTED C. Constructive journalism: an introduction and practical guide for applying positive psychology techniques to news production. *The Journal of Media Innovations*, 2017 (2).
② BRO P. Constructive journalism: proponents, precedents, and principles. *Journalism*, 2019 (4).
③ HERMANS L, GYLDENSTED C. Elements of constructive journalism: characteristics, practical application and audience valuation. *Journalism*, 2019 (4).

践，阐述中国主流媒体在对外传播的过程中如何应用建设性新闻理论进行议题选择与报道建设①。鉴于新闻学界和业界对这一理念的热议与全球新闻业的数字化转型过程之间存在较大程度的重合，因此便有了一个假设：数字技术的逻辑是否可能推动建设性新闻成为未来一种重要的新闻模式？换言之，建设性新闻的"可能性"，是否由数字媒体环境的媒介逻辑所支配和维系？要搞清楚这个问题，就需要我们从媒介生态的总体性视角出发，深入剖析建设性新闻与当下媒介环境之间的关系，挖掘这种新新闻背后的媒介逻辑。

鉴于此，本文以建设性新闻与其所置身的数字媒体环境之间的关系为考察对象，尝试从技术可供性（technological affordances）的视角出发，分别从叙事、流通和接受三个角度，探析令建设性新闻的理念和实践成为可能的媒介逻辑，并以此为基础展望数字技术驱动下未来新闻业的发展前景。

二 从技术到文化：可供性的视角

所谓建设性新闻的媒介逻辑，并不简单指数字技术对这种新闻样态所产生的具体影响，而是涵盖媒介自身的属性和文化偏向在理念与实践层面对包括生产、流通和消费在内的完整新闻传播过程的重塑过程。对此，媒介环境学派已经做出过富有理论价值的探讨。简单来说，我们应该看到数字媒体不仅是在"工具性地"给行业实践带来新的现象和变化，更是在"生态性地"对整个行业的认知基础、情感结构和社会互动方式进行持续不断的改造。因此，基于数字技术生态的新新闻也不应被视为传统新闻的全盘延续或"变种"，而应当被当作一种具有颠覆性，甚至是破坏性的新

---

① ZHAO X, XIANG Y. Does China's outward focused journalism engage a constructive approach? a qualitative content analysis of Xinhua News Agency's English news. *Asian Journal of Communication*, 2019 (4).

对象加以研究①。

在这一思路的指导下,技术可供性概念为我们提供了有效的分析工具。所谓可供性,字面意思是技术可令某种社会行为或实践成为可能的属性。在媒介与传播研究中,这一概念多用于描述或界定特定技术类型所具有的文化偏向,以及这种文化偏向可能诱发或激励的新文化形态。例如,帕帕奇拉斯指出社交媒体具有固续、复制、延伸、检索四大可供性,正是这四种可供性使得社交媒体能够生产出"网络化的公众"(networked publics),从而使新闻与社会相连接的方式与以往有了显著的不同②。因此,在本质上技术可供性是一个"技术—文化"的二维分析框架。在这一框架中,对技术自身属性的清晰描述是研究的基础,对这些属性的文化指向(cultural indication)的阐释则是研究的目的。可供性分析框架在数字新闻业研究中有显著的优势:它迫使研究者摒弃对技术的简化论、还原论、工具论的理解,明确技术作为人类行为基础物质环境的特性,将对新的社会文化现象的考察重点由影响逐渐转移到成因上,进而对传统的、"存在即合理"的功能主义社会分析思路进行反思。数字新闻业发展演变的过程,必然是在数字媒体的技术可供性所带来的文化指向中发生的。从这一框架出发,我们可以归纳出当代新闻业在文化生态上呈现出如下新的特征。

一是新闻内容的跨媒介性(Transmediality)。这一概念最早由德国学者拉杰夫斯基提出,它指的不是"基于一种媒介的新闻同时也能在其他媒介上传播",而是"新闻完全失去了单一的媒介特性",成为一种弥散在数字空间中的信息形式③,也可以称之为"新闻生产的去媒介化"。因此,基于特定媒介的新闻,如报纸新闻、广播新闻、电视新闻,甚至在形态上与传统媒体新闻十分接近的第一代网站新闻,各自的特性和彼此间的

---

① 常江、田浩:《建设性新闻生产实践体系:以介入性取代客观性》,《中国出版》2020年第8期。
② PAPACHARISSI Z. On networked publics and private spheres in social media//The social media handbook. New York: Routledge, 2014: 144-158.
③ RAJEWSKY I O. Intermedialität. Stuttgart: UTB für Wissenschaft, 2002: 6-17.

差异都不再具有实质的意义。新闻的"原始"媒体，更多转变成了一个文化仪式性的存在，比如在欧美国家，严肃的精英报纸即使在数字化转型过程中仍然坚持某些只适用于印刷版的报道形式，但这无碍于新闻不再有特定媒介归属的大趋势。

二是新闻形态的互动性（Interactivity）。我们可以这样理解数字化信息形态的互动性：一方面，信息的意义是在人与人、人与机器以及机器与机器间的互动中不断形成的，是一种网络化的意义；另一方面，一种信息形态总是与一系列既有的信息形态相关联的，我们只能通过对信息形态间关系的把握来实现对总体信息环境的准确理解。互动性是数字新闻产品的基本属性，一个完整的新闻接受过程同时包括用户通过界面与新闻内容的互动过程，以及用户与用户之间通过人际网络对新闻意义的共同生成过程。其带来的结果就是新闻变得比以往更加社会化和工具化，这就需要新闻理论来进行批判和反思。在某种意义上，数字时代出现的各种类型的新新闻都被赋予了明确的功能取向，就源于这样一种趋势。

三是新闻生产机制的情感性（Affectivity）。在沃尔－乔根森看来，数字媒体的发展使传统新闻受众卷入新闻内容的程度比以往大大加深，进而带来整个新闻生产机制（包括文本、受众和文化倾向）的全面情感化，这是数字平台的可供性给新闻业带来的最显著的影响[①]。新闻生产机制的情感化意味着新闻生产势必将心理学的知识和技能引入日常工作，通过符号、叙事或传播策略实现对用户正向情感的激励，而这正是本文要探讨的建设性新闻的一个重要特征：将积极心理学运用于新闻生产是建设性新闻最核心的操作指南。

数字技术的可供性给新闻和新闻业带来的上述新特征，正是我们探讨包括建设性新闻在内的各种新新闻的逻辑基础。任何一种新闻理念和新闻实践都不是凭空出现的，而我们对种种新新闻的理论化工作也不能倒果为因，毕竟"可能性"是"适用性"的前提，只有特定的语境和结构令一

[①] WAHL-JORGENSEN K. An emotional turn in journalism studies？. *Digital Journalism*，2020（2）.

种新文化形态的可见性和主流化成为可能,这种新文化形态对人的行为和整个社会变迁过程施加影响的方式才能被准确解释。

三 建设性新闻的媒介逻辑分析

如前所述,既然建设性新闻概念的兴起与发展大抵与新闻业的数字化同步,那么这种新新闻理念与实践的成因也很有可能与数字技术自身的逻辑密切相关。虽然建设性新闻可否被视为一种对传统新闻的颠覆还有待深入讨论,但可以从已有的建设性新闻生产实践与学理研究中观察到这一新新闻形式中蕴含的文化潜能:建设性新闻致力于将数字性视为一种生产要素,将其转化为一系列介入性的生产实践,在新闻与社会之间探索建立新的联结方式。具体而言,在叙事层面,建设性新闻主张关注多元叙事主体,发掘多方面力量以解决社会问题;在流通层面,建设性新闻要求新闻机构充分利用新兴社交平台,贴近受众日常生活进行传播;在接受层面,建设性新闻呼吁互动式的对话关系,促进"建设性"设想的具体落地。

(一)叙事:新闻文本对社会事件的介入

建设性新闻理念认为,为适应数字化的信息生态,新闻的叙事应超越传统的线性、单维度模式,将具有能动性的多元新闻主体纳入新闻生产机制,以叙事为手段发掘新闻对社会结构进行变革的潜能[1]。简而言之,新闻应该在叙事文本与叙事主体上凸显持续的建设性意图,于"即时性"之外发掘新闻可能具有的其他社会价值,帮助个人与社会展开积极的、持续性的变革。因而,建设性新闻首先是一种建基于媒介数字性的新型叙事革命,其倡导者对新闻叙事革新方向的设计在很大程度上源于自身对数字信息生态下的意义生成模式的理解。

---

[1] MEIJER I C. Valuable journalism: a search for quality from the vantage point of the user. *Journalism*, 2013 (6).

在叙事文本维度上，建设性新闻主张在报道中呈现具体的社会议题，并在充分呈现该社会议题的时间脉络和社会语境的基础上，探寻建设性潜力。也就是说，新闻应该在生产环节针对具体的社会议题进行广泛而深入的调查与剖析，以扎实的信息搜集展现新闻事件的发生缘由及可能的解决方案，新闻事件不再是"一个故事"，而是"一系列故事"。这一理念一方面在操作层面上对新闻生产提出了新的要求：新闻从业者应当主动集聚并还原不同的事件参与方的行为逻辑和作用机制；另一方面也对适切的新闻文体形式提出新的要求——建设性新闻的文体不应以单次的、长篇阔论的报告方式呈现，而应表现为一定数量、角度不同但彼此关联、随事件的发展而不断更新的叙事连续体（Narrative Continuum）。这清晰地体现出支配建设性新闻叙事的媒介逻辑。在数字媒体生态下，智能化的新闻编辑与分发技术允许新闻生产者将来自不同信源且互相关联的新闻内容以集聚的形式排列组合，生成新闻的意义，并能通过不断扩大信息源的数量进行新闻信息增量，令用户对新闻的形态和功能产生新的期待。因此不妨说，源于社交平台信息的"即时编辑性"令新闻生产者对新闻文本进行持续不断的、高频率的、包含自我修正功能的编辑行为成为可能，这也就间接导致新新闻无论是在理念上还是在实践上都对其报道的社会议题有更加深度的话语介入。因此，几乎所有的建设性新闻理论文献和操作手册都强调新闻生产者应保持对具体社会问题的持续关注，以充分的参与式观察助力社会问题的解决过程[①]。

以快速更新与体系化为特征的建设性新闻实际上为未来的数字新闻实践提供了一种直接的指南。在这一实践体系中，新闻叙事的形态和意义实际上是由与具体社会事件相关的个体、群体以及社会机构所共同参与的社会实践过程决定的。也就是说，在建设性新闻生产过程中，新闻生产的首要角色其实是信息协调和观念整合，目标在于推动不同叙事主体之间的积

---

① MCINTYRE K，GYLDENSTED C. Positive psychology as a theoretical foundation for constructive journalism. *Journalism Practice*，2018（6）.

极对话。但需要指出的是，建设性新闻并不要求新闻工作者在报道实践中去直面社会问题的解决，而是呼吁通过积极的新闻报道实践支持事件参与方解决问题，建设性新闻的叙事和文体则成为这一生产意图的主要"症候"①。

（二）流通：新闻生产对社会进程的介入

数字媒体因其公共性与开放性而日渐扮演基础通信设施的角色。基于此，媒介信息生产主体呈现节点式、网络状分布，信息流通则体现为以生产者为核心的社群传播模式②。在数字信息网络中，建设性新闻的流通实际上是一个循环往复的互动过程，不同实践主体能够在数字媒体的技术可供性的支持下展开持续的对话，协同推动社会问题的有效解决。因此，借助数字媒体的技术可供性对新闻事件进行充分而深入的阐释，在社群式交流中集体生成富有建设性的问题解决方案，就成为建设性新闻的基本传播目标。

不断出现的新型数字信息平台既拓展着新闻流通的时空范围，也对新闻的具体形式进行持续塑造，因此在流通的过程中，渠道的数字性和新闻内容的新闻性之间总是存在隐形的张力。对于建设性新闻来说，则既需要在理念上推崇一种总体性的、可为传统新闻从业者所接受和认同的新闻价值体系，也需要在具体形态与内容上服膺不同数字平台的分发规则，实现对平台的数字性潜能的有效利用，这就在一定程度上导致建设性新闻流通方式产生明显的内在异质性③。换言之，建设性新闻在流通的过程中，既是数字的也是新闻的，流通渠道的数字性需要将自身转换为一种可被从业者接受的新闻理念才能至少在形式上消弭这种冲突，这种新的理念就是与"客观"相对的"介入"。正因为在理念上充分认可新闻"介入"社会进

---

① BJERRE M, GYLDENSTED C. Håndbog i konstruktiv journalistik. Aarhus：Ajour, 2014：46.
② 彭兰：《网络的圈子化：关系、文化、技术维度下的类聚与群分》，《编辑之友》2019 年第 11 期。
③ BøDKER H. Cafébabel and "Génération Bataclan"：cosmopolitan identities and/as constructive European news. *Journalism*, 2019 (4).

程的合法性，建设性新闻才得以在很大程度上令自身的形式超越来自数字信息平台的"规训"，实现一种理念上的自洽。

而以"介入"为姿态的流通，也必然会对流通的具体内容提出特定要求，建设性新闻的倡导者主要是从用户心理的角度对新闻的内容进行规划。媒介心理学领域的大量实证研究表明，在数字环境下，愤怒、悲伤、憎恨等负面情绪往往能够获得更广泛的传播，因此有一部分建设性新闻的倡导者基于这些研究结论提出：新闻可以借鉴积极心理学的成果，在新闻内容中有意识地融入建设性元素，并通过这类内容的流通为用户带来积极的情绪，令用户在接受新闻信息（哪怕是负面信息）时，仍能保持心理健康①。这实际上正是介入性的生产理念在新闻内容上的直接体现。需要指出的是，以积极、健康的建设性元素介入新闻用户的心理，是建设性新闻实现对于社会问题解决的前提条件。从世界范围内为数不多的实践经验来看，与其说建设性新闻的流通是建设性行为或观念的流通，不如说是建设性心理与情感元素的流通。这一现状既体现了建设性新闻倡导者对数字技术环境的深刻理解和准确把握，也在一定程度上解释了这种新新闻难以克服的逻辑障碍：积极的心理建设究竟在什么条件下能转化为积极的社会建设，这是一个仍未被阐释清楚的问题。

（三）接受：新闻用户对解决方案的介入

在数字媒介环境下，新闻用户并非传统意义上的受众，而是集消费者、解读者、传播者等多种身份于一体的新型生产主体。建设性新闻对新闻接受过程的概念化，也有意识地服从这一逻辑。简单来说，在建设性新闻的理念中，新闻的接受既是一个参与式的新闻循环传播过程，也是一个对话式的意义协同生成过程。

参与式的新闻循环传播过程意味着：新闻接受既是新闻机构主导的新

---

① KLEEMANS M, SCHLINDWEIN L F, DOHMEN R. Preadolescents' emotional and prosocial responses to negative TV news: investigating the beneficial effects of constructive reporting and peer discussion. *Journal of Youth and Adolescence*, 2017（9）.

闻生产过程的结束，也是新闻用户主导的新闻再生产过程的开端。新闻用户的主体性在建设性新闻的理念中始终占据重要的地位。有学者指出，新闻用户其实是多维度的行动群体，可以通过政治、经济、文化维度的多种行动参与社会问题的解决①。也就是说，在数字化的接受和再生产环境下，用户对新闻的转发与评论行为始终包含主动寻求意义和解决方案的意图，这种带有强烈能动性和介入性色彩的接受行为又会为新闻机构的后续生产行为提供动力。因此，在报道具有明显负面情绪色彩的事件（如自然灾难）时，新闻从业者既应该针对事件本身展开深入的调查，在报道中全面呈现事件发生的过程与症结所在；也应该观照新闻受众的能动性，在具体的新闻报道中为受众的能动性介入预留空间。

而对话式的意义协同生产过程则指新闻生产应该在总体上关切社会事件的发生机理与变革潜力，启发用户以多维的逻辑探索新闻的内在逻辑，在"生产—接受—再生产"的循环流程中与用户共享新闻事件属性和意义的界定权。建设性新闻的倡导者多主张在传统的新闻要素（5W+1H）中添加新的要素"当下应该做什么"（What now）②，这一新要素的话语形式本身就体现了协同性和参与性，即新闻的接受过程应被视为一个多元主体共同探讨解决方案的话语空间，建设性新闻在接受端的使命既包括告知事实与背景，也包括与用户共同界定意义、协商方案。新闻用户可能既不是社会事件的直接参与者，也不是受到事件直接影响的个体或群体，但在充分调用积极心理学知识的情况下，他们完全可以成为解决社会问题的潜在力量③。因此，建设性新闻的介入性不仅体现在新闻叙事对社会事件的话语介入、新闻流通对社会进程的介入，也体现在新闻用户对事件的意义和解决方案的介入。

---

① SWART J, PETERS C, BROERSMA M. Repositioning news and public connection in everyday life: a user-oriented perspective on inclusiveness, engagement, relevance, and constructiveness. Media, *Culture & Society*, 2016（11）.
② HERMANS L, GYLDENSTED C. Elements of constructive journalism: characteristics, practical application and audience valuation, *Journalism*, 2019（4）.
③ ROTMEIJER S. "Words that work?" practices of constructive journalism in a local Caribbean context, *Journalism*, 2018（4）.

四 关于未来新闻的一种可能性

本文立足数字生态下的新闻理念与实践，从技术可供性的概念出发，通过对建设性新闻这一新新闻形态的剖析，尝试解读当代新闻业发展与转型的媒介逻辑。研究发现，数字技术对于新闻业的影响是生态性而非工具性的，数字化的过程改变了新闻生产、流通与接受的传统程式，培育了新的新闻理念与实践，持续重塑着新闻业的运行机制和文化。而从建设性新闻的个案来看，媒介技术的数字性逻辑是通过将自身转化为一种介入性的理念与实践方式，实现对新闻业的融入和改造，具体体现为新闻文本对社会事件的介入、新闻生产对社会进程的介入，以及新闻用户对解决方案的介入。建设性新闻代表着新闻业未来发展的一种可能：它在话语或形式上并不强调对数字技术的使用，但它的种种理念和实践则全面服膺数字技术和数字信息生态的逻辑。在这一逻辑的支配下，传统新闻生产的线性结构被打破，新闻用户的能动性、心理和情绪成为积极的生产要素，而"介入"则有可能取代"客观"成为未来新闻专业理念的内核。

准确引导和把握当代新闻业数字化转型的媒介逻辑对于我们围绕数字新闻展开的学理研究有着重要意义。一方面，这一逻辑"强有力"的存在决定了数字新闻学作为一个理论体系之于传统新闻学体系或为一种"破坏性发展"，新的新闻理论体系建设工作要更多关注数字技术给新闻业带来的转变、断裂与重塑；另一方面，新闻学研究者也应将自己的分析框架和理论化路径建立在对数字技术及其制造的新新闻生态的深入理解之上，正视数字化的颠覆性力量，基于对包括建设性新闻在内的种种新新闻形态的科学研究，构建与新闻业的时代特征相匹配的学术话语体系。

（本文原载于《中国编辑》2020年第10期，该文章收录本书时内容和文献标注方式略有调整）

XIX 建设性新闻实践：党媒发展的必由之路

吴湘韩*

内容提要： 建设性新闻是以解决问题为归依的新闻理念或其指导下的新闻实践，积极和参与是其核心要义。无论是从坚持马克思主义新闻观的指导，还是新中国成立以来党媒建设性新闻实践正反两方面的经验教训，都证明建设性新闻实践是党媒发展的必由之路。在新时代，党媒走建设性新闻实践之路要坚持以人民为中心的工作导向，推进媒体深度融合，助力国家治理体系和治理能力现代化建设，共筑美好幸福生活。

关 键 词： 建设性新闻　马克思主义新闻观　党报　融合发展

什么是建设性新闻？海内外学界人言人殊。笔者认为，建设性新闻是以解决问题为归依的新闻理念或其指导下的新闻实践，渗透于新闻生产和

---

* 吴湘韩，中国青年报社编委、全媒体协调中心主任，高级编辑。

传播全过程，而不是一种相对独立的新闻产品类型或样式①。

建设性作为一种新闻理念，与马克思主义新闻观是相通的。笔者认为，无论是从坚持马克思主义新闻观的必然要求，还是从新中国成立以来党媒建设性新闻实践正反两方面的经验教训，都证明建设性新闻实践是党媒发展的必由之路。在新时代，党媒走建设性新闻实践之路要坚持以人民为中心的工作导向，推进媒体深度融合，助力国家治理体系和治理能力现代化建设，共筑美好幸福生活。

一 建设性新闻与马克思主义新闻观相通

建设性新闻是一个西方新闻概念。在中国社科院新闻研究所所长唐绪军看来，建设性新闻指的是媒体着眼于解决社会问题而进行的新闻报道，是传统媒体在新媒体时代立足于公共生活的一种新闻实践或新闻理念。②

"积极与参与"是其核心要义。所谓"积极"，即以正面报道为主，给人以"向上向善"的信念和力量，即便是揭露问题的报道，其动机也是善意的，其目的也是为了解决问题，其社会效果也是积极正面的，在报道问题时会同时提供解决问题的策略或方案，而不是把问题一揭了之。所谓"参与"，指的是媒体和用户不再置身事外，而是介入社会问题的解决过程之中去，与其他社会成员一起共筑美好生活。

笔者认为，西方建设性新闻实践和理论研究有其合理内核，其所主张的建设性新闻理念与马克思主义新闻观所倡导的"以正面报道"为主、所强调的"建设性"具有一致性，应作为一种以解决社会问题为归依的新闻理念来吸取。

---

① 笔者在《建设性是党媒必须遵循的新闻理念》已详细阐述，该文刊于《新闻与传播研究》2019年增刊。
② 唐绪军、殷乐：《建设性新闻实践：欧美案例》，社会科学文献出版社，2019，第1~2页。

二 建设性新闻实践是坚持马克思主义新闻观的必然要求

中国的党媒,自建立以来始终坚持马克思主义的新闻观,而马克思主义新闻观的重要原则中,也一直体现坚持正面报道为主、坚持舆论监督中的积极向上的动机、坚持鼓励人民参与办报、共同参与社会与国家治理。这些原则方针同建设性新闻理念所倡导的内涵是一致的。

如果说革命时期马克思主义者强调"为革命办报"、强调报纸的"战斗性""武器"功能,那么在社会主义建设时期,随着马克思主义政党成为执政党,中心任务从革命到建设的大转换,党报新闻理念也相应发生了很大变化,更多地强调建设性,为社会主义建设服务,为人民服务。列宁指出:"报纸刊物应当成为社会主义建设的工具"①,应当"由主要报道政治新闻的工具,变成对人民群众进行经济教育的重要工具"②。

1. "正面报道为主"是党媒一贯的指导方针

以正面宣传(报道)为主是中国社会主义新闻宣传工作的一贯指导方针。

1981年1月,中共中央明确提出"要坚持以表扬为主的方针"③。1989年11月25日,李瑞环同志在新闻工作研讨班上的讲话中强调:"新闻报道必须坚持以正面宣传为主的方针""一切鼓舞和启迪人们为国家的富强、人民的幸福和社会的进步而奋斗的新闻舆论,都是我们所说的正面,都应当努力加以报道。""新闻报道必须注重社会效果,以社会效益为最高准则"。④

在2002年1月召开的全国宣传部长会议上,胡锦涛同志强调,新闻

---

① 《列宁全集》(第34卷),人民出版社,2017,第172页。
② 《列宁全集》(第34卷),人民出版社,2017,第135~136页。
③ 《中共中央关于当前报刊新闻广播宣传方针的决定》,1981年1月29日。
④ 《坚持正面宣传为主的方针》,《人民日报》1990年3月3日。

媒体是党和人民的喉舌，一定要坚持新闻工作的党性原则，坚持团结稳定鼓劲、正面宣传为主的方针，牢牢把握正确的舆论导向，努力营造昂扬向上、团结奋进、开拓创新的良好氛围。

在1990年5月召开的一次宣传、新闻工作座谈会上，习近平同志强调，新闻要以正面报道为主，要弘扬正气，鼓舞人民群众的斗志。在2016年2月19日召开党的新闻舆论工作座谈会上，习近平总书记再次指出，团结稳定鼓劲、正面宣传为主，是党的新闻舆论工作必须遵循的基本方针。

2. 以正面报道为主，并非不要舆论监督

开展批评报道和舆论监督报道是党媒的优良传统。

1959年6月，毛泽东在新华社关于广东水灾的内部参考材料上批示："广东大雨，要如实公开报道。全国灾情，照样公开报道，唤起人民全力抗争。一点也不要隐瞒。政府救济，人民生产自救，要大力报道提倡。工业方面重大事故灾害，也要报道，讲究对策。"①

我们党历来强调利用报刊开展批评和自我批评，同时强调批评时的"与人为善"原则和舆论监督的建设性立场，目的是改进工作。就在1989年那次新闻工作研讨班上，李瑞环同志明确提出，坚持正面宣传为主的方针，不是不要批评报道，他同时强调了新闻报道的建设性："我们的批评报道，不是为批评而批评，不是为了展示和渲染落后现象，而是为了改进工作，解决问题，增强人们前进的信心。批评报道要有下文，有实际效果，以充分显示党和人民克服消极现象的决心和力量，从而进一步团结、鼓舞和激励人民，为实现建设有中国特色的社会主义宏伟目标努力奋斗。无论是表扬还是批评，最后都要给人以力量，给人以信心，给人以勇气，给人以希望。对消极的东西如果处理得当，也可以起到积极的作用。这就是我们追求的目的。"②

---

① 毛泽东：《如实报道灾情》，《毛泽东新闻工作文选》，新华出版社，1983，第1版，第214页。
② 《坚持正面宣传为主的方针》，《人民日报》1990年3月3日。

党的十三大报告历史性地提出："要通过各种现代化的新闻和宣传工具，增加对政务和党务活动的报道，发挥舆论监督的作用，支持群众批评工作中的缺点错误，反对官僚主义，同各种不正之风作斗争。"舆论监督的概念首次正式出现在党的纲领性文件中。

"当前，在强调加强党的建设、反对腐败的时候，特别要发挥新闻的舆论监督功能，使腐败现象暴露在光天化日之下。各级党组织和政府应欢迎新闻工作者报喜也报忧，拿起舆论监督武器，对自己工作中的问题和各种腐败现象进行揭露批评。"习近平总书记还强调："舆论监督的出发点应该是积极的、建设性的。揭发的事实，务求准确。""运用舆论监督武器，要有强烈的社会责任感，讲究社会效果。要有利于维护安定团结的政治局面，有利于改革开放，有利于党开展工作。"①

习近平总书记在党的新闻舆论工作座谈会上强调："舆论监督和正面宣传是统一的。新闻媒体要直面工作中存在的问题，直面社会丑恶现象，激浊扬清、针砭时弊，同时发表批评性报道要事实准确、分析客观。"②

3. 党性与人民性的统一原则决定，必须鼓励人民参与舆论监督

中国共产党的领导人历来主张"全党办报""群众办报""开门办报"，鼓励人民参与国家与社会事务。

毛泽东同志主张，报刊宣传要获得好的效果，应该走群众路线："我们的报纸也要靠大家来办，靠全体人民群众来办，靠全党来办，而不是只靠少数人关起门来办。"③ 1942年9月，《解放日报》改版以后，第四版因为稿件缺乏，且偏于文艺，读者不是非常满意。为了解决这个问题，毛泽东专门替舒群约了十几个人，请他们帮助征稿，以增强报纸的群众性。

党媒姓党，党性与人民性从来都是一致的。

---

① 徐姗娜：《为有源头活水来——学习习近平关于新闻舆论工作的重要论述有感》，《福建日报》2016年4月18日。
② 2016年2月19日，习近平主持召开党的新闻舆论工作座谈会并发表重要讲话。
③ 毛泽东：《对晋绥日报编辑人员的谈话》，《毛泽东选集》（第4卷），人民出版社，1991，第2版，第1319页。

1989年5月，在宁德地区新闻工作会议上，习近平同志对党性与人民性的关系做了深入透彻的阐释："我们强调的党性，包含着人民性的深刻内涵。我们党是代表人民利益的党，她没有独立于人民利益的自身利益。但我们党既代表人民的眼前利益，也代表人民的长远利益；既代表人民的局部利益，也代表人民的全局利益；党的路线、方针、政策，党对每一件事情的看法和主张，应该说就是人民愿望、要求的充分体现，就是人民的看法和主张"，"新闻工作者应该更多地起到渠道和桥梁的作用，长期地、耐心地、孜孜不倦地向人民宣传党的路线、方针、政策，解释党对事物的主张和看法，让人民了解党和国家的大事，使党的看法、主张化为人民群众自觉自愿的行动"。①

党的十八大后，习近平总书记又在多个场合，反复强调新闻媒体的党性原则。在"8·19"讲话中，习近平总书记明确指出："党性和人民性从来都是一致的、统一的。"2016年2月19日，他在党的新闻舆论工作座谈会上强调，党的新闻舆论媒体的所有工作，"都要坚持党性和人民性相统一，把党的理论和路线方针政策变成人民群众的自觉行动，及时把人民群众创造的经验和面临的实际情况反映出来，丰富人民精神世界，增强人民精神力量"。

4. 党媒的作用与治国理政密不可分

正因为党报既是党的报刊，又是人民的报刊，历代党的领导集体核心都高度重视党报在治国理政、组织发动群众、参与社会治理等方面的重要作用。

毛泽东同志在1948年指出，"报纸的作用和力量，就在它能使党的纲领路线，方针政策，工作任务和工作方法，最迅速最广泛地同群众见面"②，从而让广大群众了解、知晓，认识到自己的利益，进而认同、拥护与支持

---

① 徐姗娜：《为有源头活水来——学习习近平关于新闻舆论工作的重要论述有感》，《福建日报》2016年4月18日。
② 毛泽东：《对晋绥日报编辑人员的谈话》，《毛泽东选集》（第4卷），人民出版社，1991，第2版，第1318页。

党的纲领路线、方针政策。他后来将报纸的作用总结为"组织、鼓舞、激励、批判、推动"。

邓小平同志提出"党报党刊一定要无条件地宣传党的主张","要使我们党的报刊成为全国安定团结的思想上的中心";江泽民同志提出"舆论导向正确,是党和人民之福;舆论导向错误,是党和人民之祸";胡锦涛同志在世界媒体峰会开幕式上致辞时表示,在推进改革开放和社会主义现代化建设的过程中,中国政府始终高度重视媒体发展,鼓励和支持中国媒体在弘扬社会正气、通达社情民意、引导社会热点、疏导公众情绪、搞好舆论监督和保障人民知情权、参与权、表达权、监督权等方面发挥重要作用。①

习近平总书记更是将党媒的作用上升到治国理政、定国安邦的高度。2016年2月19日,习总书记在对人民日报社、新华社、中央电视台三家中央新闻单位调研后,在北京主持召开党的新闻舆论工作座谈会时强调,党的新闻舆论工作是党的一项重要工作,是治国理政、定国安邦的大事。习近平总书记指出,在新的时代条件下,党的新闻舆论工作的职责和使命是:高举旗帜、引领导向,围绕中心、服务大局,团结人民、鼓舞士气,成风化人、凝心聚力,澄清谬误、明辨是非,连接中外、沟通世界。要承担起这个职责和使命,必须把政治方向摆在第一位,牢牢坚持党性原则,牢牢坚持马克思主义新闻观,牢牢坚持正确舆论导向,牢牢坚持正面宣传为主。"引导广大新闻舆论工作者做党的政策主张的传播者、时代风云的记录者、社会进步的推动者、公平正义的守望者。"

习近平总书记关于党的新闻舆论工作的地位、职责、使命、宣传方针的论述,无不闪烁着建设性的光芒,明确表明党媒是整个国家治理体系中的一支建设性力量,丰富发展了马克思主义新闻观。

中共中央十九届四中全会通过的《中共中央关于坚持和完善中国特色社会主义制度推进国家治理体系和治理能力现代化若干重大问题的决定》将正面宣传为主等从制度上进一步固定下来,指出,坚持党管媒体

---

① 《人民日报》2009年10月10日。

原则，坚持团结稳定鼓劲、正面宣传为主，唱响主旋律、弘扬正能量。构建网上网下一体、内宣外宣联动的主流舆论格局，建立以内容建设为根本、先进技术为支撑、创新管理为保障的全媒体传播体系。改进和创新正面宣传，完善舆论监督制度，健全重大舆情和突发事件舆论引导机制。

总之，马克思主义新闻观认为，坚持正面宣传为主，同时也要改进和创新正面宣传，尊重新闻传播规律和新媒体发展规律，增强其吸引力和感染力。舆论监督要与人为善，以积极效果为导向。这些观点既坚持了建设性立场，又蕴含了积极、参与的思想内涵。因此，坚持马克思主义新闻观的指导，就必然要求建设性新闻实践成为党媒发展的必由之路。

三 新中国成立以来党媒建设性新闻实践的历程

马克思主义认为，经济基础决定上层建筑。新闻属于意识形态，属于上层建筑的一部分，总是受时代特点和物质条件所制约。

1. 初期的探索与历史教训

新中国成立之前，压在人民头上的"三座大山"没有推翻，取得新民主主义革命胜利重任在肩，"为革命办报"，中共领导人更多地强调新闻的"战斗性""武器"功能。

1949年新中国成立，中国共产党取得全国政权，中国人民从此站起来了。在中共七届二中全会上，毛泽东同志提出，通讯社、报纸、广播电台的工作，要围绕着生产建设这一中心工作进行并为这个中心工作服务。但毛泽东总的指导思想，是把报纸、广播、通讯社当作阶级斗争的工具，特别是在新中国成立，社会主义改造基本完成，并逐步以经济建设为中心之后，仍一再强调报纸的主要任务是从事阶级斗争。①

毛泽东在理论上重视新闻舆论监督作用，新中国成立最初几年出台了几个报刊批评的规定，第一次提出了开展批评的建设性原则。

---

① 童兵：《马克思主义新闻经典教程》，复旦大学出版社，2002，第1版，第221页。

如 1950 年 4 月 22 日，中共中央在《人民日报》第一版公布《关于在报纸刊物上展开批评和自我批评的决定》（以下简称《决定》）。这是中国共产党历史上第一个关于公开开展批评的专门决定。《决定》指出，在报纸刊物上进行批评和自我批评，是为了巩固党与人民群众的联系、保障党和国家的民主化、加速社会进步的必要方法。使得人民群众能够自由地在报纸刊物上发表他们对于党和人民政府的批评和建议，纵然这些批评和建议并非完全成熟与完全正确，而他们也不会因此受到打击与嘲笑，乃是提高人民群众的觉悟性和积极性，吸引人民群众踊跃参加国家建设事业的重要步骤。

《决定》首次提出了开展批评的建设性原则："我们所提倡的批评，乃是人民群众（首先是工人、农民）以促进和巩固国家建设事业为目的的、有原则性有建设性的、与人为善的批评，而不是为着反对人民民主制度和共同纲领、为着破坏纪律和领导、为着打击人民群众前进的信心和热情，造成悲观失望情绪和散漫分裂状态的那种破坏性的批评。"

1950 年 5 月 16 日，邓小平同志在《在西南区新闻工作会议上的报告》中明确指出："报纸最有力量的是批评与自我批评。……报纸搞批评，要抓住典型，有头有尾，向积极方面诱导，有时还要有意识地作好坏对比。这样的批评与自我批评才有力量，才说明是为了改进工作，而不是消极的。"①

《决定》和邓小平的这段论述阐明了舆论监督要实行积极、有效、建设性监督，对以后党报开展好舆论监督提供了重要指导。

但从 20 世纪 50 年代后期开始，中国党媒实际上未能充分实施建设性舆论监督。"反右"期间，毛泽东把报纸批评视为"钓鱼""引蛇出洞"的"阳媒"。如《中国青年报》最早发表《部长助理和摄影师》（1957 年 5 月 7 日），报道国家领导人接待外宾活动中，现场维持秩序的农业部部长

---

① 邓小平：《在西南区新闻工作会议上的报告》，《邓小平文选》（第 1 卷），人民出版社，1994，第 2 版，第 149~150 页。

助理左叶与记者发生冲突。这就是"左叶事件"。"反右"结束后,说这件事报道失实,是右派"利用这个事件""向我们的党和国家猖狂进攻"。①

沉痛的历史教训十分深刻。

在党确定的总路线(鼓足干劲、力争上游、多快好省地建设社会主义)、大跃进、人民公社"三面红旗"这一总体的指导方针下,党报集中发挥"组织、鼓舞、激励、批判、推动"的五大作用,没有任何缓冲的余地,于是发生了1958年党报普遍的浮夸风问题。②

在"文化大革命"期间,全局性的"左"的错误使新闻事业遭到了严重的干扰和摧残。那种"假、大、空"的所谓"正面宣传"使新闻在广大群众中丧失了信誉,那种揭批"走资派"的宣传给党和革命抹了黑。③ 因此,改革开放以前的党媒虽对建设性新闻有所探索,但整体上较少有成功的实践。

2. 改革开放之后的新变化

1978年12月召开的中共十一届三中全会,拉开了改革开放的序幕,开启了社会主义现代化建设新时期。

实际上,这个伟大历史转折也是党报推动的。1978年5月11日,《光明日报》发表特约评论员文章《实践是检验真理的唯一标准》,引发了一场关于真理标准问题的大讨论。这场讨论冲破了"两个凡是"的严重束缚,成为党和国家实现历史性伟大转折的思想先导,影响和推动了中国改革的整个进程。

新闻界为新闻正名,回归新闻,尊重新闻规律,新闻宣传工作的中心也转到经济建设上来。1979年3月,中共中央宣传部召开全国新闻工作座谈会,讨论了新闻宣传工作的中心如何转移到社会主义经济建设方面来。1983年10月,邓小平同志明确指出:"思想战线上的战士,都应当是人类灵魂工程师。在当前这个转变时期,在社会主义精神文明建设和整

---

① 方汉奇等主编《中国当代新闻事业史(1949~1988)》,新华出版社,1992,第114页。
② 陈力丹:《夺取政权后党报理论的发展和失误》,《东南传播》2014年第7期。
③ 《坚持正面宣传为主的方针》,《人民日报》1990年3月3日。

个社会主义建设事业中,他们在思想教育方面的责任尤其重大。"① 新闻工作属于思想战线的一部分,邓小平把新闻工作者和教师一样称为"人类灵魂工程师",宣示了党的新闻宣传工作的重心转移,党媒不再是阶级斗争的工具。

改革开放时期,建设性新闻获得长足发展,主要体现在如下方面。

一是党的十一届三中全会以来对拨乱反正、经济建设和改革开放的正面报道,极大地鼓舞了人心,对我国社会主义建设事业起到了积极的推动作用。

比如1991年2月15日至4月12日,发表在上海《解放日报》头版的"皇甫平"文章在全国引发强烈反响。《做改革开放的"带头羊"》《改革开放要有新思路》《扩大开放的意识要更强些》《改革开放需要大批德才兼备的干部》系列评论,为改革开放摇旗呐喊,引领社会深入思考,进一步解放思想。

1992年2月4日,《解放日报》率先发表了题为《十一届三中全会以来的路线要讲一百年》的署名评论;3月26日《深圳特区报》刊登通讯《东方风来满眼春》,拉开了宣传小平同志南方谈话精神的序幕。

1992年4月1日和9月29日《经济日报》分别刊登记者的述评《改革开放赋》《市场赋》。党的十四大发出响亮的号召,中国迈开了建设社会主义市场经济体制的步伐。

李瑞环同志说,坚持以正面宣传为主的方针,用人民群众自己创造的英雄业绩来教育人民,实质上也是我们党实现领导的一种重要方式。

如张海迪、蒋筑英、孔繁森、李素丽、郑培民、许振超、任长霞、郭明义等典型报道,催人泪下,震撼人心,体现出强大的说服力和感染力,唱响了主旋律。

二是建设性舆论监督有了新突破。

---

① 邓小平:《党在组织战线和思想战线上的迫切任务》(1983年10月12日),《邓小平文选》(第3卷),人民出版社,1993,第1版,第40页。

改革开放初期，虽然新闻监督的时效比较差，表达不够专业，但监督层次比较高。比如，1979年11月25日凌晨，渤海二号石油钻井船在迁往新井位的拖船过程中翻沉，造成72名职工死亡，直接经济损失达3700万元。时隔将近八个月即1980年7月下旬之后，才被新华社、《人民日报》、《工人日报》等媒体逐步披露和报道出来，开启改革开放新时期建设性舆论监督之先河。这一事故报道引起国务院领导的高度重视，石油部部长被解职，主管石油工业的国务院副总理被记大过。

1981年下发的《中共中央关于当前报刊新闻广播宣传方针的决定》指出，近年来，许多报纸刊物重视反映群众的意见和呼声，积极地开展批评和自我批评，增强了党和人民群众的联系，也提高了报刊和党的声誉。今后还要坚持这样做。各级党委要善于运用报刊开展批评，推动工作。同时强调，必须在党的领导下进行。"揭露和批判阴暗面，目的是为了纠正，要有正确的立场和观点，使人们增强信心和力量，防止消极影响。"

在大变革、大转型时代，旧的规则已经被打破，新的规则需要建立，利益调整经常发生，利益群体不断分化，利益诉求日益多元，出现许多新情况、新问题。民众需要媒体解疑释惑，媒体只有挖掘信息，开掘真相，守望社会，才能不断满足民众的知情权。

中国既处于发展的重要战略机遇期，又处于社会矛盾凸显期。改革攻坚面临许多深层次的矛盾和问题。这些矛盾和问题会以不同的新闻事件显现。深入挖掘有典型意义的新闻事件，分析背后的原因，建设性地提出解决问题的方案，是中国新闻媒体的责任和使命。因此，社会转型期、矛盾凸显期、改革攻坚期，也是中国建设性深度报道大发展的机遇期。《人民日报》的《中国改革的历史方位》，《经济日报》的《关广梅现象》，《中国青年报》关于大兴安岭火灾反思系列报道（《红色的警告》《绿色的悲哀》《黑色的咏叹》）和《命运备忘录》《大学生毕业成材追踪记》《武威收报事件》被公认为这一时期的深度报道代表作。《中国青年报》关于大兴安岭火灾反思系列报道开启了灾难报道回归新闻事实、尊重新闻规律的新一页。

随着互联网的发展,信息传播加速,建设性舆论监督的时效性加强,操作更加专业。笔者组织策划的"山西封口费事件"系列报道就是一个典型的例子。这个系列报道是《中国青年报》2008年度影响最大的舆论监督报道,也是监督新闻界影响最大的批评报道,推动了中国新闻界重建新闻公信力与记者社会形象的重大进程。报道引起时任中共中央总书记的胡锦涛、中宣部领导、新闻出版总署领导的高度重视,相关媒体和责任人得到查处。这组报道采访扎实,文风朴实,证据说话,客观真实,获得中国新闻奖一等奖。

总之,新中国成立70年来建设性新闻实践的正反两方面的经验教训有力说明,建设性新闻实践是党媒发展的必由之路。

四 新时代的党媒,必须以人民为中心,助力国家治理体系和治理能力现代化建设

习近平总书记在党的十九大报告中庄严宣告:经过长期努力,中国特色社会主义进入了新时代,这是我国发展新的历史方位。中国特色社会主义进入新时代,意味着近代以来久经磨难的中华民族迎来了从站起来、富起来到强起来的伟大飞跃,迎来了实现中华民族伟大复兴的光明前景。

这是因为中国社会主要矛盾已经转化为人民日益增长的美好生活需要和不平衡不充分的发展之间的矛盾。人民对美好生活的向往就是中国共产党人的奋斗目标。

"经国序民,正其制度"。坚持和完善中国特色社会主义制度、推进国家治理体系和治理能力现代化的总体目标是,到我们党成立100年时,在各方面制度更加成熟更加定型上取得明显成效;到2035年,各方面制度更加完善,基本实现国家治理体系和治理能力现代化;到新中国成立100年时,全面实现国家治理体系和治理能力现代化,使中国特色社会主义制度更加巩固、优越性充分展现。

当前新一轮科技革命和产业变革加速演进,5G全面商用,人工智能、

大数据、云计算、物联网等新技术新应用新业态方兴未艾。互联网进入"下半场",深刻改变媒体格局和舆论生态。纸媒、电视等影响力下降,社交媒体蓬勃兴起,全媒体传播时代来临。

在新时代,党媒走建设性新闻实践之路,就是要坚持以人民为中心的工作导向,推进媒体深度融合,助力国家治理体系和治理能力现代化建设,共筑美好幸福生活。媒体融合发展推动形成全媒体传播体系,使信息无处不在、无所不及、无人不用,正在深刻影响社会治理。

1. 内容创新是实践创新的根本

作为党媒而言,必须坚持内容创新这个根本。同时,要与时俱进,在正面宣传中用好新的传播技术手段。

《中国青年报》适应媒体格局和青年用户接受心理和方式的新变化,与时俱进,创新表达,利用全媒体、立体化的传播方式,用青年喜闻乐见的形式和青年聚集的平台载体,进行影响广泛、润物无声、实效显著的正面引导。

近年来,《中国青年报》制作了一批现象级的爱国主义、向上向善、倡导奋斗的正能量作品,比如"中国梦青春版"MV 点击量达 2.4 亿;"强国一代有我在"主题歌 MV 的播放量达 2.5 亿次;为纪念"五四运动"100 周年特别策划的微电影《青春与祖国同在》阅读量超 4 亿次;致敬改革开放 40 周年的 MV《青春的回答》总阅读量达 7 亿次;由共青团中央出品、中国青年报社承制的微电影《头条里的青春中国》,选取《中国青年报》和《中国青年》杂志的若干头条,以邓稼先、袁隆平、张海迪、张瑞敏等头条人物为依托,邀请周冬雨、朱一龙等正能量明星演绎,展现 70 年来中国人民不懈奋斗的光辉历程。上线后持续刷屏移动端,获得中央网信办全网推荐,学习强国 App 首屏呈现。截至 2019 年 10 月 11 日,总浏览量已突破 8.2 亿次,得到 1200 余家平台及媒体的关注和报道,相关微博话题总阅读量达 7.1 亿次。

2. 运用新手段,增强正面报道的吸引力和感染力

要增强正面报道的吸引力和感染力,党媒必须做到话语、文风平实,

要尊重新闻规律和传播规律,利用新手段提高传播效能。

提供沉浸式体验环境,吸引用户互动参与。如《中国青年报》组织的"东风"五四青年文化万里巡展活动,从2019年4月8日起由一队神秘的大卡车载着百年的"时光宝盒",从北京出发,途经上海、武汉、长沙、郑州、青岛,5月5日至6日回到北京在中央团校巡展,历时1个月,行程万余里,开启两代"90后"的对话,共议家国情怀与责任,有数万人直接参与了体验。5月24日,"新青年·耀青春"五四百年青年文化万里巡展的互动内容、五四百年青春对话体验馆在中央团校揭幕,永久落户在这里。

中央团校教授、共青团工作理论研究所所长吴庆称赞:"这种形式非常好,像时光隧道的穿越,还有与先辈对话的形式,让青年非常感兴趣。理想信念的传递,不能限制于简单的传递,还是要用更多创新的方式。"

3. 广泛开展公益活动,让服务人民的宗旨"落地"

《中国青年报》每年都会组织或参与众多公益活动。2019年,服务引导广大学生在学业学习和综合发展上创先争优,加强创业社团工作,强化文化育人,努力在校园中弘扬主旋律、传播正能量,先后举办2019年高校百强创业社团展示活动、20佳KAB创业俱乐部负责人展示活动、大学生微创业行动等一系列活动,产生广泛影响。KAB项目已经走进1770多所高校,培训高校创业教育讲师1.1万多名,在400多所高校搭建了大学生KAB创业俱乐部,累计有200多万大学生直接参加KAB课程学习。

中国青年报报社还与全国学生资助管理中心、中国银行合作,已连续举办五届"助学·筑梦·铸人"系列主题宣传活动,被教育部纳入"十大育人工程"之一。

中国青年报社关于黎平县上少寨需要一座公路桥的系列报道引发社会关注,筹集到180万元,为黎平县上少寨修了一座公路桥,解决了那里一直以来不通公路桥、老百姓出行不便的问题,入选2019中国新媒体公益十大优秀案例。目前,建设性新闻理念已贯彻到新时代《中国青年报》所有的新闻实践之中。

新中国成立70年来，党媒通过自己的实践，在建设性新闻实践的路上一直在摸索中前行。随着中国特色社会主义进入新时代，党媒继续发力，探索媒体融合下的创新发展之路，不断革新观念与报道理念，用大量鲜活、生动、贴近时代的新闻作品，为中华民族的伟大复兴事业"加油鼓劲"，为人民的福祉"鼓与呼"，在坚持正面报道与舆论监督相统一的前提下，努力提高党媒形象与公信力，为世界的建设性新闻实践提供了一份有价值的"中国方案"。

（本文原载于《新闻与写作》2020年第2期，该文章收录本书时内容和文献标注方式略有调整）

XX | 他山之石：从"建设性新闻"看我国新闻传播理论和实践的创新发展

芮必峰　余跃洪*

内容提要： 以自由主义理论为指导的西方新闻界，将自己视为社会的"瞭望者"、政府的"看门狗"，负面新闻、揭丑报道成为其工作常态；私有化与商业化运作，特别是为了迎合市场、博人眼球的需要，又进一步强化了这种新闻价值取向。欧洲的"建设性新闻"实践从根本上说是对西方传统新闻理论和具体工作中新闻价值取向的反思和批判。中国共产党坚持马克思主义新闻观，将新闻事业视为其领导的革命和建设事业的有机组成部分，"建设性"是这种新闻理论和实践的题中应有之义。但长期以来，我国新闻媒体过多依赖于行政权力开展工作，缺乏"反思性的自我调控"，难以在"积极自由"概念框架内形成"主动记者"的角色定位；在媒体融合的大趋势中，主流媒体愈发难以与公众产生共振。"建设性新闻"一方面在客观上支持了我党一

---

* 芮必峰，安庆师范大学传媒学院特聘教授；余跃洪，安徽大学新闻传播学院硕士研究生。

贯坚持的马克思主义新闻观，另一方面又在具体工作实践中强调了新闻媒体的"积极自由"，突出了"主动记者"的角色定位，从而给我们的新闻传播理论和实践以启发和借鉴。

关键词： 建设性新闻　马克思主义新闻观　积极自由　主动记者

一　对西方新闻理论和实践的检视

以自由主义理论为指导的西方新闻界，把自己视为独立于立法、司法、行政的"第四种权力"，将自身定位于社会的"瞭望者"、政府的"看门狗"，进而把揭露社会阴暗面、监督政府当成自己的神圣使命。

西方国家的新闻业多数实行私人所有制①，新闻媒体由私人或垄断资本所控制，政府不直接干预经营管理活动，媒体经费多来源于广告和其他经营收入。报纸、广播、电视、网络等媒体的发行量、收听（视）率、点击率成为吸引广告主的不二法门。上述自由主义理论指导下的媒体定位正好与吸引眼球、赢取利润的目标相吻合。久而久之，反常性、冲突性成了新闻的首要价值，"坏消息就是好新闻"成为新闻界的习惯思维。

以自由主义为理论指导、私人所有制运作的西方新闻界所倡导的真实、客观、公正，其实也是基于负面新闻事实的报道，即真实地报道坏消息、客观地报道负面新闻、公正地监视社会环境。2020年新年刚过，特

---

① 美国实力最强、影响最大的几家报纸，如《纽约时报》《华盛顿邮报》《洛杉矶时报》《华尔街日报》等以及美国另一家世界性大通讯社众国际社与几家大广播电视网均属私人所有。

朗普因种种缘由对伊朗发难，美国国内反战情绪高涨。《纽约时报》便将视角对准了美国各地爆发的 80 多场反战游行和示威活动。

百余年来，自由主义理论指导下的新闻实践对西方社会产生过积极意义，但也带来了很大的问题。其中一个明显的重要问题就是公众对于社会问题的认知远远超过改善问题所做出的实际努力。新闻报道中的负面事实成为重中之重，就难免造成在阅读新闻过程中产生的"同情疲劳"①。金尼克（Kinnick）、克鲁格曼（Krugman）和卡梅伦（Cameron）撰文指出，媒体造成同情疲劳的关键因素之一就是缺乏社会问题的解决方案。此外，负面新闻已被证明可以抑制随后的信息回忆。换句话说，负面新闻报道的读者在读后很大程度难以记住他们所阅读的内容②。舒德森就曾对美国大选的相关新闻报道分析后指出，"当观察家审视媒介在政治中的角色时，他们看到时政报道越来越多，且具有危险的批判性，甚至是愤世嫉俗"③，并且"我们很难判断这些趋势是温和的或是迅猛的：多大程度的愤世嫉俗是过度的"④。舒德森记录了帕森斯关于新闻报道的论述，"在 1980 年，25% 的有关总统候选人的报道是负面的；到 2000 年，超过 60% 的这类报道是负面的"⑤。"负面新闻弱化了美国人的政治归属感"⑥，反过来人们对热衷于负面消息的新闻媒体也越来越反感。皮尤研究中心的媒体状况报告显示，自 2007 年⑦以来，ABC、CBS、福克斯和 NBC 的平均收视率均有所下降。当被问及是否认为新闻数量或新闻质量在下降，超过 60% 的受访者表示新闻质量正在下降。

---

① Kinnick, K. N., Krugman, D. M., and Cameron, G. T. "Compassion Fatigue: Communicationand Burnout Toward Social Problems." *Journalism and Mass Communication Quarterly* 73. 3（1996）：687 – 707.
② Biswas, R., Riffe, D., and Zillmann, D. "Mood Influence on the Appeal of Bad News." *Journalism & Mass Communication Quarterly* 71. 3（1994）：689 – 696.
③ 〔美〕迈克尔·舒德森：《新闻社会学》，徐桂权译，华夏出版社，2010。
④ 〔美〕迈克尔·舒德森：《新闻社会学》，徐桂权译，华夏出版社，2010。
⑤ 〔美〕迈克尔·舒德森：《新闻社会学》，徐桂权译，华夏出版社，2010。
⑥ 〔美〕迈克尔·舒德森：《新闻社会学》，徐桂权译，华夏出版社，2010。
⑦ 数据中心可追溯至 2007 年。

在我国，现代新闻业是舶来品，西方的新闻理论与实践曾经具有一定的示范意义。虽然中国共产党自成立以来就不断倡导马克思主义新闻观，延安整风后则进一步确立了党报理论并进行了广泛实践，但西方新闻理论和实践对我们的影响依然挥之不去。一些人把西方自由主义理论及其指导下的新闻实践当作唯一标准，视监督、揭露、批评为新闻传播的首要任务。改革开放后，市场经济不得不依靠的资本开始介入新闻业，这在一定程度上强化了上述错误思想。

二　资本介入下的我国新闻业

资本是一柄双刃剑，一方面它是新闻业发展的重要动因，另一方面它又使新闻业在利润面前迷失方向。在我国从计划经济转向市场经济的过程中，报纸在宣传功能之外被推向市场，商品属性得以体现。这当中，虽然党领导下的新闻工作的性质、宗旨和目的没有变，但新闻实践的具体评价标准已发生改变，因而新闻传播的具体方式方法也发生了重大变化。以利润和受众的接受程度为评价标准的新闻实践不仅部分出现了与西方相似的弊病，还存在着自身的特殊问题。

20 世纪末，我国关于市场经济的讨论越来越多。面临苏联解体带来的所谓社会主义国家危机，我国的社会矛盾也较为突出。以《东方时空》《焦点访谈》等为主力军的一批主流媒体在全国掀起监督报道之风。应该说，许多媒体的监督报道在一定时期内对抑制官僚主义和腐败之风的蔓延、缓和和化解社会矛盾，发挥了积极作用；深度报道、调查性报道也在一个时期内迎合和满足了受众的需要。但不能不指出，也有一些媒体和记者存在为监督而监督、为批评而批评的倾向，更有少数人把监督和批评视为新闻传播的根本任务。这种观念和倾向在市场和资本的裹挟下，自然会偏离马克思主义新闻观。伴随互联网的普及，受众新闻获取量与日俱增。在碎片化的使用习惯下，标题、图片等具有吸引力的元素自然凸显出来。"标题党"、图片新闻、数据新闻等，虽然与技术带来的变革有关，但更为重要的是点击率成为诸多媒体业绩考核的重要指标。以此为主导的行业畸形竞争无疑使互联网媒体的发展方向发生了偏离。甚至为了抢到"独家"新闻，不惜以牺牲新闻的真实性为代价。

技术进步催生了新闻业的新一轮变革。以人工智能为基础的机器人新闻写作、以大数据为支撑的可视化产品以及以区块链技术为载体的新闻模式转变，从生产到展示再到传播，新闻业的变革可以说是全方位的。如何在市场经济和新技术条件下坚持和发展马克思主义新闻观，是摆在我国新闻理论和实践工作者面前的一个重要课题。

党管媒体是我国新闻工作的基本原则，也是马克思主义新闻观的重要内容，但具体怎么管是可以思考和讨论的。我们过去的传统做法是将媒体作为党组织的派出机构。改革开放以后，这种情况得到较大程度的改观，但总体上说媒体依然是政治权力的延伸，媒体机构受到政治权力由外向内的约束。如何增强媒体自身活力、提高其内部的反思调适能力成为特殊国情下不得不思考的问题。在我国，新闻行业协会总体上缺乏具有主体意识的有效作为，多以例行评奖活动为主要工作，对新闻业难以形成具有强制力的监督体系。在市场的作用下，原有的新闻理念遭受冲击，难以做到真正的自律也成为弊病所在。维持生存的基本需求与实现理想的发展需要成为我国新闻工作者面临的艰难路径选择。部分本应承担社会责任的媒体从业者却把"封口费""辛苦费"视为潜规则。近年来，以《新世纪周刊》《时代周报》为主的媒体对行业自身进行了可贵的监督报道，但总量仍极为匮乏。由于多方面原因，诸如《IPO 有偿沉默》之类的报道影响也受到较大局限。

我国新闻媒体在市场与政府等多种力量作用下弊端凸显，曾经作为重要标准的西方新闻理论与实践引起质疑。一批学者回溯我国新闻理论和实践，力求建构并完善互联网环境下的马克思主义新闻观。与当下西方新兴的建设性新闻相比较，以"建设性"为逻辑起点成为中西方新闻界的共同选择。

三 以"建设性"为内核的中西方新闻理念

(一)注重维护社会稳定的马克思主义新闻观

与自由主义新闻理论不同,新闻传播在中国共产党的理论与实践中,一直被视为革命和建设事业的有机组成部分。战争年代,新闻传播是对敌斗争的有效武器;和平建设时期,坚持团结稳定鼓劲、正面宣传为主,则是我们党的新闻舆论工作的指导方针和工作原则。我们提倡建设性批评,反对破坏性批评。习总书记在福建宁德任地委书记时就曾指出:"舆论监督的出发点应该是积极的,建设性的"①。当下社会热点频出,党中央也要求新闻工作者主动回应社会热点,加强正面引导。坚持应有的问题导向,注重回答普遍关注的问题。作为党和人民的"喉舌",新闻媒体要进一步加强对社会热点思潮的引导。同时还要做到充分考虑效果,理性发声定调。注重舆论的社会效果,克服片面性。所有这些要求都是围绕着有利于中国特色社会主义建设这个总要求提出的。我国独特的政党制度既不同于西方国家的两党或多党竞争制,也有别于部分国家实行的一党制。与这种政治体制相匹配的社会主义新闻媒体,是党和人民的耳目喉舌,更注重营造良好的社会舆论,凝聚社会共识,形成建设社会的合力。

我国一直强调党管新闻,坚持正确的舆论导向,突出正面报道在新闻作品中的比重②,这无疑是"建设"的需要;十八大以来,伴随微博、微信等社交媒体的蓬勃发展,党和政府进一步提出"清朗网络""正能量"传播等,同样是"建设"的需要。2020年初,面对新型冠状病毒引起的肺炎疫情,主流媒体积极引导社会舆论。白岩松主持《新闻1+1》系列节目,从第一天直播连线钟南山院士开始,每天梳理当前网络中出现的各

---

① 习近平:《摆脱贫困》,福建人民出版社,1992。
② 李苏芳:《从获奖作品看深度报道的嬗变轨迹》,西北大学硕士学位论文,2017。

种影响较大的谣言，对当前民众关心的问题也在连线中一一回应。央视也在武汉设立直播间，便于对中心疫区有更全面的解读，积极化解疫情中出现的"恐鄂"、焦虑心理。在《武汉防疫：如何利用好现有资源》一文中，记者重点分析了武汉地区出现的医疗资源紧张等问题。此外，报道中通过讲述高某父亲因过度焦虑而发热的事例提醒公众应信任当地政府社区的工作能力，避免恐慌就医。这些则是"建设性"在实际新闻工作中的具体体现。

（二）以达到积极社会效果的"建设性新闻"

如果说，马克思主义新闻观中的"建设性"主要是着眼于工作整体、事业大局，那么"建设性新闻"中的"建设性"更多地是关注社会生活中的具体矛盾和具体问题。丹麦新闻编辑室是建设性新闻实践的先驱，编辑兼记者乌瑞克·哈格洛普（Ulrik Haagerup）和记者凯瑟琳·吉登斯泰德（Cathrine Gyldensted）是这一领域的领军人物。他们致力于通过心理学、社会学和神经科学技术改造新闻生产模式①。乌瑞克·哈格洛普最初是在2008年的一家报纸专栏中介绍这一概念的。② 在该文中，他认为记者过于关注冲突和灾难，即使新闻报道中包含的是与公众息息相关的信息，但却很少提供解决方案③。在他参编的丹麦建设性新闻选集中④，大多数文章提出建设性新闻可能是新闻实践方式的新一轮更新，试图从新闻从业者内部重新考虑新闻业。凯瑟琳·吉登斯泰德基于实践撰写了有关建设性新闻的书籍，以更具研究性的方式为建设性新闻做出了贡献⑤。她的

---

① Gyldensted, C. *From Mirrors to Movers: Five Elements of Positive Psychology in Con-structive Journalism*. Lexington, KY: Ggroup Publishing, 2015.
② 报纸专栏刊登在丹麦发行量最大的全国性报纸上，引起了一些争论，尤其是在其他新闻媒体的同行中。
③ Haagerup, U. *Constructive News*. Aarhus: Aarhus University Press, 2017.
④ Haagerup, U. *Settling with the Negative Worldview of the Press*. Aarhus: Ajour. ed, 2012.
⑤ Gyldensted, C. *Innovating News Journalism Through Positive Psychology*. Philadelphia: University of Pennsylvania, 2011.

主要观点类似于乌瑞克·哈格洛普，认为新闻业应该承认并确定社会中的问题和冲突，但也应以积极的方式进行调查并提供解决方案。乌瑞克·哈格洛普和凯瑟琳·吉登斯泰德基于作为新闻记者和新闻编辑的经验，以及对当前新闻业无法发挥民主作用的反思为记者提供了有关"新"新闻报道方式的实用建议①。当新闻报道以建设性的方式进行构架时，这些建议便会给观众带来潜在的积极影响。在率先在实践中提出这一概念的两位先锋者看来，建设性新闻必须针对社会中存在的问题提供新的思想、新的知识和新的解决方案。

然而，"建设性新闻"里包含的一些基本思想与西方长期坚持的自由主义新闻理论是格格不入的，因此不同的声音也自然相伴产生。丹麦第二大广播电视公司的时任首席执行官丽丝贝斯·克努森（Lisbeth Knudsen）和时任新闻执行总监的迈克尔·戴比（Michael Dyrbye）等人对此表示了担忧，对"建设性新闻"一词持怀疑态度。丽丝贝斯·克努森提出"当我听到建设性新闻一词时，似乎是在尝试用一种工具抓住现实并以一种非常特定的方式来创造现实，而现实不能太危险或令人不愉快。这对我来说太虚伪了"，并且坚信"如果现实是丑陋的，我们就不能歪曲事实"②。

此前美国的解决方案新闻与欧洲的建设性新闻具有相同的特征，都是关注具体社会矛盾和问题的解决。解决方案新闻是在20世纪90年代后期作为一种新闻实践引入的，重点关注新闻业不仅应简单地指出问题，还应提供其他观点和解决方案。解决方案新闻和建设性新闻都专注于硬新闻主题并与之建立联系，通常涉及的是政治挑战、冲突和社会问题等③。美国的解决方案新闻网（Solutions Journalism Network）致力于推广这种新闻。

---

① Haagerup, U. *Constructive News*. Aarhus: Aarhus University Press, 2017.
② Andreassen, A.M. "Mediechefer Kritiserer Ideen om 'Konstruktive Nyheder'［Media Bosses Criticize the Notion of 'Constructive News'］." *Journalisten*. Retrieved from https: //journalisten.dk/mediechefer – kritiserer – ideen – om – konstruktive – nyheder/20101119.
③ 蔡雯、郭浩田：《以反传统的实践追求新闻业的传统价值——试析西方新闻界从"公共新闻"到"建设性新闻"的改革运动》，《湖南师范大学社会科学学报》2019年第5期，第124~130页。

他们称解决方案新闻是运用严格的报道形式对社会问题的一种积极回应[1]。

在研究文献中，鲜有学者尝试定义建设性新闻，因为该领域的研究在理论上和经验上都是一种新现象。大多数学者仅就这一现象对建设性新闻进行描述性定义。建设性新闻扎根于较旧的新闻模式，如社区新闻业、公民新闻业和公共新闻业等。但要使新闻业被认为是建设性新闻，凯伦·麦金泰尔（Karen McIntyre）要求"必须在新闻内容中应用一种特定的积极心理学技术"[2]。她认为建设性新闻将是一种新兴的新闻业形式。不难看出，与马克思主义新闻观中蕴含的"建设性"相比，无论是社区新闻、公民新闻，还是公共新闻，无论是美国的解决方案新闻还是欧洲的建设性新闻，西方新闻界对自由主义理论指导下的传统新闻实践的反思还是表面的、肤浅的。

四 关于职业角色的再思考

"他山之石，可以攻玉"。上述西方新闻实践中对媒体积极自由和记者主动角色的倡导和强调是值得我们借鉴的。

列宁指出，包括新闻传播在内的整个文学事业是一部巨大的社会民主主义机器的齿轮和螺丝钉；我们党历来将媒体比作耳目和喉舌[3]。这些论述和比喻中显然反映出结构功能主义的影响。结构功能主义的基本观点是子系统没有自身的目的，它是为整个母系统服务的。由于长期一味依附政治权力，我国新闻媒介和新闻工作者的积极性、主动性难以全面发挥。从

---

[1] Bornstein, D., and Rosenberg, T. Solutions Journalism Network, Retrieved from https：//www.solutionsjournalism.org/20200205.

[2] McIntyre, K., and Gyldensted, C. "Constructive Journalism: An Introduction and Guide for Applying Positive Psychology Techniques to News." *The Journal of Media Inno-vations* 4.2 (2017): 20–34.

[3] 中共中央马克思恩格斯列宁斯大林著作编译局编《列宁选集》（第一卷），人民出版社，1972。

社会互动论的观点出发，新闻传播及其从业者应该作为一种独特的社会权力参与社会治理。"媒体及其从业者的'专业权力'之于现代社会是一种'必要'而且'合理'的权力，建构'专业权力的意识形态'自然也有其合理性和必要性。"① 建设性新闻强调运用积极心理进行新闻工作以及在美国的解决方案新闻中倡导积极提供解决方案成为此类新闻模式的要旨所在。它们均指向一种积极主动的社会参与，更为重要的是隐匿在从业者"专业权力"背后的主体意识。

（一）缺乏主体意识的我国新闻媒体

"政治家办报"自 1957 年第一次提出以来，从最初对社论的要求泛化成为媒体的政治责任和政治属性，反映了我国新闻媒体实践的变化，折射出党的新闻观念的变化。习近平 2016 年 2 月 19 日在党的新闻舆论工作座谈会上谈到"牢牢坚持党性原则。党性原则是党的新闻舆论工作的根本原则。党管宣传、党管意识形态、党管媒体是坚持党的领导的重要方面"，"增强政治家办报意识。做到服从服务于党和国家大局不错位、党和人民需要时不缺位"②。

作为执政党，牢牢掌握住意识形态主动权是必要的。在我国，可以说，主流媒体先天具有"党"的属性。新时期，"政治家办报"不仅强调政治原则，更需要贴近人民。中国共产党代表最广大人民的根本利益，执政宗旨是为人民服务，当下的主要任务是为中国人民谋幸福、为中华民族谋复兴。党的一切工作都是为了人民，新闻舆论工作也不例外。坚持党性原则，新闻媒体服从于党的领导，但最终还要落在为人民服务上③。与西方发达资本主义国家不同，中国新闻机构不是现代社会

---

① 芮必峰：《新闻专业主义：一种职业权力的意识形态——再论新闻专业主义之于我国新闻传播实践》，《国际新闻界》2011 年第 12 期，第 72~77 页。
② 习近平：《习近平 2016 年 2 月 19 日在党的新闻舆论工作座谈会上的讲话》，https://www.xuexi.cn/5bf555cc397d3a5b96af918472102ac4/e43e220633a65f9b6d8b53712cba9caa.html 20160216。
③ 黄扬略：《党报新论》，中共中央党校出版社，2007。

分工条件下的专业自治组织，而是政治组织的附属机构。但这恰恰有利于体现执政党的意志，也有利于体现执政党所代表的最广大人民群众的利益。党性和人民性的统一是具有中国特色的社会主义新闻事业的一大要义。

依附于执政党的新闻从业者，主流媒体的新闻报道部分来源于行政组织的指派和委托。党的十八大以来，新一届中央领导集体不断加大反腐败力度，反腐倡廉新闻报道类型也应运而生。通常，中纪委官方网站发布通告，新华社、人民日报等主流媒体及时跟进，撰写新闻报道。此类报道多被地方媒体或自媒体视为通稿全网转发。虽然"侠客岛"等具有特色的新媒体受到网民认可，但因擅长宏大叙事的大部分传统主流媒体缺乏微观视角的个性表达，同质化的信息屡见不鲜。更有片面强调"落马干部"数字而不做解释，造成公众误解的现象出现①。这往往是由于媒体机构的主体意识不强，难以从自身出发思考如何介入社会治理中。进而出现只知道报道新闻事实，却难以向公众做出详细解读的现象。吉登斯曾指出："现代组织和社会运动是在一个社会世界中发挥作用的：上帝退隐，传统瓦解，反思性的自我调控就此有可能呈现为历史，呈现为社会学"②。而当下我国的新闻媒体缺乏自主性——"任何反思性的自我调控都必须建立在主体的自我意识和自我权力之上"③——也就难以做到"反思性的自我调控"。

当下此种情况带来权力结构的重叠，社会各方的利益难以协调平衡。主体性的缺失。新闻传播从业者很难从自身建设出发寻找问题，更多是带着所谓的权力自信进行新闻报道活动，更别说自我反思了。新环境下，主流媒体的发行量下降，收视（听）率降低都与此有一定的关系。建设性

---

① 帅全锋：《反腐倡廉新闻报道话语体系的构建》，《青年记者》2017年第9期，第60~61页。
② 〔英〕安东尼·吉登斯：《社会的构成：结构化理论大纲》，李康、李猛译，生活·读书·新知三联书店，1998。
③ 芮必峰：《新闻专业主义：一种职业权力的意识形态——再论新闻专业主义之于我国新闻传播实践》，《国际新闻界》2011年第12期，第72~77页。

新闻实践中媒体以及记者的积极性和主动性为我国新一轮新闻改革提供了一种有意义的参照。

(二)具有积极职业角色的"建设性新闻"从业者

建设性新闻实践中设定了一种独特的职业角色定位。早期实践维度的探索者概述了建设性新闻的轮廓,特别强调了新闻业与受众之间关系的变化。从传统的观点看,新闻报道是通过向公民提供信息,以便他们自由安排个人生活;向政府提供信息,以便为公共利益做出决定;可以作为公众讨论的场所;并且可以充当监督者反对在政治和社会其他领域滥用权力的现象发生。建设性新闻意味着对新闻业的新理解,它不仅扮演新闻传播和批判性监督者的角色,而且扮演着积极的"调解人"和具体问题解决者的角色,是一股致力于解决矛盾冲突和社会挑战的特殊力量。换句话说,从新闻记者的社会角色维度出发,建设性新闻业代表了在20世纪末和21世纪初出现的西方新闻业的反思。

彼得(Peter Bro)提出了一种观察主动和被动记者之间差异的方法①。他认为"被动记者"关注的是传播故事,无论其影响如何,只关注新闻报道之前的信息。相反,"主动记者"更充分地作为参与者解释故事,因此关注新闻的影响或报道后发生的事情。即使一些媒体专业人士可能认为发现社会问题而非提出解决方案才是媒体的工作,但人们希望有更积极的新闻报道,建设性新闻是记者采取更积极的职业角色进行新闻报道的一个例子。弗雷德·雅各布森(Jacobsen Fred)对丹麦新闻机构七名负责人进行了访谈,接受采访的编辑们对建设性新闻发表了怀疑但总体较为积极的看法。在建设性新闻报道的方案形成过程中,新闻工作者并没有直接参与制定此类解决方案,而是让公民、政治家和专家都参与这一方案形成的过程②。

---

① Bro, P. "Normative Navigation in the News Media." *Journalism* 9.3 (2008): 309-329.
② Jacobsen, F. *Konstruktive nyheder: Præcisering og Placering* [*Constructive News: Precision and Position*]. Odense: University of Southern Denmark, 2010.

现代社会关于主体性的问题同样被英国思想家以赛亚·伯林通过"积极自由"所强调："'自由'这个词的'积极'含义源于个体成为他自己的主人的愿望。我希望我的生活与决定取决于我自己，而不是取决于随便哪种外在的强制力。我希望成为我自己的而不是他人的意志活动的工具。我希望成为一个主体，而不是一个客体；希望被理性、有意识的目的推动，而不是被外在的、影响我的原因推动"，"我希望意识到自己是一个有思想、有意志、主动的存在，是对自己的选择负有责任并能够依据我自己的观念与意图对这些选择做出解释的。只要我相信这是真实的，我就感到我是自由的"。① 由此看来，"积极自由"的要义在于是否成为自己的主人进而能主动参与实践。这与建设性新闻强调的社会参与在精神上是相通的，也对反思当下我国新闻传播从业者的专业权力运作具有一定的启发，即如何吸收"积极自由"的理论养分进一步确立"主动记者"的角色定位。

五 传统"语境"与现实"逻辑"下的新范式

传统的党报理论语境下产生的新闻理念与当下新媒体发展的现实逻辑产生碰撞。只有闯过互联网这一关，才能更加充分地发挥新闻传播在整个社会实践中的建设功能。建设性新闻在具体操作层面给当下我国新闻实践带来的是一种融合中西方新闻理念的新范式，是完善发展马克思主义新闻观不可或缺的独特视角。支持建设性新闻模式的经验证据尚处于起步阶段。凯伦·麦金泰尔主要关注领域之一是调查建设性新闻对受众的影响②。她发现，与新闻报道中带有负面框架相比，新闻从业者更倾向于采用以解决方案为导向的行为。涉及 110 名美国本科生的实验设计表明，当人们被提出有效的问题解决方案时，他们的消极情绪明显降低，这表明基

---

① 〔英〕以赛亚·伯林：《自由论》，胡传胜译，译林出版社，2003。
② 晏青、〔美〕凯伦·麦金泰尔：《建设性新闻：一种正在崛起的新闻形式》，《编辑之友》2017年第8期，第5~8页。

于解决方案的报道可能会减轻负面新闻报道的某些有害影响,例如"同情疲劳"①。

在美国,与建设性新闻类似的解决方案新闻网(Solutions Journalism Network)与80多家传统新闻机构合作,为记者提供关于如何写作、进行访谈以及以解决方案为框架的新闻写作培训②。首席运营官基思·哈蒙兹(Keith Hammonds)描述合作关系的成功时说,"解决方案故事的在线交易更高,读者的评论更具积极性和建设性"③。一个与解决方案新闻网合作的新闻机构是犹他州的沙漠新闻(Desert News Publishing Company)。面向解决方案的新闻导致页面浏览量和份额增加。采用新的报道方式后,该报纸的发行量增长了15%,成为2012年该国发展速度第二快的报纸④。解决方案新闻网与参与新闻项目(Engaging News Project)在进行的一项实验中给予美国成年人阅读两份不同版本的涉及社会问题的新闻报道,两份报道分别包括或未包括该问题的潜在解决方案。在最终的调查中,阅读以解决方案为导向的新闻的受访者报告了更多关于该主题的知识,显现出对潜在补救措施的更高自我效能以及表现出为支持该事业而采取更大行动的意图⑤。同年,两方发布了一份关于建设性新闻影响的联合报告。结果表明,相对于以问题为中心的报道,这种新闻形式增加了读者乐观情绪,

---

① McIntyre, K. "Solutions Journalism: The Effects of Including Solution Information in News Stories about Social Problems." *Journalism Practice* 13.8 (2019): 1029 – 1033.

② Curry, A. L., and Hammonds, K. H. "The Power of Solutions Journalism." Solutions Journalism Network and Engaging News Project. Retrieved from https://mediaengagement.org/wp-content/uploads/2014/06/ENP_SJN-report.pdf, 20200205.

③ Hammonds, K. H. "Lab Test: Solutions Journalism Beats Brand X." Solutions Journalism Network. Retrieved from https://thewholestory.solutionsjournalism.org/lab-test-solutions-journalism-beats-brand-x-b9d7301081 55, 20161102.

④ Noack, M., Orth, J., Own, B., and Rennick, S. "A Transformational Journey: Adopting Solutions Journalism at Utah's Deseret News." Solutions Journalism Network. Retrieved from https://www.dropbox.com/s/n9ndgp6sr8pckqt/Deseret-News-CaseStudy.pdf?dl=0, 20200205.

⑤ Curry, A. L., and Hammonds, K. H. "The Power of Solutions Journalism." Solutions Journalism Network and Engaging News Project. Retrieved from https://mediaengagement.org/wp-content/uploads/2014/06/ENP_SJN-report.pdf, 20200205.

自我效能感以及参与解决问题的意图。

近年来,互联网技术应用于新闻传播全流程各方面。习近平总书记2016年在哲学社会科学工作座谈会上的讲话中,将新闻学列入对哲学社会科学起支撑性作用的十一个学科之一,这表明了党对新闻学的重视。中国新闻学发展百年,为中国新闻事业的进步做出了巨大的贡献。但是,在互联网传播的当下,亟须有新的新闻传播理论观照新现象、解释新问题、指导新实践。

建设性新闻是数字化社会中新闻理念的一次变更。社会公众从单一的受者变成可能的传者是新媒体带给新闻业最大的冲击。媒体重新定位与受众的关系成为迫在眉睫的工作之一。在这个社会中,新闻业的权威和把关人的作用备受争议,官员和普通百姓可以在博客、Facebook 和 Twitter 上进行交流,仅仅靠选择传播信息已经难以捕捉社会公众的注意力。专业化的机构媒体式微,倒逼下出现的改革层出不穷,却收效甚微,与公众的良性互动仍然难以在两者之间产生。此外,在"假新闻"或"后真相"时代,专业新闻的真相和客观性范式比以往任何时候都面临着更大的挑战,因为客观性的仪式传播已失去其原有的价值[①]。新闻业面临危机是新闻从业者普遍的判断。建设性新闻打开了公共传播时代新闻实践发展的新思路。与公众进行深度对话,将新闻从业者与公众的建设积极性和主动性同时发挥出来,这无疑有利于改善我们的新闻实践。

新闻业应当承担起新的角色以更积极的姿态深度介入社会实践,而建设性新闻可以被视为新闻机构和专业新闻工作者参与社会实践的一种新尝试。在当下变化的媒体环境中,我们应坚持和发展马克思主义新闻观,吸收建设性新闻实践的有益成分,努力让我们的新闻传播变得更好。

(本文原载于《新闻大学》2020 年第 6 期,该文章收录本书时内容和文献标注方式略有调整)

---

① McIntyre, K. "Solutions Journalism: The Effects of Including Solution Information in News Stories about Social Problems." *Journalism Practice* 13.8 (2019): 1029 – 1033.

XXI 从公共新闻到建设性新闻：媒体功能的两次转型

王建峰*

内容提要： 本文以传统客观性新闻、公共新闻和建设性新闻等新闻理念的变迁为线索，考察了不同新闻理念所支持的媒体功能的变化轨迹，发现媒体功能发生了两次重要转型：一是从客观性新闻所支持的"监察功能"到公共新闻所支持的"民主促进功能"的转型；二是从"民主促进功能"到建设性新闻所支持的社会"建设功能"的转型。文章分析了这两次转型存在的困境和面临的挑战，并提出建设性新闻强调赋权和弥合社会分裂的媒体功能更加适应当下的风险社会。

关 键 词： 公共新闻 建设性新闻 媒体功能 风险社会

梳理新闻理念的变迁，20世纪最后十年值得重点关注，公共新闻的

---

* 王建峰，中国社会科学杂志社编辑，中国社会科学院研究生院博士生。

沉寂和建设性新闻的出现都发生在这段时间。站在这一节点，有助于我们观察和理解公共新闻沉寂的时代背景和原因，以及建设性新闻作为另一种新闻理念为何会兴起，它如何避免步入公共新闻失败的后尘，又以怎样的特征和媒体功能出现？这是本文所要考察的内容。

拉斯韦尔和赖特等人对大众传播的研究均使用了功能主义的范式。根据功能主义，社会被理解为由相互连接的运作部门或小系统组成的持续不断的体系，大众媒介也是其中一员，每一部分都为持续性和秩序做出必须的贡献，正是通过对不同个人和社会机构的要求做出一致的反应，媒介才为整个社会带来意想不到的利益。① 尽管有学者呼吁告别功能主义，但它在"形成研究框架和回答研究问题上还在起作用"，为讨论大众媒介与社会之间的关系提供了"一种语言体系"。② 因此，为理解不同新闻理念背后新闻媒体与社会之间构成的相互关系，本文将依然采用功能主义的视角。

一 从"监察功能"到"民主促进功能"

拉斯韦尔将大众传播功能分为环境监视、社会协调和社会遗产传承。③ 作为大众媒体，其最为重要的功能是监视环境，这是由人们迫切希望掌握所在环境中潜在威胁的内在动力所决定的，而这样的动力既有生物又有文化方面的原因。④ 但根据 Christians 等人的观点，"监视"一词较为负面，他们倾向采用更为中性的"监察"一词，认为在客观性新闻理念所支持的新闻模式下大众媒体主要发挥了监察的功能。"监察"的基本含

---

① 〔荷〕麦奎尔著《麦奎尔大众传播理论（第 5 版）》，崔保国、李琨译，清华大学出版社，2010，第 78 页。
② 同上。
③ Lasswell, H. D. (1948). The Structure and Function of Com- munication in Society. *The communication of Ideas*, 37.
④ Shoemaker, P. J. (1996). Hardwired for News: Using Biological and Cultural Evolution to Explain the Surveillance Function. *Journal of Communication*, 46 (3).

义是对人、环境、事件构成的现实世界进行组织化的扫描和审视。①

Christians 等②总结了媒体监察功能的十个方面：第一，以文化机构的名义提供公共事件的议程；第二，接收并筛查外部信息源提供的通知和消息，并传递给公众；第三，在政治、社会、经济等主要论坛及重要事件发布的场合，以新闻报道的形式在场；第四，报道当下重要的事件以及连续性地再现关键事实的数据；就潜在的风险、危险、威胁以及其可能带来的后果向公众提出警告；第五，引导公共舆论；第六，根据相关性和重大性就某些问题向公众提供议程；第七，以平衡、审慎的方式向公众提供对于问题的分析、解释以及见解；第八，以"第四权力"的名义对政府部门进行监督；第九，以"看门狗"的方式对社会主要机构进行监督；第十，对流言、谣言主动进行独立的追踪和核查。

但大众媒体监察功能也存在与新闻理念的冲突问题。实际上，客观性新闻在新闻媒体实现监察功能上并非完全有效，主要根源于其相对消极的新闻理念。监察不仅体现于传播信息，还包括解释和调查。但客观性新闻理念突出中立、平衡和客观的标准，不去积极介入，很多时候由于政党和利益集团的控制而只是被动地传达观点，难以起到监察的作用。而且监察功能的核心是维护公共利益，但客观性新闻报道在很多情况下却是忽视公共利益的。也就是说，公众所托管的媒体存在背离托管人利益的危机。

根据舒德森的分类，新闻模式分为三种：市场模式、鼓吹模式和托管模式。客观性新闻理念形成之后便实际进入了新闻的托管模式。在这一模式中，新闻工作者认为公众通常心不在焉、注意力分散，不能对自己的公民权行使主权，因此公民们把一定的主权委托给新闻工作者，新闻工作者

---

① Christians, C. G., Glasser, T. L, McQuail, D., Norden-streng, K., & White, R. A. (2009). *Normative Theories of the Media: Journalism in Democratic Societies.* Urbana: University of Illinois Press.

② Christians, C. G., Glasser, T. L, McQuail, D., Norden-streng, K., & White, R. A. (2009). *Normative Theories of the Media: Journalism in Democratic Societies.* Urbana: University of Illinois Press.

帮助公民行使公民权。①但是从20世纪后半叶开始，托管新闻模式的核心理念"客观性"不断遭到质疑和批评，其专业知识的权威受到攻击，新闻工作者像任何受到挑战的专业团体一样，开始变成"反公众的阴谋"。②《哈钦斯报告》所要解决的就是这样的"反公众"问题，报告呼吁新闻媒体提供富有含义的语境，去做"真实、完整和有智慧的"报道。但这样的媒体功能转型其实一直到20世纪80年代末90年代初公共新闻出现之后才正式开始。

公共新闻的推崇者呼吁一种以促进"公共生活"为目标的新的新闻事业的出现。所以这里的功能转型是指从"监察功能"转向了Christians等所提出的另一种媒体功能，即"促进功能"。③需要指出的是，这种促进功能不同于一般意义上的促进，所以准确地说应该是从"监察功能"向"民主促进功能"的转型。

二 转型的困境

（一）无力解决民主内在问题

公共新闻过于强调民主的含义使得公共新闻运动窄化为一种民主运动或仅立足于政治的视角。正如彼得斯所说，公共新闻这一民主理念误判了当前环境下最好的传播形式，因此忽视了参与式民主麻烦的甚至是悲惨的方面。④ 彼得斯提到了公共新闻实现其民主理想所要克服的四个障碍：规

---

① 〔美〕舒德森：《公共新闻学关于新闻学知道什么，关于"公共"不知道什么》，〔美〕西奥多·格拉瑟主编《公共新闻事业的理念》，邬晶晶译，华夏出版社，2009。
② 同上。
③ Christians, C. G., Glasser, T. L, McQuail, D., Norden- streng, K., & White, R. A. (2009). *Normative Theories of the Media: Journalism in Democratic Societies.* Urbana: University of Illinois Press.
④ 〔美〕彼得斯：《公共新闻事业与民主理论——四个挑战》，〔美〕西奥多·格拉瑟主编《公共新闻事业的理念》，邬晶晶译，华夏出版社，2009。

模、人性、社会结构和信仰，这些也正是困扰民主政治的内在问题。

第一，尽管杜威试图解决美国作为一个大陆的民族国家的规模民主问题，比如在全国对话中设置面对面的场景，由此使市镇集会的实践适应全国性的活动范围，但彼得斯认为这一方案无法令人信服，而且在一个幅员辽阔的共和国之中，对话地点必然扩散，而决策需要集中，杜威从来没有系统地解决过这一深刻的矛盾。①

第二，公共新闻如何解答"苏格拉底之死"的悖论？雅典以民主的方式处死了苏格拉底，使得柏拉图因此承认民主的唯一致命弱点是激起人性最危险的部分。公共新闻依靠的是理性的公众，但很多时候公众并不是理性的，甚至是不明智的。彼得斯发现民主的传播模式——民众的直接集会只是提高了民主的可燃性，而没有抑制大众热情的流动。② 基于对人性的不信任，相比较于参与式民主，他更看重公民权利和法律秩序的民主表现。甚至连支持公共新闻的凯里也承认公共新闻运动特征可能带来的"危险性"，他甚至联想到了法国大革命中的雅各宾派。③

第三，公共新闻把新闻界看作民主的救世主，但是没有任何单一的公共机构能够承担起促进民主生活的重任，虽然媒体对民主很重要，但它只是各种公共生活实践和公众机构之一。就对民主生活的重要性而言，家庭、学校和信仰团体都要比媒体更加重要，公民社会需要一种多样化的机构制度——社区、公共图书馆、法律规则和基本的安全与福利保障，彼得斯因此批评公共新闻更多关注的是新闻工作者的实践，而较少聚焦于公民社会的结构。

第四，彼得斯提醒公共新闻要认识到新闻事业的"悲剧性缺陷"。他认为承认这样的缺陷才能"把我们从杰弗逊的新闻理想中拯救出来"，因

---

① 〔美〕彼得斯：《公共新闻事业与民主理论——四个挑战》，载〔美〕西奥多·格拉瑟主编《公共新闻事业的理念》，邬晶晶译，华夏出版社，2009。
② 同上。
③ 〔美〕凯里：《保卫公共新闻事业》，〔美〕西奥多·格拉瑟主编《公共新闻事业的理念》，邬晶晶译，华夏出版社，2009。

为坚持像杰弗逊所说的理想,即是"新闻要提供丰富信息,培育明智的公民,"就要付出很多的代价,因为它"逼迫我们忽视明显事实":距离问题、人性的扭曲、金钱和权力控制着知识和信仰。①

(二)冲击新闻职业边界与合法性

赋予媒体促进公共生活和民主进程的功能,对传统新闻理念下形成的新闻职业的边界和合法性带来冲击和挑战。新闻职业的边界与合法性并不是天然成立和固定不变的,它是由参与者以"新闻元话语"的方式进行构建而成,新闻业外部以技术、形态和规范式方案为手段向其发起挑战,而新闻业内部的从业者则在维护其职业边界和合法性。②

充当公共利益的看守者,以客观、平衡、独立的方式向公众提供真相,这些是构成传统新闻职业权威性和合法性的基础因素。公共新闻提出的功能转型意味着原有的新闻标准要被打破,因为在公共新闻理念提出者那里,客观、平衡的报道准则并不能促进民主进程,而独立性原则让新闻媒体与公众产生距离,因此也是无助于促进公众利益的。这就在很大程度上否定了传统新闻业的合法性,冲击了其职业边界。而且公共新闻所提倡的转向促进民主的新功能,并不能必然给新闻职业带来新的合法性。这也是主流新闻媒体对公共新闻保持距离甚至是抵制的重要原因,他们对公共新闻的批评与攻击实际正是通过"解释力"维护其职业边界。

舒德森认为,公共新闻之所以激怒常规新闻工作者,部分原因是它引发新闻工作者重新思考标准的实践和假设。公共新闻最让新闻精英工作者们苦恼的是:他们认为公共新闻事业推动新闻工作者超越了他们已经具备某种合法化权威性的领域,无论那种权威性是建立在什么基础之上的。无

---

① 〔美〕彼得斯:《公共新闻事业与民主理论——四个挑战》,载〔美〕西奥多·格拉瑟主编《公共新闻事业的理念》,邬晶晶译,华夏出版社,2009。
② Carlson, M. (2016). Metajournalistic Discourse and the Mean- ings of Journalism: Definitional Control, Boundary Work, and Le- gitimation. *Communication Theory*, 26.

论新闻工作者可能有什么权威性，但肯定不是存在于组织社群和调解冲突的领域，它甚至还不存在于社群的相互连接中。① 也就是说，公共新闻希望新闻媒体承担的新功能，不仅不能给新闻职业以新的权威性，反而会损害其已有的合法性，因此主流媒体记者对公共新闻的反应实际是对于其职业合法性的一种维护。

公共新闻对传统新闻职业合法性威胁最大的还是其独立性地位。Craig 发现传统新闻记者对公共新闻理念望而却步的重要原因是其公民转型的目标增加了合作的可能性，这对新闻的独立地位产生了实质威胁，因为"新闻机构牵涉进公民活动越深，其丧失批判立场的几率就会越大。"② McDevitt 也发现，即使是参与以促进公共利益为取向的公民活动，都有可能降低新闻记者对有关公共利益达成的所谓共识提出质疑的能力。③ 这就意味着，当公共新闻所支持的社群对话，以民主的形式得出的共识却是可疑的时候，公共新闻又不具有对其提出质疑的能力和意愿，这就会严重降低以公共新闻理念为指引的媒体功能的合法地位。

三 社会"建设功能"的出现

（一）从政治功能向社会功能转型

在公共新闻遇到困境的同时，建设性新闻以完全不同于公共新闻的目标和媒体功能定位登场了。建设性新闻突出对于新闻事实的完整呈现和问题方案的提出。虽然它与公共新闻都以"解决问题"为目标，但与公共新闻不寻求具体问题的解决不同，建设性新闻恰恰寻找对于一个个

---

① 〔美〕彼得斯：《公共新闻事业与民主理论——四个挑战》，载〔美〕西奥多·格拉瑟主编《公共新闻事业的理念》，邬晶晶译，华夏出版社，2009。
② Craig, D. A. (1996). Communitarian Journalism (s): Clear-ing Conceptual Landscapes. *Journal of Mass Media Ethics*, 11.
③ McDevitt, M. (2003). In Defense of Autonomy: A Critique of the Public Journalism Critique. *Journal of Communication*, 53 (1).

具体问题的解决方案。这里体现的一个重要转型是,建设性新闻追求的媒体功能摆脱了公共新闻以及传统客观性新闻的束缚,从政治领域转向了社会领域。这一转型应该说是媒体人基于现实环境做出的符合实际的现实选择。

无论以客观性新闻理念为基础的"监察功能",还是以公共新闻理念为基础的"民主促进功能",两者的媒体功能都具有明显的政治色彩,前者强调对政府的监督,后者强调鼓励公民参与民主进程,媒体功能只是在政治视域中转移了专注点,并没有脱离政治视域。而建设性新闻的出现则让媒体功能大大延伸,从政治视域扩展出去,不仅扮演民主角色,也在扮演社会角色。[①] 建设性新闻所提倡的媒体功能,具有与公共新闻类似的"促进功能",但这里的促进是具有明确的"社会促进功能"。建设性新闻不再寄希望于在单一政治层面取得问题的全面的根本性解决,而是从媒体自身做起,与其他社会组织一起从社会层面力求取得一步步的渐进式改进。

建设性新闻与公共新闻所具有的促进功能差异巨大,甚至不能在同一个层面进行理解。建设性新闻更突出对于实际问题的解决,所以建设性新闻的"促进"强调的仍是对于社会的建设价值;但公共新闻的"促进"主要指作为"公共话语的促进者"。[②] 由于公共新闻不致力于具体问题的解决,因此最终可能只是促进了民主的过程,但这一过程并不能必然带来明确的建设性结果,或者说公共新闻的"促进功能"并不一定向着"建设性"的方向转化。Aitamurto 等因此提出不同于"促进功能"的另一种与建设性新闻相匹配的新的媒体功能,即建设功能。[③]

建设性新闻赋予新闻媒体的社会建设功能主要体现在赋权和弥合社会分裂两个方面。赋权是指帮助个人、家庭、团体或者社区提高其个人的、

---

① Mast, J., Coesemans, R., Temmerman, M. (2019). Constructive Journalism: Concepts, Practices, and Discourses. *Journalism*, 20 (4).

② Rosen, J. (1999). What are Journalists For? New Haven, CT: Yale University Press.

③ Aitamurto, T., Varma, A. (2018). The Constructive Role of Journalism, *Journalism Practice*, 12 (6).

人际的、经济的或政治上的能力，从而达到改善他们现状的目的的过程。①建设性新闻以提供方案的形式提高受众对抗、化解风险的能力，以解决社会具体问题为目标，因此具有突出的赋权特征。建设性新闻需要通过报道为民众"赋权"，通过广泛的采访充分了解民意，并通过他们与官方、精英及专家的对话和互动，寻求共识和解决方案，避免既有冲突被进一步放大。② Hermans 突出建设性新闻在构建包容和多元性上的贡献：建设性新闻力求在报道中涵盖多元的声音，跳脱传统报道中秉持的"官—民""富人—穷人"这类极化的二元对立框架，调和新闻事件利益攸关方之间的冲突。③ 这在弥合当下越发激化的社会分裂上具有珍贵的价值。

（二）从理想主义向现实主义转型

公共新闻以杜威、哈贝马斯、凯里等人的思想为理论支撑，但这三人关于民主的思想都带有理想主义色彩。杜威针对李普曼的精英主义民主试图以公众对话实现大众可以参与的民主，但几十年来美国政治在现实中却从未实现过，哈贝马斯提出的公共领域更是一个有争议的话题，人们甚至怀疑公共领域是否真正在历史上出现过，更不用说公共领域难以存在的现实语境；凯里的思想也有着浪漫主义的倾向，相信新闻为民主而生。公共新闻所追求的是人人可参与的对话式民主，这样的民主模式本身就具有理想主义的色彩，甚至是难以实现的理想，因为其自身具有相当大的缺陷。正如彼得斯所说，期待所有公民有积极参与政治生活的欲望、时间和技巧，是一种危险的浪漫主义，它具有乌托邦的色彩。④

---

① 黄月琴：《"弱者"与新媒介赋权研究——基于关系维度的述评》，《新闻记者》2015年第7期。
② Hermans, L., Gyldensted, C. (2019). Elements of Con- structive Journalism: Characteristics, Practical Application and Au- dience Valuation. *Journalism*, 20 (4). 转引自史安斌、王沛楠《建设性新闻：历史溯源、理念演进与全球实践》，《新闻记者》2019年第9期。
③ 同上。
④ 〔美〕彼得斯：《公共新闻事业与民主理论——四个挑战》，载〔美〕西奥多·格拉瑟主编《公共新闻事业的理念》，邬晶晶译，华夏出版社，2009。

建设性新闻与公共新闻的一个相似之处是都建立于对传统客观性新闻或新闻托管模式的改革之上，两者都在提醒常规新闻记者背负起公共责任。两者所不同的是，公共新闻以理想的民主形式要求新闻为一个宏大抽象的公众概念负责，而建设性新闻则是从更为具体的人群服务开始。如果说前者有着理想主义的色彩，后者则是一种务实的态度，或者说是转向了实用主义。公共新闻的关注点并不真正在问题的解决上，真正关心的是把民众调动起来，去激活民主社会，所以从不提出实际策略去解决具体问题。建设性新闻则恰恰相反，不关心是否通过民主的方法，强调只有能够解决问题的新闻才是好新闻，即是开始追求新闻功能的实际有用性。

实用主义行为的结果，属于边际效应范畴，它在现状基础上发生，通过边际的调整（而非推倒重来）获得，一般表现为原有存量增加的"一点"。① 这些同样是建设性新闻的特征，区别于公共新闻难以兑现的"宏大叙事"，建设性新闻立足于帮助人们实现当下的具体目标，"边际效应"追求存量的增加，而不求推倒重来式的激进变革。

（三）从拯救民主向媒体自救转型

公共新闻将促进民主放在最为重要的位置，却忽略了新的新闻理念带来的功能转型将给新闻业带来怎样的影响。公共新闻理念的支持者们高估了新闻对于民主的作用和价值，新闻机构作为民主制度中的公共机构之一，绝不可能单独承担起改进民主的重任，民主缺陷的弥补也远远超出新闻业的能力范围。公共新闻还忽视了自身改革对原有新闻职业合法性可能带来的冲击。

与公共新闻试图解决拯救民主的问题不同，建设性新闻更关注于新闻业自身，建设新闻更为关注新闻业自身存在的危机，也就是更多试图回答谁来拯救新闻业？当前人们对于新闻业的信任度持续走低，新闻业的生存危机前所未有的严重。所以建设性新闻转向实用主义的社会功能更多是出

---

① 鲁鹏：《论不确定性》，《哲学研究》2006年第3期。

于自救，以实际有用性赋予自身行业在受众中的存在价值。也就是说，建设性新闻希望通过新的理念和实践去增加新闻业的权威性和合法性，而公共新闻恰恰忽视了这一点。因此建设性新闻的支持者通常会小心地表述新的理念，尽量不让其与传统客观性新闻理念发生根本性冲突，表示他们无意挑战现有的新闻职业边界，只是从不同角度对其进行扩展。在普遍认识到新闻媒体只有通过变革才能在这个急剧变动的社会中得以生存的背景下，应该说这些不去冒犯原有的新闻权威性和合法性而只是扩展新闻职业边界的尝试，看起来像是更为有效的媒体自救之路。

四 第二次转型面临的挑战

（一）来自传统客观性新闻理念的挑战

公共新闻作为一场新闻实验，失败的一个重要原因，是它受到了来自主流新闻界的批评和抵制。抵制的理由是公共新闻挑战了客观性新闻原则，新闻界的独立性将因此受到威胁。建设性新闻是否取得成功的关键在于，如何与客观性新闻理念之间获得某种程度的一致性，从而在新闻理念上能够被新闻界所认可。

与客观性新闻理念在新闻报道中秉持中立、平衡，不含价值预设的理念不同，建设性新闻有明确的价值立场，即建设性，试图实现问题的解决和促进社会的发展进步。尽管如此，仍有不少从事建设性新闻的实践者试图回到传统客观性新闻理念的框架之内，强调用事实说话，不加入记者的主观评论，即使报道对于问题的解决方案也是以客观的方式进行展现，不去有意突出其正面性。并且为了避免像公共新闻一样冒犯传统新闻工作者，建设性新闻只是提出解决方案，但不去鼓动公众的参与。

对于建设性新闻试图与公共新闻保持距离的做法，有批评者认为其报道做法与传统新闻并无两样，只是报道问题的解决方案，但把公众排除在外实际并不会促进问题的解决。这也正是建设性新闻所面临的一个最为棘手的挑战,鼓励公众的参与则会步入公共新闻的后尘,受到传统新闻从业者的排斥,而与其保持距离不鼓动公众的参与,只是报道问题的解决方案则有可能缺乏方案的实施者,从而让解决方案悬置起来,最终的确可能像批评者所称的那样无助于实际问题的解决。

(二)理论资源的匮乏

与公共新闻从杜威、哈贝马斯、凯里等学者那里获取了丰富的理论资源的情况不同,建设性新闻几乎没有可以借用的政治和社会理论资源。公共新闻的理念首先从学界萌发,然后学界开始同业界一起推动;而建设性新闻则是完全从新闻实践中自发产生,在实施相当一段时间后才受到学界的关注,学界试图从学术层面对其进行经验性研究。但至今,建设性新闻仍是一个实践经验梳理多于理论构建的描述性概念,而且这个概念也缺乏严谨的定义,理论框架更是远未形成,更像是一个宽泛的概念框架,其中杂糅了各种相容或并不相容的新闻元素。因此有学者将其称为一个"伞式理论",[①] 其中囊括了和平新闻、积极新闻、解困新闻、行动新闻等各种新闻理念。如果无法以统一的理论将其进行有效整合,其不相容的特质一旦被放大,内部冲突就可能导致这一理念陷入支离破碎的分裂境地。

(三)实用主义的弊端

建设性新闻转向实用主义的媒体功能倾向,实际也受到了实用主义弊端的影响。有学者针对实用主义的批评对于媒体的实用主义同样适用,比如实用主义社会科学知识积累得越来越多,但知识却变得越来越碎片化。"不再有全局观""经常展开瞎子摸象式的批判和论战""实用主义社会科

---

① McIntyre, K., Gyldensted, C. (2017). Constructive Journalism: Applying Positive Psychology Techniques to News Production. *The Journal of Media Innovations*, 4 (2).

学在积累大量知识的同时也弱化了我们的直觉和智慧，使得我们只见树木不见森林""实用主义社会科学追求即时效果，反过来也就缺乏时间性和历史感，或者说目光短浅。"①

实用主义还要回答的问题有：微观调整能否达到宏观和谐？渐进变迁能否免除灾难？怎么知道我们演进在正确的路向上？实用主义使人获得当下的确定性，却有可能把人抛入长远的不确定性中。② 这些问题如果无法得到有效解决，建设性新闻可能也会陷入困境。另外，面对社会痼疾，立足于实用主义的建设性新闻是否有足够的勇气去提出颠覆性的改革方案，这是令人怀疑的。只追求边际效应，没有推倒重来的"破"的勇气，实用主义有时会滑向保守主义。在逻辑上，保守主义构筑的是一个封闭系统，趋向于失去生命活力。③ 所以建设新闻能否取得成功的另一个关键因素是如何对待"破"与"立"的关系。

五　结论

人类进入21世纪以来，新闻媒体的环境发生了重大变化，包括以下四个方面。④ 一是信息化。信息技术的发展使得人类的公共和个人生活迅速被信息所渗透，信息与新闻的生产和传播无时无处不在发生。这带给新闻业的一大变化是新闻所报道的是不断进行中的事件，而不是完成的事实。信息化还将社会的互通互联和互动推动到相当高的水平。而且信息化改变了过去由上向下的单向的传播方式，取而代之的是双向的甚至是公众直接参与生产的信息传播格局。二是国际化。国际化使得原本属于国内的社会问题变得更加复杂，需要在国际层面进行解决，同时国际化还让人们

---

① 赵鼎新：《从美国实用主义社会科学到中国特色社会科学》，《社会学研究》2018年第1期。
② 鲁鹏：《论不确定性》，《哲学研究》2006年第3期。
③ 同上。
④ Hermans, L., Drok, N. (2018). Placing Constructive Journal-ism in Context. *Journalism Practice*, 12 (6).

对本土身份和群体重新进行评估。这对于新闻业的一大挑战是需要跳出原有的地方视角，以更为宽广的国际视角对复杂话题进行专业报道。三是个体化。个体化让个人处于文化的多元之中，获得了更多选择的自由，但同时也滋生了碎片化倾向。人们更多根据个人兴趣和情绪做出决定，这就造成了一个总体性的责任伦理的缺失。由于个体化的原因，人们越来越对原有公民社会中的机构失去情趣，比如教堂、工会、政党。新闻机构在这样的背景下担负着填补传统社会机构缺失的责任。四是非正式化。非正式化伴随着传统等级社会的变化，社会与职业权威开始受众冲击，人们不再对原有在职业层级顶端的专业知识和身份抱有天然的尊重和认可，新闻业的职业权威性也开始受到前所未有的挑战。

个体化和国际化正是贝克所提出的"风险社会"的两个特征。贝克认为，现代性已经使我们的社会由工业社会转向了风险社会，"不平等"的社会价值体系已被"不安全"的社会价值体系所取代。在当今这个充满风险的社会中，没有人能够提供确定的答案，不确定性取代经验与传统；个体行为的选择取舍都要受到不确定因素的干扰，个体正在遭遇存在性焦虑。① 所以说，新闻媒体面临的一个最为突出的现实问题即是从工业社会向风险社会的转型。风险社会的一大特征是对控制手段带来潜在风险的担心，或者说是对控制失控的担心，它是现代性的后果，个人无力解决，只能靠合作的力量，即解决"组织性不负责"的问题。面对这样的风险社会，建设性新闻以赋权和弥合社会分裂为主要内容的社会建设功能，有助于提高应对风险的能力和信心。所以说，从公共新闻所支持的"民主促进功能"向社会"建设功能"的转型是一次适应外在社会环境变化的必要转型。

当然建设性新闻所支持的这一功能也面临着很大的不确定性，挑战诸多。而且随着社会问题的多元化和复杂化，某一新闻理念所支持媒体功能

---

① 〔德〕乌尔里希·贝克著《风险社会》，何博闻译，译林出版社，2004。转引自刘莹《贝克"风险社会"理论及其对当代中国的启示》，《国外理论动态》2008年第1期。

的单一性都会让其处于被批评的位置。正如凯里面对公共新闻所遭受的批评而给出的回应一样：公共新闻做了大量努力，提醒我们什么值得保护，我们承认这只是部分的解决方案，还有很多问题，但问题是，你有更好的选择吗？[①] 这个回答对于建设性新闻同样适用。未来也许会出现更好的选择，但至少在当下建设性新闻所赋予的媒体功能，显然更有利于应对风险社会所带来的挑战，从而更利于新闻媒体从中拓宽新闻职业边界与获得更多的职业合法性。

（本文原载于《当代传播》2020年第2期，该文章收录本书时内容和文献标注方式略有调整）

[①] 〔美〕凯里：《保卫公共新闻事业》，载〔美〕西奥多·格拉瑟主编《公共新闻事业的理念》，邬晶晶译，华夏出版社，2009。

XXII 建设性舆论监督:党报参与社会治理的"重头戏"

——以北京日报《政府与市民》的实践为例

赖 薇[*]

内容提要: 在加强国家治理体系和治理能力现代化建设中,党报可以利用建设性新闻理念,以建设性舆论监督的形式参与社会的公共治理活动,同时构建起政府与公众互动的平台,让舆论监督报道实现上接天线、下接地气的功效。北京日报通过《政府与市民》版,探索出了一条以解决问题为导向的建设性舆论监督之路。通过媒体与政府的"闭环"合作联动机制,既促进问题解决,又向公众及时反馈结果,让党报的建设性舆论监督工作取得"落地"的实效。

关 键 词: 党媒 舆论监督 建设性新闻 共建共治共享 社会治理

---

[*] 赖薇,北京日报群工内参部主任。

党的十九届四中全会提出要加强国家治理体系和治理能力现代化建设。北京日报作为首都党报，应顺势而为，在参与社会治理方面做出主流媒体应尽的贡献。在实践中，北京日报探索出一条以解决问题为导向的建设性监督报道之路，每年反映600余件民生问题，解决率达90%以上，反馈率超过95%，切实发挥党报联系群众、担当党和政府的桥梁作用，在帮助政府提高治理能力、改善民生、构建共建共治共享的社会治理制度上发挥着越来越重要的作用。

一 建设性舆论监督：媒体理性与社会责任的回归

（一）舆论监督是党赋予新闻媒体的职责使命

在社会主义制度下，新闻舆论监督实际上是人民群众以新闻媒介为工具和手段对国家与社会公共事务所进行的监督，是人民群众行使民主权利的一种方式。

利用报刊开展批评与自我批评，是党和人民的新闻事业的优良传统之一，党和国家对此高度重视。早在1950年新中国成立之初，中共中央就发出了《关于在报纸刊物上展开批评与自我批评的决定》，指出"吸引人民群众在报纸刊物上公开地批评我们工作中的缺点和错误，并教育党员，特别是党的干部在报纸刊物上作关于这些缺点和错误的自我批评"。邓小平同志也曾作过论述："报纸搞批评，要抓住典型，有头有尾，向积极方面诱导，有时还要有意识地作好坏对比。这样的批评与自我批评才有力量，才说明是为了改进工作。"① 习近平总书记十分重视新闻舆论监督工作，他指出，"各级党组织和政府应欢迎新闻工作者报喜也报忧，拿起舆论监督武器，对自己工作中的问题和各种腐败现象进行揭露批评。"②

---

① 乔建华：《架好与读者沟通的桥梁》，《新闻与写作》2014年第11期。
② 楼建坤：《如何建设性地开展新闻舆论监督》，《中国报业》2019年9月（上）。

党报承担舆论监督职责的意义在于：为党和政府架设起联系沟通群众的桥梁，从而履行党密切联系人民群众的使命。毛泽东同志在《对晋绥日报编辑人员的谈话》中说："通过报纸加强党和群众的联系，这是党的工作中一项不可小看的、有重大原则意义的问题。"时间虽已经过去了几十年，但架起桥梁的光荣传统愈发显现出它的历史和现实意义。①

（二）党报履行舆论监督职责，必须坚持"为人民服务"的宗旨

党报是党、政府和人民的喉舌，其从事的舆论监督是在党和政府的领导下进行的，应当具有党性原则，其从事的新闻舆论监督本质上是代表广大人民群众行使监督主体的权利，因此党报的舆论监督必须坚持党性和人民性相统一。既要坚持党对新闻舆论监督工作的领导，又要坚持以人民为中心的发展理念。其代表人民对国家与社会公共事务所进行的监督，是为了消除权力运行中的不利因素，缓和社会矛盾，促进社会和谐进步，它追求的应当是一种建设性的效果，而不应当具有"拆台"的性质，也不应当在经济利益的驱动下一味追求阅读率，从而破坏社会的稳定与健康发展。②党的十八大以来，以习近平同志为核心的党中央，把人民对美好生活的向往作为治国理政的奋斗目标。党报舆论监督必须坚持以人民为中心的发展理念，倾听民声、反映民意、解决民忧、增进民利。

（三）建设性舆论监督是新时代党报服务人民的外化表现

当前，社会大局总体稳定，社会利益关系日趋多元，公众对社会公共事务的参与愿望变得更加强烈，因此国家迫切需要推进社会治理现代体系的建设。

党的十九届四中全会提出，社会治理是国家治理的重要方面，必须加强和创新社会治理，坚持和完善共建共治共享的社会治理制度。在这个过程中，党报可以发挥双重功能，一是自身作为多元治理主体，以媒体监督形式参与

---

① 乔建华：《架好与读者沟通的桥梁》，《新闻与写作》2014 年第 11 期。
② 刘九洲、陈曦：《论建设性新闻舆论监督》，《新闻界》2007 年第 5 期。

公共治理活动；二是成为政府与公众互动的平台，新闻报道实现上接天线、下接地气，政府借助新闻媒体产生社会动员力，推动民众参与社会治理活动。①

随着中国信息技术，尤其是移动互联技术的迅速发展，公众能够越来越方便地利用论坛、博客、微博等网络应用工具行使自己的公共表达权，发表对公共事务的认知和情感，但公共空间的匿名性特点，让表达大多缺乏理性、情绪化表达居多，此时，党报更因重视采用建设性新闻的方式对公众情绪加以引导，促进其回归理性。②

新时代，党报的舆论监督必须是建设性舆论监督。所谓建设性舆论监督，指的是舆论监督真正的目的不在于揭露问题，而在于解决问题，是以解决问题为导向的监督。党报通过建设性舆论监督报道，引导受众进行理性思考，推动实际问题得到解决。能否让报道始终保持在理性轨道上运转，成为衡量媒体监督成功与否的重要标准。

党报建设性舆论监督要站在党和人民的立场上，进行科学的监督、有序的监督、依法的监督，从服务大局出发，密切配合党和政府的中心工作。一方面通过建设性的舆论监督，解决关乎人民群众切身利益的困难和问题，从而增强群众的获得感；另一方面，及时准确地将群众的意见建议反映给党和政府，推动政府工作不断改进和创新，再通过媒体报道，第一时间将治理成效反馈给群众，从而增强人民群众参与社会治理的信心和热情，推动共建共治共享的社会治理格局的形成。

二 构建"闭环"式建设性监督工作机制，让舆论监督取得"落地"实效

《北京日报》"政府与市民"版是承担党报舆论监督功能的版面，从

---

① 丁继南、韩鸿：《基于建设性新闻思想的媒介社会治理功能》，《青年记者》2019年4月（下）。
② 徐敬宏、郭婧玉、游鑫洋、胡世明：《建设性新闻：概念界定、主要特征与价值启示》，《国际新闻界》2019年第8期。

2006年开设至今，始终坚守为人民发声的党媒职责，遵循"监督是为了解决问题"的原则，逐渐探索出了一条以解决问题为导向、通过媒体报道和与政府的"闭环"合作联动机制，从而达到解决人民群众实际困难、推动社会治理进步目的的建设性舆论监督之路，在搭建党和政府联系群众的桥梁、为群众解决实际困难、帮助政府部门改进工作、推动社会治理进步等方面发挥了日益重要的作用。

建设性舆论监督是以解决问题为导向的监督，其难点就在于如何切实解决所反映的问题。由于媒体不是行政机关，没有执法权，对监督对象没有直接的约束力，所以，舆论监督要切实并可持续地发挥建设性作用，媒体必须与政府形成机制性的合作联动，建立切实可行的整改落实机制，才能推动舆论监督取得能"落地"的实效。从2016年开始，《北京日报》不断加强与政府部门的沟通协调，特别是陆续与市政府督查室、市委督查室建立合作关系，逐渐探索出一套舆论监督"闭环"系统——由北京日报社接收市民举报，记者开始就举报的问题展开调查报道，再由市委督查室每日下发督办单，属地及职能部门"接诉即办"及时整改落实，媒体再回访报道整改进展。

以《北京日报》针对北京南站的报道为例。北京南站长期以来被称为"北京难站"，群众多有不满。2018年7月27日，"政府与市民"版在头条刊发报道《北京南站幸福路出租车遮挡号牌揽黑活》，集中反映深夜站内乘客排长队等车，站外黑车扎堆堵塞交通，正规出租车也变身黑车等乱象。见报当天，《北京日报》将报道摘要向市委督查室报送，并备注"建议整改单位为北京市交通委及北京南站属地丰台区政府"。市委督查室很快向两部门下发了督办单。问题曝光当晚，北京市交通委就牵头组建联合执法队，开始在南站外集中整治黑车。第二天，公交、地铁、南站管委会等各部门召开紧急会议，探讨解决深夜抵京乘客的回家难题。随后，北京市级层面成立专班，各部门持续发力，推出了一系列便民举措并形成长效机制，填补了北京南站深夜公共交通方面的空白，实现了同乘客的交通需求的无缝对接。在整改过程中，北京日报记者不断与北京市交通委、公交公司、地铁运营方及丰台区相关部门联系沟通，跟进报道整改进展，并及时刊登"回音"报道，让市民切实感受到整治成效，最终不仅较好地解决了乘客反映的老大难问题，还将对南站的"批评声"转化为了"点赞声"。该篇建设性舆论监督报道取得了良好的社会效益，还获得"北京新闻奖"一等奖。

解决问题是建设性舆论监督的根本，也是"闭环"系统存在的意义所在。在"闭环"系统中，媒体不再是城市治理的"旁观者"，不再只简单地发现问题、曝光问题，而是真正成为解决问题、推动工作的"第一环"。

为了确保反映的问题得到解决，《北京日报》的"政府与市民"版必须坚守"帮忙不添乱"的宗旨，将反映的问题聚焦群众关心、党和政府关注的最大公约数。基于此，我们严格界定了报道的选题标准：其一，新闻线索必须来自于群众的真实反映，并确实是其在工作和生活中遇到的难题。其二，报道的问题必须紧密围绕市委市政府的重点工作。据统计，"政府与市民"版每年报道600余件市民反映的城市治理问题。其中，有关公交、公厕、路灯、电线杆等市政公共设施的问题约占30%；停车、道路等交通治理问题占25%；小区物业问题占16%；市容绿化问题占14%；生态环境问题占8%。这些问题不仅最贴近市民日常生活，也是政府高度关注的城市治理中的痛点难点问题。其三，报道的问题应是具有典型性的共性问题。《北京日报》的报道应代表大多数人的公共利益，必须尽可能地为更多群众排忧解难。但同时也须把握好报道尺度，不能引发群体性的非理性情绪，不能影响社会稳定和谐。其四，报道的问题应是现阶段具备解决条件的问题。我们会把报道重点放在那些见报后，有关单位和部门通过努力，近期能够解决的问题上。群众反映的问题如果是由于历史原因或欠账太多，现阶段还不具备解决条件的，我们会向其解释，同时发内参或转给政府有关部门。即使不能见诸报端，我们也力图通过这一沟通过程，增进群众对党和政府的信任与理解。

在确保关系群众切身利益的问题得到切实解决的同时，我们还向前一步，搭建沟通平台，打造既有政府"参与"，又有百姓"参与"的舆论监督生态环境，针对普遍存在的问题，推动建立长效机制。

比如"政府与市民"版关于南六环绿化带遭受严重毁损的报道刊发后，我们不仅第一时间向市民报告政府的整改进展，还将市民的相关举报和建议不断向相关部门反映，最终不仅解决了南六环一处绿化带的护理问题，还推动建立起全市绿化养护"信用管理体制"，将北京 160 万亩平原生态林，3 万余个绿化地块，620 支、总人数 6.4 万人的林木养护队伍全部纳入信用机制"黑名单"管理。我们通过《通州南六环"绿肺"正康复》《信用机制守护"城市绿肺"》等报道让热心市民实实在在感受到建议被采纳的成就感，大大激发了其参与城市治理的热情。

据统计，《北京日报》"政府与市民"版曝光问题的解决率从 2016 年之前的 50% 提升到如今的 90% 以上，反馈报道率超过 95%。通过曝光问题、解决问题并向市民反馈的"闭环"系统，引导市民在关注家门口小事的同时，参与到城市治理的大事中。同时，也通过及时准确的报道，丰富政府部门的信息渠道，让城市治理工作更加精准高效。

三 始终坚持"一个原则与两种意识"，持续打造建设性舆论监督的"增效器"

（一）坚持真实性原则

真实是舆论监督的生命，不真实的监督报道，不仅起不到舆论监督的作用，反而会影响党委政府的正确决策，严重损害党报的公信力。

如何做到事实准确真实？首先是要进行深入细致的采访，记者要深入到现场，获取第一手资料。在采访时，既要采访举报人、投诉者，又要采访被举报者、被投诉者，而且还要采访周围持不同观点的人，更要听取相关部门的看法，做到不轻信、不偏信、不失公正公平。编辑记者要通过自己的生活阅历、社会知识、洞察能力，辨明监督事实的本质，防止偏听偏信，要在揭示事实的本质上明辨是非、把握真相。同时，在写作时，对遣词造句、语气的轻重、词语的分寸都要做到适度平和、客观准确，不能乱扣帽子、乱下评语，因为稍有不慎，就可能引发社会矛盾，造成难以估量的负面影响。

另外，还要符合政策和法律法规的规定。在开展舆论监督时，除了新闻事实准确无误外，更为重要和关键的是要符合国家的政策和法律法规，判断是非、评价事物，要以法律、政策为标准，坚持依法监督，以理服人。①

（二）坚持大局意识

党报的意识形态属性和职责性质，决定了开展舆论监督必须要树立大局意识，更好地服务中心工作。强化大局意识、树立大局观，才能做到精准有力，保证舆论监督不出偏差，不迷失方向，不自乱阵脚。开展舆论监督时，我们要始终牢记自己是党和人民的、体现人民根本利益的主流媒体；要时刻牢记自己是党和人民之间的桥梁和纽带，切不可意气用事、图一时之快，而是要做到沉着冷静，时时处处考虑报道可能引起的社会效应。

要把握好时度效。围绕党和政府的中心工作做前瞻性准备，在合适的时机推出合适的报道，配合党和政府工作的开展。监督的表述和点评，要十分注意"度"的把握，对问题要采取分析的态度，实事求是，一分为二地分析问题。要就事论事，不引申发挥、不扩大矛盾、不宣泄情绪、不激化事态。表述方式上少概况、多叙述；少抽象、多具体；少教导、多商量，把事实摆在读者面前，使主观引导通过客观事实的展示得以完成。②在整个舆论监督过程中，党报一定要运用准确的事实、正确的结论、前瞻性的引导，着力营造出顾全大局、珍视团结、维护稳定的良好氛围，架起党和政府同广大人民群众联系的桥梁。

---

① 阮仲谋、郭建华、张婷婷、陈程：《对地方党报提高舆论监督能力的思考》，《中国地市报人》2014年第8期。
② 楼建坤：《如何建设性地开展新闻舆论监督》，《中国报业》2019年9月（上）。

（三）坚持参与意识

建设性舆论监督是一种参与式的监督，党报要为广大人民群众提供一个沟通的公共平台，一个开放的、平等的、理性的对话空间，人民群众和公共权力的掌握者可以借助这个平台展开平等对话，实时交流，真正找到最终解决问题的"落地"方案。

一方面，在新媒体传播技术的支持下，党报要畅通渠道，更广泛地接受广大群众的举报、投诉和求助，将其作为舆论监督报道的线索。近年来，《北京日报》陆续开通了热线电话、邮箱、微信公众号等。2018 年，《北京日报》客户端还专设"提问"红键，群众点击红键，可 24 小时投诉留言。记者根据问题线索，迅速跟进核实报道。

另一方面，及时刊发反馈信息也至关重要。及时准确地将群众的意见建议反映给党和政府，推动政府工作不断改进和创新，再通过媒体报道，第一时间将治理成效反馈给群众，并通过跟踪报道，将群众的反响和建议传递给党和政府，推动工作"举一反三"，形成解决问题的长效机制。这样不仅有助于真正找到最终解决问题的"落地"方案，还能够大大增强人民群众参与社会治理的信心和热情，从而推动实现共建共治共享的社会治理格局。

（本文原载于《新闻与写作》2020 年第 4 期，该文章收录本书时内容和文献标注方式略有调整）

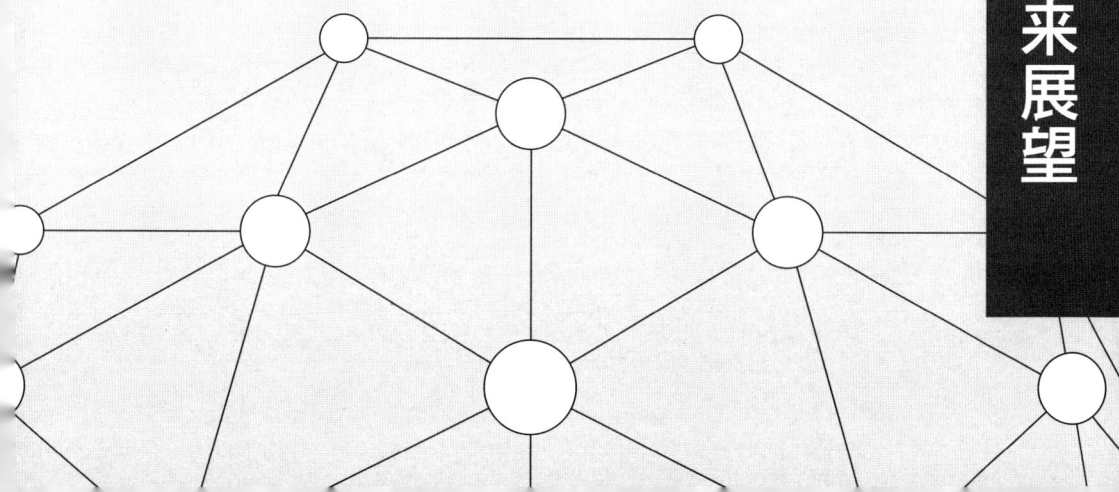

「疫情」之考下的建设性新闻构建与未来展望

XXIII 疫情报道中我们需要怎样的新闻与新闻业

——兼论中国建设性新闻理论的构建*

邵鹏 叶森**

内容提要： 新冠肺炎疫情发生后，疫情相关信息迅速成为全球媒体关注的焦点，新媒体成为新闻报道和信息扩散的主阵地，新闻理念和新闻价值的讨论也随之展开。作为置身于风险社会的公众，既需要一个能及时客观报道事实真相的专业性新闻，也需要一个具有警惕性、预见性且能给人以力量、信心和方向的建设性新闻。疫情新闻报道成为新闻学界业界反思的重要契机，人们呼吁新闻报道一定要真实、客观、公正，同时期待构建一种面向未来的更加开放、合作、富有人文情怀、正能量，且能建构良好生态的中国建设性新闻理论。

---

* 本文系国家社科基金重点项目"新媒体环境下公共传播的伦理与规范研究"阶段性成果，编号：19AXW007；国家社科基金项目"人类命运共同体理念与全球传播秩序重建研究"阶段性成果，编号：18BXW062。

** 邵鹏，浙江工业大学人文学院副教授，博士；叶森，丽水市广播电视总台主任编辑。

关 键 词： 疫情报道　人本主义　建设性新闻　新闻理念

新冠肺炎疫情发生后，疫情相关信息迅速成为全球媒体关注的焦点。跨入 5G 时代，社交媒体、平台媒体、自媒体的蓬勃发展不仅在颠覆传统的媒介生态和文化，而且在重新定义当下的新闻业和新闻报道。加速整合的跨媒体、融媒体、多媒体在变革新闻生产流程与模式的同时，也给受众带来了更为丰富多样的内容产品。

在此次疫情报道中，新媒体无疑成为新闻报道和信息扩散的主阵地。一方面，我们看到了 24 小时 5G 直播的火神山、雷神山医院施工现场，看到了经过"视觉再包装"后的"新闻景观"和"新闻海报"，媒体精心制作的各种抗击疫情 MG 动画视频，自媒体打造的大量创意短视频，以及基于数据可视化技术的数据新闻；另一方面，我们每天被参差不齐、真假难辨的信息所包围，各种偏颇和恶俗的观点随处可见，不断反转的新闻真相更让受众应接不暇、心力交瘁，而疫情矛盾和舆情冲突也在社会大众中制造紧张和割裂，群体极化现象越发突出。虽然媒体技术的发展暂时掩盖了新闻与新闻业发展中所遇到的各种问题，但此次疫情报道却让更多的人开始反思，我们需要怎样的新闻与新闻业？在复杂且先进的科技背景下，我们需要怎样的新闻价值观和新闻理念？

一　回归新闻与新闻业的本质

如果将此次疫情理解为社会发展中一种潜在的风险，那么恰如"风险社会"理论家乌尔里希·贝克所言，公共危机也可能演变成为当前社会的一种常态，使得公众生活在一个风险环伺的社会中，而且风险往往是不可见和无法感知的，只有当它嵌入媒介建构的风险话语中，才能够被人们认知和理解。也就是说，我们有赖于新闻和新闻业预测和感知风险，而新闻与新闻业对于风险有其感知的自身考量和规律。

（一）聚焦当下的新闻价值

迅速、真实、准确地告知或报告信息，及时对社会大众吹起警哨，应该是当代媒体的首要任务。大众传播媒介不仅应当积极发挥告知功能，成为社会的雷达，而且还应当充分发挥舆论和监督的作用。① 面对突如其来的新冠肺炎疫情，媒体不仅要积极承担起告知、传达、解释和指导等组织功能，还要勇于扛起监视环境、协调社会关系、揭露造谣传谣、传播科学知识的社会功能，甚至要能够预先感知风险，敢于在现行的新闻价值体系下将媒体打造成为社会"最敏感的神经"和"瞭望哨"。

新闻价值最先由西方学者在19世纪上半叶提出，其中最具影响力的是美国哥伦比亚大学新闻学院教授梅尔文·门彻所归纳的新闻价值八要素：及时性、冲击性、显赫性、接近性、冲突性、异常性、当下性、必要性。② 其后，很多学者在此基础上进行延展和丰富。但无一例外的是，新闻价值所聚焦的基本上都是时间上的紧迫、地理上的接近、事件上的重要和显著，都没有将特殊的疫情事件和危机传播予以充分考虑。

疫情和危机事件其实是最有价值的新闻事件，尽管它们在初始阶段极易被忽视。查尔斯·罗森伯格在《阐释疫病》一书中描述道："疫病的萌生常常由一些不起眼的征兆开始，人们大多不以为然，随着迹象越来越多，严重的疫情逐渐凸显，迫使社会必须应对危机。在这个过程中，大多数政府、民众都惊慌失措、存在侥幸心理和延迟反应。"③ 在现行的新闻价值体系下，新闻媒体也在所难免。一方面媒体不敢轻易、贸然报道尚在萌芽状态的事件，需要等待事件发展的某些重大或显著的明确信号；另一方面需要等待权威部门的新闻发布、知名专家的论断，唯恐提前告知与警示引发恐慌心理和社会不安，造成"狼来了"的新闻传播效应，危及媒体的权威性，甚至招致批评。

---

① 邵鹏：《从金融危机看媒介预警功能的失灵》，《当代传播》2009年第2期。
② 〔美〕梅尔文·门彻著《新闻报道与写作》，展江主译，华夏出版社，2003，第87页。
③ 王一方：《疫情中的读书报告》，《中华读书报》2020年2月12日，第9版。

（二）新闻价值不是衡量新闻事实的唯一标准

新闻价值作为衡量事实或事件的新闻测量指标，从来就不是绝对的，而是相对的。从新闻价值要素的不断增加，到新闻报道类型的不断拓展，似乎都在预示着新闻价值并不是评判新闻事实的唯一标准。新闻价值观或者说新闻理念正是评价新闻的另一标准。有学者曾指出，新闻价值仅能够用以判断"什么是新闻"，而新闻价值观则是"如何报道新闻的问题"，其被赋予了鲜明的阶级、阶层、民族、国家色彩，并决定着职业新闻人选择、报道新闻的尺度与方向。① 与新闻价值不同，新闻价值观不是要素和指标，更多的是对于新闻业的道德号召与对从业者的精神凝聚，是李大钊的"铁肩担道义，妙手著文章"；是马克思主义新闻观所强调的阶级性、党性、人民性与真实性的统一。因此，新闻价值观所指向的不再是新闻本身，而是事实价值、新闻价值与认识价值的统一，是新闻业与新闻从业者"为何而新闻"的方向性问题，过分地局限于新闻和新闻价值本身反而容易迷失方向。

在疫情报道中，首先，人本主义的新闻理念得到了彰显，"尊重生命""以人为先""对人民负责"的报道理念始终得以贯彻；其次，针对社交媒体中大量恐慌和失实信息所造成的焦虑与不安，基于希望和积极的新闻观念得以凸显，新闻报道需要给人以希望、给人以力量；最后，调查性和深度性新闻理念重新受到欢迎。相反，那些以铺天盖地的信息轰炸受众视听，以尽可能丰富炫目的声光电效果刺激受众感官，以娱乐化和情绪化的资讯影响和干扰受众判断等，将新闻视为商品和服务的新闻理念遭到受众的反感和摒弃。

二 多元呈现的疫情报道理念

此次疫情的发生，来势汹汹，令人猝不及防。面对陌生和恐惧，传统

---

① 程曼丽：《"新闻价值观"再认识》，《现代视听》2019 年第 11 期。

媒体、新媒体的从业者们生产和传播的大量新闻报道，以及亿万受众交流传播的各种庞杂信息，立场不同，理念各异，共同形成了巨大而强烈的信息风暴中心，受众的信息需求被瞬间放大和激活，失望和希望的情绪同时滋生，此刻，全党全军全国各族人民必须团结奋斗，共同面对百年未有的危机与挑战，最终战胜这场疫情。

（一）人本主义的新闻理念

在疫情报道中，人本主义的新闻理念似乎是理所当然的，并且无须再被强调。但在风险社会的背景下，政界、媒体界、科学界和法律界等领域的专家学者，拥有关键的社会和政治地位，其掌握着界定风险的特殊权力。如果未经风险认定的风险信息被大众媒体广泛报道，就可能形成大规模的心理恐慌，造成剧烈的混乱与骚动，进而给风险事件的解决、事件当事人或组织以及社会公众造成不必要甚至不可挽回的损失。① 或许正是基于风险防控的理念，此次疫情报道中的新闻媒体出现了预警迟滞，即便是当地影响力较大的《长江日报》，从12月31日至1月20日也只刊登了② 18篇报道，且多为来自当地卫健委的情况通报。人们不禁要问，是什么决定了媒体对于新闻报道的取舍与传播。

我国新闻学鼻祖徐宝璜对新闻价值的定义是以人为本："新闻之价值者，即注意人数多寡与注意程度深浅之问题也。重要之最近事实，自能引起较多人数和较深程度之注意，故为价值较高之新闻。次要之最近事实，仅能引起较少人数和较浅程度之注意，故为价值较低之新闻。"③ 在全球新闻发展历程中，新闻价值和新闻生产理念一直在不断变革，但人本主义的新闻理念根深蒂固、从未变动。人本主义的新闻理念表现为一种新闻工作者的担当，它强调关注人的价值和生存状态，认为人的一切活动的出发

---

① 〔德〕乌尔里希·贝克著《风险社会》，何博闻译，译林出版社，2004，第21页。
② RUC新闻坊数据与新闻研究中心出品：《2286篇肺炎报道观察：谁在新闻里发声？》，http://www.sohu.com/a/372911735_716096.2020.2.14。
③ 徐宝璜：《新闻学》，中国人民大学出版社，1994，第18页。

点和目的都应当是人这个中心的本质观念。① 正如有学者所言："新闻的本质，不属于技术，不属于资本，不属于流量，而属于关怀众生的崇高美德。新闻的本质是人；它应该报道人，并以人性来报道；新闻必须基于事实报道来关怀人，新闻报道事实即人，其目的是帮助人了解世界及理想化的生存；职业新闻的一切努力，都是要使新闻和媒体回到人。"② 也有学者指出，家国情怀亦是人文情怀。关注人、同情人、尊重人、富有人文情怀是新闻人的理想人格。而作为崛起中的大国，中国还应该具有全球视野和世界情怀。③

习近平总书记指出，以人民为中心的发展思想，就是要坚持以百姓心为心，倾听人民心声，汲取人民智慧，始终把实现好、维护好、发展好最广大人民根本利益作为一切工作的出发点和落脚点，让发展成果更多更公平惠及全体人民。④ 因此，新闻报道必须坚持"以人民为中心的发展思想"为指导，满足人民的知情权、表达权、参与权、监督权的信息需求，以人民满意为新闻与新闻业的使命与追求。

（二）希望与积极的新闻理念

社会制度、文化背景和新闻理念决定新闻的生产方式和报道范式，决定新闻人如何认知和把握事实，如何将其符号化并最终再现和传播给社会大众。新闻报道范式的产生，是社会对新闻活动的基本诉求和新闻行业内部运动的合力之产物，⑤ 包括新闻实践过程中新闻从业者所面对的价值观念、道德约束、操作规范、管理机制等。

---

① 邵鹏：《欲求的力量：论融合新闻生产与人本主义》，《浙江传媒学院学报》2013 年第 5 期。
② 杜骏飞：《新闻是人，新闻学是人学》，《国际新闻界》2018 年第 2 期。
③ 邵培仁、潘戎戎：《追求和坚守传播学研究中的人文情怀》，《当代传播》2019 年第 3 期。
④ 习近平：《在庆祝中华人民共和国成立六十五周年招待会上的讲话》，《十八大以来重要文献选编》，中央文献出版社，2016，第 81 页。
⑤ 吴飞：《新媒体革了新闻专业主义的命？——公民新闻运动与专业新闻人的责任》，《新闻记者》2013 年第 3 期。

在西方社会，大众媒体之所以被视为"洪水猛兽"，很大程度上是因为其在商业上倾向于选择夸张的和耸人听闻的大新闻，在制度上又倾向于选择负面的和冲突的报道框架。这种"天生反对派"的媒体角色定位，使其很难在危机处理中起到积极地维护和推进作用。相比而言，中国大众媒体和新闻从业者则更倾向于选择积极的、正面的方式呈现事实、报道事实，并且向读者展现更为美好的乐观主义预期，而这恰与西方新闻界正在努力尝试的建设性新闻的理念不谋而合。

1. 聚焦疫情之下的积极和建设性情绪。突如其来的疫情曾短暂出现了一定程度上的信息不对称，从全民忽视到武汉"封城"，再到社交媒体中流传的关于疫情迅速扩散的各种消息，使得恐慌情绪在逐步蔓延。此时，批评揭露性报道也许可以帮助公众宣泄焦虑情绪，但无疑将进一步加剧悲观和恐慌情绪的扩散，更无益于疫情的理性处理和科学应对。相反，积极的建设性新闻却可以减少负面情绪，因为"在新闻故事中唤醒积极情绪，能够让读者备受鼓舞，充满能量，激发更多的参与，进而更可能产生接近倾向，而负面情绪则产生逃避倾向。"[①] 也就是说，新闻从业者需要将报道的题材和策略聚焦到具有积极性影响的事件当中。譬如，当主流媒体在第一时间开始关注全国各地对武汉医疗卫生和生活物资的支援，"武汉加油""中国加油"的声音和行动从全国乃至全球各地聚拢过来，形成了充满正能量的舆论合力，及时引导和消解了部分负面情绪。当然，积极的新闻报道理念并不是某种意义上的粉饰太平，也不是消解媒体舆论监督的职能，而是当网络传播空间已经充满了恐慌等负面情绪，当地域歧视和社会矛盾开始显现，只有新闻媒体积极的建设性的声音被广为传播、直达受众，才能让受众的情绪得以舒缓，平和、理性地达成理解和认同，进而共同寻找解决问题的办法。

2. 聚焦疫情之下的阳光与希望。伴随着疫情，网络空间充斥着惊恐、

---

① 晏青、〔美〕凯伦·麦金泰尔：《建设性新闻：一种正在崛起的新闻形式》，《编辑之友》2017年第8期，第5~8页。

病痛与死亡的信息。显然这不是疫情的全部，只是"玩世不恭者从事的是绝望新闻学，陈旧的绝望新闻学通常使人们读后感到沮丧，或是发疯，或是愤怒。而新鲜的希望新闻学则是喜忧皆报的一种手段，读者读后会对事物有充分的了解，使他们自己能够决定什么值得他们关注。"① 正是看透了资本主义新闻媒体的本质，《今日美国》创始人艾伦·纽哈斯早在1983年就提出了"希望新闻学"的概念，丹麦国家广播公司新闻部主管乌瑞克·哈格洛普于2008年提出"建设性新闻"的概念，主张给危机中的公众以信心、阳光与希望。有学者认为，新闻媒体呈现的应是人类探索未来的"尚未形成"性，这种探索有失败、有罪恶、有无助的痛苦和泪水，但更多的肯定是进步、阳光和希望。新闻报道追求的客观、真实、全面的专业精神，就应该呈现这种人类探索前进的真实事实——一个积极的、充满希望的世界和人类的未来。② 因此，新闻媒体在疫情报道中让公众从中看到阳光和希望，显得十分重要。

3. 聚焦疫情之下的参与和行动。此次疫情警报拉响后，大众媒体和公众对于疫情的关注度持续扩大，并很快上升为一场全国范围的"防疫阻击战"。在疫情报道中，媒体大量使用了战争隐喻："人民战争""奋战一线""轻伤不下火线""英勇冲锋、义无反顾""阻击战"等防疫抗疫行动的口号。可以说，充分激发和调动公众参与到疫情防控行动中来，是大众媒体采取的不约而同的话语策略。对于媒体而言，从客观冷静的新闻报道者转变成主动引导公众参与行动、改变社会的积极行动者，这正是建设性新闻所追求的新理念，即新闻应该帮助人们了解并改善周围的世界。当然，疫情报道不仅要科学、理性，也要积极、乐观，更要合作、互动。它需要传统媒体、新媒体和公众共同努力，才能形成强大的社会影响力和行动力。在这个过程中，媒体提供相关的资料，公众通过媒体促成对话与

---

① 刘远军：《希望新闻学——"问题新闻"在构建"和谐社会"中的理论选择》，《新闻界》2006年第1期。
② 吴飞、李佳敏：《从希望哲学的视角透视新闻观念的变革》，《新闻与传播研究》2019年（增刊）。

交流，提供有所作为和鼓舞人心的新闻事实，找到共通和可资借鉴的解决方法。① 需要特别指出的是，在疫情报道过程中，社交媒体成了疫情防控经验交流的重要场域，也成了推动每个公众行动起来的重要力量。正是党中央高度重视，政府、社会、媒体、民众各方的积极参与和相互配合，使得中国在较短的时间内形成了舆情稳定、民心安定的局面，最终遏制住疫情的扩散蔓延。这些无疑为未来建设性新闻的发展和完善提供了有力的在地经验。

（三）调查性、深度性的新闻报道理念

新媒体时代最不缺乏的就是肆意宣泄的情绪化信息和缺乏调查研究的非专业性观点，这些内容往往并不是客观的新闻，却披着新闻的外衣让人真假难辨。这些充斥着媒体和网络空间的低质不良信息，消磨受众的时间和精力，使原本的"积极受众"沦为麻木不仁的"消极受众"，使他们越来越习惯或沉溺于无营养的琐碎阅读，逐步弱化了他们的自主意识。② 对此，传统媒体难辞其咎。调查性和深度性新闻报道理念和能力的缺失，使得传统媒体在面对各种阴谋论、谣言和无端指责时显得力不从心，而自媒体却在解释和辟谣的关键时刻扮演起了重要角色。

1. 疫情之下的知识分享。新冠肺炎对于绝大多数公众而言是陌生的，媒体责无旁贷应担负起为公众答疑解惑的职责。但在此次答疑解惑和知识分享中做出最大贡献的是新媒体，特别是"90后""00后"受众聚集的B站（www.bilibili.com）。譬如，B站UP主（uploader：上传人）回形针的制作人吴松磊发布的创意短视频"关于新冠肺炎的一切"，全网播放量超过1亿次，还被"央视新闻"转发。事实上，在各种社交媒体平台针对疫情的知识分享极为火爆，参与制作者也大多是普通公众，而他们的专业性和学习能力可能远超普通新闻从业者，良好的教育背景又使其拥有不

---

① McIntyre, K., & Sobel, M. (2017). Reconstructive Rwanda: How Rwandan reporters use constructive journalism to promote peace. *Journalism Studies*, (1), 1–22.
② 张志安：《2024：新闻业和新闻生产》，《传媒评论》2014年第3期。

俗的媒介素养。这正是建设性新闻理念所期待的多元行动者："未来的关键创新是将公民作为潜在的参与者置于新闻业的中心，加强公民与记者、公民与社会之间的联系。"①

2. 聚焦疫情之下的策略方案。建设性新闻主张从公众利益出发的问题意识和方案导向报道新闻，而新闻理念则要完成从消极"揭示问题"到积极"解决问题"的转变，强调报道内容要立足于解决方案，报道功能强调社会责任，报道理念主张赋能于公众。② 在此次疫情防控中，官方的信息公布和民间的方案讨论几乎同步进行。在2月2日国家卫健委举行的新闻发布会上，粪口传播还是一个需要经过流行病学调查和研究的不确定问题，而自媒体就已经开始重新复盘香港淘大花园在非典期间的惨痛教训；果壳网则在其公众号发布了"非典往事：一社区疫情大爆发，病毒通过粪便传播可能是关键因素"的文章，阅读量瞬间达到了10万+，而且文章在经过严谨地分析后提出了从个人到社区管理的"七条解决方案"。面对这些专业性难题，新媒体、自媒体不论是在时效性还是在专业性上都略胜一筹。好在建设性新闻理念不依赖新闻业单独解决所有问题，它们期待能充分调动其他资源和社会参与者，共同为积极的建设性新闻报道和构建美好社会做出贡献。

3. 聚焦疫情之下的未来展望。在面对过去、当下和未来三个时空维度时，传统新闻讲求时效性，为记录当下会追溯过去，而建设性新闻模糊时效性，为成就未来才关注当下、追问过去。③ 当遭遇疫情时，新闻从业者第一时间奔赴新闻现场报道那些正在发生的事实是义不容辞的职责和使命，其他都已力不能及。而此刻的公众才是成就未来、关注当下的主力军，疫情还未结束，社交媒体平台"后疫情时代""报复性消费"已经成为热词，紧急思考疫情过后的社会"六大变化""十大趋势"以及股市、

---

① 李鲤、罗欢：《建设性新闻：话语、实践与认知争议》，《当代传播》2019年第6期。
② 杨建宇：《方案新闻及其在〈西雅图时报〉的实践》，《当代传播》2015年第3期。
③ 金苗：《建设性新闻：一个"伞式"理论的建设行动、哲学和价值》，《南京社会科学》2019年第10期。

楼市、车市的行情和走向，各行各业几乎都被各大自媒体、公众号迅速盘点了一遍。显然，积极的建设性的开放式未来话题，更适合公众的广泛参与，热闹非凡的讨论之余，也不乏真知灼见。

三 创建中国特色建设性新闻理论的基本路径

中国的新闻报道实践为建设性新闻理论的移植和生长提供了肥沃的土壤。特别是此次疫情新闻报道的实践，更是为学界业界反思传统新闻媒体运作和新闻价值论、探索新闻理念变革和新闻报道创新提供了前所未有的机遇和契机。创建具有中国特色的建设性新闻理论成为"后疫情时代"中国新闻理论建设的重要趋向。

（一）坚守以人民为中心的新闻理念

创建具有中国特色的建设性新闻理论必须"以人民为中心的发展思想"为指导，以人本主义为考量，一切从人民的根本利益和基本需求出发，反映人民群众的呼声，不断提升人民群众的参与感和信任感。过去，"传统主流新闻很少考虑新闻业如何促进公民参与公共事务或公共对话，它面向完全不同的价值观。"① 而建设性新闻则在于"重新定位与受众的关系，媒体的价值不仅在于选择和彰显问题，更在于就问题与公众进行深度对话，鼓励参与，把握人心。"② 在万物互联的社会，今日之公众已经无法置身事外，社交媒体、新媒体的内容生产模式和传播方式已然将全民裹挟其中，公众在立体的、网状的媒体生态圈中已经从被动的信息接受者转变成为主动参与者。但这并不意味着"以人民为中心"的问题已经解决，相反，在人人都有麦克风的时代，更需要从全民一体、万媒互联的整体化角度思考人本主义。

---

① Waisbord, S. (2013). Reinventing Professionalism: Journal-ism and News in Global Perspective.
② 唐绪军、殷乐:《建设性新闻实践：欧美案例》，社会科学文献出版社，2019，第3~4页。

(二)建设性新闻要传播正能量

爱因斯坦的质能方程式说明物质就是能量。心理学家大卫 R·霍金斯在《Power vs. Force》一书中研究发现,宁静、喜悦、慈爱、宽容、同情、理解、希望、乐观能增强一个人的意志力、创造力和正能量。但是,恶念、冷漠、痛悔、害怕、焦虑、渴求、发火、怨恨、傲慢等不好的念想,却只能生产负能量、损伤自己和他人。① 新闻报道也是能量,并且是感召人性、优化人格、影响人生进程和行动方向的能量。美国弗吉尼亚大学凯伦·麦金泰尔教授认为,建设性新闻是回应社会问题的、严谨的、基于事实的报道,以事实论证事情是如何发生的,提出有效的解决办法,从而增加公众的信心。② 建设性新闻并不拒绝批评,反对监督。正如有学者在解释建设性新闻时所言,所谓积极,"即以正面报道为主,给人以向上向善的信念和力量,即便是揭露问题的报道,出发点也是为了解决问题,因而在报道问题时会同时提供解决问题的策略或方案,而不是把问题一揭了之。"③ 只要新闻媒体、新媒体和参与信息传播者都能够将新闻采集和报道的准星瞄准事物有益的层面,指向正面的内容,最大限度地汲取和释放正能量,适当避免和消解负能量,那么才能在润泽、滋养自己的同时,帮助社会大众。

(三)建设性新闻必须面向未来

新闻媒体犹如时间之河上的一叶扁舟,承载着过去、现在和未来。如果说回溯新闻记载和存贮的是"已经过去的"事情,当下新闻记录和保存的是"正在发生的"事情,那么前瞻新闻所反映和表达的是希望"未来能发生的"事情。④ 中国建设性新闻理论主张采取合作的、和平的、建

---

① 邵培仁:《传媒的魅力:邵培仁谈传播的未来》,首都经济贸易大学出版社,2014,第29~31页。
② 张月英:《何为建设性新闻》,《社科院专刊》2019年第11期。
③ 唐绪军、殷乐:《建设性新闻实践:欧美案例》,社会科学文献出版社,2019,第3~4页。
④ 邵鹏:《媒介记忆理论:人类一切记忆研究的核心与纽带》,浙江大学出版社,2016,第29页。

设性和非对抗性的传播策略。它关注过去、反映现在，但更对未来充满期待、信心和希望。虽然未来愿景可能是虚幻的、描绘的和展望性的，但新闻媒体若不能制造梦想，媒体和大众都会缺乏前进的信心、动力和方向。因此，建设性新闻即使报道过去的苦难、当下的困难，但一定会以积极、乐观的态度采集、加工、处理和传播新闻，向公众提供有建设性的意见或方案，从而增加公众的信心和希望。

（四）构建良好的媒体生态平衡系统

平衡是媒体生态系统健全、完善、良性发展的重要特征。当传统媒体与公众的生态关系逐步走向松散与分立，各种圈层结构使得公众彼此间漠然、冲突和割裂时，建设性新闻可以通过积极的、进取的和阳光的话语策略，号召公众以交流、沟通、合作的方式在物理和精神层面汇拢和凝聚，携手共进。当媒体新闻报道与公众新闻传播发生矛盾时，建设性新闻要坦然接受公众新闻传播的崛起，甚至要引导其积极参与到议题设置、话题讨论、方案制定当中来，因为积极参与的公众作为良好媒介生态的活性因子，不仅可以改变专业性新闻传播的场域和面貌，还可以改变社会政治经济文化的运作生态。当传统媒体与新兴媒体发生矛盾和冲突时，传统媒体无须放弃原有的优势和特色，但必须向复合型、融合型新闻媒体转变和发展，努力创造出更多更好的新平台、新机制、新路径和新模式，让媒介生态因子充满活力。当各种新闻信息在数量和质量上呈现不均衡姿态、各种新闻资源配置和能量交换处于不稳定态势时，就要开启他控系统的约束或惩罚机制，激活自控系统的自我净化、约束和控制潜能，从而迫使其重新回到动态平衡的良好状态，实现建设性新闻最大的社会经济效益和媒介生态效益。

（本文原载于《当代传播》2020年第3期，该文章收录本书时内容和文献标注方式略有调整）

XXIV 强信心·聚民心·暖人心·筑同心：疫情报道中的建设性新闻生产实践[*]

任媛媛[**]

内容提要：建设性新闻强调通过准确并富有吸引力的报道促进问题的解决和冲突的化解，其核心理念可以为具有中国特色的社会主义新闻学所吸纳、借鉴。"强信心、聚民心、暖人心、筑同心"深刻阐释了建设性新闻中国范本的功能使命与行动方向。主流媒体在新冠肺炎疫情报道中，以新闻采集的开放度、新闻加工的融合度与新闻扩散的交互程度进行了全生产流程的"建设性"实践。这些环节的改造与提升，是专业新闻对生存方式的探寻，更是对国家治理现代化中媒体使命的担当。

关键词：建设性新闻　新闻生产　疫情报道　媒体融合

---

[*] 本文系教育部人文社会科学研究项目"'众智新闻'视阈下专业新闻生产的价值与变革研究"（18YJC860027）的成果。
[**] 任媛媛，山东大学新闻传播学院副教授。

2020年2月,世界卫生组织在针对新冠肺炎疫情召开的创新研究会上提出了一个新词 infodemic(信息疫情),① 即 information(信息)与 epidemic(流行病)的合并。在信息超载的情形下,人们难以发现值得信任的信息来源和可以依靠的指导,进而产生一系列影响健康的心理和行为反应。社交媒体时代的技术赋能使得疫情报道呈现出复杂的多重面向:传播网络与社交网络重合下的谣言"蝙蝠",民间舆论场的众声喧哗与情绪感染,传统媒体全程全息匡正视听的努力。主流媒体在信息疫情的"战场"面临着微观和宏观的双重挑战:具体到实践层面,专业新闻生产如何从理念到方式做出变化以提升"四力"?上升到社会责任层面,专业新闻如何重新定位自身的社会价值以实现初心与使命,将新闻业的合法性从单纯的呈现向着推动社会进步的维度转变?

建设性新闻(Constructive Journalism)或许为之提供了一种可能性,其倡导者借鉴积极心理学的核心理念,强调通过准确并富有吸引力的报道促进问题的解决和冲突的化解。这一主旨与我国主流媒体凝聚共识、形成合力、优化资源配置、保持社会稳定的功能存在较多契合点,也与以正面报道为主的报道方针相适应。与此同时,重构采编发网络、再造采编发流程,是媒体深度融合最需要突破的难点,也是建设新型主流媒体必须攻克的"腊子口"。② 本文将从建设性新闻的核心理念出发,明晰中国范式,观照主流媒体疫情报道在新闻采集、新闻加工与新闻扩散各个生产流程的"建设性"实践。这些环节的改造与提升,既是专业新闻对生存方式的探寻,也是其重建公众信任、参与社会建设的担当。

一 建设性新闻的核心理念与中国范式

2008年,时任丹麦国家广播公司新闻经理的哈格洛普(Haagerup)

---

① UN News. Coronavirus:UN health agency moves fast to tackle "infodemic";Guterres warns against stigmatization, https://news.un.org/en/story/2020/02/1056672.

② 刘奇葆:《推进媒体深度融合打造新型主流媒体》,http://media.people.com.cn/n1/2017/0111/c40606-29013611.html。

以"Konstruktive Nyheder"(Constructive News,建设性新闻)为标题撰写了一篇关于新闻报道标准的报纸专栏文章,首次明确使用了"建设性新闻"这一术语。此后,哈格洛普转向学界,在奥尔胡斯大学创办了建设性新闻研究所,致力于建立适应智媒时代的新闻价值理念和评判标准。2014年其著作《建设性新闻:为什么消极会摧毁媒体和民主以及如何提升未来的新闻报道》(*Constructive News*:*Why Negativity Destroys the Media and Democracy and How to Improve Journalism of Tomorrow*)英文版出版,奠定了建设性新闻的理论和实践体系。

另一位建设性新闻的倡导者吉登斯泰德(Gyldensted)同样拥有丹麦全国广播公司的工作背景,后赴美深造,开始将心理学研究方法和认知理念引入新闻创新研究中。2014年,她的博士研究生麦金泰尔(McIntyre)撰写了博士论文《建设性新闻:积极情绪与解困信息在新闻报道中的效果》(*Constructive Journalism*:*The Effects of Positive Emotions and Solution Information in News Stories*)。2015年,吉登斯泰德出版了专著《从镜子到推动者:建设性新闻的积极心理学五要素》(*From Mirrors to Movers*:*Five Elements of Positive Psychology in Constructive Journalism*)。二者均提到了积极心理学为建设性新闻提供的学理依据。

吉登斯泰德将"建设性新闻"称为"伞式术语"(umbrella term),即涵盖或囊括多个要素的概念。她兼顾近年来投身于建设性新闻的各方人士所关注的不同焦点,包括方案新闻、解释性新闻、公民新闻和未来新闻等,于2016年提出建设性新闻报道的六大要素①:(1)方案性:报道问题时使用以解决问题为导向的框架。即使解决方案不一定有效,但对于受众而言,可以避免其在绝望中感到无助。②(2)面向未来:在新闻5W要素之后追问"当下应该做什么"(What now)?强调记者不止关心当下,

---

① 金苗:《建设性新闻:一个"伞式"理论的建设行动、哲学和价值》,《南京社会科学》2019年第10期。
② Denise Baden,Karen McIntyre,Fabian Homberg. The Impact of Constructive News on Affective and Behavioral Responses,*Journalism Studies*,2018(30).

更通过询问未来的可能性为新闻增加新的维度。①（3）包容与多元：吸纳更多的声音与观点以改变传统新闻的两极化。（4）赋权于民：报道对象多元化，采访问题侧重于探求资源、达成协作、建立共同基础。（5）提供语境：挖掘事件背后的深层原因，提供充足的背景，倡导舆论场的理性讨论。（6）协同创作：与公众互动协同创作新闻内容，实现对公共领域和社会共识的维护。学界对建设性新闻的定义并不单一，不同的推进者在术语表达上存在差异。然而这六个维度的特征具有一定的概念统摄力，也因此取得了一定的共识。2018年吉登斯泰德将这六个面向提炼成"四个导向"，即公众导向、方案导向、未来导向和行动导向，进一步夯实了建设性新闻的理论基础。

建设性新闻所包含的题中之意并非新近出现的理念，和平新闻、解困新闻、公民新闻等在历史上都从不同面向强调过新闻报道的积极性、参与性和社会责任。这些理念开辟了公共传播时代新闻业务发展的新思路，改变了传统媒体时代"自上而下"的信息传递方式和以"冲突"为中心的核心内容，鼓励参与、提供对策、赋予希望、启迪人心，通过正向传播的"善"实现媒体的社会价值。

建设性新闻的理念虽肇始于西方国家的新闻实践，然而其开放性的"伞形特征"（内涵宽泛，涵盖多个要素）决定其可以为不同历史和文化背景的社会寻找最契合其公共福祉的"建设性价值"，也必然面临在不同国家和地区"再语境化"的路径。"建设性新闻的中国范式在历时性和共时性的坐标中逐渐形成了自己的独特内涵和发展模式，即以中国传统文化为滋养、以马克思主义新闻观为核心、以社会责任和功能导向为目标的协同主义范式。"② 以其为视角考察新闻生产流程的变化，必须从我国的新闻体制出发，以发展具有中国特色的社会主义新闻学为旨归，坚持党的领

---

① Liesbeth Hermans, Nico Drok. Placing Constructive Journalism in Context, *Journalism Practice*, 2018 (12).
② 漆亚林：《建设性新闻的中国范式——基于中国媒体实践路向的考察》，《编辑之友》2020年第3期。

导,维护国家意识形态,保障社会的最大利益。

2018年8月,习近平总书记在全国宣传思想工作会议上指出,"我们必须把人民对美好生活的向往作为我们的奋斗目标,既解决实际问题又解决思想问题,更好强信心、聚民心、暖人心、筑同心"。①"四心"深刻阐释了我国建设性新闻的功能与使命,也提出了建设性新闻中国样本的行动方向。新冠肺炎疫情报道是社交媒体时代对主流媒体的一次大考,如何实现新闻真实、客观、公正、全面与正确舆论导向的统一,宣传党的主张与反映人民心声的统一,舆论监督与正能量传播的统一,主流媒体在新闻采集、加工、扩散的全链条中做出了积极实践。

二 新闻采集环节:问题驱动下的主动开放

传统的新闻采集主要采用被动模式:一方面是受众或新闻线人的来信、来电、网上投送等,另一方面是记者所跑之"口"提供的线索或主动组织的采访活动。建设性新闻以问题为导向的报道框架决定其采集过程由被动收集转向主动开放,记者、编辑设置议程,吸纳更多元的声音以促进多方对话。

1. 问题导向

社会发展永远都会面临各种问题,每一个问题的解决都将促使社会向前发展一步。建设性新闻的问题导向倡导将报道中心转移至发现问题、设置议题,通过专题策划和采访报道,架起多方沟通的桥梁,提供解决之道,并最终促成议题的正向发展。围绕"抗击疫情"这一主题主线,靶向聚焦各个热点、焦点、难点,在发现问题的过程中破立并举,一方面开展富有建设性的舆论监督,另一方面推动工作的开展和问题的解决。

截至2020年2月17日,《人民日报》共推出疫情防控相关版面100

---

① 习近平:《举旗帜聚民心育新人兴文化展形象更好完成新形势下宣传思想工作使命任务》,http://www.xinhuanet.com/politics/leaders/2018-08/22/c_1123310844.htm.

多块,报道近900篇。这些报道开辟了《来自疫情防控一线的报道》《统筹抓好改革发展稳定各项工作》《社区防控,我们在行动》等专栏专题,主要议题既有近期疫情防控阻击战的热点关切,更有今后改革发展稳定的焦点关注。疫情防控进入最吃劲的关键阶段后,农、工、外贸等多行业复工复产复业的报道议题给读者以战胜疫情的信心和希望,着眼当下且立意深远。

战"疫"当前,中央提出要正视存在的问题,及时发布权威信息,回应群众关切,增强及时性、针对性和专业性,引导群众坚定信心。一些地方工作中出现的短板、漏洞、弱项,影响防控大局,社会高度关注。人民网"人民网评"保持一天一篇重要评论的推出频率,其中《人民网评:疫情是考题,各级领导干部请答卷》《面对疫情,任何侥幸都可能夺人性命》等评论,使用了与纸媒具有区分度的话语形态,不仅以"问题"为突破口回应民众关切、纾解负面情绪、凝聚民心,更为共建共治共享的社会治理格局积极建言。

2. 信源开放

"和衷共济、和合共生是中华民族的历史基因,也是东方文明的精髓。"[①] "能用众力,则无敌于天下矣;能用众智,则无畏于圣人矣。"[②] 建设性新闻主张消息来源的包容与多元,并力求引用信源的准确可靠。疫情报道中的主流媒体一方面拥有学术化专家团队的职业资源,另一方面赋权于公众,在参与式报道中获得来自公众的报道角度和内容。通过连接官方、专家与普通民众,记者在全面、公正记录的同时,营造出寻求共识的场域,倡导舆论场的理性讨论。

健康传播中的精英话语具有权威性与专业性,对于遏制谣言、避免恐慌、切实防范具有决定性意义。因此,对来自各级卫健委、疾控中心等政府机构的官方消息的转述与解析是媒体权威报道的首要内容来源。此次疫

---

① 习近平G20杭州峰会上的"济世良言",http://www.chinanews.com/ll/2016/09-06/7995388.shtml。

② 同上。

情报道中学术化专家团队的消息源则成为报道专业性的保证。2020年1月20日央视新闻《新闻1+1》栏目连线国家卫健委高级别专家组组长钟南山；2月13日由于检验标准调整，新增确诊数据大幅增加，央视新闻微博及时发布独家专访中央指导组专家童朝晖的视频；央视新闻微信公众号推出"钟南山示范如何摘口罩""李兰娟提倡没毛病不要乱吃药"等短视频。与简单直接地呼吁民众行动不同，诉诸理性、注重数据并严谨论证的"重量级"专家团队，保证了新闻的客观、全面，有助于公众从科学的角度认识、应对此次公共卫生事件。

此次疫情报道中，新闻源超出了记者通讯簿上记载的"朋友圈"，"普通人"特别是处于风暴中心的亲历者成为潜在、随机的新闻源。他们不再只是被动的受访对象，而是更主动地参与到内容生产的前端环节。《中国青年报》等媒体发布征文，约稿和投稿这些看起来貌似传统的对话方式重焕生机。《中国青年报》的《一位武汉妈妈的除夕日志：今年年夜饭有消毒水味道》，以人为本、记载鲜活细节，在提供多元视角的同时丰富了报道体裁，"为当前舆论融入了更多的暖色调"。①

三 新闻加工：生产主体与客体的双重融合

媒体融合发展自2014年上升为国家战略以来，机构、机制、人力、产品各个层面的融合催生出全程、全息、全员、全效的媒体新生态。其中"生产者"的融合体现了建设性新闻协同创新的理念，而融合产品作为媒体的核心竞争力则深刻回应了建设性新闻为公众谋福祉的目标。

1. 生产者的融合

建设性新闻主张吸纳公众的广泛参与，与公众共同创造内容，在各方协同中实现内容创新。然而，有效率的UGC必然在有序的组织下完成，

---

① 习近平：《在中央政治局常委会会议研究应对新型冠状病毒肺炎疫情工作时的讲话》，《求是》2020年第4期。

而眼下最适合充当组织者的仍然是职业媒体人。专业化使用者生产内容（PUGC），即 PGC + UGC，最初由音视频行业提出，其内涵可以扩展为将 UGC 纳入 PGC 的主导之下，将原本分散的 UGC 内容整合为系统性的新闻报道，UGC 由此实现从量的积累到质的提升。

在武汉，许多网友采用视频网络日志（Vlog）的方式创作"封城日记"。央视新闻与武汉当地 B 站 UP 主"食贫道"合作制作《武汉观察 Vlog》，在央视平台播报网友提供的实地素材。新华社在其全媒体平台设置《我的治愈日记》《来自武汉的声音日记》等专栏，Vlog、短视频的原创者是抗疫过程的亲历者、见证者，编辑按照主题关联性将不同渠道的碎片化信息予以整合，借助新闻的形式予以呈现，挖掘个体化信息的内在联系和深刻意义。

网络空间中，匿名化的消息源和海量化的自媒体内容在打破社交圈层、地理位置和平台限制的同时，也再次引发了对真实性、客观性、平衡性等新闻学基本概念的追问。趋利除弊的途径之一，也许是"专业—业余结合"的模式，即主流媒体主动发声、正面引导，强化融合传播和交流互动，画出"最大同心圆"，从根本上提升专业新闻的统摄力。

2. 产品形态的融合

由于长期的惯性使然，部分正面报道在选题立意与呈现方式上较为陈旧，受众参与度、分享率低，未能实现其正能量传播应有的效果。建设性新闻以积极报道促成问题解决与社会建设的实践探索，最初起源于媒体应对内外危机的改革意愿，也必然落脚于具体的媒体自我建设。基于对"用户体验"的尊重，主流媒体在全媒体和多终端的传播平台上通过原创海报、微视频、慢直播等多种形式，融合文字、图片、视频、动画、直播等手段进行多样化表达。

2020 年 2 月 20 日，央视新闻原创制作了单张海报《保持住!》集纳了无新增确诊病例的省（区、市），微信阅读量超过 90 万次。2 月 24 日，央视新闻微信公众号推送了一条题为《000000000000000000000000》的文章。这个包含着 24 个零的标题传递了 24 个省区市新增确诊病例为 0 的信息,让纯文字获得了视觉冲击力。

微视频与慢直播这一"短"一"长"的视频形态因其直观具象的特性在此次疫情报道中表现得尤为抢眼。一方面,新闻发布会、专家解读等传统的长视频节目,按照核心要点剪辑变短后在抖音、快手等短视频平台逐条发布进行"切片化传播"。为了批驳外媒"方舱医院是集中营"的不实报道,央视新闻整理了一系列方舱医院内的广场舞视频,以《竟然开始"斗舞"了,说方舱医院是"集中营"的外国黑媒傻了》为题在各平台播发,讲述中国抗击疫情故事,展现中国人民团结一心、同舟共济的精神风貌,有效影响着国际舆论。另一方面,对火神山和雷神山医院建设的"慢直播"成为2020年初的"最火直播"。人民网人民视频联合中国移动、央视频联合中国电信24小时不间断"直播造医院",为"云监工"的网友提供强烈的"在场感"与"陪伴感",热烈的评论区则赋予其"线上社交"的"参与感",① 主流媒体实现了融合产品的"沉浸传播"。

四 新闻扩散环节:用户连接的多重渠道

各种类型的"关系",如用户与新闻生产者之间的关系、用户与内容之间的关系,用户与用户之间的关系等,既深刻地改变了当下受众特别是年轻受众的信息接收及交流方式,又无可逆转地影响着新闻生产的最终成效。新闻扩散的规模与效果,在很大程度上取决于用户人际传播、群体传播网络的规模。②

(一)传播方式社交化

作为新闻生产链条的末端,新闻扩散在传统媒体时代一直有着相对固定的渠道。作为"社交媒体时代的第一场疫情",以参与、对话和社区化

---

① 栾轶玫、张雅琦:《新冠肺炎疫情报道中的信息呈现与媒体表现》,《新闻战线》2020年第3期。
② 任媛媛:《创新与共享:新闻生产的"众智"转向》,《中国出版》2017年第3期。

为特征的社交媒体,加入了新闻生产的竞争,在快速传递信息的同时也带来了误传、谣言、戏谑段子和完全诉诸感性的负面情绪。

与过多的负面导向和冲突驱动的新闻相比,受众更需要的是具有正向价值观和建设性意义的报道。① 习近平总书记在调研中央新闻单位时指出,"读者在哪里,受众在哪里,宣传报道的触角就要伸向哪里,宣传思想工作的着力点和落脚点就要放在哪里"。② 在"抗疫"的信息战场,具有公信力的主流媒体其内容生产没有缺位。与此同时,"酒香也怕巷子深",借力各类社交媒体连接用户成为信息抵达的关键一步。基于短视频平台的流量优势,央视新闻联动"快手小铁""快手看见"多个账号进行多链路直播。《人民日报》、央视等中央媒体制作发布的内容在微信、微博平台实时更新,随后高频次地出现在朋友圈和家庭群中,以"转发"和"分享"的形式实现了传播范围的几何级增长。

(二)线上线下交互化

"提出问题—分析问题—解决问题"的报道框架隐含着媒体立足于公共生活的新闻理念。建设性新闻强调从关注现实到解决问题,从告知信息到参与对话,在实现自身公共价值的同时推动社会发展。这一理念具有强烈的现实指向,也必然引发传播实践和社会实践的深刻互动。

处于"信息疫情"中的用户缺少的不是"泛化"信息,而是"黏性"信息。"黏性"信息或者具有实用性,或有深度性,或有人文性,对具体用户而言有所帮助、有所触动。《人民日报》微信公众号多次发布寻找与确诊患者同程人员的"紧急扩散"。人民网"人民好医生"移动客户端在疫情防控阶段成为信息和服务的双重平台,一方面发布权威信息、专业辟谣,另一方面开展物资援助与在线咨询。在该平台上,疫区群众的医

---

① 史安斌、王沛楠:《建设性新闻:历史溯源、理念演进与全球实践》,《新闻记者》2019年第9期。
② 新华网:《习近平亲密接触新媒体释放了什么信号》,http://www.xinhuanet.com/politics/2016-02/22/c_128739415.htm。

疗、生活物资需求与公益援助信息对接，新冠肺炎求助者与医疗资源对接，普通公众与同程查询、发热咨询等信息对接。党心和民心在媒体救助平台同频共振，有获救治者表示"明年一定要订《人民日报》"。①

作为站在行业船头的瞭望者，《中国新闻出版广电报》在纸端设立专版《抗击疫情：新闻出版界在行动》，在网页显著位置设置系列头条《抗击疫情 我们在行动》，在微信公众号每日更新"共同抗疫"专题，在内容上打造疫情相关新闻生产的经验集纳。同时在线下发起驰援行动，为赴鄂采访和湖北省内从事疫情报道的一线采编人员提供防护物资，构筑疫情报道者的同心家园。

五　结语

在大众传播向公共传播演进的过程中，应当也亟须有新的新闻传播理论观照新现象、解释新问题、指导新实践。在国家媒体融合发展的战略背景下，建设性新闻的生产实践在微观层面是主流媒体发挥主阵地、主力军、主渠道作用的业务探索，在宏观层面，"党的新闻舆论工作是治国理政、定国安邦的大事"。② 疫情报道中的建设性新闻从人民健康、幸福的生活需要出发，一方面通过正能量传播凝聚社会的"最大公约数"，另一方面寻求问题解决的"最大公倍数"。以此"推进器""黏合剂"③ 因素为契机，作为社会治理系统子系统的新闻事业必将在推进国家治理体系和治理能力现代化的历史进程中担承使命、展现作为。

（本文原载于《中国出版》2020年第8期，该文章收录本书时内容和文献标注方式略有调整）

---

① 李泓冰、周玉桥：《"看见"的力量——透视疫情报道与国家治理能力现代化》，《新闻记者》2020年第2期。
② 《习近平谈新闻舆论工作：治国理政、定国安邦的大事》，http://cpc.people.com.cn/xuexi/n1/2016/1108/c385474-28844285-2.html。
③ 《总书记新闻舆论金句——舆论导向正确是党和人民之福》，http://yuqing.people.com.cn/n1/2019/1129/c429781-31482174.html。

XXV 疫情信息传播中建设性新闻的可行性论证

高慧敏*

内容提要： 在媒介化社会中，信息成为人们认知世界的主要方式，因此信息传播至关重要。作为公共传播主体之一的主流媒体，在媒介化环境中该如何有效传播疫情信息，这是在新冠肺炎疫情中引起传媒业界与学界广泛关注的一个问题。近年来兴起的建设性新闻理念与实践或许能为疫情信息传播提供一种新思路。本文立足媒介化环境，从疫情传播现状入手，揭示媒介生态失衡的本质，进而从传播学的平衡观来观照建设性新闻理念，发掘建设性新闻对于信息传播再平衡的价值，并分析其平衡路径。从理论与实践两个方面，探讨建设性新闻在疫情信息传播中的可能性与可行性。

关 键 词： 疫情　信息传播　建设性新闻　平衡

---

* 高慧敏，中国社会科学院研究生院，新闻学与传播学系博士生。

一　失衡：新冠肺炎疫情与信息疫情

一场突如其来的新冠肺炎疫情扰乱了武汉乃至全国人民的工作生活节奏。随着疫情的迅速扩散，截至 2020 年 1 月 26 日，湖北等 30 个省、市、自治区启动重大①突发公共卫生事件一级响应。1 月 30 日，世界卫生组织宣布，将新冠肺炎疫情列为"国际关注的突发公共卫生事件"。② 具有突发性、蔓延性及集群性等特征的此次疫情，对于社会治理尤其是信息治理是一次严峻的考验。

自古以来，每一次疫情的出现都将伴随信息危机。如果说与 2003 年"非典"相伴的信息危机主要产生于媒介技术局限而引发的信息流通不畅，那么在"人人即媒介"的信息畅通时代，疫情发生初期仍会引发信息危机，这就值得人们深思。世界卫生组织明确将此次由疫情引发的信息危机命名为"信息疫情"（infodemic），即"各种信息真假不一，从而导致人们无法找到可靠的信息来源与权威指导，甚至可能对人们的健康产生危害。"③ 值得关注的是，这次疫情成为首次真正意义上的社交媒体"信息疫情"，④ 社交媒体等新媒介在赋予人们公共话语权的同时，也成为疫情信息传播的扩音器，而疫情本身是放大镜，新冠肺炎疫情与"信息疫情"相伴而行，根本原因在于疫情加剧了媒介生态的不均衡状态。

---

① 《30 个省（区、市）启动突发公共卫生事件一级响应》，http://www.xinhuanet.com//2020-01/26/c_1125503530.htm。
② WHO, Public Health Emergency of International Concern declared. Retrieved March 13, 2020, from https://www.who.int/emergencies/diseases/novel-coronavirus-2019/events-as-they-hap-pen.
③ Zarocostas, J. (2020). How to fight an infodemic. *Lancet*, 395 (10225), 676.
④ Karen Hao and Tanya Basu, The coronavirus is the first true social-media "infodemic". Retrieved March 14, 2020 MIT Technology Review, from https://www.technologyreview.com/s/615184/the-coronavirus-is-the-first-true-social-media-infodemic/.

（一）媒介的技术偏向：永久性媒介接触＋沉浸式信息消费

技术至上成为一种新的媒介生态，并对新闻传播产生重要影响。网络与手机的大规模普及，改变了人们的媒介接触行为与认知方式，媒介传播发生时空偏向，永久在线与永久连接成为常态，这种传播特征也渗透到此次疫情的情境中，具体偏向体现在两个方面。

一是空间偏向。网络是与现实社会同等重要的话语空间及公共空间，加之疫情的迅速扩散，疫情特殊情境下交通管制限制了人们在物理空间中的移动，人们的生活、交流的公共空间则由"线下"转移至"线上"。有研究表明，超过40%的用户将商业新闻网站/客户端、① 微信及传统媒体网站/客户端作为疫情信息获取渠道。永久在线决定了人们在疫情信息获取上发生空间偏向，这也增加了网络信息传播的风险。人们生活于媒介所建构的拟态世界，话语的偏见限制了人们对于世界的认知，人们无法全面、系统地获得疫情信息。

二是时间偏向。空间性规定了时间性，因此永久在线也决定了永久连接的时间连续性，正如波兹曼所强调的那样，每种工具都存在意识形态的偏向，放大人们的某种感官与能力，② 增强了人们的连接能力，人们可以不间断消费新闻，从而陷入沉浸式的信息消费模式。CSM 媒介研究显示，③ 疫情期间微信、电视斩获更多时间增长，尤其是电视媒体的新闻传播不再采用全天循环，而是将播放时间与人们的日常生活无缝镶嵌，通过手机等移动终端获取疫情相关信息，已成为人们日常生活的重要组成部分，其中④ 98.8%的用户关注过疫情相关信息。这种 24 小时的新闻滚动

---

① 《CSM 发布疫情期间用户媒介消费及使用预期调查报告》，http：//www.csm.com.cn/Content/2020/02 - 25/1015314370.html。
② 吕顺景：《媒体投资虚拟现实技术：何以可能与可为》，《传媒》2016 年第 4 期。
③ 《CSM 发布疫情期间用户媒介消费及使用预期调查报告》，http：//www.csm.com.cn/Content/2020/02 - 25/1015314370.html。
④ 同上。

使得人们深陷海量信息的泥沼中，信息获取的常态化也使得信息更趋碎片化，如此所获得的信息鱼龙混杂且真假不一。

（二）公众认知失衡：情绪化表达蔓延

公众对于媒介的永久性接触模糊了他们对现实环境与拟态环境的认知界限，对于媒介环境的强依赖所产生的间接认知则成为他们理解现实环境的主要依据，因此，信息传播的偏向也会影响公众对于社会的认知。激化矛盾的负面消息或粉饰太平的报道在社交媒体放大器的过滤下，都可能引发新闻的"病毒式"传播，增加公众认知失衡风险，对整个社会产生负面影响。

信息传播决定了公众对于疫情风险的认知水平，进而也会影响社会心态。有调查显示，担忧是疫情初期人们的普遍情绪，① 这种情绪经过社交网络被放大，从而形成情绪化表达，主要体现在以下两方面：其一，新闻反转现象频频出现，信息在真相与谣言之间摇摆，混淆了人们对于疫情的认知预判断，加剧了公众的焦虑、恐慌等负面情绪，甚至引发抢购囤货、哄抬物价以及集中去医院等现象，增加了集聚感染的风险，主要原因在于社交媒体与主流媒体信息传播不对称；其二，网络成为公众情绪的宣泄口，疫情关乎公众利益，加之社交媒体的放大与传播，个人的倾诉很容易引发集体的情绪宣泄，一些媒体为提升流量利用算法来操纵公众，使其陷入负面情绪的漩涡中。算法对于具有社会价值的新闻则无法识别。因此过分依赖算法会窄化公众对于疫情的认知，这也是网络情绪不平衡的重要原因之一。

总之，当技术至上的媒介环境与突发性公共事件相遇时，加剧了新闻传播的偏向。根据疫情信息传播现状分析发现，在危机情境中新闻传播的偏向实则是媒介与公众认知的失衡，信息传播的再平衡则成为应对信息疫

---

① 皮书数据库：《新冠肺炎疫情下的社会心态》，http://wap.pi-shu.cn/zxzx/xwdt/545887.shtml。

情的重要方向之一。那么,建设性新闻何以能够平衡这种失衡的传播生态?将发挥何种价值?这些问题都亟待思考与探讨。

二 调和:平衡观视域下建设性新闻在疫情报道中的可行性论证

建设性新闻为摆脱疫情中的信息传播困境提供了新思路,因为平衡思维在建设性新闻发展中贯穿始终,这从建设性新闻理念兴起的初衷中得到佐证。在负面消息充斥人们眼球、公众对新闻的厌倦情绪高涨及媒体信任度持续走低的情况下,丹麦新闻工作者乌瑞克·哈格洛普于 2008 年首次提出"建设性新闻"这一概念,以应对新闻媒体所面临的危机。他认为,新闻是对媒体主流文化的一种纠正,新闻工作者应该"用双眼看世界",这种纠正的本质就是一种平衡。[①] 凯瑟琳·吉登斯泰德与凯伦·麦金泰尔在肯定哈格洛普纠偏理念的同时,从积极心理学视角进一步明确了偏见消除的方向。在此基础上,"建设性新闻项目"将建设性新闻界定为"一种严谨、引人注目的报道,包括积极的和以解决方案为重点的元素,以增强受众的能力和呈现更全面的真相,同时维护新闻的核心职能和道德。"[②] 建设性新闻的出现是新闻对新环境的回应和适应,平衡是建设性新闻的核心价值理念,这与当前疫情信息传播亟待平衡的现实需求相一致。但是,建设性新闻能否有效改变疫情信息传播现状,仍需要得到学理层面的论证。

疫情信息传播的状况是媒介生态的具体表现,媒介化生存的现实是信息疫情出现的根本,因此在技术至上的媒介生存环境中思考信息传播偏向的回正还是应该回到媒介生态本身。媒介生态学是研究符号、媒介和文化之间复杂关系的理论路径,同时由于不同媒介的特征不同,不平衡是媒介

---

① 殷乐、高慧敏:《建设性新闻:溯源、阐释与展望》,《新闻与写作》2020 年第 2 期。
② Constructive Journalism Project, About. Retrieved March 15, 2020 from https://www.constructivejournalism.org/about/.

的本质属性,这种不平衡性也决定了信息编码与信息传播渠道的偏颇,因此媒介的偏向也是意料之中的,这对社会文化都会产生影响。媒介生态学不仅是技术理性的思考,更是信息传播再平衡路径的方法论,正如波兹曼曾在媒介生态学学会上发言称:"我们感兴趣的不仅是媒介,还包括媒介与人互动的方法赋予文化以特性,亦或者,这样的互动有助于维持文化的符码平衡。"[1] 无独有偶,从媒介环境学理论追根溯源,发现平衡亦是媒介生态学的本质。刘易斯·芒福德就提出"生态有机平衡论",[2] 以期实现个人、社会、技术之间的平衡。基于此,之后各学者纷纷从技术、时空、个人感官、文化等不同维度探寻媒介的平衡性,如雅克·艾吕尔针对"技术至上"[3] 现状提出"反技术论调",认为精神关怀有助于我们抗衡甚至战胜人对技术的屈从;哈罗德·英尼斯的"传播偏向"更侧重于媒介"时间与空间"的平衡;麦克卢汉发展人类感官比率的平衡;詹姆斯·凯利则寻求文化平衡,将媒介视为一种民主力量。这些思想最终都指向媒介人本主义理念,即应将人的身心健康看成是一切人类生活的尺度和标准,这与建设性新闻基于解决方案的平衡性趋于一致。综上观之,疫情信息传播现实、建设性新闻与媒介生态学在"平衡"这个维度上形成共振,理论与实践的交相辉映也将揭示出建设性新闻对于疫情新闻传播再平衡的必然性与应然性。

(一)媒介技术:从工具理性转向价值理性

媒介在疫情中对于公众认知与情感的极端化影响是媒介文化价值被压制的直接反抗。然而,对于技术至上的媒介环境,雅克·艾吕尔早就有过前瞻性思考,而建设性新闻成为媒介在新闻传播中实现从工具理性到价值

---

[1] Neil Postman. The humanism of Media Ecology. Retrieved March 29, 2020 from http://www.media-ecology.org/publications/MEA_proceedings/v1/humanism_of_media_ecology.html.

[2] 〔美〕林文刚编《媒介环境学:思想沿革与多维视野》,何道宽译,北京大学出版社,2007,第51~61、72~73、131、208页。

[3] 同上。

理性转向的一种方法论。这里媒介的价值理性更关注媒介使用对人本身所产生的意义。从传播主体来看，艾吕尔认为在追求效率的工具理性驱动下，人们"价值论"的思维也将消失，不应该用技术标准来代替道德标准，而应该以道德标准来应对技术。这与建设性新闻秉承的向善思路不谋而合，即媒体应善于利用多元化媒介传播正能量。就传播形式而言，媒体的传播方式应该更关注人性，建设性新闻则弥补了媒介技术中精神关怀的缺失，为公民构建美好生活，如荷兰建设性新闻学者尼科·德罗克所言，媒介的经济效益并非是媒体的宗旨，而更应该关注新闻对于公众的意义。

（二）媒介传播时空：从现在到未来 + 从线上到线上线下互通

媒介化属性与疫情的出现加速了"永久在线与永久连接"时代的到来，这种无缝隙、全天候地覆盖人们日常生活的时空体验貌似趋于平衡，但实则已经构成了另一种偏向，即永久性、碎片化，而且在疫情危机的催化下这种偏向更为凸显，那么媒体对于媒介传播在时间与空间平衡的渴望也就更加强烈。哈罗德·伊尼斯在《帝国与传播》及《传播的偏向》两部著作中阐释了媒介从时间偏向转向空间偏向的逻辑，体现了传播形式对于传播内容在时间与空间维度的影响，同时揭示了历史上一切文明的形成都与时间和空间的控制方式相关，因为媒介与传播形式的结合会促使社会按照特定方式来组织知识，而"当这两种关切平衡时，社会稳定就是必然的结果。"① 建设性新闻就是媒介与新闻传播在时空层面平衡的体现。从时间平衡来看，一是突破 24 小时新闻思维定式，让新闻"慢"下来，关注常规报道所忽视的问题；二是以未来为导向，即新闻报道不仅揭露现实与冲突，更关注未来会怎样。麦金泰尔指出建设性新闻范畴中两类新闻可以平衡疫情期间媒介传播的时空偏向："预期新闻"是关注未来的新闻报道，"预期"这个概念就是时间观的心理映射，具体指新闻记者在新闻

---

① 〔美〕林文刚编《媒介环境学：思想沿革与多维视野》，何道宽译，北京大学出版社，2007，第 51~61、72~73、131、208 页。

传播中以未来思维引导新闻报道,即关注事件的发展走向;"恢复性叙事"是致力于社区冲突的一种叙事方式,关注创伤后社区的恢复及发展。崇尚建设性新闻的媒体,坚持线上内容带动线下活动的理念,突破网络与现实之间的界限,从而将冲突中的正能量传播效果最大化。由此观之,建设性新闻可以平衡媒介传播的时空偏向,如此可以减轻公众淹没在疫情信息中的焦虑与恐慌,并利用网络将线上积极情绪转化为有效的行动,从中寻找理性与希望以构建美好社会。

(三)媒体角色:从客观性到参与性

网络技术的飞速发展重塑媒介环境,大众传播开始转向公共传播,主流媒体作为公共传播的参与主体,应重新定位自身在公共传播中的社会角色,以有效应对突发性公共事件。对此,主流媒体可以从詹姆斯·凯利的文化平衡理念找到解决路径。一是新闻工作者应该转换角色,由"观望者"转向"参与者"。凯利认为,新闻工作者应该参与到社会发展过程中,而不应该置身事外,同时还应该在新闻传播中建立"民主对话的框架",鼓励公众参与其中,赋予公众平等的话语权,这与"突破新闻的客观性原则"且"媒体可以有态度"的建设性理念一致。正如《赫芬顿邮报》编辑所述,仅呈现灾难、暴力及混乱等负面事件,可能会错失更多有意义的事情。① 媒体以参与者的角色来报道新闻,不仅揭露问题,更参与制定问题解决方案,鼓励公众共同参与。二是新闻工作应该平衡陈述与问责之间的关系,同时应体现"争论框架下的许多立场",② 这与建设性新闻理念的"多元与包容性"要素相呼应,即新闻报道视角应体现多样性,不仅关注时事冲突,而且也不能忽视公民生活问题,还应给予边缘性

---

① Arianna Huffington. 2015, Apr. 8 What's Working: All the News That's Fit to Print, HuffPost, from https://www.huffing-tonpost.com/arianna-huffington/whats-working-all-the-news_b_6603924.html.
② 〔美〕林文刚编《媒介环境学:思想沿革与多维视野》,何道宽译,北京大学出版社,2007,第51~61、72~73、131、208页。

群体话语空间,以民主的态度来选择议题。三是新闻媒体应该关注问题解决方案。凯利批判新闻内容匆忙描绘事实要素,如"谁、什么、何时、何地",却忽视问题的解决方案,如"为何、如何"等要素,这与建设性新闻的核心理念——坚持问题方案导向一致。"解决方案新闻"作为建设性新闻的主要类型,进一步明确了疫情信息传播的方向,如美国解决方案新闻网给出的定义:"解决方案新闻强调的是针对社会问题进行严谨的和有说服力的回应报道"。① 问题不应该是报道的终点而是起点,解决社会问题的可靠方案才是新闻报道的核心。

(四)信息与公众认知:从冲突转向一致

"一致性"概念强调现象的有序性与规律性,以此来判断事物的可预见性,因为人类通过行为与态度来追求认知的一致性,这种一致性是指以"我们自己看来有意义及合理的方式组织我们的世界",② 所以传播学研究致力于关注个人对于不一致性信息的处理方式。路透社调查显示,在公众中避免一些消息的主要原因,是这些消息对他们的情绪产生了负面影响。③ 从受众视角来看,根据奥斯古德的调和理论与费斯廷格的认知不和谐理论,④ 在选择消息的过程中,人们会产生选择性接触行为,从而避免那些与自己世界观相左的消息,甚至避免接触引发心理不和谐的情境及信息,或者选择性注意符合人们经验认知结构的部分。因此,当真假信息充斥人们眼球时,这会混淆他们对于世界的认知,疫情新闻的不断辟谣与反转是对他们的刻板世界认知的挑战,这让人们的态度与行为限于不调和、

---

① Solutions Journalism Network Retrieved by July 20, 2018, https://www.solutionsjournalism.org/.
② 〔美〕塞佛尔、坦卡德著《传播理论:起源、方法与应用》,郭镇之、徐培喜等译,中国传媒大学出版社,2006,第1版,第115、118~120页。
③ Constructive Journalism. "Why do we need another view of the world? Here is a short introduction to constructive journal- ism and how we work with it". Retrieved March 20, 2020, https://worldsbestnews.org/constructive-journalism/.
④ 〔美〕塞佛尔、坦卡德著《传播理论:起源、方法与应用》,郭镇之、徐培喜等译,中国传媒大学出版社,2006,第1版,第115、118~120页。

不一致状态,因此会对新闻媒体及其内容产生否认或质疑的态度,这也是他们应对不调和状态的一种方式。鉴于此,新闻传播者的可信度至关重要,如果缺乏可信度,媒体将失去受众,因为受众将从态度与行为上做出改变,如采用选择性注意及选择性接触等方式,来排除或者调和这种不一致性。基于此,建设性新闻的出现就是传播者改变受众产生不和谐状态诱因的一种体现,以实现"被感知的个体与所感知情绪无压力共存",① 进而达到一种认知平衡或一致。建设性新闻的核心理念为个人认知的平衡:媒体应对于媒介内容放大冲突或粉饰太平这两种现象进行平衡,关注媒介传播对于受众的积极影响,指引记者更多地关注积极的、鼓舞人心的、基于解决积极报道与消极报道的均衡,也即从消极报道中寻找正能量与建设性,从而构建个人对于世界的均衡认知图式。

三 平衡:疫情中的建设性新闻传播的价值体现

综上观之,在新媒介环境中,建设性新闻理念的兴起与发展遵循媒介生态的内在必然逻辑,这为我国风险社会的公共传播提供了新契机,此次疫情也成为建设性新闻的试金石。事实上,正面报道等建设性新闻的核心理念一直在我国新闻发展中贯穿始终,主流媒体在这次疫情中的信息传播实践就体现出建设性新闻传播的价值取向,这对于提升媒体的传播力、引导力、影响力、公信力至关重要。根据调查显示,② 公众印象深刻的疫情信息主要来自中央电视台、《人民日报》、新华社、《中国新闻周刊》、《环球时报》、《中国青年报》等中央媒体。本文基于上述媒体的建设性新闻传播实践,进一步印证建设性新闻传播在信息传播中的价值。

---

① Heider, F. (1958). *The Psychology of Interpersonal Relations.* New York: John Wiley. p. 176.
② 国家信息中心:《"新型冠状病毒肺炎"公众认知与信息传播调研报告》,http://media.people.com.cn/n1/2020/0226/c14677 - 31606056.html。

(一)善用媒介技术构建正能量疫情舆论空间

面对疫情的突发性与未可知性,媒介技术在疫情报道中的工具价值固然重要,但是随着互联网舆论场规模的扩大,主流媒体已经开始利用5G、大数据及人工智能等媒介技术发挥主流媒体的舆论引导功能,阻断信息疫情的传播链,进而建构健康的舆论空间。中国广播电视总台的新媒体平台在这次疫情中的建设性新闻实践表现突出,联合中国电信利用5G、VR等智能化技术推出"慢直播"与"VR慢直播"新闻传播形态,如《与疫情赛跑——全景直击武汉雷神山医院》《全球疫情——美国纽约时代广场》《驰援!驰援!武汉天河机场实况》等节目。这对于积极建构有建设性意义的话语传播空间意义重大:一是利用直播技术,第一时间客观真实地呈现政府应对疫情的实况,对于疫情谣言及不实信息进行有力地回击,同时平衡信息不对称所带来的恐慌情绪;二是增强了用户的参与式体验,开通评论区,提供"有问有答"的对话场景,形成"抗议社群",以"红旗"图标为武汉加油,用户与媒体形成良性互动,同时24小时直播与用户永久在线的日常生活空间相重叠,增强了用户的陪伴感。疫情期间,建设性的媒介传播形式赢得大众认可,截至2020年2月2日,"疫情24小时"系列慢直播累计观看人数超过1亿人次,相关微博话题"云监工"阅读量超过1亿次,① 同时直播内容还被国际媒体及社交媒体广泛转发。由此观之,主流媒体在利用媒介技术时坚持以民为本的人文价值理念,满足了用户的信息认知需求及陪伴式情感需求,第一时间积极引导国际与国内舆论,在信息疫情战中发出强有力的中国声音。

(二)以未来观照疫情现状,借助网络关切线下民生

在传统新闻学认知中,"新闻只有一天的生命",② 然而随着网络时代

---

① 《一场慢直播,造就过亿"云监工"》,https://baijiahao.baidu.com/s?id=1661240521077713860&wfr=spider&for=pc。
② 《中国青年报,新闻只有一天的生命?——序》,http://zqb.cyol.com/content/2009-11/17/content_2938881.htm。

的到来，新闻的生命则更为短暂，信息碎片化，新闻流则成为新的新闻传播形态，新闻的价值也随之消解。但在疫情情境下，主流新闻媒体发挥专业性优势，平衡媒介的时间偏向，用内容的厚度与价值来延续新闻的生命。这种努力主要体现于践行建设性新闻"关注未来"的核心理念，以未来观照现状，从困境中看到希望，让人们以更为理性的方式看待疫情。如《中国青年报》发布新闻《央行：疫情缓解后中国经济会出现补偿性恢复》，让人们了解疫情缓解之后各领域恢复工作的解决方案；同时还开通话题征集活动"疫情过后你想干什么"，引导人们走出对现状的焦虑，转向对疫情之后美好生活的愿景，激发了公众的积极情绪，如他们表达结婚、看电影、回归普通生活等美好愿望。显然，这种时间的转向为人们疫情后心理建设奠定了基础。

（三）媒体以解决方案思维积极参与风险治理

从公共传播层面来看，媒体应该增强社会责任意识，以积极参与作为社会治理方向，以提供解决方案为宗旨。在疫情中，媒体应该发挥公共价值，不仅为公众与社会建立公共对话空间，而且自身也需要参与到解决方案中。一是借助网络平台解决教育与就业等生活中的民生问题，如"央视频"新媒体平台上设立"国聘行动""云充电"专栏，其中"国聘行动"由"央视频"与国投人力资源服务有限公司携手推出，为毕业生在疫情期间提供求职通道，通过"央视频"直接可以与招聘企业建立联系，如预约参加面试，以线上"云招聘"模式推动就业问题的解决；二是以解决方案的思路来传播抗击疫情中的正能量，通过多种方案视角来关切公众所关注的热点事件，如人民网推出"'疫'线守护""八方支援"两个栏目，前者着眼于疫情防治方案，为公众提供防护指南，后者则聚焦各方疫情抗击方案。综上观之，主流媒体以建设性的路径积极参与到社会风险治理中，既揭露问题还参与制定解决方案。

（四）视野下沉关注社会情绪，追求公共福祉

疫情期间公众对于官方主流媒体的信任度有增无减，尤其对于"抗

击疫情的感人事迹"等暖心新闻的关注度与转发率均在七成左右,[①] 这表明主流媒体的正能量新闻能够激发公众共情,有触发二次甚至多次传播积极情绪机制的作用。根据媒体相关实践分析发现,疫情本就具有负面性,疫情中的正面新闻传播平衡了公众对于疫情风险的认知冲突:一是以个人视角记录现实,唤醒公众的情感共鸣,Vlog与战"疫"日记这种个性化的日记体叙事方式与严肃的新闻报道形成差异互补,如人民网专门推出"武汉日记"专栏,包括文字与Vlog两种形式,将视线下移,从人民网记者个人更为细腻的视角来口述与观察疫情实况,从而拉近了与公众的距离;又如央视纪录频道推出融媒体系列短视频《武汉:我的战"疫"日记》,从医护人员、外来打工者及普通市民等武汉疫情亲历者视角出发,以Vlog形式来记录抗击疫情时的温暖故事,引发有相同经历人们的共鸣;二是暖心故事并非是煽情报道,而是以方案来消解问题带来的公众认知冲突,以正向结果来化解公众的困惑与焦虑情绪,如环球网的《护士制作超萌〈新冠护患沟通手册〉,每一页都充满爱》,这类新闻不仅传递温暖,还可以给其他医院启示,新闻转向为一种有效方案,为共同追求公共福祉而努力。

总而言之,建设性新闻在中国的落地生根应该结合中国的语境,这次疫情的到来加速了建设性新闻由理论走向实践。在日益变革的媒介生态中,建设性新闻理念在疫情信息传播中的价值已开始显现,这既是对传统新闻传播理念的一次反思,同时也是应新媒体时代媒介传播生态变化的一次实践。

(本文原载于《当代传播》2020年第3期,该文章收录本书时内容和文献标注方式略有调整)

[①] 国家信息中心:《"新型冠状病毒肺炎"公众认知与信息传播调研报告》,http://media.people.com.cn/n1/2020/0226/c14677-31606056.html。

XXVI 新冠肺炎疫情报道中的"建设性"探索：本土诠释、关键问题与未来面向

翁之颢*

内容提要： 新冠肺炎疫情在考验中国现代化治理体系和治理能力的同时，也检阅了各类媒体在应急报道中的协同能力和专业水准。国内专业媒体在疫情时期积极探索"建设性"的策略，刊发了一批充满问题意识和人文关照的优质报道。这批集群式的报道，为研究建设性新闻在国内实践的理念、方式与问题提供了重要参照。依托建设性新闻，专业媒体能够更好地介入现代社会治理体系之中，推动社会的发展与进步。

关键词： 建设性新闻　疫情报道　新冠肺炎　专业新闻　媒介转型

---

* 翁之颢，复旦大学新闻学院。

建设性新闻是国内新闻传播学一个被"翻新"的学术话题。在被西方学术界相对集中到建设性新闻的概念范畴之前，类似的新闻报道就曾以方案新闻、积极新闻、和平新闻、解困新闻等多种形式部分地存在和发展过相当长的时间①②，但在本土引入后讨论零散，并没有成为热点议题。

近年来，技术与市场的变化持续冲击着我国新闻业，受众对专业媒体的新闻报道越来越挑剔，质疑和批评成为常态，传统的专业新闻范式陷入了深重的危机之中；一些新闻报道因为方式不当③而激化社会对立与矛盾，给整个行业的转型发展带来了不利影响。在关键路口，西方提倡建设性新闻的部分理念和成效让国内新闻业看到了转机——一种区别于既往的、以积极姿态介入报道、建构人文价值、引导理性对话并致力于推动问题解决的专业新闻范式有望被塑造，协助专业新闻人重拾精英身份。这也是建设性新闻在国内关注度持续走高的现实动因。

2020年初，新冠肺炎疫情来势汹汹，一场突发公共卫生事件在考验中国现代化治理体系和治理能力的同时，也检阅了各类媒体在应急报道中的协同能力和专业水准。与前几年传统媒体身陷转型迷惘而出现大量自降身份、随波逐流的问题报道不同，在这一次专业媒体的疫情报道中，我们看到了大量对"建设性"内容的探索与尝试。作为对主流舆论的呼应和补充，以《财新周刊》《财经》《新京报》《中国新闻周刊》为代表的一批兼具市场性和严肃性的传统媒体，在疫情期间连续刊发大量充满问题意识和人文关照的优质报道，也为研究者观察和理解建设性新闻在国内的落地方式与实践逻辑提供了宝贵的样本集群。

---

① 史安斌、王沛楠：《建设性新闻：历史溯源、理念演进与全球实践》，《新闻记者》2019年第9期，第32~39页。
② 晏青、〔美〕麦金泰尔：《建设性新闻：一种正在崛起的新闻形式》，《编辑之友》2017年第8期，第5~8页。
③ 蔡雯、翁之颢：《质疑面前，专业媒体的新闻报道问题出在哪里？对2014年引发争议的新闻报道的综述与研究》，《国际新闻界》2015年第3期，第105~119页。

一 概念探讨:"建设性"的哲学解读与本土价值

学术界对西方建设性新闻的概念溯源和梳理已有相当丰富的成果,但至今仍然只是一种模糊的共识,并没有形成被广泛认可的统一定义,对"建设性"的解释也未能跳出新闻学的传统知识框架。

事实上,社会哲学是最早集中讨论"建设性"的学科之一。后现代主义最有影响力的形式常被称为解构,这也导致它容易被限定在摧毁、解构和否定性的向度上,而其中积极的、肯定的、建构性的内涵则被忽视了①。"建设性"一词的提出,被用来与"解构性"相对,旨在强调为现代世界提出一个积极的选择途径②。"建设性"在方法论上是一种辩证的否定,呼吁思想者和行动者由为早已知道的东西寻找理由转向直面问题并试图解决问题③;建设性新闻则是对这一方法论的继承与学科内化。

中国社会经过改革开放40余年的高速发展,价值观念变化剧烈,转型期的矛盾与冲突逐渐显现。专业媒体与记者拥有的判断力、职业技能素养和社会赋予的多重权利让他们能够对最有价值的事实进行深入调查,因而被各界寄予厚望。针对社会矛盾的突出方面,如医患关系、贫富差距等,媒体如何报道与分析上述社会矛盾以及相关的社会事件,会在很大程度上影响公众对该类问题的认识与判断。

在疫情期间,专业媒体的行动、表现自始至终都在对整个社会以及疫情应对的舆论走向产生影响。中国社会科学院社会学研究所发布的《疫情期间社会心态变化调查》结果显示,从出现疫情到发展的过程中,社会情绪经历了一定的波动④。随着专业媒体关于疫情报道的增加,民众可

---

① 王治河:《后现代主义的建设性向度》,《中国社会科学》1997年第1期,第25~35页。
② 〔美〕科布:《建设性的后现代主义》,孔明安、牛祥云译,《求是学刊》2003年第1期,第31~38页。
③ 王治河:《后现代主义的建设性向度》,《中国社会科学》1997年第1期,第25~35页。
④ 王俊秀、陈满琪、应小萍等:《疫情期间社会心态变化调查》,《北京日报》2020年2月10日。

以更快捷、准确、多方面地获取疫情信息,这对降低社会的消极情绪尤其是恐慌情绪起到了关键作用。

"建设性"的策略让专业媒体的报道行动与创新性的社会治理产生关联。在此次疫情中,专业媒体通过情报员、领航员、协调者和动员者的身份建构,能够有效地疏导社会情绪、释放社会压力、消弭社会冲突、优化社会关系,甚至协同各方提出决定性的解决方案,这是一种更具有积极意义的专业性重塑。因此,相比于单纯负责"告知"和"批判"的新闻报道,建设性新闻在中国本土拥有更广阔的培植土壤和施展空间。

二 案例研究:"建设性"本土诠释的三种方式与向度

由于概念的泛化和争议,建设性新闻在西方并不是一种具体的、规范的专业范式,它更像某种尚且模糊的、被从业者默默践行的新闻理念,或是新闻报道策划的又一种策略。我们至今没有看到媒体开辟建设性新闻的专版专栏,但解决特定问题、强调公民赋权、维持新闻的核心功能、积极情绪、记者干预和以未来为导向这六个关涉建设性新闻的关键特征[①]却又频繁出现在专业媒体的各类报道中。中西方在价值观念、政治制度和媒介环境等方面存在巨大差异,国内媒体对"建设性"的理解和呈现也有鲜明的本土语境特色。总体来看,包括三种方式:一是"建设性"选题——为引起普遍关注的重大问题提供新的切入视角,通篇新闻致力于解决所提出的新问题;二是"建设性"拓展——在一些敏感话题或不确定的问题中,选择相对有把握的内容进行发散思考并引导讨论;三是"建设性"写作——以积极的话语叙述负面情况,避免受众消极情绪的蔓延。这三类新闻,或包含实质性的创见,或具有积极的社会福祉意义,相互之间又存在交集,并不对立。

---

① 徐敬宏、郭婧玉、游鑫洋等:《建设性新闻:概念界定、主要特征与价值启示》,《国际新闻界》2019 年第 8 期,第 135~153 页。

在集群发布的疫情相关报道中，一批老牌市场化媒体对"建设性"的理解和运用更为熟稔。笔者对《财经》《新京报》《中国新闻周刊》等十余家专业媒体在疫情发生后一个月内公开发表的原创新闻进行了整理（包含实体报刊、微信公众号与客户端），结果显示，除了追踪国内外疫情最新状况的短消息和来自现场的图片报道，这些媒体围绕疫情所发布的特稿、访谈、调查和人物特写，几乎都或多或少包含一些"建设性"的策略或元素。其中部分具有突出意义和重要影响力的建设性新闻如表 1 所示（对"建设性"的评判具有一定的主观性，不同研究者统计归纳可能略有出入）。

表 1　原创疫情报道中的部分建设性新闻

新闻标题	来源/日期	"建设性"呈现方式
新型肺炎:为何直到今天才引起更大注意？	《三联生活周刊》/2020 年 1 月 22 日	选题
武汉医疗物资之困:我们能做什么？	《三联生活周刊》/2020 年 1 月 25 日	选题
比"武汉加油"更实际的，是善待武汉人	《三联生活周刊》/2020 年 1 月 28 日	写作
武汉协和"超级传播者"主管医生赵雷:医患都要有信心战胜新冠肺炎	财新网/2020 年 1 月 28 日	拓展、写作
黄冈、孝感告急:如何不成为第二个武汉？	《中国新闻周刊》/2020 年 1 月 31 日	拓展
疫情侵扰下的透析之路	《新京报》/2020 年 2 月 1 日	拓展、写作
"她不怕我们！"被刷屏的湛江，这样对待湖北籍旅客	《南都周刊》/2020 年 2 月 1 日	写作
卫健委专家组成员王广发出院了，回答了我们 8 个问题	《中国青年报》/2020 年 2 月 2 日	选题
封闭社区并隔离返京人员，能遏制病毒蔓延吗？	《财经》/2020 年 2 月 2 日	选题

这些疫情报道的"建设性"作用也对应到三个具体向度之中。

一是能够汇集问题的解决方案。这类新闻以解决疫情中的具体问题为导向，通过实地调研、采访官方机构和权威人士，或整理历史经验与国外经验，与公众探讨解决问题的可能路径。如《武汉医疗物资之困：我们能做什么?》一文就具体梳理了抗疫一线紧缺物资的类别、医学要求，并解答了"物资为什么进不去"等重要问题。在报道发布后，《三联生活周刊》也直接参与到协调捐赠的工作中，协助医院和捐赠方更有效率地完成物资对接。

二是能够鼓励多元思维与对话。这类新闻能够在疫情的全局中发现某些被忽略的角落，或重视少数人的境遇与声音，为应急政策制定与实施的周密性提供参考。如《疫情侵扰下的透析之路》一文关注疫区血液透析中心关闭后陷入困境的尿毒症患者，并没有直接批评医院"除发热门诊外，各科室门诊关停"的统一政策，而是为患者的联络、防护和费用结算梳理及寻求可能的解决方案。

三是能够激发社会公众的积极情绪。这类新闻考虑世界的幸福模式，注重呈现积极体验，为创伤群体提供积极的心理暗示，也关心创伤后的心理疗愈。如《"她不怕我们！"被刷屏的湛江，这样对待湖北籍旅客》一文，通过多个细节片段的深度采写，还原了徐闻县志愿者协助武汉滞留人员共渡难关的全程，在正能量的主题下推广徐闻县所采取措施的普适意义，也能够帮助其他地区的滞留旅客提升应对暂时性困难的信心。

三 延伸思考：从疫情报道看"建设性"实践中的关键问题

当然，建设性新闻在国内具象化发展的过程中，还有一些关键性的问题亟待思考与回答。

（一）建设性新闻在疫情报道中兴起的原因

市场化媒体建设性新闻在此次疫情报道中的异军突起并非偶然。这既是一种对传统的延续——市场化媒体往往在选题策划和报道尺度上更加开放，评论也更为犀利；也是现代社会话语体系发展的必然结果——相对"批判性"，"建设性"内容具有更显著的公共意义和协商属性，被主流认可和接纳的可能性更高，也会具备更高的传播价值。

首先，实践"建设性"是专业媒体与从业者的身份自觉。专业媒体的报道策划、事实核实、深度阐释正是剖析问题以至于促进有关主体解决问题的关键，而推动建设性新闻的发展，正是传统媒介精英群体对抗大规模业余化的自媒体信息生态时所确立的职业优势。

其次，"建设性"策略体现出市场化媒体与官方媒体差异化发展的求生本能。在信息获取与发布的及时性、信息的权威性、覆盖受众的广度与传播影响力方面，相对于央视、《人民日报》等官方媒体，市场化媒体都处于劣势。寻找新的角色目标，就成为市场化媒体谋求生存与发展和寻求自身新的价值增长点的急务[①]，但这并不意味着建设性新闻不适用于主流官方媒体。在疫情期间，官方媒体在推动积极舆论建构和社会心理恢复性叙事方面发挥了无可替代的作用，这是主流层面对更广义的"建设性"的一种诠释。当然，像《中国之声》连续推出的《口述实录》疫情报道，也是官方媒体在新闻选题与形式方面对"建设性"的积极尝试。

最后，"建设性"的理念与当前媒体智库转向的发展趋势相契合。通过传媒业与其他行业的资源整合和融合，媒体已经不再局限于传统意义上的新闻生产、分发和运营，而是拓展到更广阔的知识生产、舆情、咨询、培训等领域[②]。一部分市场化媒体已经具有丰富的智库运营经验，在建言献策方面成果突出。提倡建设性新闻，也是智库转向与维护媒体基本职能之间一条良好的衔接与过渡渠道。

（二）建设性新闻在国内实践中存在的争议

第一，"建设性"的内容本身在疫情报道中是不是刚需信息？从统计结果看，经过一段时间医学工作者对新型冠状病毒肺炎知识的进一步普及，公众对于疫情及其发展有了一定的了解，但公众最希望了解的信息内

[①] 童兵、樊亚平：《从信息提供者到问题求解者：转型时代传统媒体的角色转型》，《新闻记者》2014 年第 11 期，第 3~8 页。
[②] 蔡雯、蔡秋芃：《媒体办智库：转型期的实践探索和理论发展》，《国际新闻界》2019 年第 11 期，第 127~141 页。

容排序的前两位没有变化，依然是"自己、家人、亲友所在区域的疫情或潜在风险"与"关于疫情感染、扩散情况的信息与统计数据"①。

由此可见，疫情事件中媒体的第一职责仍然是报道真相，建设性新闻只有在公众充分了解疫情真实状况的基础上，才能发挥最大的附加价值。如果放弃对真相的追求与核实，急于抛出新的问题，并不能帮助公众更好地理解疫情现状，"建设性"的初衷也很可能重蹈覆辙地转为悬疑新闻、烂尾新闻和反转新闻。

第二，建设性新闻的正当性和客观性在疫情报道中如何保证？建设性新闻突出专业媒体策划组织，并且与社会组织及公众合作②，社会各个阶层和群体的人都能参与问题讨论是其正当性的重要来源。疫情期间出现了许多新的民间生产创意，譬如"信源搜索引擎"——提供中央国家机关、地方国家机关、境内非营利性组织、国际组织、事业单位、新闻媒体、学术机构七个信源的直接信息并相互比照；又如"接力编辑"——邀请志愿者创作关于官方通报、政策信息、问题科普、粉碎谣言、协助就诊等方面的合作新闻，并在能力范围内保证文章的可读性和内容的有效性。如果能将这些信息生产的民间力量往聚焦和解决公共性问题的方向上引导，对于确立和维护建设性新闻的正当性意义重大。

记者有意识地引导也带来了外界对建设性新闻客观性的疑虑。建设性新闻直接介入报道对象、组织和发动公众的方式③，确实与传统的客观报道的要求有所差异，但这并不意味着由媒体和记者直接提出解决方案。如果能在充分陈述客观事实的背景中保持对细节的中立，不去推动和倡导记者主观认可的某种价值，一篇新闻报道完全可以同时兼具"建设性"与"客观性"。

---

① 王俊秀、陈满琪、应小萍等：《疫情期间社会心态变化调查》，《北京日报》2020年2月10日。

② 蔡雯、郭浩田：《以反传统的实践追求新闻业的传统价值：试析西方新闻界从"公共新闻"到"建设性新闻"的改革运动》，《湖南师范大学社会科学学报》2019年第5期，第124~130页。

③ 同上。

四 总结反思：建设性新闻在国内发展的未来面向

学者凯伦·麦金泰尔认为一切新闻都应该具有"建设性"的面向，但国内学界业界对建设性新闻的界定、引导、规范和优化，还有很漫长的路要走。

透过这次新冠肺炎疫情可以看到，即便许多人对传统专业媒体的未来并不看好，但在突发公共卫生事件面前，它们依然是绝大多数公众获取信息的首要选择，甚至是唯一选择。新闻产品的核心价值最终还是要靠内容来决定，而"建设性"元素的大量涌现，无疑给专业媒体在内容方面无可取代的优势又上了一道保险。

这又引出了一个更本质的问题：专业媒体的职能在未来将如何演进？提倡"建设性"体现了社会对新闻业的一种期待：未来的媒体与记者既要能发现新闻，又要能主动调查和核实事实；既要能揭露问题，又要能引导舆论、促进问题得到妥善解决。换言之，新闻记者的职业角色和工作流程需要变得更加立体，即"发现问题—传达问题—启发思考—集纳众议—促成合议—提出方案"，他们更像现代社会治理中的某个主体，而不仅仅是单一的"发现问题—发布信息"。

"建设性"让新闻不再只是冲突与负面，也让新闻充满解决之道与希望。基于"建设性"的价值追求，专业媒体更有空间和义务以积极的姿态与创新的方式介入现代社会治理体系之中，最终推动社会的整体发展与进步。

（本文原载于《中国编辑》2020年第7期，该文章收录本书时内容和文献标注方式略有调整）

图书在版编目(CIP)数据

建设性新闻与社会治理/唐绪军,殷乐主编.--北京:社会科学文献出版社,2021.10
("建设性新闻"研究丛书)
ISBN 978-7-5201-9137-1

Ⅰ.①建… Ⅱ.①唐…②殷… Ⅲ.①新闻报道-影响-社会管理-研究-中国 Ⅳ.①G219.2②D63

中国版本图书馆 CIP 数据核字(2021)第 198643 号

·"建设性新闻"研究丛书·
建设性新闻与社会治理

主　　编 / 唐绪军　殷　乐

出 版 人 / 王利民
组稿编辑 / 邓泳红
责任编辑 / 陈　雪
责任印制 / 王京美

出　　版 / 社会科学文献出版社·皮书出版分社（010）59367127
　　　　　　地址：北京市北三环中路甲29号院华龙大厦　邮编：100029
　　　　　　网址：www.ssap.com.cn
发　　行 / 市场营销中心（010）59367081　59367083
印　　装 / 三河市尚艺印装有限公司

规　　格 / 开　本：787mm×1092mm　1/16
　　　　　　印　张：23.5　字　数：339千字
版　　次 / 2021年10月第1版　2021年10月第1次印刷
书　　号 / ISBN 978-7-5201-9137-1
定　　价 / 158.00元

本书如有印装质量问题,请与读者服务中心（010-59367028）联系

▲ 版权所有 翻印必究